善光寺と親鸞

日本仏教史の諸相

常磐井慈裕

春秋社

善光寺と親鸞　日本仏教史の諸相

目次

善光寺と親鸞

日本仏教史の諸相

第Ⅰ部　行基と律令国家

第一章　行基史料の検討

『日本霊異記』の史料的性格

行基史料に関しては、既に二葉憲香氏や井上光貞氏の研究があるが[1]、行基研究の盛況振りに比して、史料研究の方はまだ不十分な部分が少なくないように思われる。特に多岐にわたる史料それぞれの性格分析が遅れているように思われる。その中でも、史料の性格分析を進めた上で、より有効活用されるべきものが『日本霊異記』である。『霊異記』に行基に関する説話が多数収録されていることは、周知の事実であり、それらは『続日本紀』に次ぐ副次史料として利用されてきた。説話たる『霊異記』が副次史料として位置付けられることは仕方あるまいが、史料の限定された古代史研究においては、その最大限の活用を図ることが急務なのではなかろうか。以下『霊異記』における行基説話の最大限の活用を目指して、その性格分析を試みたい。

まず、『日本霊異記』の成立事情について考えてみなければならない。『霊異記』は景戒の編になる日本最初の仏教説話集であり、その編纂意図が序文に見られる通り、仏教的因果応報の理を感得させ、善行を勧めることにあったことは疑いを容れない。しかし、編者景戒の実像については不分明な点が少なくない。本書の中に現れる自己描写の部分が数少ない手掛かりとなろう。下巻第三十八縁には、「僧景戒、慚愧の心を発し、憂愁へ嗟きて言はく、『嗚呼恥しきかな、羞しきかな。世に生れて命を活き、身を存ふることに便無し。等流果に引かるるが故に、愛網の業を結び、煩悩に纏はれて、生死を継ぎ、八方に馳せて、以て生ける身を炬す。俗家に居て、妻子を蓄へ、養ふに物無く、菜食も無く塩も無く、衣も無く薪も無し。毎に万の物無くして、思ひ愁へて、我が心安くあらず。昼もまた飢ゑ寒ゆ。夜もまた飢ゑ寒ゆ。我、先の世に布施の行を修せずありき。鄙なるかな我が心。微しきかな我が行』といふ」(2)とあり、在俗の生活を送っていたことが知られる。「薬師寺沙門景戒」と自署する官僧としての側面との両面を有していたと考えられる。その出自については、所収説話の内容から諸説が提示されているが、「紀伊国名草郡の郡司層の出で、俗姓は大伴連であり、当時中央政界で藤原氏との政争に敗れて、没落しつつあった古代の名族大伴氏に限りない愛着をよせ、藤原氏に反感を抱く人物であった」とされる志田諄一氏の見解(3)が最も説得力があろうかと思われる。このような景戒の生活や出自が『霊異記』の性格に大きな影響を与えていることは言うまでもない。行基を初めとする私度僧を擁護・称讃していること、長屋王の変や仲麻呂の乱などの奈良朝の政争に強い関心を抱き、その為政者の人物評を仏教的因果応報論から説き起こしていることなどの理由もそこから考えられよう。志田氏は、法相宗および薬師寺の弁護が、真中幹夫氏は、朝廷の仏教統制に対する南都教団側の反発・批判が、その性格として強く出ているとされるが(4)、両者とも正しいであろう。

それでは、志田氏の論考を中心に『霊異記』の性格を確認しておきたい。『霊異記』が聖徳太子および聖武天皇の治世を理想としていることについては論を俟たない。しかし、その聖武天皇の治世における最大の事業である東大寺大仏の造営と国分寺の建立に関しては触れられていない。また、光明皇后の事蹟が無視されてしまっていることにも奇異な印象が拭い切れない。氏によると、これらはすべて行基に対する特別な傾倒と共に法相宗および薬師寺弁護論の一環として理解し得るという。景戒は神祇に対する仏法の優位性を重ねて説いているが、仏法の中でも自分なりに序列を付けて述べているわけである。氏の指摘される法相宗・薬師寺弁護の性格は次の通りである。[5]

(1) 聖武朝の著名な高僧である道慈が全く無視されている。道慈については『続日本紀』に大般若経功徳譚とも言うべき記事があり、[6] これは本来なら『霊異記』に最も相応しい話である。それが採録されなかったのは、道慈が法相宗と対立する三論宗の第三伝大安寺流の祖であったためであろう。

(2) 中巻第七縁は、三論宗の高僧智光が法相宗の行基に屈服する説話である。(後述)

(3) 藤原広嗣の乱について何ら語る所がないが、これは法相宗の僧である玄昉らを排除する目的があったため不都合だったのであろう。

(4) 聖武朝の仏教興隆政策の象徴とされる、国分寺の建立、東大寺大仏の造営についても記されていないが、これは華厳宗の教学理念を実現するもので、東大寺の進出は薬師寺には脅威であり、そのため敢えて無視したのであろう。

(5) 悲田院・施薬院を設け、仏教的社会事業に尽力した光明皇后の事蹟も無視されている。これは、本家の薬師寺を差し措いて新薬師寺を建立したことと、皇后が藤原氏の出であるためであろう。

(6) 鑑真も日本に経典を伝えるため数々の霊異でその困難を克服した伝説を持つが、触れられていない。これも律宗や唐招提寺に対する聖武天皇の援護が法相宗側に不都合であったからであろう。

(7) 一般には、悪名の高い道鏡であるが、批判は見られず、逆に下巻第三十七縁で佐伯伊多智が悪報を受けるのは、推定される道鏡排斥のためであろう。[7] その道鏡も義淵の系統にある法相宗の僧である。

(8)『霊異記』に現れる寺院・僧侶共に法相宗関係のものが多い。

氏の主張には実証よりも推論の部分の方が多く、必ずしも全面的には支持できないが、大局的に見て妥当な見解だと思われる。但し、景戒がなぜこれ程までに執拗に法相宗および薬師寺の弁護をする必要があったのか、疑問が残る。景戒の薬師寺僧としての地位を検討せねばならないであろう。景戒が法相宗および薬師寺において、どの程度重視されていたのであろうか。それが解明されれば、『霊異記』の法相宗弁護の理由もより明白になるであろう。私は、この性格は景戒の自発的な意志よりも教団側の要請に起因する部分が大きいように思う。『霊異記』の成立した弘仁年間は志田氏も指摘される通り、(8)南都六宗の教学上の対立が激化しつつあった時期である。序文などからは直接窺えないが、その撰述の目的に薬師寺および法相宗の弁護が大きなウエイトを占めていたことは確かであろう。

このように考えてみると、『霊異記』が行基を異常と思える程までに絶讃することは、むしろ当然だと考えられよう。景戒にとっては同宗同寺の大先達であり、しかも自らと同じように私度僧の系譜にある行基は、その最も理想とする所であったに違いない。

『霊異記』のもう一つの特徴的な性格、つまり撰述の目的でもあったと考えられるものに光仁朝以降の仏教統制強化策に対する強い反発が挙げられる。この指摘は真中氏前掲論文のみに限らず、諸先学の見解も一致する部分である。聖武天皇治世の天平年間は、奈良朝仏教の最も華やかな時代で、国分寺や東大寺の造営はその象徴とされる。仏教界には朝廷の手厚い保護が加えられ、法相宗も安泰の時期であった。ところが、仏教保護の政策は僧侶の政界進出という弊害を引き起こす結果に至る。その最たるものが、称徳天皇治世の道鏡の野望の一件である。この事件に端を発し、次なる光仁天皇は行き過ぎた保護政策を全面的に改め、逆に僧尼の統制を強化して、政治と仏教の分離を図った。この間の政治的な駆け引きについての『霊異記』の記述は恣意的で、史実との乖離が著しい。(9)ここでの景戒の作為の意図する所についても一考しておかねばならない。真中氏は、「仏教統制策が民族宗教に対する強化策と並行して行なわれたことに、景戒は危機感を抱いたのではなかろうか。朝廷の統制強化策によって、守勢に立たされた南都教団側は、漢神や民続宗教にまで攻撃目標を拡大せざるを得なくなったのである(10)」として「民続宗教的体制を強化再編成しつつ、一方で仏教統制を強化する(11)」光仁・桓武朝の政策に対する強い反発を重視されている。景戒の行為も法相宗や薬師寺だけに留まらず、仏教界全体を弁護せねばならないとの切迫した意識に基づくものと考えられるのである。ただ、仏教者としての景戒の実像があまり明らかでなく、仏教界の危機が彼の生活にどれ程切実な影響をもたらすものとなるのか、一考の必要があろう。景戒自身は、薬師寺入寺以後もかなり自由な立場にあったと思われ、その民衆との接触を禁圧されることが死活問題となったのであろうか。

最後に高取正男氏の論文に看過し得ない指摘が見られるので触れておきたい(12)。氏は、『霊異記』の特徴として「上巻第五話に示されるような聖武天皇をもって聖徳太子の生まれかわりとし、それに文殊菩薩の化身としての行基を配し、この二人を一体のものとしてとらえる考えは注目すべきである」とされ、「行基の活動は周知のように早く聖武朝以前の養老年間に始まるが、そうした事実も無視して行基の事蹟もすべてこの中巻に収め、その巻頭に先記の意味を持つ(13)天平元年の長屋王の変の話を置いているのは、景戒を含めて当時一般の人びとが『天平』という年号のもとに聖武天皇と行基の事蹟を一体のものとしてとらえ、統一して把握していたことの現れとみられないであろうか」とされている(14)。行基と聖武天皇の関係を『霊異記』がいかに捉えているかは重要な問題であるが、あまり論じられていなかった。だが、『霊異記』で聖武天皇が絶讃されるのは、行基を容認し、行基と一体として捉えられていたからと考えるよりは、前述の光仁・桓武朝への反発からと受け取る方が自然ではなかろうか。行基と聖武天皇の事蹟が一体のものとして捉えられていたとしたら、その最大の結節点たる大仏造営に触れていないことをいかに説明し得るのだろうか(15)。氏は、さらに「八世紀後半から九世紀にかけての地方豪族たちが天平以前と以後との間に一つの断層をみとめ、そこに一つの時期を画する考えを日常生活を通して体得しており、それが説話の中に無意識に現われることも充分にありえたと思われる」[16]とされる。つまり、地方豪族および富農層は、天平以前には後世の在地領主のような安定した土地所有の上に立つものではなく、政治にも無関与だったが、天平以後は墾田や私財を政府や官大寺に寄進して中央の政争に捲き込まれる境遇に変わっていった、とするものである。「『霊異記』に天皇の事蹟や中央貴族の所行にまつわる説話が多いのは、地方豪族たちの境遇と、それゆえに彼らが持たねばならなかった政治的関心を反映したものであろう」とされる見解は従うべきであり、『霊異記』撰述の背景には当然氏の述べるような地方豪族らの動向との関連性が想定されよう。[17]『霊異記』の性格に地方豪族の動向が少なからぬ影響を与えていることは確かであろう。

『日本霊異記』は、今まで一般に「私度僧の文学」として位置付けられてきた。しかし、如上の性格を顧るならば、それが的確な把握でないことは明らかである。単純に編者景戒の私度僧としての立場からの私度僧擁護の説話集と言い切れるものではあるまい。景戒の行基に対する関心の高さも単に私度僧の系譜上における理想像をそこに求めた所だけに由来するものではなかろう。次節では、『霊異記』行基伝の如上の性格を踏まえた上で、後世における行基伝の広汎な流布の背景について逐一考察してみたい。

行基伝の形成

行基は、日本古代における一種のスーパースターである、としても過言ではあるまい。それでは、なぜ行基は後世に行基信仰とでも言うべき広汎な支持を得るに至ったのであろうか。史料の限られた行基の実像を探るにあたっては、後世の伝承説話から遡及して考察する方法も有効なはずである。

行基伝説の広汎な流布は、まず彼に仮託された寺院創建や造像例の分布によって知られる。田村円澄氏によると、行基創建伝承を持つ寺院数は全国で二百八ヶ寺、行基造像伝承を持つ仏像を有する寺院数は三十二ヶ寺であるという[18]。数としては膨大とは言い難いが、その分布が彼の活躍した畿内だけに留まらず、山形県から長崎県に及ぶ極めて広範囲なものであることに驚かされる。さらに、行基への仮託は寺院や仏像だけに留まらず、行基図、行基葺、行基焼といった何ら信憑性を持たぬ事物にまで及んでいるのである。堀一郎氏は、このような状況に聖徳太子との伝説的紐帯が認められる[19]、と指摘されている。聖徳太子と行基が共に古代仏教史上の英雄として崇められていたことは、『日本往生極楽記』における両者の追加採録によっても知られよう。『極楽記』の編者慶滋保胤は草稿修了後、夢告に従って両者を追加採録しているのだが、その事情を次のように記している。

仏子寂心在俗之時。草二此記及序等一。既成二巻軸一了。出家之後。無レ暇二念仏一。已絶二染翰一。近日訪二‐得往生人五六輩一。便属二中書大王一。令レ加二‐入記中一。兼亦待二潤色一。大王不レ辞。響応下レ筆。大王夢。此記中可レ奉レ戴二聖徳太子行基菩薩一。此間大王忽有二風痾一。不レ能二記畢一。寂心感二彼夢窓一。自披二国史及別伝等一。抽二‐入二菩薩応迹之事一焉[20]。

慶滋保胤の追加採録の理由については、まだ考察の余地があるが、両者が『極楽記』撰述の平安中期において、同様に英雄として捉えられていたことは明らかであろう。

『霊異記』における行基関連説話は前記の如く七話が収められているが、その中でまず注目されるのは、中巻第七縁の行基智光説話である。

釈智光は、河内の国の人、其の安宿の郡鋤田寺の沙門なり。俗姓は鋤田連。後に姓を上村主と改む。天年聡明にして、智恵第一なり。孟蘭瓫、大般若、心般若等の経の疏を製り、諸の学生の為に、仏教を読み伝ふ。時に沙弥行基有り。俗姓は越史なり。越後の国頸城の郡の人なり[21]。母は和泉の国大島郡の人、蜂田薬師なり。俗を捨て欲を離れ、法を弘め迷を化す。器宇聡敏くして、自然生知る。内に菩薩の儀を密にし、外に声聞の形を現はす。聖武天皇、威徳に感ずるが故に、重みし信く。時の人欽み貴び、美めて菩薩と称ふ。天平十六年甲申の冬十一月を以て、大僧正に任ず。是に智光法師、嫉妬の心を発して、非りて曰はく「吾は是れ聖人、行基は是れ沙弥、何の故にか天皇、吾が智を歯へ不、唯沙弥を誉めて用ゐたまふ」といふ。時を恨み、鋤田寺に罷りて住む。儵に痢病を得、一月許を経て、命終はる時に臨みて、（中略）光発露懺悔して曰く、「智光、菩薩の所に、誹り妬む心を致して、是の言を作せり。「光は古徳の大僧、加以智光は生知る。行基沙弥は浅識の人にして、具戒を受けず。何の故にか天皇、唯行基を誉めて智光を捨てたまふ」といひき。口業の罪に由りて、閻羅王、我を召して鉄銅の柱を抱か令む。経ること九日、誹謗の罪を償ふ。（中略）此れより已来、智光法師、行基菩薩を信じ、明らかに聖人なることを知る。(22)

行基の大僧正任命を妬んだ智光が、死後地獄でそれを反省し、蘇生して行基に帰依したという説話であるが、これは当時の民衆の考え方を色濃く反映していると思われる。智光は三論宗を代表する学僧である。智光のような学僧が民間布教者たる行基に完敗してしまうことは何を意味するのであろうか。ここには、前項で述べた法相宗と三論宗の対立関係も想定されるが、それだけでは説明できない部分がある。それは、この説明が後世まで殆んど同じ形で受け継がれていることである。この行基智光説話は、『日本往生極楽記』、『行基年譜』、『三宝絵詞』、『扶桑略記』、『今昔物語集』、『元亨釈書』にそのままの形で鎌倉末期まで継承されているのである。これは、この説話が後世に至るまで民衆の根強い支持を得ていたことを示すものと言えよう。堀一郎氏は、「優婆塞的実践形態と大僧的学智形態との宗教的優劣観、価値論について、この説話は単に一人の行基対智光、薬師寺対元興寺、法相対三論等の予想せられる具体的関係や意図を遙かに超えた宗教史の根本的な問題を提起したものとも考えられる。これが智光の告白に基いたにしても、作者の創作になったとしても、それが奈良仏教史の現実の動向と表裏する限り、その背景にはこれを支持する社会性の存在を見遁すことは出来ず、更に後世この説話が盛んに流布筆録せられた事実は、一個の創作が単なる創作に止らない支盤の存在を予想することが出来る」[23]とされ、極めて重要視されている。これは、行基のような民間布教者の方が智光のような学僧よりも注目されていたことを示すものであろうが、平安中期以降のヒジリの輩出との関連性が指摘され得よう。平安中期以降のヒジリに対する広汎な支持と関心が行基をその先駆として位置付けさせ、この説話を後世まで継承させる結果になったと考えられよう。

次に注目されるのは、上巻第五縁の行基文殊化身説とでも言うべき説話である。

今惟ひ推ぬるに、逕ること八日にして、銛き鋒に逢はむと者へるは、宗我入鹿の乱に当る。八日とは八年なり。妙徳菩薩とは文殊師利菩薩なりけり。一つの玉を服せしむと者へるは、難を免れしめむ薬なりけり。黄金の山とは五台山なり。東の宮とは日本の国なりけり。宮に還り、仏を作らむと者へるは、勝宝応真聖武太上天皇の日本国に生れたまひ、寺を作り、仏を作りたまふなりけり。爾の時に並に住む行基大徳は、文殊師利菩薩の反化なりけり。是れ奇異しき事なり。[24]

この説話は、蘇我・物部両氏の崇仏排仏論争を仏教的因果応報論に当てはめたものであるが、これも行基伝説の一つとして看過できない。聖徳太子―聖武天皇―行基が当時の日本仏教史の根幹に位置付けられていたことが知られる。聖徳太子を日本仏教興隆の始祖として、聖武天皇を日本仏教黄金時代の現出者として、行基を民間布教者の嚆矢として評価することは、景戒一人の認識に留まるものではなかったに相違ない。[25]この説話では、行基は実際には全く登場せず、因果応報論の引き合いに出されるだけであるが、行基の歴史的性格を考える上で重要な意義を有している。なぜ、行基は文殊菩薩の変化とされたのだろうか。この点については、吉田靖雄氏の論考で[26]ほぼ論じ尽されているようである。氏は、「文殊菩薩は出家比丘形の修行者であり、その菩薩行は三宝と衆生に食物を飽食せしめることであると経典に説かれており、これが行基に共通するため、両者が結び付けて説かれたのだろう」とされている。この行基文殊化身説は、行基の様々な側面の中において、民間布教者、就中慈善事業者としての側面が最も重視されていたことを示すものである[27]。

さて、行基伝の形成を考える上において重要な視点とされるべきものに行基の呼称がある。その変遷を『続日本紀』以下の史料によって整理してみると、次のようになる[28]。

続日本紀（延暦十六年）	小僧行基、行基法師、大僧正行基和尚、行基菩薩、行基大徳
日本霊異記（弘仁十三年頃）	行基大徳、行基菩薩
三宝絵詞（永観二年） 日本往生極楽記（寛和元年） 扶桑略記（嘉保元年以降） 今昔物語集（嘉承元年以降）	行基菩薩
元亨釈書（元亨二年）	釈行基

これによると、菩薩の呼称が『霊異記』以降すっかり定着していることがわかる。『続紀』における呼称は様々であり、これが行基と律令国家との関係を考える上でのキーポイントとなっているが、その変遷は次の通りである。

養老元年（七一七）四月壬辰条、小僧行基
天平三年（七三一）八月癸未条、行基法師
天平十五年（七四三）十月乙酉条、行基法師
天平十七年（七四五）正月己卯条、行基法師→大僧正
天平勝宝元年（七四九）二月丁酉条、大僧正行基和尚、行基菩薩

宝亀四年（七七三）十一月辛卯条、行基大徳ここで最も注目されるのは、「小僧」という呼称であるが、これをいかに解すべきであろうか。従来、この呼称は律令国家側の彼に対する貶称として捉えられ、それ以上に顧られなかったが、未だ検討の余地を残しているのではなかろうか。田村円澄氏は、「大僧に対する沙弥として理解するのが妥当」[29]だとされているが、従うべきであろう。それは、次の史料からも明らかである。[30]

・光は古徳の大僧、加以智光は生知る。行基沙弥は浅識の人にして、具戒を受けず。

・我智深大僧也。行基智浅沙弥也。

・我才智宏淵、行基只営二小行一耳。

「大僧」が「沙弥」に、「宏淵」が「小行」に対応することを考えれば、小僧とは沙弥であるとして大過なかろう。さらに、石田瑞麿氏によると、小僧は十戒を受けた沙弥・沙弥尼で、大僧とは二百五十戒あるいは五百戒を受けた僧尼のことであるといわれ、[31]対立概念として捉えられよう。以上、「小僧」は「沙弥」と同義であると思われ、貶称という側面のみを強調すべきではなかろう。ただ、「小僧」は自称の謙譲語として用いられるのが一般的で、他人をこのように称する例が極めて少ないことに[32]留意すべきであろう。

行基には、「小僧」と正反対の、注目すべき呼称「菩薩」が多用されている。『続記』天平勝宝元年（七四九）二月丁酉条を端緒に、行基と「菩薩」の呼称が相即不離の関係となっていたことについては、先に見た通りである。井上光貞氏は、「菩薩の化身という程の意味であって、教団の内外を問わず、慈悲の優れた仏教者に対する最高度の尊称であった」とされているが、[33]この呼称は前述の行基文殊化身説と密接な関連性がある。「菩薩」の呼称と、文殊化身説とはどちらかが先行したのではなく、一体となって弘まっていったと考えられる。それを説話として作り上げたのが景戒なのであって、それ以前にそのような考え方が次第に醸成されていったのであろう。

『霊異記』には、行基以外に「菩薩」の称号を以って呼ばれた人物が四例現れており、看過できない。それは次の通りである。[34]

世の人其の行を美め讃へて、金鷲菩薩と称ふ。（中巻第二十一縁）

紀伊国牟婁郡熊野村に、永興禅師といふひと有りき。海辺の人を化しき。時の人其の行を貴ぶ。故、美めて菩薩と称ひき。天皇の城より南に有るが故に、号けて南菩薩と曰ひき。（下巻第一縁）

乃ち聖の化なることを知りて、更に名を立てて、舎利菩薩と号く。道俗帰敬して化主なりとす。（下巻第十九縁）

彼の山に浄行の禅師有りて修行しき。其の名は寂仙菩薩と為へり。其の時の世の人道俗、彼の浄行を貴びしが故に、美めて菩薩と称ひき。（下巻第三十九縁）

これら四人は、いずれも八世紀の人物で、南菩薩と寂仙菩薩は他の史料によって確認できる。[35] 奈良朝において、「菩薩」と尊称されていた人は、行基一人ではなかったわけであるが、いずれも行基の例に倣って名付けられ、自称したものかと思われる。[36]

以上、『日本霊異記』を初めとする行基伝が民間における行基の姿を極めてよく反映していることが確認されたと思う。これらの副次史料に目をつぶってしまっては、歴史の実像は見えて来ないのではなかろうか。

（1）二葉憲香氏『古代仏教思想史研究』（永田文昌堂、一九六二年）第四篇第一章および、井上光貞氏「行基年譜、特に天平十三年記の研究」（竹内理三博士還暦記念会編『律令国家と貴族社会』所収、一九六九年）では、行基史料の信憑性について精緻な考証が試みられている。

（2）古典文学全集本、三六三〜三六四ページ。

（3）『日本霊異記とその社会』（雄山閣、一九七五年）一二五ページ。氏は、藤原種継の暗殺を採り上げた下巻第三十八縁において、事件が大伴氏によって実行されたことが明らかであるにも拘らず、首謀者の大伴継人の名が『霊異記』に見えないこと、上巻第五縁の大部屋栖野古を景戒が称讃するのは自身の理想像をそこに見出したからであろう、と考証されている。

（4）志田氏前掲書、一〇二ページ、真中幹夫氏「日本霊異記の歴史的性格」『歴史学研究』五〇〇号、三五ページ。

（5）志田氏前掲書、六七〜一一〇ページ。

（6）天平九年（七三七）四月壬子条「律師道慈言。道慈奉二天勅一住二此大安寺一。修造以来。於二此伽藍一恐レ有二災事一。私請二浄行僧等一。毎年令レ転二大般若経一部六百巻一。因レ此。雖レ有二雷声一。無レ所二災害一」（国史大系本、一四三ページ）。

（7）佐伯伊多智には悪報を受けるべき悪因が明記されていない。氏は「道鏡が下野薬師寺に追われて間もなく下野守に任ぜられたのが伊多智で、彼が道鏡に何らかの圧迫を加えたに違いない」とされる。

（8）志田氏前掲書、一〇七ページ。

（9）前述の通り、道鏡を擁護するだけでなく、彼を斥けようとしたと考えられる佐伯伊多智が悪報を受ける説話はその典型とされよう。道鏡に関しては、『続紀』宝亀元年（七七〇）八月庚戌条の「竊挟二舐糠之心一。為レ日久矣。陵土未レ乾。奸謀発覚。是則神祇所レ護。社稷攸レ祐」の批判が世論に合っていよう（国史大系本、三八〇ページ）。

（10）真中氏前掲論文、三六ページ。

（11）朝枝善照氏『平安初期仏教史研究』永田文昌堂、一九八〇年、四三ページ。

（12）「霊異記の歴史意識」（『民間信仰史の研究』所収、法蔵館、一九八二年）。

（13）「長屋王の変は天平時代の開始を告げるものとして中央貴族たちだけでなく、政治と直接に関係のない民間にあっても大事件として記憶された。そのことが『霊異記』の伝承中から窺われる」とされる（高取氏前掲書、一一七〜一一八ページ）。

（14）高取氏前掲書、一一八〜一一九ページ。

（15）氏は、「行基が天皇を助けたというようなことは、それが東大寺大仏建立といったモニュメンタルな事蹟を踏まえているだけに、きわめて一般的に存在し、霊異記は天平という年号のもとに抱かれた一定のイメージを代表するものだった」とされるが、それ以上説明されていない（高取氏前掲書、一二〇〜一二一ページ）。

（16）高取氏前掲書、一二四ページ。

（17）氏は、「血縁あるいは地縁集団の共同生活の中に即自的に生きる人びとにとっては、世間話や歴史説話は縁はない。現実にはその成員であっても一方でその枠を越え、自らの責任で自己の世界をつくろうと努力し、それゆえに外界の出来事にも鋭い感覚を働かす人こそ世間の事実譚を求める人であり、こうした人びとが集まって協力し合う場所こそ世間話・歴史説話成立の母胎をなすものである」とされ、「一般農民は依然として素朴な伝承の世界にとどまっていても、有力者たちの間から活発な世間話や歴史説話の類の成立する素地は充分にあったと考えられる。しかもこの時期に促進された仏教の地方普及はこれら地方豪族・富農層を直接の荷担者とし、彼らが地域的に知識を結んで造寺・造仏・写経などに励《(ママ)》げんだことは今日に残る写経の跋文や霊異記の説話のなかに窺われるから、霊異記の素材となった説話群は彼らをもって最も主要な聞き手とし、語り手とするものであったろう」とされる。極めて新鮮な着眼点であるが、「霊異記の最も主要な聞き手が地方豪族であった」とされるまでには、なお論考の余地があろう（高取氏前掲書、一二二～一二三ページ）。

(18)「行基と僧尼令」（笠原一男博士還暦記念会編『日本宗教史論集』上所収、一九七六年）。氏の調査は日出新聞社『日本寺院大観・寺院篇』に基づくとされるが、我々の周囲にも行基伝承を持つ寺院は少なくなく、その実数は氏の調査よりも遙かに多いと思われる。但し、伝承の信憑性は論じない上での話である。

(19)『我が国民間信仰史の研究』序編・伝承説話編、東京創元社、一九五五年、二〇八～二〇九ページ。詳細後述。

(20)日本思想大系本、五〇二ページ。

(21)この部分は明らかに景戒の誤認である。高志氏を越氏と誤ったために越後の人としてしまったのであり、『霊異記』の史料的評価を落としめている。

(22)古典文学全集本、一六二～一六六ページ。

(23)堀氏前掲書、二三七ページ。

(24)古典文学全集本、七四ページ。

(25)堀氏は、「太子の仏教が聖武天皇に到って、東大寺建立によって具体的、且つ象徴的に完成せられたと云ふ見解や、それが行基菩薩の活動によって沙弥的な、社会宗教的発展をなしたとする見解は、聖武天皇が行基を尊崇せられた現実の歴史を媒介として、奈良時代の僧俗の間に芽生へたものであり、この伝承は長く日本の民間仏教の性格を決定するものとなったと考へられる」とされている（前掲書、二〇九ページ）。

(26)吉田靖雄氏「『霊異記』の行基文殊化身説をめぐって」『日本仏教』四六号所収、一九七八年。

(27)行基を文殊菩薩の化身とする説は、『日本往生極楽記』、『三宝絵詞』などに引き継がれているが、この説話を創作したのは景戒あるいはその周囲の人物と見てよいだろう。

(28)編纂者としての行基に対する呼称を整理したものであり、『霊異記』中巻第七縁以下に見える「行基沙弥」などは説話中の登場人物の言であるから含まない。

(29)「行基についての二、三の問題」『続 律令国家と貴族社会』吉川弘文館、一九七八年、一六四～一六八ページ。

(30)いずれも、前述の行基智光説話の一節で、智光の会話の部分であるが、史料は順に『霊異記』中巻第七縁（古典文学全集本、一六五～一六六ページ）、『行基年譜』（二葉憲香氏編『史料・日本仏教史』山崎宝文堂、一九七一年、八八ページ）、『元亨釈書』（国史大系本、二〇六ページ）である。

（31）『日本仏教における戒律の研究』中山書房仏書林、一九六三年、二四九ページ。

（32）『日本国語大辞典』によると、『玉葉』元暦二年（一一八五）八月九日条や『応永九年（一四〇二）十二月二十六日最勝光院方評定引付』（東寺百合文書）などにその用例が見られるという。

（33）『日本古代の国家と仏教』岩波書店、一九七一年、二〇四ページ。

（34）古典文学全集本、二〇三、二六一、三〇八、三七五ページ。

（35）南菩薩（永興禅師）は、『続紀』宝亀三年（七七二）三月丁亥条に「或持戒足レ称。或看病著レ声」す僧の一人として名が挙げられ（国史大系本、四〇二ページ）、寂仙菩薩は『文徳天皇実録』嘉承三年（八五〇）五月壬午条に「有二弟子名上仙一。住二止山頂一。精進練行」する（同、一一ページ）とある。両者とも六国史では菩薩の呼称を用いられていないことに留意したい。

（36）いずれも行基在世以降の人物であり、南菩薩は平城京の南で活躍したからそう呼ばれたとあるが、私見ではむしろ畿内の行基菩薩と対応させてそう呼んだのではないだろうか。

第二章　「大仏勧進創作説」をめぐって

行基史料の問題点

旧来、行基が東大寺大仏造営にあたって勧進の役を果したことは、『続日本紀』天平十五年十月乙酉条（以下「天平十五年条」と略）の一節によって史実と認められ、殆んど疑義が容れられなかった。ところが、二葉憲香氏がこの記事の信憑性を問題にされて以来(1)、その見直しが盛んになり、福岡猛志氏が「大仏勧進創作説」を提唱するに至った(2)。行基の大仏勧進を伝える記事は、他のあらゆる文献は勿論のこと、同じ『続紀』の行基卒伝にも見られず、今まで問題にされなかったこと自体が不思議である。本稿では、「大仏勧進創作説」の検討を通して『続紀』行基伝の信憑性を『霊異記』以下の行基伝と比較した上で再検討してみたい。問題の記事は次の通りである(3)。

　皇帝御㆓紫香楽宮㆒。為㆑奉㆑造㆓盧舎那仏像㆒。始開㆓寺地㆒。於㆑是行基法師率㆓弟子等㆒勧㆓誘衆庶㆒。

この条文で問題になるのは、「於是」前後の文章のつながり方である。福岡氏は、史官の認識に基づく論理的連関によってつなげられているものだとされるのだが(4)、福岡氏の論考に入る前に、その契機となった二葉氏の理解について見ておきたい。

まず、氏は「『続紀』の記述は、行基の勧進がなければ、大仏造立の達成ができなかったという事態を示していると解すべきであるか。行基にそのような積極的な協力があったのであるか」と行基の大仏勧進における積極性に疑問を投げ掛けられた。その上で『続紀』の卒伝に大仏勧進を伝えぬことについて、「天皇の畢生の大願たる大仏建立に対する彼の貢献は一句の記録にも値しなかったと考えざるを得まい。天皇の崇敬を特記し大僧正補任をかかげる程であるから、聖武天皇の大願に対する貢献があるならば無視せられるはずはあるまい」とされ、「『舎利瓶記』以下の諸伝に行基の大仏勧進のことを伝えないのは、故意に無視したとは到底考えられないのであるから、それが特記せられる程のものではなかったから」であろう、とされた。さらに、「おそらく行基もこの造営に反対しなかったのであろうし、それには相当の理由があったにちがいないが、一応知識勧進というううごきをみせたのであろう。しかし、この大仏造営が人民の苦難を増大するおそれのあるものであり、恭仁京の造都に動員せられる役民の労苦をまのあたりにして、その救済に当った行基、すでに数十年も弾圧下に律令政府による困窮民の救済にたずさわって来た行基にとって、それはむしろ心すすまぬものであったのではないか」と考え、「ともかく一応行基も動いた。このことは、聖武天皇の知識結集をうたった大仏造立の志願を記述した『続紀』編者にとって造立の詔の意図に応ずる記事として甚だ魅力的であったにちがいない。政府の立場に批判的であり、その為には脅威を感じた行基（その為に政府に脅威を感じさせた行基―引用者。以下同）すらこの事業に参加したということは記録に値しよう。しかし、その大仏勧進は、ほとんど特筆すべき実績をあげぬものであったので伝記（『続紀』卒伝以下の他史料）には書くことができなかったというのが、真相にちかいのではなかろうか」と結論付けられた。(5)

着眼点が新鮮で、論旨も概ね首肯されよう。しかし、国家の総力を挙げて推進された大仏造営に、それがたとえ消極的で実績を伴わなくとも、当時の民衆の関心を一身に集めていた行基が協力したとなれば、それは極めて話題性の大きな事件であったはずであり、「特記せられる程のものではなかった」とは考えられない。二葉説の成立には、福岡氏も指摘される通り(6)、伝記の作者たちにとって、大仏造営やそれに対する行基の勧進が低く評価されていたという論証が必要不可欠であるが、それは不可能ではあるまいか。但し、「行基が民衆の疲弊を目のあたりにして、大仏造営に批判的であった」とする見解と、「『続紀』編者にとって行基が行動したこと自体がその性格の如何にかかわらず魅力的であった」とする見解は、推測の域を脱し切れないものの、示唆に富んでいて重要である。

これを承けて福岡氏は、まず「『続日本紀』によるかぎり（そして、当面のところ、それが唯一の史料なのだが）行基は『自発的』に衆庶を勧誘したのであって、決して勧進の命を受けたのでもなければ、それを天皇から懇請されたわけでもない」ことと、「示寂伝を別として、残る五ヶ条にわたる『続日本紀』の行基関係（直接に行基の名前をあげている）の記事のうち、四ヶ条までが詔あるいは勅を素材としていて、その同時代性が確かめられるのに対して、問題の勧進記事のみは、地の文である」ことの二点の事実確認をされた。その上で、『続紀』以外で行基の大仏勧進を記す史料の検索をされている。

まず、氏は東大寺の四聖建立思想について精査された。(7)『古事談』は「四聖の用語が使われておらず、行基勧進のこともみられないが、四人が並記され、それぞれ四聖説におけると同じ役割が与えられ、実質上四聖に準ずるもの」で、その初見である。次いで、『東大寺縁起』に「冒頭から『夫当伽藍者、四聖建立奇特奇麗之精舎』と述べている。そして、『行基菩薩為当寺造立起請。依勅詣伊勢大神宮』、『天平十七年乙酉八月廿三日帰平城京、天皇良弁行基共撰地。被始大仏営作』、『行基菩薩則覚母文殊之再誕也。出権扉之応用庶利舎識』などの文言がみら」れ、『三国仏法伝通縁起』にも「やはり『東大寺者四聖垂応所建立也』とした上で、行基を文殊応現とし、明確に『為勧進棟梁奉助御願』と規定して」いて、四聖の思想が明確に見られる。ところが、『東大寺縁起』、『三国仏法伝通縁起』は共に鎌倉末期十四世紀の成立であり、その頃には四聖の思想がかなり弘まっていたはずであるにも拘らず、同時期の『行基大菩薩行状記』に「行基大僧正鎮護国家の御ために、衆生を利益す」とまで述べながら大仏勧進を言わず、『元亨釈書』にも触れられていないのは、極めて不思議である。このように考察してゆくと、大仏勧進、あるいは四聖について記しているのは東大寺の系列に属する史料と『沙石集』、『古事談』などの必ずしも行基を語ることを必須としない作品であることが解される。さらに、十三世紀以降に四聖の思想が弘まっているのは、重源の勧進によるものであろう。すなわち「行基と東大寺が何らかの関係をもつという意義は存在したであろう」から、重源の東大寺再興のための未曾有の大規模な勧進に際して「勧進役をひきうけた重源とその周辺の人々の間で、行基が想起されるとともに『続日本紀』の一節が浮上してきたのは当然」であり、詰まる所「重源以前に行基勧進説なし」なのである。以上が、四聖思想に関しての氏の推論である。

さらに、氏は『続紀』の当該条文を分析されて次のように述べられている。

この場合の「於是」は、因果関係を説明するものであって、時間的問題は捨象されていると見るべきであろう。つまり、後段部分が同日条に書かれているのは、同時発生を示すものではなく、論理的な連関によるものであると思うのである。更に一歩進んで言うならば、この表現は、史官によるひとつの理解にもとづくものであって、詔勅などが引用されている場合とは性格が異なるのではあるまいか。

そして、氏の結論はこうである。

「始めて寺地が開かれた、それによって木津川畔における行基の行動が、（聖武発願の精神に合致して、結果として）衆庶を大仏造営にむけて勧誘するものとなった」（即ち、役民等を救済する行為それ自体が造仏を助けるという意味で）というのが、この一条の内包する意味だったのではあるまいか。

学界の定説を覆す新説だけに、論旨の飛躍も免れないようである。四聖思想は、氏独自の着眼点で今まで殆んど論じられていなかったが、それと重源との勧進との関係について何も述べないのは過失ではあるまいか。また、中川修氏の指摘にもあるが、(8) 史料の性格分析のみから行基の実像を再構成しようとしたために、行基の主体性についての分析が欠如してしまっていることも問題である。しかも、その史料の性格分析が十分になされているとは思えないのである。天平十五年条を「一般情勢を念頭においた、史官の認識あるいは想定にすぎない」ものと結論付けるためには、『続日本紀』が史官の認識や想定を多分に内包する史料的性格を有するものであるということが証明されなければならない。本論においては、『続紀』の徹底した史料批判が必要不可欠だと思われる。それが十分になされなかったことは、福岡説の致命傷となっている。『続紀』の大仏勧進記事を見て、まず直面するのはその卒伝との食い違いである。これを説明するためには、条文と卒伝との史料的性格の相違が明らかにされねばならない。すなわち、歴史的事実で、条文に記された内容を卒伝で消去すること、つまり編者の改変が可能だったのか、また、卒伝は当然条文より後に作られるものだが、その素材は『続紀』の条文以外にも求められるものなのか、について考察されねばならない。そのためには、行基以外の薨卒伝についても洗い直す作業が必要となる。それと共に、条文に歴史的事実でない編者の想定が入り込むことは珍しくないのか、それはいかなる場合に起こり得るのか、逐一検討されなければならない。

ここで、私は以下のように推論する。林陸朗氏「『続日本紀』掲載の伝記について」[9]に基づいて考察すると、『続紀』行基記事の矛盾もどうにか納得され得るのである。氏は、「本書（『続日本紀』—引用者）を読むものが一様に感ずることは、前半部とくにはじめの数巻の記事は簡単であり、後半部に至って詳細となっていることであって、これはやはり編纂の事情によるところである。（中略）王臣・僧侶等の伝説的記事も、こうした編纂事情に影響されていることは当然である」とされ、『続紀』の薨卒伝を網羅的に調査検討されている。氏の指摘で重要な部分は次の通りである。[10]

（1）前半部（巻二十一まで—引用者。以下同）における薨卒伝掲載者は五名に過ぎず、そのうち四名が行基を含む僧侶であるが、後半部（巻二十二以降）におけるそれは、五十名に及び、そのうち僧侶は二名だけで全く傾向を異にする。

（2）前半部の薨卒伝には共通して「于レ今」、「至レ今」という記載（行基卒伝では「不日而成、百姓至レ今蒙二其利一」、「弟子相継皆守二遺法一、至レ今住持」とある）が目に付くが、これは『続紀』編纂の延暦年間という時点における特殊な関心が基礎となっていると考えられる。

（3）前半部は、その基礎である曹案三十巻が「疎漏」であって、これをもとにした光仁朝の石川名足らの編史が「無二刊正一」といわれ、さらに延暦期の編史で三十巻を二十巻に「刊削」するという、いわば三重の不利な条件のもとで出来たが、にもかかわらず詳細な、しかも実のある五薨伝が掲載されていることは、もとの三十巻を二十巻に刊削した時点、つまり延暦期に一般本文記事とは無関係に急遽編入されたものと思われる。

（4）本人の性格や特長はもとより特殊な功労・徳行など薨卒伝にみえていて、本文記事に見えないものが多く、さらに任官叙位などの経歴のうち、当然本文記事中に見えていてよかるべき五位以上の叙位についても本文中に見えなかったり、記されていても年月等が矛盾することが少くない。

（5）薨卒伝の主要な材料は一般記事の材料とは別個に伝記の形をとって存在していたと思われ、それは職員令に規定されている「功臣家伝」の如きものであっただろう。叙位やその他の一般記事は諸官司のそれぞれの文案等に依ったと思われ、その叙位にはさきの伝記などは通常は利用されなかったと考えられる。

氏の指摘によって、かなり新しい見方が可能となった。まず、（4）の性格は行基の場合とは全く反対で、ますます混迷の度合いを深めそうである。（4）の性格から考えると、行基の場合の如き事態は決して起こらないはずである。ところが、（1）、（3）に見られるように、行基の卒伝が含まれる『続紀』の前半部は極めて異例な性格の強い部分であり、（5）にあるように、卒伝と本文記事が全く別な素材に基づいていたとなると、少しは理解が容易になる。本文記事が何らかのミスによって記載され、また薨卒伝もそれと全く無関係に掲載される可能性も少なくないだろう。だが、最も重要なのは（2）であろう。行基の卒伝は、桓武朝の史官の認識に基づくものだとされる。言うまでもなく、桓武天皇は政治と仏教の癒着を排除することに専心した人である。行基が聖武天皇の東大寺造営に協力したことは、桓武にとって好ましくなかったに違いない。しかも、それが大僧正任命のような、具体的かつ明確な事実ではなく、「率㆓弟子等㆒勧㆓誘衆庶㆒」の如き抽象的かつ不明確な行為であったならば、それを抹消することは容易であったはずである。

　行基は何らかの形で行動した。しかし、それは二葉氏以前の理解に見られるほどの実績を伴ったものではなく、その実情を端的に記したのが「率弟子等勧誘衆庶」の一文であった。ところが、卒伝はそれを軽微かつ好ましくない事柄として抹消してしまった。『続紀』には、天平期を反省する延暦期の考え方が反映されていたと考えるべき[11]で、それは『霊異記』とは対極的な性格である。

　『続日本紀』は編者の脚色の少ない信憑性の高い史料として利用されて来た。それを一刀両断に「信用できない」と言い切ってしまうことは手易いが、飛躍は免れ得ない。「大仏勧進創作説」が成立するためには、既述の如き膨大な作業をこなす必要があったのである。かくして、「大仏勧進創作説」の成立は無理と見るが、この問題はむしろ、大仏勧進記事の矛盾を出発点として『続紀』の信憑性を考え直す方向に向けた方が有益だと思う。いかに国家の正史と言えども、それを何の史料批判もなしに信用して来たことは誤りであったと言わねばならない。特に行基に関してはそれが顕著である。「大仏勧進創作説」は、『続紀』の史料的価値の見直しを提言したという実績において、高く評価されるべきものである[12]。

　それでは、なぜ行基の大仏勧進は『続紀』以外の史料に現れないのか。『日本霊異記』には、七話に及ぶ行基関連説話が収録され、景戒の尊崇ぶりが窺える。ところが、そこにも大仏勧進については全く触れられていないのである。ここで、注目すべき一節が上巻第五縁にある「東の宮とは日本の国なりけり。宮に還り、仏を作らむと者へるは、勝宝応真聖武太上天皇の日本の国に生まれたまひ、寺を作り、仏を作りたまふなりけり。爾の時に並に住む行基大徳は、文殊師利菩薩の変化なりけり」(13)である。ここでの寺が東大寺、仏が東大寺大仏であることは、誰の目にも明らかであろう。問題は、「爾の時に並に住む」の解釈である。この一文は、見方によっては「その大仏造営に協力した行基は」と解することも不可能ではない。しかし、私にはそこまで積極的に解釈することは困難だと思われる。「住む」には、「居住する、定住する、棲息する、止まる、居続ける、し続ける」の意があるが、(14)いずれもそのような解釈には適合しない。むしろ、ここでは「その時代に(東大寺とは無関係な所に)生きた著名人である行基は」と否定的に解釈すべきではなかろうか。景戒が行基と共に聖武天皇にも並々ならぬ畏敬の念を持っていたことは明らかだが、その聖武天皇自身の発願による大仏造営に同じく尊敬すべき行基が協力し、功績があったとすれば、このような曖昧な表現をするはずはないのではないか。とすると、『霊異記』においては、行基の大仏勧進は完全に否定されている、と言えるはずであるが、ここで想起されねばならないことがある。それは『霊異記』の法相宗擁護の性格であり、それが華厳宗の教学理念に基づく東大寺造営を抹消してしまうことは、大いに考えられるのである。つまり、『霊異記』の内容から行基の大仏勧進の有無を述べるには、景戒が行基や聖武の顕彰と自宗の弁護とのどちらを優先して執筆しているかが、(15)明らかにされなくてはならないのである。

『霊異記』の大仏勧進不記載については、真中氏が「『霊異記』における行基の説話が、民衆教化や民衆救済と結び付いたものに限られ、のちに国家権力にとりこまれた行基にはほとんど関心を示していないこと」に注意すべきで、「これは景戒が、朝廷にとりこまれた行基に関心をもたなくなったか、反発を感じたためではなかろうか。行基は民衆を教化し、民衆に慕われるところにこそ、その高徳が称えられたのである」とされている。(16)確かに『霊異記』には国家的な行事に関する記事が殆んどなく、細々とした民衆の日常生活を題材とした説話が大半を占める。景戒の眼が国家より民衆に向けられた背景には、やはり光仁朝以降の仏教統制強化政策が想定されよう。国家や政治の動向とは殆んど無縁な所に息付いている庶民の暮らしにその題材を求めたのは、景戒のささやかな抵抗でもあったのではなかろうか。景戒の求めた行基像が官僧でも大僧正でもない、民衆と共にある布教者であったことも頷かれよう。

結論に入りたい。行基の大仏勧進は、それが勧進というはっきりした形でなかったにせよ、一応あったと思う。『続紀』の一節から行基の行為を勧進だと見るのは速断に過ぎよう。だが、行基は一応同調する動きを見せたのであろう。それが『霊異記』に現れないのは、今まで述べて来た諸般の事情によるものだと思われる。

最後に、行基の大僧正任命は、今まで大仏勧進と関連付けて考えられて来た。大仏勧進が創作とされるならば、大僧正任命の理由が不明確になってしまうわけであるが、両者の関連性はどこまで明らかなのであろうか。大僧正任命については、それに触れない史料はない。それにも拘らず、その最大の理由とされる大仏勧進については『続紀』天平十五年条以外に見えない。これも不可解なことではないか。大僧正任命について『続紀』は「詔以二行基法師一為二大僧正一」と記し、「豊桜彦天皇甚敬重焉、詔授二大僧正之位一。并施二四百人出家一」とする[17]だけで、その因果関係ははっきりしない。この点について、井上薫氏は「正統の官僧のなかには行基の異例の昇進に反発をもつ者がいたであろうが、それほど彼を重く用いたのは大仏造営事業に彼を励ますためで、聖武や諸兄は焦慮していた」ためだとされる[18]。しかし、大僧正任命は行基にとって激励に値するものであろうか。『舎利瓶記』には、「天平十七年別授二大僧正之任一、並施二百戸之封一、于レ時僧綱已備二特居其上一、雖レ然不レ以レ懐[19]」とあり、その最後の部分の解釈が重要である。私には、「しかし、真意に沿うものではなかった」と解することしかできない[20]。大僧正任命が行基を激励する性格にあることが証明されなければなるまい。また、二葉氏は「異常なまでの仏教に対する霊験の期待と、玄昉による僧綱権威誤用の回復に応ずべきものがもとめられ」た結果だとされる。(21) 氏は、行基の大仏勧進の意義を低く見られるため、大僧正任命もそれとは無関係だとされるわけである。玄昉との関連性は釈然としない部分が少なくないが、聖武天皇が天平仏教界の統率に行基のカリスマ性を強く欲したことは確かであろう。僧綱の権威を行基のカリスマ性によって高めようとしたことは容易に想定され、それを大僧正任命の大きな要因と考えることは正しいであろう。

私は大仏勧進と大僧正任命との直接的な関係は認め難いと思う。両者が密接に関わり合うものならば、『霊異記』以下の諸史料に大仏勧進の事実が示されるはずではあるまいか。学界の定説に近い両者の関連性も意外に根拠薄弱だったと言わざるを得ない。(22)

以上、「大仏勧進創作説」とその周辺について、詳しく考えて来たが、ここで『続日本紀』と『日本霊異記』の史料的性格もかなり明らかになったと思う。(23) 極言するならば、『続紀』は天平期を否定し、延暦期の視点に立ち、『霊異記』は延暦期を否定し、天平期を理想とする姿勢によって記述されている、と指摘できよう。両者の性格が正反対であるからこそ、一方だけを過信してはならず、相互補完の関係にあることを認識しなくてはならない。民間における行基像の把握は『霊異記』の方が的確であるし、(24) 旧来の『続紀』偏重型行基研究は誤りであったと言えよう。

(1) 『古代仏教思想史研究』永田文昌堂、一九六二年、五〇七〜五一〇ページ。
(2) 「律令国家と行基」『歴史学研究』五〇〇号、一九八二年、一六〜三〇ページ。
(3) 国史大系本、一七五〜一七六ページ。
(4) 前掲論文、二三〜二四ページ。
(5) 引用は二葉氏前掲書、五〇八〜五一二ページ。
(6) 前掲論文、一九ページ。

（7）四聖とは、東大寺の創建に際して功績があったとされる聖武天皇、婆羅門僧正、行基、良弁四人の総称である。
（8）「行基伝の成立と民衆の行基崇拝」『民衆と仏教』永田文昌堂、一九八四年、一〇七ページ。
（9）『日本史籍論集』上所収（吉川弘文館、一九六九年）。この論文は「大仏勧進創作説」を検討する上で極めて有用なはずであるが、先学の中で論及された人を見ない。
（10）引用は註（9）書、一三二〜一四四ページ。
（11）林氏は、「道慈伝の中で、その著『愚志』一巻の名を挙げ、さらにその天平仏教批判の趣旨をことさらに掲載したのは、延暦期における仏教対策・僧尼への規制といった政策、とくに南都仏教規制の反映とみなければならないであろう」とされている（註（9）書、一三八ページ）。
（12）私見では、福岡氏ほど『続紀』の信憑性を低く位置付けた論考は他に例を見ない。
（13）古典文学全集本、七四ページ。
（14）『時代別国語大辞典』上代編に拠る。なお、古典文学全集本の訳は、「その時一緒に住んだ」と全くの直訳で、意味をなさない。また、興福寺本の影印本を見ると、「住」には訂正の痕跡が認められ、字体も不明瞭である。この字を「住」と読むことの是非についてもなお一考の余地があろう。
（15）行基の顕彰も聖武の顕彰も、結局は自宗の弁護に基づくところが少なくなく、この問題は複雑である。なお、法相宗擁護の性格については、拙稿「行基史料の検討」（『東方』五号所収。本書第Ⅰ部第一章）を参照されたい。
（16）真中幹夫氏「日本霊異記の歴史的性格」『歴史学研究』五〇〇号、一九八二年、三七ページ。
（17）天平十七年（七四五）正月己夘条（国史大系本、一八二ページ）、天平勝宝元年（七四九）二月丁酉条（卒伝、同、一九七ページ）。
（18）『人物叢書　行基』吉川弘文館、一九五九年、一三四ページ。
（19）『寧楽遺文』下巻、九七〇ページ。
（20）井上氏は、「大僧正の彼が尊大に振る舞わなかった」か、「僧綱が彼の任用を別に気にしなかった」との意とされるが、いささか苦しいようである（註（18）書、一三四ページ）。
（21）前掲書、五一七ページ。
（22）両者の関連性を論ずるには、その前提として大仏勧進を史実と見なければならないが、無批判に過ぎた。その上での考察も推論に頼る部分が多く、実証的に両者の関連性を解明しようとした論考は今まで殆んど見られなかった。
（23）中川修氏は、「『続紀』では僧尼令的秩序の再建という国家の立場に規定されて「僧尼の模範としての行基」が、『霊異記』では末法に生きる人々を救済する沙弥の代表として「救済者としての行基」がそれぞれ成立していた」とされる。従うべきであるが、その実情はもっと複雑である（前掲論文、一三一ページ）。

(24) 例えば、高取正男氏は「霊異記に語られている行基の風貌は、慈悲に溢れる聖人ではなく、むしろ、激しく行動的な威力に満ちた『化身』といえる。そして、彼の風貌をこのようなものとして、語り伝えたものは民衆の怒りにも似た激情であったと言えよう」(「日本におけるメシア運動」『民間信仰史の研究』法蔵館、一九八二年、三三一ページ)と、中巻第二十九、三十縁の行基像を評しておられる。このような姿は『続紀』からは想像できないが、こちらの方が実像に近いと思われる。中川氏が、「『続紀』卒伝は編者の伝えるべき行基像が提示されているに過ぎず、民間での行基伝承を抹殺することによって成立している」(前掲論文、一一八ページ)とされ、国史大系本解説に「『日本書紀』、『続日本紀』などの六国史は堂々たる官撰の大編纂物であるが、そこには人間の生きた姿がない。それは歴史を記したものとしては空疎に近い。人間の心を浮き出させ、時代と社会を描写し得た点では、六国史といえども『霊異記』に譲るところがある」(この部分執筆者不明、中田祝夫氏か。同書、一九ページ)とあるのもあながち極論とは言えまい。

第三章　行基仏教の再考察

行基は、日本古代史上において最も研究の盛んな人物の一人であると言えよう。彼の存在は様々な問題を提起し、多くの論議を生んで来たが、その中で意外に見落とされがちな事実の少なくないことが指摘され得る。本稿では、行基仏教の特質について、主に思想面から再検討を加えようとするものである。

行基仏教の思想基盤

行基の思想基盤を解明することは、行基仏教の実像を探るためには必要不可欠である。しかし、行基には一次史料たる著作物が全く遺されておらず、その思想を明確にすることは決して容易ではない。但し、行基の修学経典については、殆んどの史料が一様に瑜伽唯識論（『瑜伽師地論』と『成唯識論』）の名を挙げており、それを否定すべき材料もないことから、これが重要な足掛かりの一つとなろう[1]。

初出家。読㆓瑜伽唯識論㆒即了㆓其意㆒。（『続日本紀』天平勝宝元年二月丁酉条）

菩薩出家為㆓薬師寺僧㆒。読㆓瑜伽唯識論等㆒了‐㆓知奥義㆒。（『日本往生極楽記』）

学‐㆓習法相大乗㆒。兼修㆓利他之行㆒。生知自通。不㆑待㆓師説㆒。別釈㆓瑜伽論一巻㆒。（『行基菩薩伝』）

居二薬師寺一、学二瑜伽唯識等論於新羅慧基一。（『元亨釈書』）

それでは、瑜伽唯識論とはいかなる性格を有するものであろうか。また、行基の活動がこれに基づくと断言できるものであろうか、考えてみたい。これについて、二葉憲香氏は「僧尼令によって国家が要求する僧尼の寺院寂居・国家に対する没批判・民衆不教化・不強乞余物等は、瑜伽戒によればすべて否定せられることになる。行基が反律令制を容赦なく展開するのは、このような瑜伽戒によって支持せられたのであることはうたがいをいれない」とされているが、[2]瑜伽唯識論はその全体が反律令的な思想によって貫かれているのであろうか。瑜伽戒の一部分に見られる思想だけでなく、瑜伽唯識論の全体的な性格について考えてみる必要があろう。管見によれば、瑜伽唯識論は行基をして実践活動に駆り立てるような性格のものとは看做し難いようである。[3]また、瑜伽唯識論は法相宗の根本経典であり、当時は極めて広汎に受容されていた。それは、同時期に行われた知識写経にその名が最も多く見られることからも明らかであり、[4]法相宗の僧侶たる行基が修学していたことは至極当然なことと考えられるのである。但し、なぜ行基の伝記に限って瑜伽唯識論の名が殊更に挙げられなければならなかったのかについては、考察の余地があろう。行基は、当時ごく一般的な経論であった瑜伽唯識論から独自の解釈を引き出したと考えられようか。

これについて、宮城洋一郎氏は「法相宗の僧は多くは瑜伽唯識論を学んできたのである。つまり、かれらの多くは、あくまで学問的な意味でその思想を学んだのであって、決して実践的な意味を持っていないのである。したがって、行基には学問を実践へと飛躍させることのできた主体的な営為があったことをみておかなくてはならない」「行基は『瑜伽師地論』を実践の根拠としつつも、それをふまえた主体的な自覚のうえに『瑜伽師地論』の思想を自らのものとして形成したと考えられる。その意味で、瑜伽唯識論は彼の思想基盤たりえているのである。とすれば、行基の思想には、現実への鋭い視点から生みだされたものがあったといえよう」とされている。[5]

他の法相宗の僧と同じように瑜伽唯識を学んだものの、行基の現実認識は、それを実践活動への思想的根拠たらしめた、と見るのが適当であろう。行基の活動と瑜伽唯識論の修学との間にどれ程密接な関係があるのかは、未だ不明な点が多い。もし、行基が瑜伽唯識論に出会わなかったならば、行基の活動はあり得なかったのであろうか。私には、そこまで積極的な評価はなし難いように思われる。両者に何らかの関係があったであろうことは確かであるし、それを積極的に否定すべき材料も見当たらない。また、瑜伽唯識論以外で、行基の思想基盤として想定され得るものも見当たらない。しかし、旧来に見られない実践的利他行を展開した行基もその思想基盤は決して特異なものではなかったのであり、行基の行動から推して瑜伽唯識論を論ずると、その本質を見失なうことになりかねない。行基と瑜伽唯識論との関係を過信することは危険である、と私は思う。

　次に、行基仏教の思想基盤を考える上で見落とせないものとして惸独田《けいどく》がある。惸独田が行基の創始になるものであることは確実視され、行基の思想を体現したものとして重要である。『日本後紀』弘仁三年（八一二）八月癸丑条に「勅、在摂津国惸独田一百五十町、宜レ令下二国司一耕種上、所レ獲苗子、毎レ年申レ官、待レ被二処分一、然後用レ之。惸独田者、故大僧正行基法師為レ矜二孤独一所レ置也」とあるのが基本史料であり、その造営思想も『行基年譜』の「爾時大僧正言、大国者有二給孤独園一而養二息孤独徒一、但吾日本国無二給孤独園一、是以請為二奈野一而為レ給孤独園一」の記事と合わせて明らかにされよう。(6)「給孤独園」とは「祇樹給孤独園」、つまり祇園精舎のことで、行基が祇園精舎のような施設を理想として思い描いていたことが知られる。祇園精舎は、シャカ在世当時の北インドでスダッタ長者がシャカとその教団のために建てたと伝えられる僧坊で、社会的弱者の救済も行われていたと考えられる。行基が惸独田で目指したものは、祇園精舎のそれを模範とした慈善的救済事業であったと考えて問題なかろう。一方、「鰥寡惸独《かんかけいどく》」(7)の語は『続日本紀』にも頻出し、その救済が律令国家にとっても重要な課題であったことがわかる。

行基らの惸独田は、仏教思想に基づく独自な利他行の実践であったわけだが、『日本後紀』の記事が示す通り、それは後年律令国家の支配下に置かれる結果となっている。この状況をいかに説明すべきであろうか。行基の惸独田造営の思想は、国家の思想とは別な次元で成立したと考えられるが、なぜそれが国家に取り込まれ、同化してしまったのであろう。行基の思想は、律令国家のそれに吸収・同質化されてしまってしかるべきものだったのであろうか。これについて、宮城氏は「惸独田の思想を後世にまで十分伝えることのできなかった行基の側の問題」と「惸独田の思想を十分把握できずに、国司の管理を招いた弟子の姿勢」の二つが原因として挙げられる(8)、とされた。行基と行基集団構成員との間の思想的な連係が不十分であったと解されるわけだが、ここで行基仏教の性格について一考しておきたい。

行基の活動を示す史料を見て、まず気付くのが霊異呪術的性格の強さである。『日本霊異記』中巻二十九縁の「説法を聴聞に来た女の一人が頭に猪の油を塗っているのを見抜き、叱責した」話などはその典型的な例である。彼とその集団の霊異呪術的性格については、『霊異記』以下の多くの史料の物語る所であり、僧尼令違反として弾圧されたのもかような性格に依る所が大きいと思われる。霊異呪術的性格の強さは、思想基盤の明確さとは反比例するものであり、行基がいかなる経論をいかに解釈して布教したのかは殆んど不明と言わざるを得ない。但し、この性格は行基とその集団に固有のものではない。八世紀の日本では、仏教はあくまでも学問でしかなく、民衆を動かすようなものではなかったのである。民衆は行基のカリスマ性とその集団の霊異呪術的性格に魅かれてこそ動員され得たのではあるまいか。このように考えると、霊異呪術的性格は、周囲の求める所に応じて付与されたものであり、行基らがその活動を持続して行く上で（止むを得ず）帯びざるを得なかった性格であったと思われる。つまり、行基が本当に求めたのは惸独田に示されたような思想的に根拠のある仏教であったに違いなく、霊異呪術的仏教は彼の目指す所ではなかったと思われる。惸独田が彼の死後早々に律令国家側に取り込まれてしまった事実は、八世紀の民間布教者の宿命的な限界を如実に示すものである。行基という人物のカリスマ性を失なった行基集団は、たちまち瓦解してしまったのである。仏教の教理ではなく、霊異呪術性やカリスマ性に依拠せざるを得なかったのが当時の民間布教者の宿命だったのである。

国家仏教の思想基盤

続いて、国家仏教側の思想と性格を考察し、行基仏教との比較検討に備えたい。ここでは、僧尼令と護国経典の検討が中心となろう。

まず、僧尼令について考えてみたい。僧尼令の最も特徴的な条文が左記のものである。[9]

・凡僧尼非レ在二寺院一。別立二道場一。聚レ衆教化。并妄説二罪福一。及殴二撃長宿一者。皆還俗。

・凡僧尼等令下二俗人一。付二其経像一。歴レ門教化上者。百日苦使。其俗人。依レ律論。

・凡僧尼卜二相吉凶一。及小道。巫術療レ病者皆還俗。其依二仏法一。持レ呪救レ疾。不レ在二禁限一。

・凡僧尼上観二玄象一。仮説二災祥一。語及二国家一。妖二惑百姓一。并習二読兵書一。殺レ人姧盗。及詐称レ得二聖道一。並依二法律一。付二官司一科レ罪。

僧尼の寺院外での活動を禁じたもので、私寺の建立や辻説法などの民間布教は悉く禁ぜられている。

・凡僧尼不レ得下私畜二園宅財物一。及興販出息上。

仏教は寺院内での学問仏教のみ奨励・保護し、いかに寺院・僧尼を統制して行くかに主眼が置かれていることがよくわかる。

・凡僧尼飲レ酒。食レ宍。服二五辛一者。卅日苦使。若為二疾病薬分一所レ須。三綱給二其日限一。若飲レ酒酔乱。

及レ人闘打者。各還俗。

・凡寺僧房停二婦女一。尼房停二男夫一。経二一宿以上一。某所由人。十日苦使。五日以上。卅日苦使。十日以上。百日苦使。三綱知而聴者。同二所由人罪一。

・凡僧不レ得三輙入二尼寺一。尼不レ得三輙入二僧寺一。其有下観二省師主一。及死病看問、斎戒。功徳。聴学上者聴。

僧尼の飲酒や淫行は、国家の裁定を仰ぐべき性格のものではなかろう。ここに教団の自治への介入も辞さない律令国家側の姿勢が如実に窺える。養老令編纂の時点では、教団の粛正は未だ切実な問題とはなっていなかったはずであり、「仏教教団に対して幇助的でも協力的でもなく、これを興隆させるよりは、統制し制限しようとした意図を露骨に打ちだそうとしている事実が認められる」との石田瑞麿氏の評[10]が当たっていよう。

僧尼令については、二葉憲香氏の精緻な考証がある。氏は、僧尼令が道僧格に対して独自な立場に立つものであることを証明された上で、部派戒律・大乗戒を僧尼令の条項に逐一対照させて考察された。それによると、「非仏性の条項を僧尼に強制する点において正しく戒律の基本精神と異なるもの」で、「部派戒律の婆羅夷罪を超えて、多くの還俗罪を加え、教団の自治によるべきものを俗法によって処分することは、戒律の原則を無視するもの」であるという。また、大乗戒の最大の特徴である利他思想は僧尼令の「別立道場、聚衆教化」の禁止と全く相反するもので、その大乗利他精神を否定するものであるという。[11] 僧尼令が、仏教の本質的精神に背反する思想的性格を有することは明らかであろう。また、これが戒律や道僧格などの思想を反映したものではなく、律令国家側の全く独自の思想を体現したものだと考えられるのである。

以上のように、僧尼令はその終始一貫した仏教統制思想こそが最大の特徴と言えよう。しかし、僧尼令の実効力については大いに疑問があり、僧尼や教団に対して条文にあるような厳しい締め付けが実際になされていた形跡は全くないのである。[12]

次に、護国経典の思想を検討し、僧尼令の思想に論及してみたい。律令国家の重用した護国経典としては、『金光明経』、『仁王経』、『薬師経』の三つが代表的なものとして挙げられよう。『金光明経』は、懺悔滅罪を教え、本経受持の国王人民は諸天これを擁護すると説き、『仁王経』は、仁徳ある帝王が般若波羅蜜多を受持して道を行ずれば、万民安楽・国土安穏だと説き、『薬師経』は、衆生の病苦を除去して悟りに至らしめる薬師如来の功徳を讃嘆するものであるが、この思想は国家によっていかに受容されていたのだろうか。護国経典の受容状況は『続日本紀』の記事から十分に窺うことができる。記事を整理・概観してみると、(13)経典受容の原因あるいは目的が終始一貫して現世利益的な効能にあることに気付く。また、受容の原因・目的がその経典の説く教説とは無関係であることが多いようである。

ここで、『仁王経』嘱累品に提示された看過され得ない思想があるので、見ておきたい。(14)

天竜八部一切神王、国王大臣太子王子、自恃二高貴一、滅二破我法一、明作二制法一、制二我弟子比丘比丘尼一、不レ聴二出家行動一、亦復不レ聴レ造二作仏像形仏塔形一、立二統官一制レ衆、安レ籍記レ僧、比丘地立、白衣高座、兵奴為二比丘一、受二別請法一、知識比丘、共為二一心一、親善比丘為二作斎会一、求レ福如二外道法一、都非二吾法一、当知爾時正法将レ滅不レ久、

この思想が僧尼令のそれと真向から対立するものであることは、誰にでも容易に察せられよう。『仁王経』は『日本書紀』の記事に見える通り、(15)早くからその教説が知られていたと考えられ、律令国家がこれに気付かなかったとは到底考えられないのである。(16)律令国家側はその矛盾を十々承知しており、僧尼令の編纂に際して、『仁王経』の所説は敢えて無視されたのである。矛盾を矛盾として問題化し得ない、仏教の本質に迫ることのないもの、それが律令国家の仏教思想の現状であった、としても決して過言ではあるまい。

行基仏教と国家仏教

ここで、行基研究の最大の争点である、養老元年詔で弾圧された行基らがなぜ処罰されず、さらに大僧正に任命されるに至ったのかについて考えてみたい。その上で、行基仏教と国家仏教の相違について、比較検討してゆきたい。養老元年（七一七）四月壬辰詔の行基らに言及した部分は次の通りである。[17]

凡僧尼。寂二居寺家一。受レ教伝レ道。准レ令云。其有二乞食一者。三綱連署。午前捧レ鉢告乞。不レ得因レ此更乞二余物一。方今小僧行基并弟子等。零二畳街衢一。妄説二罪福一。合二構朋党一。焚二剝指臂一。歴門仮説。強乞二余物一。詐称二聖道一。妖二惑百姓一。道俗擾乱。四民棄レ業。進違二釈教一。退犯二法令一。

これは、『続日本紀』における行基の初見であり、「小僧行基」と名指しで貶称されていることに注目すべきであろう。[18]「零畳街衢……退犯法令」の一節は、律令国家側から見た行基らの活動への批判的評価であるが、「焚剝指臂」以外は律令国家側の眼に映った事実認識だと言え、その行基らに対する理解を端的に示すものである。養老元年詔の意味する所について、宮城氏は「行基と律令国家との対立は、仏教徒のあり方をめぐって現われたのである。行基の立場と律令国家の仏教観との根本的な相違」を示すものである、とされる。[19]律令国家の仏教理解は、「零畳街衢……詐称聖道」することが「違釈教」とするもので、行基的仏教（律令国家側から見た）は否定されるから、それに圧力を加えることは当然であろう。しかし、徒らに行基の仏教を反国家的な傾向の下に位置付けてしまうことには問題があろう。行基の仏教を反国家的であるとするのは、律令国家側の警戒意識に基づく一方的な理解なのである。養老元年詔を文字通り解釈するならば、「行基らの宗教活動は僧尼令に違反し、仏教の本来の在り方にも反するもので放置しておくことはできない。故に禁断する」といった内容であろう。但し、律令国家側が最も問題とし、警戒したのは仏教理解の相違ではなく、強固な組織力と高度な技術力、それに抜群の行動力を兼ね備えた行基集団の強大なエネルギーが反国家的な方向に向けられることであったに違いない。そのエネルギーを抑圧するためには、行基らの仏教を禁圧すべき異端宗教だと宣伝しておく必要があったのであり、養老元年詔の文面は律令国家側の一方的な誣言であったと言えよう。つまり、養老元年詔は「行基と律令国家の仏教理解の根本的な相違を示すもの」ではなく、律令国家側の行基集団への対応上、結果的に両者の立場が相違するに至ったに過ぎず、根本的な相違ではなかろう。

養老元年詔でこのように徹底的に糾弾された行基らであるが、その処罰について記す史料は全くない。行基らが何らかの処罰を受けたならば、それは極めて話題性の大きなことであり、いかなる史料にも記されなかったとは考えられない。[20]行基らは何の処罰も受けなかったと考えるより他はなく、養老元年の弾圧は形式的な、実行力を伴わないものであったと見て良かろう。ともすると、養老元年の弾圧は、行基とその集団に大打撃を与えたものとして捉えられがちであるが、その真相についてはさらに慎重に判断されるべきであろう。私は、この弾圧は行基らにとって少なくとも決定的な転機となる程のものではなかったと考える。詔の文面のみに目を奪われて、その行基らへの影響が甚大なものであったかのように、短絡的に判断してしまうことは誤りであろう。養老元年の弾圧をこのように、形式的で実行力を伴わないものだと看做すならば、後の大仏造営・大僧正任命に際して、行基らが転向した、あるいは律令国家側が折れて、歩み寄ったなどと苦しい解釈に骨を折る必要もなくなるのである。

最後に行基仏教と国家仏教が根本的に対立するものと言えるのかどうかについて検討し、総括としたい。今までの行基研究は、行基側と国家側が対立していたと見ることが大前提となっている。その最も急進的な理解が二葉氏のもので、国家仏教を律令仏教、行基仏教を反律令仏教として完全に対置させ、「行基的反律令仏教の律令仏教に対する勝利」との結論を引き出されている。[21]両者がある時点である程度対立していたと見ることは正しいであろう。しかし、対立の構図の上でのみ見ようとしてはなるまい。私は、両者は元々従来考えられていたよりも遙かに近接した位置にあったと見る。行基らの仏教と律令国家の仏教の思想的性格の共通性として、思想基盤の脆弱さと、現世利益的傾向が極めて強いことが指摘される。行基仏教の中に律令国家の仏教を否定するだけの思想はなく、律令国家の仏教の中にも行基仏教を処罰できるだけの思想は形成されていなかったのである。つまり、養老元年の弾圧から大仏造営・大僧正任命に至る行基らと律令国家の関係は、両者の性格の中に同化する必然性が秘められていたことを示すものであると言えよう。思想面から見る限り、両者は決して背反するものではなく、むしろ類似するものであると考えられる。

行基の理想とした仏教は非国家仏教であったが、実情は準国家仏教に留まってしまい、律令国家はその対応上、反行基仏教を宣明するが、実質的には親行基仏教であった、と私は考える。行基仏教の評価に際しては、その限界を十分に認識の上で、「反律令仏教」以外の方途を考慮すべきであろう。[22]

以上、具体性に乏しく、説得力に欠ける内容となってしまったが、行基研究の基本的な理解にまだ多くの検討の余地が残されていることは明らかにされたと思う。行基研究は、今一度原点に立ち戻って史料を読み直す時期に来ているのではなかろうか。歴史学の基本姿勢は、いかに史料を正しく読むかにある。史料を正しく読むとは、いかに国家の正史と言えども、史料の文面をそのまま受け取ることなく、その文面の裏側に隠された部分を正確に検証することである。[23]

（1）引用史料は、順に国史大系本、一九六ページ、思想大系本、五〇二ページ、『続群書類従』二〇四巻、四三九ページ、国史大系本、二〇六ページ。
（2）『古代仏教思想史研究』永田文昌堂、一九六二年、五二九ページ。

(3) 早島理氏によると、瞑想や思惟が瑜伽唯識思想において最も重視されていた、という(『講座大乗仏教 唯識思想』春秋社、一九八二年、一四六ページ)。確かに実践的利他行を説く大乗菩薩道の思想も内包されているが、それが瑜伽唯識思想において重視されていたとは考え難いようである。瑜伽唯識論の基本的な性格は実践的利他行を説く「動」的なものではなく、瞑想・思惟を中心とした「静」的なものであったとする方が無難なように思われる。行基の活動が瑜伽唯識思想に基づくものだとすれば、それは「静」的内容を「動」的に発展解釈したことになり、極めて独自性の強い解釈であったと言える。これは、当時の一般的な解釈からは懸け離れていたと思われ、行基がそのような極端な解釈をしなければならなかった蓋然性が問われるべきであろう。

(4) 薗田香融氏「知識と教化」(赤松俊秀教授退官記念『国史論集』所収、同記念事業会、一九七二年)に拠る。氏によると、瑜伽論は知識経以外の写経にも頻出し、その分布は讃岐や肥後などの地方にも及ぶという。

(5) 『日本古代仏教運動史研究』永田文昌堂、一九八五年、二一六ページ。

(6) 史料の引用は、国史大系本、一一七ページ、二葉憲香氏編『史料・日本仏教史』(山崎宝文堂、一九七一年)九一ページ。

(7) 鰥は妻のない夫、寡は夫のない妻、惸は親のない子、独は子のない老人のことで、「不能自存者」つまり、身寄りのない社会的弱者のことである。

(8) 註(5)書、二六六ページ。

(9) 以下、史料引用は国史大系本『令義解』八一~八九ページ。

(10) 『日本仏教における戒律の研究』中山書房仏書林、一九六三年、二一一ページ。

(11) 註(2)書、二五六、二六二~二六三ページ。

(12) この件に関して、吉田一彦氏は「僧尼令の運用と効力」(『論集日本仏教史 奈良時代』所収、雄山閣、一九八六年)において、次のように考察された。「『日本霊異記』には民間布教者の自由な活動の様が描かれ、宗教活動の処罰は何の史料にも現れない。とすると、僧尼令の多くは空文に近いものであったと考えるべきで、その本格的施行は弘仁朝以降であろう。それ以前の仏教行政は僧尼令的規範に基づいたものではなく、より現実に即したものであり、その基本姿勢は仏教統制ではなく仏教興隆にあったと考えられる」。旧来の定説に束縛されない考え方が斬新かつ魅力的であるが、やや論旨の飛躍があろう。

(13) 鶴岡静夫氏「古代における大般若経への依拠」(『古代仏教史研究』所収)に『続日本紀索引』を対照させ、確認、増補・修正して検討したが、本稿では省略する。

(14) 史料引用は、『大正新修大蔵経』八巻、八三三ページ。

(15) 天武天皇五年(六七六)十一月甲申条に「遣㆓使於四方国㆒、説㆓金光明経仁王経㆒」とあり、持統天皇七年(六九

三）十月己卯条に「始講二仁王経於百国一、四日而畢」とある（古典文学大系本、四二七、五二三ページ）。

(16) 二葉氏は、註（2）書（二七五ページ）において「『仁王般若経』の講説が行われて、嘱累品の七誡だけが知られなかったということはあり得まい。非法立制を拒否する経典をとりあげて、かなり広く知られた後に、非法立制としての僧尼令を作っている事実は、国家乃至法制立案者が大乗戒、特に梵網戒を知っていて而もそれを無視したことを推定せしめる有力な根拠となると考えられよう。非法立制を拒否する経の所説・思想を知ってこれを無視するということは、一つの顕著な伝統となっている」と述べておられる。

(17) 国史大系本、六八～六九ページ。

(18) 行基の呼称については、拙稿「行基史料の検討」（『東方』五号、一四七～一四九ページ。本書第Ⅰ部第一章）を参照されたい。

(19) 註（5）書、二一三ページ。

(20)『日本霊異記』にも行基らに対する処罰は記されていないが、行基が律令国家の弾圧に屈することなく活動を続けたとしたら、これは『霊異記』の題材としては格好のものとなるはずである。景戒が好んで採り上げた行基像が国家権力と別次元で活動する姿であったことは、拙稿「「大仏勧進創作説」をめぐって」（『高田学報』七八輯、八ページ。本書第Ⅰ部二章）で述べたが、国家の弾圧に屈せず、自らの活動を貫き通す行基の姿は景戒にとってこの上なく魅力的であったに違いない。弾圧が厳しければ厳しい程、『霊異記』に記される確率は高くなると考えられ、その点からも行基らへの弾圧は形式的なものであったと言えよう。

(21) 註（2）書、五一八ページ。同書は刊行後三十年（本稿執筆当時）近くを経た今でも感動を覚える名著であるが、最初の概念規定の極端さが結末にまで持ち越されてしまっているのが、最大の弱点であろう。

(22) 確固たる思想基盤を持たず、現世利益的な霊異呪術性を払拭できなかったことが行基仏教の大きな特徴であった。惇独田の事例が示すように、律令国家の仏教とは全く異なったものを指向しながらも、結果的にそれは達成できず、律令国家の仏教の範疇に埋没してしまった。行基の仏教はその時代的制約から解放されることのない、極めて中途半端で大きな限界を背負ったものに終わってしまった。しかし、八世紀は、仏教が本来の仏教として機能していなかった時代であり、律令国家は国家的な意思統一を目指して仏教を神祇祭祀と同一のレベルに位置付け、その独自の機能を抹殺していた。仏教の普遍的な教理も現世利益的な効験に置き換えられた上で民衆に示されたのであり、その象徴が東大寺大仏の造営であった。そのような状況の中で、不徹底であったにせよ、仏教の本来の在り方を道俗貴賤に示すものが行基仏教であった。二葉氏の評価には、行基の限界に対する認識が欠如していよう。

(23) 養老元年詔の理解に関しても、大仏勧進問題と同じく『続日本紀』偏重型行基研究の弊害が現れている。『続紀』偏重型行基研究については、拙稿「「大仏勧進創作説」をめぐって」（本書第Ⅰ部第二章）を参照されたい。

第Ⅱ部　善光寺の謎を探る

第一章　善光寺式一光三尊仏の起源

はじめに

栃木県二宮町にある真宗高田派の旧本山専修寺には善光寺式の一光三尊仏が秘仏の本尊として伝持されている。寺伝によれば、親鸞が夢の告げを得て、信濃の善光寺で感得されたものを自ら高田に持ち帰り、安置したといわれている。寺伝の信憑性はともかくとして、この言い伝えの通り、高田の一光三尊仏は典型的な善光寺如来の形式を採っていて、その由来は明白である。それでは、高田の一光三尊仏の元になった善光寺式の一光三尊仏とは、いかなる由来の、いかなる仏像なのであろうか。まず、善光寺式の一光三尊仏、つまり、善光寺如来について考えておきたい。

一光三尊仏と善光寺如来

一光三尊仏と善光寺如来の両者の関係は極めて密接であるが、イコールではない。善光寺如来は、一光三尊仏の一例だということである。つまり、善光寺如来は我が国における一光三尊仏の代表例ではあるが、そのすべてではないのである。法隆寺金堂の釈迦三尊像は、誰もがそのイメージを思い浮かべられる程有名な仏像であるが、これも正真正銘の一光三尊仏である。一光三尊仏と聞くと、善光寺如来の影響により、ついつい阿弥陀三尊であると思い込みがちであるが、これは正しくない。飛鳥時代・奈良時代の我が国では阿弥陀信仰はまだ殆んど広まっておらず、善光寺如来のような阿弥陀仏を中尊とする一光三尊仏が盛んに造られるようになるのは、平安時代も後期になってからであるということを頭に入れておかねばなるまい。

さて、一光三尊仏の一光とは、単一光背、一つの光背という意味である。一光三尊仏とは、中尊と左右の両脇侍が単一の舟型光背を背にしている仏像の形式を指すことになるが、その代表例である善光寺如来について考えてみたい。善光寺如来は、正式には善光寺式阿弥陀如来及両脇侍立像と呼ばれるが、この善光寺如来の形式は日本ではすっかり定着し、鎌倉時代から江戸時代に入っても造り続けられている。その模刻像は全国で二二〇体以上にも上るといわれるが、(1)宗派による多寡が非常に大きいのが特徴的である。(2)これらの模刻像には当然のことながら、少しずつその造作や表現に違いが見られる。しかし、皆善光寺如来の基本的な形式は守られていて、その形式がすっかり定着し、日本中に広まっていたことが知られる。

善光寺本尊の究明

一　模刻像

そのような善光寺如来の根本をなすのは、言うまでもなく、善光寺本堂の奥深くに格納されて、絶対の秘仏となっている本尊に他ならない。しかしながら、この本尊は遅くとも平安時代後期には秘仏となっていたようで、現在では他見を許さないから、いかなる形式のいかなる仏像なのかは確かめようがない(3)。もっとも、それを推測することは十分可能であるが、その最大の鍵となる前立本尊は鎌倉時代も末期の制作と考えられ、本尊が秘仏になってから年数が経ち過ぎている点が問題となろう。つまり、秘仏の本尊にどの程度忠実に模刻されたのか、その当時（鎌倉末期）の信仰や当事者の思惑を少なからず反映して、それが加味されてはいないのか、十分に検討してみる必要があろう。極言するならば、元々釈迦如来像だったものを阿弥陀如来像に造り替えてしまうことでさえ可能だということである。

善光寺前立本尊

そこで、前立本尊以外の作例を検討してみなければならないが、現存する善光寺如来像で最も古い銘を持つのが、甲斐善光寺の本尊である。この像は、建久六年（一一九五）に定尊という人が夢告により造ったと伝えられ、等身大と言われる巨大な作例である。最初は秘仏である善光寺本尊の前立像として造られたが、武田信玄により甲斐善光寺に移されて現在に至っている。つまり、甲斐善光寺の

甲斐善光寺本尊

本尊は初代の前立本尊、現在の善光寺の前立本尊は二代目ということになり、前者の方がより秘仏の本尊に近いと考えられよう。ところが、この甲斐善光寺の本尊は等身大と言われる、善光寺如来としては異例の大きさを持つ作例であり、中尊だけでも重さが二五〇kg、三尊合わせると三五〇kgにもなる巨大な仏像なのである。元々小さいものを精確に拡大するということは意外に困難だと思われ、それに比して大きいものを縮小する方が遙かに容易であろう。なお、この甲斐善光寺本尊は光背が失われていることが大きな弱点と言えよう。

二　善光寺如来の形制

この善光寺如来は、図像学的には大変に特殊かつ特異な形式であるという。その起源は中国に求められるとのことだが、この形式はどこまで遡り得るものなのであろうか。ここで、一旦善光寺から離れて、外に目を向けてみたいが、まず善光寺如来の形制、形式について頭に入れておかねばなるまい(4)。

・最初に中尊・両脇侍の三尊すべてが立像であること。
・次に、中尊の阿弥陀は両肩を覆う衲衣を着けて、左手を下に伸ばし、手のひらを前に向けて、人差し指と中指を伸ばして、他の指を折る「刀印」を結ぶ。
・その次に、向かって左側の勢至、向かって右側の観音はそれぞれ八角宝冠と呼ばれる冠をかぶり、胸前で手のひらの上に手のひらを乗せて「梵篋印」を結ぶ。
・さらに、三尊は大型の舟型光背の前に立って、一光三尊の形式を採る。
・また、台座は比較的高めの蓮肉の下に反花を配した臼型のものを用いる。

以上の如く、細部にまで様々な決まりがあることには驚きを禁じ得ないが、いかなる点が善光寺如来に特有かつ特異なのであろうか。まず、中尊の阿弥陀は、左手が刀印、右手が施無畏印を結ぶが、通常の阿弥陀は左手が与願印、右手が施無畏印であって、これは釈迦や薬師に見られる印相である。また、両脇侍の結ぶ梵篋印も非常に珍しいものであるが、これは単に一方の手のひらの上にもう一方の手のひらを乗せたものではなく、中に宝珠を捧げ持っている形と見る方が正しいようであり、持宝珠印という呼称も使われている。

それでは、善光寺如来の特徴である中尊阿弥陀の刀印と一光三尊形式の光背という二つのポイントに焦点を合わせ、善光寺如来の起源について探ってゆきたい(5)。

まず、人差し指と中指を折って、他の親指、薬指、小指を伸ばす刀印であるが、これはいつ頃からどこで見られるのであろうか。中国では、四川省茂県から出土した石造無量寿仏像が最古の例だと言われる。この仏像には永明元年（四八三）の銘があって、中国の南朝にはこの刀印の源流があったと考えられるようである。これが後に北魏にも伝わり、竜門石窟賓陽洞に見られる三尊仏の刀印へとつながるのであろう。この頃、五世紀初めには、このような刀印が他にも散見されるようになり、徐々に各地へと伝播していった様子が窺える。上海博物館には、

南梁大同元年石造仏（上海博物館蔵）

南梁大同元年（五四六）銘の石造の三尊像が所蔵されているが、中尊は坐像であるものの、この刀印を結び、両脇侍が一つの光背の中に収まる一光三尊の形式を採っている。さらに、左脇侍は手のひらを胸前で上下に合わせ、珠を包み持っており、善光寺如来脇侍の最大の特徴である梵篋印の祖型を示すものとして大いに注目に値しよう。この仏像はかなり善光寺如来に近いものであり(6)、善光寺如来の原型と目されるものが南梁ではかなり完成に近づいていたのではなかろうか。

次に、朝鮮半島では六世紀中葉からこの刀印を持つ仏像が散見されるようになり、七世紀初めに造られた忠清南道の瑞山磨崖仏は、百済期を代表する石仏だそうであるが、これが三尊形式を採り、中尊は刀印を結び、左の脇侍は先程述べた上海博物館所蔵の石造仏のように、両手を胸の前で合わせ、珠を包み持つ印を結んでいるとのことである。さらに、衣服の文様や顔の造形にも共通点が多く、両者の密接な関係が窺えるという。そもそも瑞山という土地は、南梁文化の海路の中継地点であったといい、両者の近似も当然のことであろう。

我が国にも六世紀後半から七世紀にかけて、朝鮮半島から多くの技術者が入り、造寺造仏に携わったが、この最初期の仏像は善光寺如来と同じ刀印を結ぶものが多かったようである。善光寺如来と同じ刀印は、五世紀の中国南朝の斉に始まり、南梁・北魏を経て朝鮮半島に伝わり、そこから七世紀初めにわが国にもたらされたと考えてよかろう。

それでは、一つの大きな光背の中に三尊をまとめた一光三尊の形式はいつから始まったのであろうか。この形式を持つ最古の仏像は中国南宋の元嘉二十八年（四五一）銘を持つ坐像であるが、この仏像は中尊の頭の上にも小さな坐仏があり、厳密には一光三尊仏とは言い難いかもしれない。次に、北魏の太安元年（四五五）銘の張永石仏坐像が完全に一光三尊の形式を具備した最初期の作例として極めて注目に値しよう。但し、両脇侍が半跏思惟像となっている点が善光寺如来とは一線を画すところである。この仏像は京都の藤井有隣館の所蔵であるが、一般にはあまり知られていないようである。(7)この一光三尊の形式は、恐らく南朝に起源を発し、北朝に

北魏太安元年張永石仏坐像（藤井有隣館蔵）

入って六世紀の初め頃にはほぼ完成したものと考えられている。それが、次第に石窟寺院にも採り入れられ、先述の竜門石窟賓陽洞に現在も見ることができるのである。朝鮮半島でも、六世紀の後半になると紀年銘の明確な一光三尊形式の仏像が少なからず見られるようになり、これが中国から伝わったものであることは明らかである。ところで、この一光三尊の形式はこの時期なぜ急速に普及したのであろうか。それは、何よりも移動に便利で、南朝から北朝へ、そして朝鮮半島からさらに日本へと遠路の移動には最適で、当時の仏像の小型軽量化の要請に応えるものだったからであろう。一光三尊形式の仏像は最初から移動を前提として造られたものだったと考えられよう。(8) 黒坂周平氏によると、六世紀は中国および朝鮮半島で一光三尊形式の仏像制作が盛行していた時期であり、その頃わが国に渡来した仏像の中にこの形式のものがあり、また渡来人が日本で造った仏像の中にもこの形式のものがあったのは、むしろ当然のことであろうという。氏は、そのような一光三尊仏の中の一つが後に善光寺如来と呼ばれるようになったのではないか、と推測されているが卓見と言うべきであろう。(9)

さて、このようにして考えて来ると、善光寺の本尊が三国伝来であるとの伝承は、決して単なる作り話ではなく、歴史的事実をも背景にしたものであることに気付かされる。善光寺如来のこの特殊な形式が五世紀の中国に源を発し、朝鮮半島を経て六世紀に我が国に伝わったものであることは疑いようがない。善光寺本尊の模刻像が大量に制作されるのは、鎌倉時代以降のことであるが、その形式は極めて古いものであり、約七百年も後にその形式が復活したとも言えよう。

三　善光寺縁起

ここで、仏教伝来と善光寺如来について『善光寺縁起』を中心に概観しておきたい。『日本書紀』欽明天皇十三年（五五二）十月条に百済の聖明王が釈迦仏金銅像一軀と幡蓋若干、経論若干を献上したとの有名な記事がある。日本への仏教公伝を記す史料としてよく知られているが、この部分の『書紀』には編纂上の誤りがあり、実際にはこれは西暦五三八年のことであることが証明されている。いずれにせよ、この記事は歴史的事実として確かであり、その内容は動かし難い。この史実に壮大かつ巧妙な脚色を加えたのが『善光寺縁起』と呼ばれる、善光寺本尊伝来の物語である。(10)これは善光寺如来の由来を仏教公伝という史実に結び付けて巧みに説話化したものであるが、勿論、歴史的事実とはかけ離れており、後世の創作になるものであることは誰の目にも明らかであろう。例えば、釈迦在世当時のインドに阿弥陀信仰はなかったし、仏教公伝当時の百済・日本にも阿弥陀信仰があったとは考えられない点が指摘されよう。『日本書紀』の記事からも明らかなように、我が国へ最初に渡来した仏像は阿弥陀ではなく、釈迦であって不整合な点が目に付くのである。要するに、この『善光寺縁起』の内容は阿弥陀信仰の隆盛化した平安中期以降の日本での認識に基づいて創作された物語だということになるわけである。

さて、この『善光寺縁起』で一つ注意しなければならない点がある。それは、この『縁起』で言う三国伝来についてである。一般に三国伝来とは、インド、中国を経て日本に伝わることをいう。三国とは、天竺・震旦・本朝である。ところが、この『縁起』ではインドから中国がなく、朝鮮を経て日本へという、非常に変則的な三国伝来の形が取られている。通常、このような場合に朝鮮が入れられることはまずないが、その事情について一考してみる必要があろう。一つには、『日本書紀』の仏教公伝記事に百済から日本へという表現があるため、それを重視したからだとも考えられよう。しかし、それだけではなぜ善光寺如来がインドから中国を経ずにいきなり百済へ飛来しなければならなかったのか、十分な説明が付きそうにない。インドから中国の上空を素通りして百済国へ飛来したという伝承にはどうも意図的な、作為的なものが感じられて仕方がない。我が国への仏教伝来に果たした中国の役割は朝鮮に優るとも劣らない、いやそれ以上のものがあったと思われ、中国が無視されてしまったことに対する不自然さは、やはり拭い切れまい。それでは、なぜこのような変則的な三国伝来の形が取られなければならなかったのであろう。結論から述べると、善光寺如来には朝鮮半島系渡来人との関連が強く認められるということである。[11] 善光寺のある北信濃には古くから朝鮮半島系渡来人が居住していたといわれ、善光寺の造営に際しても彼等の力による所が大きかったと考えられるわけである。善光寺の草創および信仰における渡来人の位置付けについては、今後に検討の余地が残されていよう。

四　善光寺本尊の祖型

さて、善光寺の秘仏の本尊はいかなる仏像なのであろうか。この秘仏の本尊を推測する手掛かりとして、現在の前立本尊と甲斐善光寺本尊があることについては既述したが、両者だけではやはり不十分と言わざるを得ない。前立本尊は制作年代が新しすぎるし、甲斐の本尊はそれよりは古いものの、巨大な等身像で秘仏の忠実な模刻像とは考え難いからである。となると、秘仏の本尊を探る手掛かりは失われてしまったかのように思われるが、その最大の手掛かりになるに違いない仏像が善光寺とは全く別な所に現存しているのである。

東京国立博物館に法隆寺館という建物がある。これは、法隆寺献納宝物を収蔵、展示するための施設で、近年の全面改築で展示品をより身近に観賞できるようになった。[12] この献納宝物の中に四十八体仏と通称される、金銅仏がある。これは、飛鳥・白鳳期に造られた像高三〇〜五〇ｃｍ程の念持仏と考えられる小金銅仏の一群である。この四十八体仏の中に善光寺如来の祖型と目される仏像が含まれているのである。これは、献納宝物の通し番号で143号というナンバーが付され、如来及両脇侍立像と名付けられた、六〜七世紀頃に造られた金銅仏である。中尊の像高が約三〇ｃｍという小さな仏像であるが、実に整った姿で、出来栄えも極めて優秀なものである。この143号如来及両脇侍立像が善光寺式一光三尊仏の祖型ではないか、とは既に多くの先学が指摘してきたところである。[14] この仏像について少し詳しく検討してみたい。

この仏像が一光三尊形式であることは一目瞭然であり、大きな舟型光背の前に中尊・両脇侍が立つ姿は善光寺如来と酷似している。中尊の印相も左手が刀印、右手が施無畏印であり、衣も通肩と言われる、両肩を覆う衣を着けている点などが全く共通する。但し、両脇侍がそれぞれ小さな火炎形の光背をもっていることは大きな相違点であり、両脇侍の印相も善光寺如来と同じ梵篋印であるかどうか判然としない。と言うのは、両脇侍の両手は胸の前で合わされているように見えるものの、衣の中に完全に隠されてしまっていて、その印相は何とも決し難いのである。(15) この仏像の最大の特徴は、善光寺前立本尊などに比して遙かに朝鮮半島・中国大陸の影響が色濃く残っていることであろう。前立本尊は和様化が進行し、仏像の容貌や全体の表現なども日本的であるが、この143号如来及両脇侍立像は朝鮮半島的というか、大陸的な造形になっている。恐らく、この仏像は日本ではなく、三国時代の朝鮮、それも百済で造られたのではないかと見られている。ところで、この仏像には正式名称というべきものが付けられていない。東京国立博物館の目録にも単に「如来及両脇侍立像」とあるだけであ

143号如来及両脇侍立像（東京国立博物館蔵）

る。実は、この仏像は中尊の像容が特定されておらず、そのため単に「如来」とだけ表現しているわけなのである。[16] この143号如来及両脇侍立像については、多くの先学が「阿弥陀とは断定できないが、かと言って釈迦だと特定するだけの根拠もない」[17]と、その像容の特定を保留している。中には、明確な根拠も示さずに阿弥陀であることを前提として論じている学者もあるが[18]、危険な判断と言うべきであろう。恐らく、釈迦か阿弥陀のいずれかだと思われるが、どちらかと言えば釈迦と見る方がやや妥当ではないか、というのが学界の主流派のようである。六～七世紀の朝鮮半島および日本は阿弥陀信仰はまだしの状態で、弥勒信仰が遙かに凌駕していたとの認識に基づくものである。弥勒、釈迦、観音については造像環境、つまり造られるべき理由が十分認められるが、阿弥陀については不明としか言いようがないのが、この時期の実情だったのである。いずれにせよ、この143号如来及両脇侍立像が善光寺の秘仏の本尊を推測する重要な鍵であることは疑いようがなく、秘仏の本尊もかなりこれに近似した仏像であると考えられよう。

五　善光寺本尊の像容

以上のように、善光寺の秘仏の本尊が舟型光背を背にして三尊が並立する、一光三尊形式のものであることは様々な状況証拠から見て確実であるものの、阿弥陀三尊であるかどうかについてはより慎重な判断が求められよう。私共は、鎌倉以降の善光寺如来を念頭に置いて、秘仏の本尊をも何も疑わずに阿弥陀三尊であると信じがちであるが、それは認識不足だと言えよう。鎌倉期以降の善光寺如来だけを見て、秘仏の本尊の像容を特定しようとするのは学問的な態度ではあるまい。この件に関しては、石田茂作氏が「善光寺如来は阿弥陀仏にあらず」との論文を発表し[19]、大きな反響を呼んでいる。もっとも、石田氏の立論には事実の誤認や飛躍があり、大勢の支持を得るには至っていないが、善光寺如来イコール阿弥陀三尊という思い込みに一石を投じた点で大いに評価されよう。浜田隆氏が「図像学的には本像の形式を阿弥陀三尊とする確証はなく、飛鳥時代当時の仏教の実態よりみても釈迦三尊あるいは薬師三尊として造形された可能性の方が強いのではないか」と述べるように[20]、図像学から、あるいは当時の信仰の実態から見て阿弥陀三尊に否定的な論考の方が多いようである。これに対して、秘仏の本尊が阿弥陀三尊であることを実証的に立論した論考は目にすることができなかった。阿弥陀三尊とする説は根拠薄弱で形勢不利と言わざるを得ない。

また、先に触れた『善光寺縁起』の初見は『扶桑略記』であるが、その欽明天皇十三年（五五二）の条には百済の聖明王が『書紀』にいう金銅釈迦像とは別に「長さ一尺五寸の阿弥陀仏像と長さ一尺の観音勢至像を献納した」とし、「これが善光寺の阿弥陀仏である」と記してあり、史実の歪曲が著しく、善光寺にとって都合の良い修正、改変が明らかに見て取れる[21]。この『扶桑略記』の歪曲記事と善光寺如来中尊の印相、つまり刀印と施無畏印を結ぶのは釈迦や薬師に多く、阿弥陀では他に例がないことから「善光寺の本尊は、ある時点から阿弥陀如来にすり替えられたのではないか」との大胆な説を提示している学者もある[22]。確かに、『扶桑略記』の編纂は十一世紀末頃のことであり、この時期は阿弥陀仏に対する信仰が急速に高まった時期であるから、善光寺もそれに対応して古来から阿弥陀信仰の霊場であったのだと宣伝しておく必要があったのは事実であろう。さらに極論するならば、「善光寺の本尊は今まで釈迦三尊であった。ところが、平安中期以降、阿弥陀信仰が隆盛を極めると、釈迦三尊ではあまり参詣の人も来てくれない。そこで、今までの本尊を秘仏にしてしまい、代わりに阿弥陀三尊の前立を造り、あたかも善光寺の本尊は昔から阿弥陀三尊であったかのように擬装したのではないか」とまで考えることも不可能ではあるまい[23]。もっとも、これは単なる仮説に過ぎず、そのような立論を可能にするためには、善光寺信仰の実態についてより正確に把握しておくことが必要不可欠である。つまり、善光寺の信仰とは古来からの伝統を頑なに守り続けるものなのか、あるいは民衆の求める所に応じて様々に変化するものなのかについて

の解明が俟たれる所以である。私は善光寺の信仰とは後者であったと考えたいが、いかがなものであろうか。(24)

結語

最後に、今までのべてきたことを総括しておきたい。善光寺の秘仏の、あるいは最初の本尊は先学の方々も指摘されるように、阿弥陀三尊ではなかったと見る方が妥当であろう。もっとも、阿弥陀でなかったということを直接証明する史料もなく、既述した種々の状況証拠から見てそのように推測されるということでしかなく、阿弥陀仏である可能性は決して消し去れはしない。いずれにせよ、善光寺の本尊は東京国立博物館所蔵の143号如来及両脇侍立像の如く、非常に古い形式の、しかも百済系の様式を備えたものだろうと推測される。『善光寺縁起』に言う「我が国最初の仏像」とは決して誇張ではあるまい。百済の聖明王が欽明天皇に献上した、我が国初伝の仏像そのものであるとは考え難いものの、それとほぼ同時期に朝鮮半島から我が国にもたらされた仏像であると見て良かろう。

以上、一光三尊仏、特に善光寺如来について、様々な視点から検証を試みてきたが、ここで一つだけ私共が反省しなくてはならないことがあろう。それは既述の通り、私共がついつい平安中期以降の阿弥陀信仰の霊場と化した善光寺の姿を基準にしがちであり、それ以前の善光寺の姿にはあまり注意を払って来なかったということである。もっと固定観念を捨てて、善光寺、およびその信仰の本来の、根源的な姿を見直してみる必要性が痛感される所である。

(1) まだ未調査、未カウントのものも相当数あると思われ、近世の模刻像も含めて、その数倍はあるのではなかろうか。

（2）真宗では、高田派内で三十体以上の模刻像が知られているが、他派では三体しか確認されていないという。全体としては、天台宗・浄土宗に多く、ごく少数ながら禅宗寺院にも伝わっているという。

（3）一九八九年まで六年がかりで善光寺本堂は解体修理が行われた。その時、この本尊も一時的に別の場所へ移されたが、工事関係者によると本尊は布で厳重に梱包されていたが、金銅仏らしいかなりの重量があったという。

　以下の秘仏の本尊に関する考察は、現存の秘仏の本尊が飛鳥時代以来の、つまり善光寺に最初に伝わった仏像そのものであるという前提に立った上での立論である。従って、現存の秘仏の本尊がある時期に造り直されたものであるならば、現存のものではなく、その前の最初の本尊について考察することになる。

（4）以下は、下平正樹氏「善光寺如来について」（『善光寺 心とかたち』所収、第一法規出版、一九九一年）に基づく。

（5）以下の考察は、黒坂周平氏「善光寺如来の源流」（『善光寺 心とかたち』所収）、水野清一『中国の仏教美術』（平凡社、一九六八年）に基づく。

（6）鮮明な写真図版によると、中尊と脇侍の間に左右一人ずつの供養者の像が線刻されているのが解る。光背の上部にも釈迦と礼拝者らしきものが線刻されており、細部においてはまだまだ善光寺如来との差異が大きいようである。

（7）藤井有鄰館は、京都市左京区の岡崎公園の南側にあって、近江商人の血を引く藤井善助が創設した。保存展示品は、彼の中国文物のコレクションであるが、巨大な石造仏や青銅器が所狭しと並ぶ様は圧巻である。残念ながら同館は月に二日間しか公開されておらず、そのためもあってか、ここに善光寺の一光三尊仏の原型とも言える貴重な仏像が所蔵されていることは、あまり知られていないようである。

（8）そのような一光三尊形式の善光寺本尊が日本国内を転々とし、その模刻像がまた善光寺聖によって各地を巡り歩いたことは、この仏像の性格を示唆するものである。

（9）黒坂氏前掲論文、前掲書、一七六ページ。

（10）その説話の内容はあらまし次のようなものである。釈迦在世中のインド・バイシャリー国に月蓋長者という長者がいたが、彼には全く信仰心がなかった。ところがある日、最愛の一人娘が不治の病に罹り、にわかに一大発心して、釈迦の説法を聴き、阿弥陀仏を信ずるようになった。すると、ある日光明と共に如来の姿が現れ、娘の病がたちどころに治った。これに感激した長者はその如来の姿を黄金で造らせた。その仏像は長らくインドの地に伝わったが、約五百年を経て朝鮮半島は百済国へ飛来し、それが聖明王の使者により日本の欽明天皇に献上された。ところがその仏像は排仏派の物部氏により難波の堀に投げ捨てられてしまう。それをたまたま通りかかった本田善光が見付けて、信濃国へ持ち帰り、自宅に安置したのが善光寺の起源である。

（11）牛山佳幸氏「善光寺創建と善光寺信仰の発展」（『善光寺 心とかたち』一三九ページ）。

（12）法隆寺献納宝物とは、明治十一年（一八八八）に法隆寺が皇室に献納した三百件以上の宝物のことで、その内容は仏教美術にとどまらず、正倉院御物と並んで我が国古代の美術工芸作品群の双璧とも言えるものである。明治初年、全国の多くの由緒ある寺院が経済的に困窮する事態に陥り、法隆寺も幾多の建築と宝物を維持管理してゆくためにやむなく伝来の宝物の一部を宮中に献上し、その報酬金一万円を堂舎・宝物の修理保全費用に充当したのである。

(13) 改築以前の法隆寺館は週に一度しか公開されず、しかも雨天の場合は閉館になり、その展示品を目にする機会は限られていた。今回の全面改築で公開日数も大幅に増やされ、展示環境も格段に改善され、法隆寺献納宝物も身近なものとなった。

(14) 浜田隆氏『極楽への憧憬』美術出版社、一九七五年、一五ページ、上原昭一氏「善光寺信仰と仏教美術」『善光寺心とかたち』一六二ページ、黒坂氏前掲論文、前掲書、一七六〜一七七ページなど。

(15) それにも拘らず、黒坂周平氏などがこれを梵篋印と断定しているのは理解に苦しむ所である（前掲論文、前掲書、一七七ページ）。

(16) これを四十八体仏全体で見ると、像容の特定されているものが二一体、それに対して特定されていないものが二七体もあり、それらは皆単に「如来坐像」とか「菩薩立像」と呼称されているのである。この四十八体仏造像当時の人々は、発願者にも仏師にも像容の区別が明確でなかったことを忘れてはなるまい。この時期はまだ図像学、あるいは図像に関する知識が浸透もしていないし、定着もしていないわけである。極端な例では、六世紀に中国で造られた普泰二年金銅菩薩立像という仏像がある。この仏像には「弥勒の像を造り、その功徳で阿弥陀浄土へ生まれたい」との願文が刻まれているが、その像容は観音にしか見えないという珍妙なものである。六〜七世紀の日本や朝鮮もこれとあまり変わらない状況であったと推測される。

(17) 上原氏前掲論文、前掲書、一六二ページ。

(18) 下平氏前掲論文、前掲書、一七八〜一八八ページ。

(19) 『一志茂樹博士喜寿記念論集』信濃史学会、一九七一年、四七一〜四八七ページ。

(20) 註（14）書、一五ページ。

(21) この記事は『日本書紀』持統天皇三年（六八九）四月の「新羅が天武天皇の弔問のため学問僧を派遣し、別に金銅の阿弥陀像、金銅の観音・勢至菩薩像各一軀を献上した」との条文を利用したものであろうが、年代が百五十年も相違している。

(22) 牛山氏前掲論文、前掲書、一三九ページ。

(23) 既述の如く、善光寺本尊は絶対の秘仏で、開帳の機会は全くない。前立本尊もまた秘仏で、普段は拝めないが、七年に一度開帳される。しかしながら、善光寺本尊程徹底して公開を拒んでいる秘仏は我が国で他に例を見ない。となると、何か公開できない、公開しては都合の悪い事情があるのではないかとついつい邪推してしまうのである。「釈迦三尊であった本尊を隠蔽するため秘仏にしたのでは」とは思い付きに任せた私案で、残念ながら何の状況証拠もない。

（24）善光寺に対する信仰は、今に至るまで極めて現世利益的で土着的傾向が強い。善光寺は常に民衆と共にあり、民衆の信仰に支えられてきたのである。民衆の求める所には柔軟な対応をしてきたのではなかろうか。

第二章　善光寺草創論試案

緒言

栃木県二宮町（現真岡市）高田専修寺の本尊は典型的な善光寺如来像であるが、親鸞在世当時に遡り得る極めて優秀な作例であることが改めて確認されている。親鸞が善光寺との深いつながりを有していたことについては今や疑いのない所であり、善光寺およびその信仰について知っておくことは親鸞の生涯を理解するためにも有益な事である。前回、拙論（本書前章）において善光寺およびその信仰を端的に示している善光寺式一光三尊仏、つまり善光寺如来についていささか検討を加えてみた(1)。その結果、善光寺の秘仏の本尊は必ずしも阿弥陀三尊とは言えないのではないか、むしろ釈迦三尊と見た方が妥当なのではないか、との推測に到達した。要するに、現在の私共は平安中期以降の阿弥陀信仰の霊場と化した善光寺の姿を基準にしがちであって、それ以前の善光寺およびその信仰について、あまり注意を払って来なかったことが明らかになった。そこで、善光寺およびその信仰の本来の、根源的な姿を見直してみることの必要性を痛感したのであった。

今回は、善光寺およびその信仰について、その位置する信濃国の地域性を踏まえた上で再検討を試みようとするものである。日本全国に数ある寺院の中でも善光寺程その地域との結び付きが密接な例は他にないであろう。信濃、あるいは長野と言えば善光寺、善光寺と言えば信濃・長野であり、両者は全く相即不離、決して切り離しては考えられない関係にあると言えよう。奈良の東大寺、福井の永平寺のようにその地域を代表する大寺院はいくつも例があるが、善光寺のような例は他になかろう。善光寺を知らずしては長野の歴史は語れず、長野を知らずしては善光寺の歴史は語れないのである。本論では、長野・信濃についてその地域的な特徴、特に民間信仰や文化的な土壌について検討してみたい。

善光寺本尊についての補足

さて、本論に入る前に若干補足をしておきたい。前章で、善光寺の秘仏の本尊について様々な推測を加え、その中でこれこそが秘仏の本尊のプロトタイプではないかと目される一つの仏像に到達した。それは、東京国立博物館の法隆寺館に収蔵されている、法隆寺献納宝物の中の四十八体仏と通称される金銅仏の一像で、143号如来及両脇侍立像と名付けられた仏像である。一光三尊の形式を完備し、六〜七世紀頃の朝鮮、恐らく百済で造られたと考えられる極めて優秀な仏像であり、善光寺の本尊の伝承に違わず、我が国への渡来仏の最初期のものと考えられている。この仏像は中尊の高さが僅か三〇ｃｍ程の小さなものであるが、大変存在感があり、その端正な顔立ちと神々しい姿には思わず手を合わせずにはいられないものがある。この仏像については既に多くの研究業績があり、その製作年代や製作地域も明らかになっている。しかしながら、この三尊仏は何三尊なのか、つまり釈迦三尊なのか、阿弥陀三尊なのかの決着が付いていないのである。多くの研究業績があるにも拘らず、未だ解明されていない部分の少なくないのがこの143号如来及両脇侍立像なのである。ここで、見落とすことのできない論文が見付かったので、紹介させて頂きたい。大西修也氏の「百済仏立像と一光三尊形式」で、(2)朝鮮半島の扶余《ふよ》という地にあった佳塔里廃寺《かとうりはいじ》から出土した金銅仏の復元を試みたものである。この仏像は百済期のものと確定できるものの、破損が著しくその復元は困難を極めたという。仏像は中尊と思われる像の胴体の部分しか残っていないが、これを入念に復元してゆくと、一光三尊形式として復元できるとのことである。しかも、衣服の紋様や裾の表現方法・技法などが143号の三尊仏と酷似しているとのことであり、両者はほぼ同じ時期に同じような地域で造られたものに相違ないとされている。また、六世紀から七世紀初めは朝鮮半島における一光三尊仏の造像の盛行期で、これが日本の飛鳥時代の仏像にも多大な影響を与えているとのことであった。143号の三尊仏が百済系の仏師によって造られたことは、この論文からもより説得力を得たように思われる。この143号の三尊仏が百済系の仏像だとすると、その流れを汲む善光寺の本尊も当然ながら、百済あるいは朝鮮半島の影響が極めて強いと思われ、これは『善光寺縁起』に言う三国伝来の、つまりインドから百済を経て日本に伝わった、最初の仏像だとする伝承にも全く矛盾なく合致するわけである。

善光寺の性格と特徴

しかしながら、善光寺は全く謎の多い寺院である。いつ、誰が、何のために建てたのか、そのいずれもが五里霧中、全く不明なのである。その本尊もまた厚いベールに閉ざされていて知りようがなく、その結果として、立脚すべき教義も不明確極まりないのである。善光寺は今でこそ、天台宗の大勧進と浄土宗の大本願の二寺院の共同運営のような形態になっているが、これはあくまでも便宜的なものであって、実際には日本仏教のどの宗派にも含まれない、全く別な次元に存在する寺院なのではなかろうか。(3)ここで、今さら書きたてる必要もあるまいが、善光寺の性格と特徴について再確認しておきたい。善光寺は極度に文献史料の欠如した寺院である。善光寺の名は平安時代も後期、『善光寺縁起』が作られるまでは史料上に現れず、それ以前の存在は史料上からは全く確認できない。この根本史料の欠如は善光寺の大きな特徴の一つである。善光寺は昔から庶民の信仰に支えられてきた寺院であり、名僧や高僧が目的をもって建立した寺院とは対極をなす存在である。当然ながら、こうあるべきという教理もこうすべきという信仰も確立されていないわけである。このように無いこと＝欠如と、解らないこと＝不明とが善光寺の最大の特徴でもあり、性格ともなっているわけである。そのような状況であるから、善光寺の起源および歴史について解明することは全く至難の業であった。

善光寺とその歴史に関する研究はすでに幾多の業績があり、一定の水準には達しているものの、論議が尽くされたというには未だ程遠いようである。この善光寺研究の基本文献ともなり、その研究の現状や水準を端的に示しているのが、坂井衡平氏の『善光寺史』である。これは、上下二分冊で総ページ数一二〇〇ページに及ぶ大著であり、その広汎な資料の収集と綿密な考証には驚きを禁じ得ない。しかし、氏の労作は長年正当な評価を受けず、善光寺研究の難しさを如実に示すものとなっている(4)。周知の通り、善光寺には秘密事項が数多く、その研究は労力ばかり費やされる割には実績が上がらず、評価もされないということであろう。

『善光寺縁起』の解読

今回は、善光寺の草創の事情について様々な側面から検討を加えてみたい。さて、繰り返しになるが、善光寺の草創の事情は全く不明としか言いようがない。平安時代後期に『善光寺縁起』というものが作られ、これが善光寺の草創の伝説として広く普及し、後世にまで語り伝えられた。インドの月蓋長者の造らせた仏像が百済国を経て日本に飛来したが、排仏派の物部氏により難波の堀江に投げ捨てられてしまう。それを通り掛かった本田善光が見付けて、信濃国の自宅に安置したのが善光寺の起源であるという、壮大なストーリーであるが、これが歴史的事実からかけ離れたものであることは誰の目にも明らかである。残念ながら、史実性の極めて稀薄なこじつけと言わざるを得ない。欽明天皇の治世に百済から仏像が伝えられ、これが我が国への仏教の初伝であるという、『日本書紀』の記事に見られる部分のみが史実で、それ以外はすべて創作なのである。しかしながら、善光寺に関しては、平安時代以前の古い史料は全く残っていないのであるから、この『縁起』をも最大限に有効活用することが求められよう。『善光寺縁起』は、平安後期以降急速に流布し、その内容にも様々な脚色が加えられて、いくつものバリエーションがあるが、その基本的な部分は共通している。すなわち、善光寺如来は阿弥陀三尊であり、欽明天皇の十三年に百済国から伝来した、我が国最初の仏像であり、本師如来と呼ばれること、また、この仏像はインドの月蓋長者が娘の病気平癒を祈念して鋳造した黄金の仏像であること、天皇がこの仏像を礼拝すると、疫病がはやり、排仏派の物部氏がこの仏像を難波の堀江に投げ捨てたこと、信濃の人がその仏像を見付けて持ち帰り、自宅に安置したことなどである。『善光寺縁起』の掲載されている最古の文献は平安時代末期成立の『扶桑略記』であるが、鎌倉時代初期成立の『伊呂波字類抄』や、『水鏡』にも見えており、この頃までに『善光寺縁起』が固定化され、完成されていたものと思われる。さて、この『縁起』の内容であるが、『日本書紀』の欽明天皇十三年条の記事を利用して、それを若干改変した上に壮大な善光寺如来伝来のストーリーを創作して組み合わせたものである。実に荒唐無稽な、非科学的な創り話に過ぎないとも言えるが、このような伝承が生まれた歴史的背景については少なからず示唆を与えてくれるものだと思われる。このような伝承の背景には必ずある程度の歴史的事実や必然性が隠されているものであり、そのすべてを取るに足らないものとして一笑に付してしまっては、見えて来るものも見えて来なくなってしまうであろう(5)。

さて、この善光寺如来伝来のストーリーであるが、インド・百済・日本の三国に亘り、年代も釈迦在世当時から飛鳥時代へと約千年の長きに及び、内容もそれに伴って多岐に亘るためその一々を検討する余裕はない。インドの月蓋長者は全く架空の人物であるが、百済の聖明王は実在の人物である。それでは、日本の本田善光とはいかなる人物なのであろうか。この人物についても全く史料がなく、その正体は皆目つかめないが、確かなことは本田善光という名前は新しい名前であり、後世の人が名付けたものだということである。さらに、その実在についても疑わしいと言わざるを得ない。古い『善光寺縁起』、つまり、『扶桑略記』、『伊呂波字類抄』、『水鏡』などに所収のものには本田善光の名は見えず、『伊呂波字類抄』では、若麻績東人《わかおみのあずまんど》となっている。恐らく、本田善光という名前の人物は多岐に亘る『善光寺縁起』の内容の中でも比較的後から付け加えられたものだと考えられ、善光寺の寺名の方が先にあったのではないかと推測されている。本田善光という姓名は残念ながら、善光寺の草創を探る上では何の手掛かりにもならないと言えよう。しかしながら、この本田善光に関するエピソードとして大変有名なものに、難波の堀江で善光寺仏を発見した彼が、昼は仏像を背負って、夜は仏像が彼を背負って信濃国への道を急いだという下りがある。つまり、昼夜の別なく、夜も休むことなく、先を急いだということであるが、これは何を意味するものであろうか。これは善光寺仏の迫害の歴史を象徴するものではないかとの推測もなされており、要するに迫害の及ぶ危険性の高い畿内から交通も不便な山国である信濃国へ逃げ隠れたというわけである。それでは、なぜ信濃は善光寺仏にとって安全な地とされたのであろうか。そこには、善光寺仏を抵抗なく受け入れられる土壌が信濃にあったからだと思われるのであるが、それについては後述したい。ところで、この『縁起』でもっとも不可解というか、他に例を見ないのが、三国伝来のことである。一般に三国伝来とはインドから中国、そして日本へと伝わってくることを言うのだが、この『縁起』ではインド、百済、日本という三国伝来の形を採っている点が非常に珍しく、変わっている点である。勿論、日本への仏教初伝が百済国の聖明王からだということで、それに善光寺如来を結び付けるために百済を偏重しなければならなかったという事情があったからそうなったのであるが、その背後には朝鮮半島系渡来人の広汎な関与を指摘しなければならないであろう。

善光寺の信仰は『善光寺縁起』の流布と共に急速に拡大発展した。浄土信仰の高まりに呼応して、阿弥陀信仰の霊場としての善光寺の地位が確立されたわけである。『縁起』による善光寺活性化政策は大成功を収めたわけであるが、この『縁起』の流布する以前の善光寺およびその信仰と流布した以後の善光寺およびその信仰はかなり異質なもので、両者は区別して考えなければなるまい。つまり、『縁起』の流布する前、平安末期までの善光寺は渡来系の人々を中心に、地域住民の信仰を集める一地方寺院に過ぎなかったのではなかろうか。そして、これが草創以来の姿だったのであろう。これは、平安時代初頭に成立した『日本霊異記』、平安時代末期に成立した『今昔物語集』に全く採り上げられていないことからも推測可能である。もし、『縁起』成立以前の善光寺が民衆の広汎な信仰を集めていたならば、なにがしかの題材に採り上げられていてもおかしくないのであるが、それどころか、『宇治拾遺物語』からは、信濃国を仏教の未だ弘まらない「無仏世界」と受け取っていたことが読み取れるのである。(6) ところが、一旦『善光寺縁起』が成立すると、その様相は一変し、信濃国は浄土信仰の一大聖地と認識されるに至るのである。以上、『善光寺縁起』の内容からは善光寺草創の事情について、その一端を窺うことはできるものの、『縁起』の流布によって現出した善光寺およびその信仰は、それ以前の善光寺およびその信仰の性格とは一線を画するものだったと考えられよう。

善光寺瓦について

ところで、善光寺草創の事情を知る上で重要な手掛かりの一つとなるのが善光寺瓦である。善光寺瓦とは、言うまでもなく善光寺境内およびその周辺地区から出土した古瓦のことであり、その瓦は古代から中世に及ぶ様々な形式のものが出土しているが、最も古いものは八世紀、奈良時代初めまで遡れると考えられている。これらの瓦を直ちに善光寺の寺院建築の瓦であるとは断定できないものの、現在の善光寺の前身となる寺院がそこにあって、その瓦の一部であるとすることには異論は無かろう。それは、善光寺瓦の最も古い軒丸瓦が飛鳥の川原寺のものと酷似している点から推定されるものである。善光寺のものは川原寺のものと比べると、技巧の点でははるかに稚拙だということであるが、川原寺のような中央の大寺院を念頭に置いた仏堂が奈良時代初めの信濃の地に建てられていたことになる。それ以前の瓦は出土しておらず、建築の痕跡は確認できないが、恐らくそれ以前は簡素な草堂のような建物だったのではないかと推測されている。それが地元有力者の支援により川原寺式の瓦を葺いた本建築に改められたわけであろう。それが、さらに九世紀後半には法隆寺式の瓦を葺いたより大きな仏堂に建て替えられ、その施設の整備・拡充が計られていったようだとのことである。(7)先程、『縁起』以前の善光寺は一地方寺院だったと記したが、中央の大寺院を模倣する、その地方の中核寺院だったこともまた事実であろう。『縁起』以前の善光寺は過大評価してもならないし、また過小評価してもならず、その判断は困難を極めるところである。さて、善光寺から出土した軒平瓦には忍冬唐草と呼ばれる文様が刻まれているが、その文様をつぶさに調べてみると、奈良の当麻寺のものと同じであることが、明らかにされている。当麻寺は朝鮮半島系渡来人の手により建立されたと考えられているが、善光寺にも朝鮮半島系渡来人の強い関与があったことを示すものではなかろうか。善光寺瓦については、未だ研究者間の見解の相違が著しく、統一見解を見るには至っていないが、現在の善光寺の近辺にその前身となる寺院が遅くとも奈良時代初頭には建っていたと考えられよう。そして、それが中央の大寺院を模倣し、渡来系氏族の影響を少なからず受けた寺院であったことは間違いなかろう。

古代における信濃の地域性

さて、善光寺の草創期、およびそれ以前の信濃はいかなる地域性を有し、それは善光寺にいかに関わっているのであろうか。信濃という地域は、古代においては後進地域であったことは否めない事実のようである。中央では大和朝廷による統一国家が成立し、公地公民制や班田収授の法などの律令制度に則った中央集権的国家体制の整備が進められていたが、その頃の信濃では未だ古墳が造り続けられていたのである。これは、古墳の中から和同開珎など奈良時代の古銭が出土していることから解るのだが、奈良時代になっても信濃の人々の暮らしぶりは前時代的であったと考えられる。そのような地域に最先端の仏像崇拝が根付き、発展してゆくとは考え難いのであるが、その背景には常に朝鮮半島系渡来人の関与が想定される。ここで、極めて注目すべき古墳の存在を指摘しておきたい。

これは、積石塚《つみいしづか》と呼ばれる群集墳の一種であるが、全国的に見ても信濃に多く残っており、その中でも天井石を屋根形に組んだ合掌型石室という石室が見られることが特に注目される。日本では極めて珍しい形式で、明らかに朝鮮半島の墳墓の形式に由来するものだということである。長野市郊外の大室古墳群は、五世紀から七世紀にかけて造られたと考えられている、積石塚古墳群としては全国でも最大規模のもので、これらが善光寺平に住み着いた渡来系の人々の墓であることは疑いを容れない。これは、『善光寺縁起』に説く善光寺草創の時期とも合致し、彼らが善光寺の草創に全く無関係だったとは到底考えられまい。さらに、早くも三世紀後半には、信濃と朝鮮半島との交流を示す物的証拠が残っている。木島平村の根塚古墳では国内で前例のない渦巻状装飾の施された鉄剣が出土しているが、これは朝鮮半島東南部の伽耶地方で当時盛行したものであり、日本海を介しての直接的な交流が想定されるとのことである。それでは古くから信濃に定住していた朝鮮半島系渡来人は何のために山深いこの地にやって来たのであろうか。

大和朝廷は朝鮮半島の先進技術を移入するため多くの渡来人を招き、国内に住まわせたが、その殆んどは畿内近国に限られていた。ここで、信濃と渡来人との関わりについて考えておかねばなるまい。先述の長野市の大室古墳群の積石塚からは土製の馬が出土しているが、それに示される通り、両者の関わりは「馬」の一語に集約されると言えよう。(8) 日本史年表を開いてみると、六世紀から七世紀にかけては日本国内の記事よりも朝鮮半島の記事の方が遙かに多いのに驚かされる。この時期、大和朝廷は任那という地を拠点にして朝鮮半島に度々軍事介入している。大和朝廷は百済と同盟国になり、高句麗、新羅、唐を敵に回して戦うのである。その結果、白村江の戦い（六六〇～六六三年）で日本・百済連合軍は大敗を喫し、百済国、任那日本府は滅亡に追い込まれるのだが、この頃の戦争で大活躍した最新兵器が馬だったのである。古代における馬の機動力は、近代における戦車や戦闘機以上に画期的なものであり、大変な威力を発揮したと考えられる。その最新の兵力、つまり馬の生産・供給基地が信濃だったのである。そのことは、古墳からの馬具の出土状況からも明らかである。全国的に見ても、信濃における馬具の出土は質量共に抜きんでており、特に下伊那地方、現在の飯田市周辺への集中ぶりは特筆に値するものだとされる。(9) これらの古墳の被葬者は在地の有力豪族であり、科野国造軍を組織する構成員だったと考えられている。彼らの墓には、馬具の他、太刀や甲冑、鉄鏃などが副葬されていたが、その武具の種類により、歩兵ではなく、騎兵であったことが解り、信濃に大規模な騎馬兵力が成立していたことを示すものとなっている。(10)信濃における騎兵集団の成立は、我が国に騎馬が入って来る五世紀中頃とほぼ同時期だと考えられているが、朝鮮半島系渡来人の指導の下に在地の有力豪族が組織され、成立したものであろう。恐らく彼らは、普段は牧で馬の生産に従事し、いざ戦いとなると、騎兵として戦場に赴いたものと思われる。この当時、馬の生産・管理、馬を操っての戦いは最先端の技術であり、そのいずれもが後進の日本人には手に負えないものであった。最先端の技術を持っていた渡来人たちは大和朝廷の手厚い保護を受けて、大きな富を蓄積していったのだが、なぜ彼らは信濃に定住したのであろうか。そこには、信濃の気候・風土が馬の生産・管理に適していたという事も理由に挙げられるであろうが、それだけではなく、この地域が元々渡来人にとって馴染み深い土地であり、生活し易かったためではなかろうか。[11]

さて、『日本書紀』継体・欽明朝の記事に科野氏という人の百済での活躍が記されている。この科野氏は日系の百済人であろうと考えられているが、彼らは大和朝廷の軍事的遠征に伴って百済に渡った信濃出身の人々の子孫である。科野氏は何代にも亘って百済支援という責務を担って信濃の地から朝鮮半島に派遣された人達であり、百済側の科野氏に対する信任と期待も極めて大きかったようである。『書紀』には三人の科野氏の名が記されているが、その中でも科野次酒《しなのししゅ》（斯那奴次酒とも）という人は、百済における官位が短期間に急上昇しており、百済側の信任の厚さと期待の大きさが窺える。欽明五年（五四四）紀には「施徳斯那奴次酒《せとくしなのししゅ》」とあるが、それが欽明十四年（五五三）紀には「上部徳率科野次酒《じょうほうとくそちしなのししゅ》」となっており、僅か九年の間に官位が八品から四品に四段階も昇進しているのは、やはり異例なことと言えよう。この科野氏は元々はこの地方シナノの首長だったが、大和朝廷の支配下に入り、科野国造となる。そして、その一族が朝鮮半島へ派遣され、信濃と朝鮮半島との交流に大きな業績を挙げることになる。最初は兵力や馬といった軍事的な交流だけであったが、やがて文化的な交流にも拡大発展していったようである。彼らの一族は欽明天皇の金刺宮に仕えて金刺舎人と名乗り、敏達天皇の他田宮《おさだのみや》に仕えて他田舎人《おさだのとねり》と名乗ったとされ、律令制の浸透と共に水内郡司《みのちぐんじ》に任命されたのが金刺舎人氏であった。金刺舎人、他田舎人の両氏は平安時代には信濃を代表する豪族として史料上に現れるようになってくるのである。

結語

そろそろ総括に入りたい。善光寺の寺名は何に由来するのであろうか。これについては大変興味深い説がある。(12)それは、百済王に善光という人がいて、百済系渡来人が彼を偲んで寺の名にしたという説である。百済は前述の如く白村江の戦いで滅亡するが、善光はその時まだ少年で、日本に亡命したと言われている。大和朝廷は百済の復興を計って善光を百済王に立てるが、計画は失敗に終わっている。ところが、滅亡した百済の、その王家の血を引く善光は百済系渡来人にとっては正に英雄であり、精神的な拠り所でもあったようである。その英雄の名を百済系渡来人の信仰の中心となる寺に付けることは十分に考えられることである。しかしながら、両者の直接的な関係を示す史料は全くなく、説得力に欠ける説と言わざるを得ないであろう。

善光寺は、日本に仏教が伝わった六世紀の中頃からあまり隔たらない時期に渡来系の人々を中心にして草創された。渡来系氏族の中でも百済系の人々が主体だったと考えられるが、仏教の伝わったのが百済からということで百済を偏重し過ぎるきらいがあるため、必ずしも百済人と限定せず、朝鮮半島系渡来人とする方が無難ではなかろうか。そして、その半島系渡来人とは日本と朝鮮半島の軍事的な交流の下で馬の交易に携わって信濃に定住した人々であった。最初はそのような渡来人と地域住民が毎日の安全を祈願するような、ささやかな草堂だったに違いなかろう。それが寺院としての形態を整えるのは奈良時代に入ってから、水内郡司金刺舎人氏の氏寺としてであろうと思われる。善光寺境内から出土した瓦はこの時のものであろう。その後平安時代末期までは地域住民と渡来系の人々によって信仰される、ごくローカルな地方寺院に過ぎなかったと考えられる。これが元々の、善光寺の本来の姿であった。ところが、それが『善光寺縁起』の流布によって一変するわけであり、既述の如く『縁起』以前の善光寺はその性格が著しく変わっていて、両者は別の寺院として考えた方が賢明であろう。創立者とされる本田善光についても恐らく『縁起』による創作で、架空の人物だと思われる。しかしながら、現在でも善光寺の本堂に参拝すると興味深い事実を発見することができる。本堂の奥、戒壇巡りの入口の近くに三卿の間という一画があり、開山の本田善光を中心に左に息子の善佐、右に妻の弥生の巨大な木像が安置されているが、善光の妻弥生は右膝を立てて座っている。これは朝鮮半島における女性の正式な座り方なのだそうである。この木像は恐らく近世の製作になるものだと思われるが、『縁起』以降すっかり日本化し、性格の変わった善光寺の信仰の中に未だ朝鮮半島系渡来人の影響を強く伝えていることには驚きを禁じ得ない(13)。以上、状況証拠に頼りつつ、推測を重ねただけの立論になってしまったが、ある程度の見通しは立てられたのではなかろうか。善光寺の創建については文献史料に基づく実証は不可能であり、実証史学は全く歯が立たない。このような場合には伝説・伝承を含めた状況証拠による推測作業も有効なのではあるまいか。善光寺が朝鮮半島系の渡来氏族の創建になるものであることは様々な状況証拠から十分に証明し得るものであると思われる。

（1）拙稿「善光寺式一光三尊仏の起源」『武蔵野女子大学仏教文化研究所紀要』一七号所収（本書第Ⅱ部第一章）。
（2）『museum』三二五号所収。
（3）日本仏教は宗派色の強さが大きな特徴であるが、著しい多様性を有する日本の仏教においては、それぞれの宗派がその主義主張を明確に表明してこそ、その存在を認められていると言えよう。このような状況下における善光寺の存在は際立っており、一宗一派によらず庶民信仰を伝えてきたその異質性が善光寺を特徴付けているのである。
（4）氏の『善光寺史』は昭和十三年に脱稿しているが、長年刊行の日の目を見ず、実に三十年余り後の昭和四十四年になってやっと刊行に漕ぎ着けているのである。氏の労作が三十数年間も出版されずに放置されていた背景には、坂井氏と善光寺当局の見解の相違が大きく影響しているようである。氏の提示した学説にはクレームが付き、氏が公表しようとした資料にはストップがかかるといったようなことが度々あったようである。しかも、『善光寺史』脱稿の二年前に不遇の一生を終えた坂井氏は、死後も「善光寺の研究などするからあんな目に遭う」と陰口を叩かれたということである。この坂井氏の苦い経験を繰り返すまいとしたのか、長年これに続く大作は現れなかったが、二〇〇〇年五月に小林計一郎氏がそれまでの研究を集大成して『善光寺史研究』（信濃毎日新聞社）という大著を刊行された。論考と言うよりは、詳しい解説の付された資料集の様相が濃いが、坂井氏の業績に次ぐ労作として今後の善光寺研究に計り知れない恩恵を与えてくれることであろう。ところで、氏があとがきで「善光寺には書けないことがたくさんある。従ってこの本には書いていないことも多い」と記されているのが非常に印象的であった。小林氏も多くの新しい知識を得ながら、それを公表できない無念さをこのように記されたのであろうが、正に善光寺研究の限界を示した言葉ではなかろうか。

（5）『善光寺縁起』には、「国司」、「免田」など推古朝には無かったはずの用語が目に付き、その時代的な不整合が明らかに見て取れる。しかしながら、その用語を適宜変換して考察すると、その内容は大化（五四五〜六五〇年）以前の社会でも十分に有り得る事だという。『長野市誌』二、二八一〜二八七ページ参照。

（6）『宇治拾遺物語』巻八ノ三に、「信濃国聖事」という説話が収録されている。それによると、信濃の僧命蓮は東大寺で受戒し、出身地の信濃に帰ろうと思ったが、「よしなし、さる無仏世界のやうなる所に帰らじ、ここにゐなんと思ふ心つきて」と帰郷を思い留まったという（小林氏前掲書、四九〜五〇ページ参照、日本古典文学大系『宇治拾遺物語』二三八ページ）。

（7）善光寺瓦についての研究成果は、小林氏前掲書、第二章第一節に詳しい。

（8）二〇〇一年九月二十七日付の全国紙上に、信濃における朝鮮系渡来人と馬との密接な関わりを証明する考古学的発見が大きく報じられた。記事（朝日新聞夕刊。一部略）は次の通りである。

長野市の浅川端遺跡で、朝鮮半島で三世紀ごろに作られたと見られる馬の形をした青銅製の装身具「馬形帯鉤《うまがたたいこう》（帯留め）」が見つかった。この種の遺物が国内で発掘されたのは初めて。大陸の騎馬民族にかかわる遺物の一つと見られ、専門家らは「古代の大陸と日本列島との交流の一端を示す貴重な発見」と評価している。発掘したのは長野市埋蔵文化財センター。朝鮮半島ではよく似た金具が三世紀ごろの上流階級の副葬品として数十点以上見つかっており、同時代のものと見られる。今月三日、竪穴式住居跡から裏返しの状態で見つかった。長野県では北部の木島平村の根塚遺跡で、同じく朝鮮半島で作られたと見られる渦巻状の装飾付鉄剣が見つかっており、今回の発見と併せて「この地域と朝鮮半島の交流をうかがわせる証拠」と同センターは見ている。

この発見について、大塚初重明治大学名誉教授は、「日本での馬の飼育の始まりは五世紀前半ごろと見られ、馬形帯鉤もこの時期に一緒に朝鮮半島から伝わったと考えられる」とされ、高久健二埼玉大学助教授は、「三世紀の日本と朝鮮半島との交流が、九州や近畿だけでなく、東日本の内陸部とも直接行われていた可能性が高まった」とコメントされている。この発見は、古代における信濃・朝鮮系渡来人・馬の三者の関わりを明示するものに他ならず、本稿における推論を補強するものとなろう。

（9）『善光寺縁起』によると、本田善光が最初に善光寺如来を安置した草堂は現在の飯田市近辺にあったとされ、元善光寺の所在地が本田善光の草堂跡だと言い伝えられている。しかしながら、これは比較的新しい伝承だと思われ、その根拠も薄弱と言わざるを得ないようであるが、まだまだ検討の余地は残されているようである。

（10）大和朝廷は四世紀末の高句麗との戦争で騎馬の有効性を強く認識し、それ以降、海外派兵のための騎兵要員として河内などに渡来人を定住させており、馬は現地（朝鮮半島）で調達していたようである。しかし、それでは、実戦の際に不便なため国内で馬の生産を手掛ける事になり、五世紀中頃から渡来人と共に輸入馬を信濃に送り込んだのである（『長野県史』通史篇一、三二〇～三二一ページ参照）。また、福島正樹氏は「善光寺平を中心に積石塚古墳が盛んにつくられるようになった背景には、大和王権の政治的影響のもとでの渡来系の人びとの活動を考えることができる。しかも、こうした古墳群と牧の立地が共通する点が注目される」としている（『長野県の歴史』山川出版社、一九九七年、三六～三七ページ）。

（11）善光寺のある長野市は現在でも日本海側との交流が盛んである。朝鮮半島から信濃へ入るルートは二通りあったと考えられる。一つは九州から瀬戸内海を経て畿内から入るもの、もう一つは越後などの日本海沿岸から上陸して、そこから直接入るものである。大和朝廷の手により計画的に移住させられた人々は前者のルートによったと思われるが、それ以前に既に後者のルートで多くの渡来人が移住していたと想定される。つまり、信濃は朝鮮半島系の渡来人が二つのルートから入り、定住する、最新の文化の花開く土地となっていたのであろう。

（12）小林氏前掲書、一七～一八ページ参照。

（13）今回の資料調査のために長野市を訪れた。その際、信州大学の前の電柱に取り付けられた広告の看板に目を引かれた。それは、ある司法書士事務所の広告であり、「帰化・永住権」と赤い字で大きく書かれたものであった。長野市近辺には現在も朝鮮半島系の人が多く住んでいるものの、日本人との混血も進んで、住む地域の区別も無く、すっかり日本に溶け込んでいるとのことであった。それにも拘らず、長野には日本への帰化・永住を求める人達が少なからずいるということであろうか。千五百年以上に亘る信濃と朝鮮半島系渡来人との交流の一端を見る思いがし、極めて印象深かった。『日本後紀』延暦十八年（七九九）条には、推古・舒明朝（五九三～六四一年）に渡来して、信濃に住む高句麗系の人々が日本の姓を名乗りたいとの申し出をし、それが許されたとの記事がある。この広告看板と『日本後紀』の記事には千二百年もの時差があるが、両者の内容の共通性には驚かされる。現在の長野や善光寺の佇いは、外見上は純日本的であり、この地が今から千五百年前には渡来文化の花開く街だったとは誰も気付かない。しかし、その背後には歴史の荒波を乗り越えて、現在にまで続くものが少なからず残っているのである。長野の風土とは恐らくそのような渡来系文化と一体化することによって形成されていったのであろうし、その象徴が善光寺だったのではあるまいか。

第三章　続善光寺草創論試案

はじめに

信濃善光寺は、我が国を代表する大寺院の一つであり、二〇〇三年の御開帳では六二八万人もの参詣客を集め、過去最高を記録したとのことであった。しかし、日本中にその名を知られた我が国有数の大寺院でありながら、解らない事ばかりなのが長野の善光寺だと言えよう。いつ、誰が、何のために建てた寺院なのか、皆目見当が付かないのが善光寺の大きな特徴の一つでもある。

前回拙稿（前章）において推測に推測を重ね、概ね次のような結論に達した。善光寺は日本に仏教が初めて伝えられた六世紀中頃からあまり隔たらない時期に朝鮮半島系渡来人を中心にして創建された。その渡来人たちは当時の最新の戦力であった馬の交易と繁殖、調教のために信濃に移住して来た人々であり、彼らが自分たちの信仰を日本に持ち込んで創建されたのが信濃の善光寺であった。つまり、馬と渡来人とが善光寺創建の謎を解く鍵であるということであった。また、現在の善光寺の姿は平安末期以降の浄土信仰の急激な展開に呼応したものであり、それ以前の地元の人々と渡来系の人々によってささやかに護持されてきた善光寺の本来の姿とは全く異なるものであって、両者は区別されるべきである、とのことも指摘した。しかしながら、この立論は文献史料に基づいたものではなく、状況証拠に頼ったものであり、方向性としては正しいと思われるものの、説得力については未だ不十分だと言わざるを得ないものであった(1)。そこで、本稿ではこれまでの試論を補足・強化すべく今少し考えてみようとするものである。

本稿では、善光寺の草創期と考えられる六〜七世紀、およびそれ以前の日本国内における朝鮮半島系渡来人の動向についてより深く探求すると共に、この時期の朝鮮半島における阿弥陀信仰の状況についても考察してみたい。

時代の概況

まず、古墳時代から飛鳥時代に至る間の日本国内における朝鮮半島系渡来人の動向について詳しく考察しておきたい。これまでにこれについての有力な参考文献を入手することが出来たので、ここでは主にこれに従って考えてゆきたいと思う。大和岩雄氏『信濃古代史考』で、信濃の古代史における渡来人の役割を最大限に評価し、善光寺の創建もそのような渡来人が自らの私的な信仰を持ち込んだものだと推測されており(2)、拙論とも極めてよく合致するものである。本論に入る前に、この時期、すなわち四、五世紀から六、七世紀にかけての日本および朝鮮半島の状況について概観しておきたい。この時期は日本では古墳時代から飛鳥時代に相当し、日本各地で前方後円墳などの巨大な古墳が造られたのが四、五世紀で、著名な仁徳天皇陵の造られたのが五世紀半ば頃とされている。未だ文献史料のない時代で、記紀神話の時代である。全国各地にかなり有力な首長層が誕生し、それぞれが小国家を形成しており、その首長の権力を象徴するものが古墳だったわけであるが、そのような地方の勢力が次第に最も強大だったヤマト政権の力に敗れ、吸収されてゆく時代でもあった。ヤマト政権には軍事力の強化が何よりも急務とされていた時代であった。このような時代に突如として外来の最新の文化が日本にもたらされることになった。これこそが、西暦五三八年、仏教の伝来である。『日本書紀』によると五五二年になるが、これは『書紀』に編纂上の錯誤があるためで、五三八年と見る方が正しいであろう。周知の如く、この仏教伝来の年を境にして、それ以前を古墳時代、それ以後を飛鳥時代と区別して呼ぶならわしになっている。それ程までにこの仏教伝来は古代の日本にとって大きな転換期となる、画期的なできごとだったわけである。さて、この仏教伝来であるが、欽明天皇の治世に朝鮮半島は百済の聖明王から仏像や経典が献上されたというものである。その仏像や経典の内容は必ずしも明らかでないが、蘇我氏は積極的にこれを受容し、対する物部氏は徹底的にこれを排斥しようとし、以後大化の改新に至るまで百年間に及ぶ崇仏排仏の抗争の火種を播くことにもなってしまう。ところが、この時代に現れた聖徳太子は、仏教を国家レベルで受容することによって、法治国家としての体制を整え、中央集権的律令国家体制の基礎固めをすることに成功するのである。太子により古墳時代の日本は一気に文明国へと進化し、奈良時代を控えて律令国家体制の整備が着々と進んでゆくことになる。

一方、この頃、四、五世紀から六、七世紀にかけての朝鮮半島は三国時代と呼ばれ、新羅・百済・高句麗の三国が鼎立する時代に当たり、当然のことながらこちらも戦乱の時代で、中国大陸の隋・唐に日本も加わって戦いを繰り返していた。この朝鮮三国は中国の進んだ文化・制度を積極的に採り入れ、高句麗では三七二年に仏教が伝来し、翌年には律令が公布されるなど、日本よりも百五十年から三百年近くも進んでいた先進国だったわけで、日本もこの三国から多大な影響を蒙ることになるわけである。

馬と渡来人と信濃

　さて、そのような状況を念頭に置いた上で本論に入ってゆきたい。古墳時代の日本はヤマト政権の勢力が伸長し、地方の有力な首長層がその権力の下に組み込まれつつあった時期であるが、それは信濃においても全く同様であった。信濃という地域はヤマト政権からも重要視され、朝鮮半島系渡来人の往来も盛んであったが、それはいかなる理由によるものであろうか。その理由は、前章において指摘した通り、「馬」の一語に集約されるものであった。馬はその当時の最新鋭の機動力であり、最新鋭の兵力でもあった。時あたかも戦国時代の様相を呈しており、軍事力の増強が急務とされた時期であり、馬が重視され、それと共に渡来人が重用され、信濃が脚光を浴びることになったのはごく自然の成り行きであった。つまり、馬を飼育・繁殖し、調教する技術は朝鮮半島系渡来人にしかなく、馬の飼育・放牧に適した地形が信濃だったというわけである。ところで、信濃国のシナノという国名であるが、これは大和氏によると山あいで起伏の多い地形を表わしたものと思われるが、それと共に河内国にあるシナの地名を念頭に名付けられたものではなかろうか、とされている(3)。聖徳太子の御廟のある磯長のシナがシナノに利用されたということである。また、長野県、長野市というナガノの地名も河内の地名に由来するとのことであり、河内長野市という市も、こちらの方が本家だということになる。それではなぜ河内の地名が信濃にトレースされたのであろうか。ここでも馬と渡来人との関係がクローズアップされることになる。つまり、ヤマト政権は馬の生産・管理のため河内に住んでいた朝鮮半島系渡来人を信濃に移住させているわけである。大和氏によると河内と信濃はこの当時密接なつながりがあったということであり、善光寺の草創も河内出身の人々に関連付けられるとのことである(4)。

さて、古代における馬の重要性には格別なものがあったようで、現代の我々には想像できない位、貴重かつ神聖な動物であったようである。これは『日本書紀』に七十例以上の用例が見られることからも、当時の人々の関心の高さが一目瞭然に解されるところである。その内容は良馬、駿馬、すなわち素晴らしい馬についての記事が多く見受けられ、馬自体が神聖で貴重なものだった上に、優秀な馬は憧憬の対象であり、神仏の使いそのものと見られていたようである。ここで、『日本書紀』に見られる馬の記事を幾例か見ておきたい。(5)

秋七月に、倭国の今来郡言さく、「五年の春に、川原民直宮、楼に登りて騁望る。乃ち良駒を見つ。影を睨て高く鳴ゆ。軽く母の背を超ゆ。就きて買ひ取る。襲養ふこと年兼ぬ。壮に及りて鴻のごとくに驚り、龍のごとくに翥り、輩に別に群を越えたり。服り御ゐること随心に、馳せ驟くこと合度れり。大内丘の壑を超え渡ること、十八丈。川原民直宮は、檜隈邑の人なり」とまうす。（欽明天皇七年（五四六）七月条）

馬の神々しさ、神秘性がよく表現されているのではなかろうか。馬は権力や高貴のシンボルであり、蘇我馬子や厩戸皇子を初めとして有力豪族も馬飼、鞍作、馬養などの名を好んで付けていることからもそれが窺えるのではないだろうか。

十五年の秋八月壬戌の朔丁卯に、百済の王、阿直伎を遣して、良馬二匹を貢る。即ち軽の坂上の厩に養はしむ。因りて阿直岐を以て掌り飼はしむ。故、其の馬養ひし処を号けて、厩坂と曰ふ。（応神天皇十五年（二八五）八月条）

ここには、百済からの馬の献上が見えているが、時代が下って欽明朝になると、今度は逆に日本から百済に馬を送り遣わしたとの記事が相次ぐようになって来ており、この間に日本国内での軍事用の馬の生産がすっかり軌道に乗り、常に朝鮮半島への応援に差し向けられる体制が整えられつつあったことが知られる。これは、次の記事に見て取れる。

七年の春正月の甲辰の朔丙午に、百済の使人中部奈率己連等罷り帰る。仍りて良馬七十匹・船一十隻を賜れり。（欽明天皇七年（五四六）正月条）

六月に内臣を遣して、百済に使せしむ。仍りて良馬二匹・同船二隻・弓五十張・箭五十具を賜ふ。勅して云はく、「請す所の軍は、王の須ゐむ随ならむ」とのたまふ。（欽明天皇十四年（五五三）六月条）

十七年の春正月に、百済の王子恵、罷りなむと請す。仍りて兵仗・良馬を賜ふこと甚多なり。亦頻に賞禄ふ。衆の欽み歎むる所なり。（欽明天皇十七年（五五六）正月条）

また、次に掲げたのは馬を使っての戦闘のシーンを描写したものである。実際に馬の機動力によって命拾いをしたり、敵を急襲したりということが度々あったと思われる。

倭国造手彦、自ら救ひ難きことを知りて、軍を棄てて遁れ逃ぐ。新羅の闘将、手に鉤戟を持りて、追ひて城の洫に至りて、戟を運して撃つ。手彦、因りて駿馬に騎りて、城の洫を超し渡りて、僅に身を以て免る。闘将、城の洫に臨みて歎きて曰はく、「久須尼自利」といふ。是に、河辺臣、遂に兵を引きて退きて、急に野に営す。（欽明天皇二十三年（五六二）七月条）

以上の如き『日本書紀』の馬に関する記事を見てみると、その殆んどすべてが朝鮮半島、あるいは朝鮮半島系渡来人との関連で記されていることに気付かされる。馬と渡来人との関わりの強さには我々の想像以上のものがあったと思われる。この時代にいかに馬が重視されていたかについては十分理解されたが、残念ながら肝心の善光寺のある信濃との関わりが明確にされていない。大和氏も「良馬を育てる土地及び人を古代王権が重視するのは当然である」とし[6]、ヤマト政権が渡来人と信濃の地を重視したことを述べておられるが、これを明示する文献史料は残念ながら見付かっていない。『書紀』継体天皇六年（五一二）四月条には、「六年の夏四月の辛酉の朔丙寅に、穂積臣押山を遣して、百済に使せしむ。仍りて筑紫国の馬四十匹を賜ふ」とあり[7]、筑紫国の馬を下賜したという記事はあるものの、信濃は現れない。筑紫は朝鮮半島との交渉の窓口に当たり、馬の輸出入も渡来人の出入りも筑紫国を介して行われていたようである。信濃が馬との関係で文献史料に現れるのは奈良時代に入って『続日本紀』を俟たねばならない。『続紀』天平十年（七三八）正月一日条に「信濃国より神馬を献ず」とあるのがそれであり、平安時代に入って『延喜式』には信濃国の十六牧が規定され、奈良時代天武朝以降、律令軍事制度の整備と共に信濃の馬が国家的に制度化されてゆくことが知られるところである。しかしながら、それ以前のことは考古遺物より推測するしかないのが実情である。信濃の古墳からは数多くの馬具が出土しており、その質量共にぬきんでている。また、古墳の形式に朝鮮半島系の積石塚古墳や合掌形石室といったものが数多く見られるのも信濃の特徴であり、古墳時代末期の信濃に馬の生産に携わる渡来系の有力な首長層が相次いで出現したことを物語っている。彼らはヤマト政権の手厚い保護を受けて富を蓄え、有力な首長層へと成長した人々だったのであろう。(8)

渡来人の河内から信濃への移住

ここで、朝鮮半島系渡来人という視点から一考しておきたい。既述の如く、四〜五世紀の朝鮮半島は三国時代に当たり、高句麗、百済、新羅の三国に分かれて争っていた時期であり、日本もヤマト政権の勢力の伸長が著しく、ヤマト政権と地方の首長層との間で絶え間ない戦争が繰り広げられていた時期であった。この時期は、軍事的な方面でも、文化的な方面でも日本と朝鮮半島との交流は極めて盛んであった。その交流によってもたらされたものの一つが馬であり、一つが仏教であった。どちらも古代日本に計り知れない影響を与える、衝撃的なものだったに違いない。ヤマト政権はそのような先進の文化と技術力を持った朝鮮半島系渡来人を優遇して、まず畿内の河内・大和に住まわせる。政権の所在地に至近な所に渡来人を居住させ、様々な技術指導に当たらせたわけである。そのような渡来系の人々が極めて多く居住していたのが河内国の石川流域地区、現在の大阪府南部、藤井寺市から太子町、河内長野市にかけての一帯であった。この地域には、シナノに通ずる磯長の地名、両者に共通の長野の地名があり、藤井寺市には、元善光寺と通称される小山善光寺があって、信濃・長野との密接なつながりが想定される所である。この河内の石川流域は当時の最先端の工業団地とも呼べる地域で、現代の日本で言えば筑波のような所だったのかも知れない。陶器の製造に携わる人々、建築に携わる人々、水利・土木に携わる人々、そのような技術者集団が集中して住んでいた地域だったと考えられる。そこに馬の生産・管理に携わる人々も住んでいたのだが、この地域は馬を放牧し、調教するにはやや狭過ぎて何かと不都合だったようである。そこで、馬に携わっていた渡来人たちは徐々に新天地である信濃へと移住することになったのであろう。五～六世紀には国内での馬の需要が戦線の拡大と共に急速に高まって来ており、河内の石川流域のような地域では大量の馬の生産・管理が難しく、そこで放牧に適した地形と風土に恵まれた信濃への人馬相伴っての移住が推進されたわけである。しかしながら、このような河内から信濃への人馬の移動を明示する史料が見付からないのが痛恨の極みである。

さて、善光寺の草創に当たって本田善光が仏像を背負って難波から信濃へと急ぐという有名なくだりが『善光寺縁起』に描かれているが、この畿内から信濃への移動とは、馬に携わった朝鮮半島系渡来人が河内から信濃へ移住したという事実を下敷きにして創作された説話であるということが容易に見て取れるのではなかろうか。ここでは、『善光寺縁起』の説話が歴史的事実を傍証していると言えよう。朝鮮半島系渡来人がいつ、どのような状況で河内から信濃へ移住したかについては、未だ不明確な点が多いようである。自発的に移住したのか、ヤマト政権の命令により半ば強制的に移住させられたのかも判然としない。しかし、『縁起』に現れる本田善光は夜道を人目を忍んで先を急いだとあるから、恐らく河内の渡来人たちも既に同郷の人々が多く暮らしていて、ヤマト政権との権力闘争にも巻き込まれにくい信濃の地へ大急ぎで移住したのではなかろうか。ヤマト政権のお膝下の河内ではヤマト政権の権力と、ヤマト政権によって保護され強大化しつつあった渡来系氏族との権力闘争が、日増しに激化しつつあったと推測される。彼らは自らの念持仏であった善光寺如来を携えて信濃へ下ったのであり、そこに本田善光の説話が生まれたのであろう。ヤマト政権と渡来系有力氏族との衝突は『古事記』の次のような説話からも見て取れよう。(9)

初め大后、日下に坐しし時、日下の直越の道より、河内に幸行でましき。爾に山の上に登りて国の内を望けたまへば、堅魚を上げて舎屋を作れる家有りき。天皇其の家を問はしめて云りたまひしく、「其の堅魚を上げて舎を作れるは誰が家ぞ。」とのりたまへば、答へて白ししく、「志幾の大県主の家ぞ。」とまおしき。爾に天皇詔りたまひしく、「奴や、己が家を天皇の御舎に似せて造れり。」とのりたまひて、即ち人を遣はして其の家を焼かしめたまふ時に、其の大県主懼ぢ畏みて、稽首白ししく、「奴に有れば、奴随らに覚らずて、過ち作りしは甚畏し。故、能美の御幣の物を献らむ。」とまをして、布を白き犬に繋け、鈴を著けて、己が族名は腰佩と謂ふ人に、犬の縄を取らしめて献上りき。故、其の火を著くることを止めしめたまひき。（『古事記』雄略天皇条）

保護の対象であったものが弾圧の対象に変わるということは、歴史上多々あることであるが、志幾大県主は天皇の宮殿とも見紛うばかりの豪邸に住む程の富を蓄えていたということである。大和氏は、このような河内在住の県主勢力が雄略のヤマト政権に服属し、その王権の命によって信濃に移住したのではないかと推測されているが、状況証拠から見て恐らく史実に近いと思われる。但し、年代的には少し早過ぎてこれを直接善光寺草創説話に当てはめて考えるのは難しそうである。しかしながら、志幾県主と雄略のような対立関係は恐らくこの時限りのものではなく、同じような対立関係はしばらく続いていたと思われ、後年同じような状況下で信濃に移住した渡来人が善光寺の草創に関わった可能性は相当に高いと言えよう。

さて、古墳時代末期の日本は渡来人を抜きにしては何も語ることができまい。『日本書紀』総索引を概観してみても、百済、新羅、高句麗の用例が群を抜いて多く、日本国内のいかなる地名よりも多くなっている事実に驚かされる。国内の地名では筑紫国が朝鮮三国に匹敵する程頻出しているが、これは言うまでもなく筑紫が朝鮮半島への日本側の窓口だったからに他ならない。このように大量の朝鮮半島系渡来人が日本に流入するわけであるが、ヤマト政権によって正式に招請された人々もあれば、ヤマト政権の支配下にあった蘇我氏、大伴氏などに招かれた人々もあり、自ら商売目的でやってきた人々もいたであろう。一口に朝鮮半島系渡来人といっても、その地位も待遇も渡航目的も千差万別だったわけであり、信濃の渡来人たちもそのすべてが河内国から移住した馬に関わる人々だったわけではない。それ以前から定住していた人々もあれば、直接信濃入りした人々も、馬の生産・調教には直接関わりのない人々もいたに違いない。このような、渡来人の多様性、重層性を看過してはなるまい。しかしながら、信濃における朝鮮半島系渡来人に馬の交易・生産に携わる人々が多かったことは、考古学的な見地から証明される所であり、それが他の地域とは明らかに異なる特徴であったことは事実である。彼らの多くがヤマト政権の勢力伸長に伴い、軍事的理由で信濃に移住して来たことは明確であろう。そのような人々が独自の文化・風習を持ち込み、育んだ、それが善光寺の草創につながるということは大局的に見て正鵠を射た見解であろう。信濃の渡来人を語る上において、考古学的な発掘成果が大変有効であるが、積石塚古墳と合掌形石室は古くから渡来系氏族の墓制に基づくものとして注目されてきた。積石塚古墳は信濃でも北信地方、善光寺平の近辺に特に多く見られ、高句麗系の墓制と見られている。この積石塚古墳は河内の石川流域に位置する大阪府柏原市の茶臼山古墳にも見られる。これは、四世紀末の築造と見られており、河内でこのような古墳を築いていた渡来系氏族が信濃に移住し、信濃でも同様の積石塚古墳を築いたと考えられている。信濃に見られる積石塚古墳は五〜七世紀までのものとされており、年代的にも河内に積石塚古墳を築いた人々の信濃移住と合致するわけである。

善光寺草創に携わった渡来人

以上、信濃と馬と渡来人との関わりについて検討してきたが、ここで、本稿の主題である善光寺と渡来人について考えてみたいと思う。信濃の善光寺が朝鮮半島系渡来人によって草創されたのではないかということは、以前から先学の示唆されて来た所でもあり、前章でもそのように結論付けた所であるが、残念ながら確かな証拠に欠けるという致命的な欠点は払拭できないのが現状である。前述の如く、河内国の石川流域には元善光寺と呼ばれる小山善光寺がある。現在の地名は藤井寺市小山であるが、旧来の地名は河内国志紀郡長野郷と称し、こちらも長野の善光寺であったことが興味深い。寺伝によると、難波の堀江で善光寺仏を拾い上げた本田善光が信濃に向かう途中に止宿した所だといい、この地に庵を結んでいた念仏行者隆聖法師の下に一泊したところ、その善光寺仏に感激した法師がこの地に留め置くよう懇願した。しかし、善光は信濃へ持ち帰る使命があるとのことでそれを断ったが、法師の願いに応じ、共に三日三晩念仏をしていると、更に一体の善光寺仏が出現したという。そこで、隆聖法師がその一体を本尊として河内の善光寺を創建し、本田善光は元の善光寺仏を背負って信濃へ急いだ、との内容である。勿論、これは『善光寺縁起』にさらに脚色を加えて創作された後世のもので、推古朝のことだとしながらも、念仏行者や、草庵を結ぶ行者があるなど、時代的な不整合が極めて目立つものとなっている。しかしながら、この小山善光寺は本尊が飛鳥仏だとも言われ、未だ正確な調査すらされていないようであるが、その立地条件と言い、看過し得ぬ要素を多分に含んでいよう。また、この小山善光寺は高句麗からの渡来僧である恵灌の建てた井上寺のあった地に近接しているとのことである。恵灌は三論宗を弘めた学僧であり、その弟子が元興寺の恵隠である。彼は日本で最初に『無量寿経』を講じた僧として有名である。

五月の丁酉の朔辛丑に、大きに設斎す。因りて、恵隠僧を請せて、無量寿経を説かしむ。

（『日本書紀』欽明天皇十一年（六三九）五月条）

これは、我が国の文献史料に浄土経典の名が見える最初のもので、我が国の浄土信仰、あるいは阿弥陀信仰の初見として極めて貴重な史料である。(10) 日本では、浄土教は三論宗の中で学問研究の対象として採り入れられたのが、その受容の最初の段階であるが、その頃の恵灌や恵隠が善光寺にも関わりがあるとすれば、極めて興味深い事実である。善光寺は天台宗園城寺末になる以前は三論宗だったと言われており、善光寺の淵源をこの頃、飛鳥時代の三論宗の中に見出すこともあながち不可能ではあるまい。(11)

さて、善光寺の創建者とされる本田善光はその出自が不分明であり、その姓名も新しいようであり、善光寺の草創を考える上では何の手掛かりも与えない、とのことを前章で述べたが、河内という地域と関連させて考えると、少しはつながりが見えてくるようである。現在の大阪府羽曳野市の藤井寺市との境界に応神天皇陵とされる前方後円墳があり、その近くに誉田という地名が残っている。応神天皇のことを誉田別命とも呼ぶので、応神天皇に縁の深い土地ということで誉田の地名が付けられたのであろうが、本田善光とのつながりも十分に想定できるのではなかろうか。この誉田という所も河内の石川流域に当たり、そのすぐ南に渡来系氏族の建立になる西琳寺がある。七世紀後半のものとされる塔の礎石が残っており、それは法隆寺若草伽藍のものよりも大きく、日本最大ということであり、往年は七堂伽藍の建ち並ぶ大寺院であったことが偲ばれる。この西琳寺については、井上光貞氏が「王仁の後裔氏族と其の仏教」という論文(12)で詳しく考察されている。氏は、西琳寺縁起を分析され、蘇我氏に統率される立場にある、この渡来系氏族の氏寺である西琳寺とその仏教の状況について解明された。それによると、進歩的な渡来氏族であった王仁後裔氏族は常に大陸や半島と密接な交渉を保っていて、日本にいながらにして、大陸や半島の先進的な仏教をいち早く採り入れていたとのことであった。彼らは日本に暮らしながらも決して日本化することなく、朝鮮半島の生活様式、思想傾向を何代にも亘って長く保ち、貫き、それにより大陸、半島の最新の文化や仏教を素早くキャッチし、誰よりも早く採り入れたわけであり、その中には阿弥陀信仰も含まれていたのでは、との推論であった。『縁起』の中に造像銘があり、「敬造弥陀仏像並二菩薩」とあり、これが斉明天皇五年（六五九）に安置された西琳寺本尊の造像銘だという。しかも、この仏像は後世「百済国所伝弥陀三軀之霊像」と伝えられており、一光三尊形式で、百済伝来ということ、正に善光寺の本尊との共通点の多さに驚かされるものである。また、王仁の後裔氏族の中には馬の輸入に関わっていた氏族があったことも明らかにされていて、渡来系氏族と馬と善光寺との関係の深さを類推させるに十分である。

ところで、西琳寺は河内国誉田にある。河内と信濃の結び付きについて少なからず具体例を示してきたが、それらを考え合わせてみると、河内国誉田の地名と本田善光の本田姓とは無関係であったとは考えられまい。創建の年代は善光寺の方が西琳寺より古いと思われるが、後に『善光寺縁起』の制作に際して西琳寺の伝承を付加、あるいは補足したのではなかろうか。なお、信濃の善光寺のすぐ北に駒岳駒弓神社という神社があるが、その名の通り、馬に極めて関係の深い神社である。この神社の神馬が毎年十二月に善光寺に参詣するという言い伝えがあり、それに因んで神主が木馬を善光寺に届ける行事が戦前まで行われていたとのことである。現在もその木馬が社殿内に安置されているそうで、善光寺と馬とを結び付ける重要な証拠に他ならないであろう。しかも、この神社の祭神は誉田別命だとのことであり、河内の誉田や本田善光との関連も想定され、これまでの推論を補強する材料にもなるに違いない。以上、我が国における朝鮮半島系渡来人の動向について検討してきた。

朝鮮三国時代の仏像と信仰

続いて、朝鮮半島三国時代の仏教、特に阿弥陀信仰について現存する仏像を中心に考察してみたい。朝鮮三国のうち、まず高句麗について見てみたい。高句麗は三国のうちで最も北に位置し、中国大陸に隣接しているため、三国の中では最も早く三七二年（小獣林王二年）に仏教が伝わっている。中国前秦の苻堅王が使者を遣わし、僧侶・仏像・経典を送ったとの記事が『三国史記』に見える。この時送られた仏像については、中国の『高僧伝』によると、弥勒菩薩像などであったと記されているが、その現物は勿論残っておらず、像容については全く不明としか言いようがない。高句麗への仏教伝来は前々年に前秦が前燕を滅ぼすに際しての協力に対する褒賞の意味があり、国王から下賜される形で伝えられたものである。この当時の高句麗は三国の中でも最も開明的、先進的な国であり、仏教伝来の同年には「大学を建て師弟を教育す」とあり、翌年には「律令制を施行す」との記事があり、中国大陸に劣らず、未開の日本とは比較にならぬ程の先進国だったことが解される。仏教では約百五十年、律令制においては約三百五十年も日本より先進だったことに驚かされる。高句麗の初期の仏教受容を示すものとして、一九七六年に平壌の西方にある徳興里で発見された古墳の墓誌銘が挙げられる。これは広開土王の臣下だった鎮という人が四〇八年に死去した際に造られた古墳の墓誌銘であるが、その中に『弥勒下生経』にある「釈迦文仏弟子」の語が見え、五世紀初めの高句麗に弥勒信仰が弘まっていたことを明示する史料となっている。この時期は高句麗でも弥勒信仰が隆盛であったが、善光寺式一光三尊仏の原型とも言える一光三尊形式の仏像が少なからず造られているので、その実例を検討しておきたい。

まず、最初に挙げられるのは辛卯年銘金銅三尊仏立像である。この仏像は、その銘文から五七一年に造られたことが解り、一光三尊の形式を具備するだけでなく、無量寿仏、すなわち阿弥陀仏であることが銘文に明記された極めて貴重な作例である。銘文によると、「亡き師や両親の追善のために無量寿仏像一軀を造り、その功徳によって造仏した自分たちが弥勒の浄土に生まれ、弥勒の説法を聴くことができますように」との内容であり、阿弥陀信仰と弥勒信仰の重層的な受容が知られ、極めて注目に値するものと言えよう。要するに、この三尊像は弥勒信仰を有する高句麗の僧侶や信徒によって造られた朝鮮半島最古の阿弥陀仏像である。次に、六世紀中頃の作とされる金銅菩薩三尊像が珍しい作例として挙げられよう。この仏像は一光三尊の形式を採りながら観音を中尊としており、この当時弥勒信仰と共に観音信仰も流布していたことが知られるわけである。その次に、五六三年に鋳造された癸未銘金銅三尊仏像が挙げられる。この仏像は従来百済仏とされてきたが、近年の研究の進展により中国東魏の様式を反映した高句麗仏と見るべきだとの見解に変わりつつあり、高句麗における一光三尊形式の作例を代表するものとして知られている。その他にもいくつかの一光三尊形式の作例が知られており、六世紀の高句麗において、一光三尊形式の仏像の造像が盛んであったことが確認される。但し、阿弥陀三尊と確定できるものは最初に挙げた一例のみで、それ以外の仏像の像容は特定されていないのが実情である。

続いて、日本に仏教を伝えた百済について見てみたい。百済への仏教伝来は『三国史記』によると、三八四年（枕流王元年）のこととされている。中国東晋から摩羅難陀という僧がやって来て、それを王が宮中へ迎え入れ、仏像を礼拝したとのことで、これが百済仏教の始まりとされているものである。この時期は既述の如く、朝鮮三国時代の動乱期に当たり、百済は高句麗と度々戦争状態に陥っている。高句麗に対抗する意味もあって高句麗が中国北朝系の仏教を受け入れたのに対し、百済は中国南朝系の仏教を中心に伝えており、この時期の仏教の流伝には政治的・軍事的な背景が極めて強く影響していることを忘れてはなるまい。仏教伝来の翌三八五年には漢山に仏寺を建て、僧十人を度した、との記事が『三国史記』に見えるが、その後五四一年（聖明王十九）までは仏教の流布に関する記事は全くなく、仏教の本格的な受容はかなり後年のことと考えた方が良さそうである。五四一年と言えば、日本に仏教を伝えた三年後のことになるが、多分に高句麗への対抗意識もあったと思われる。『三国史記』によると、五四一年、聖明王は中国梁の武帝に使者を遣わし、仏教に代表される先進文化を輸入し、国家体制の整備を図ったようである。寺院造営の準備を整えるだけでなく、涅槃経の注釈書なども要請していることから見て、仏典研究もかなり進んでいたと考えられよう。

ここで、百済の一光三尊形式の作例についても検討しておきたい。百済でも高句麗と同じく六世紀が一光三尊形式の盛行期に当たり、六世紀後半の制作とされる鄭智遠銘金銅一光三尊仏立像はその代表作とされよう。六世紀中頃の作とされる竜賢里出土金銅仏立像は中尊しか残っていないが、その制作様式から一光三尊形式の中尊と断定できるそうである。また、佳塔里廃寺出土金銅仏立像については、前章にて詳述した通り[13]、破損が著しく、九つの断片に破砕された状態で発見されたものであるが、これも一光三尊形式の中尊として制作されたことが確認されるとのことである。この時期の百済の造像は一光三尊形式が全盛で、数多くの一光三尊仏立像が制作されたが、これ以降百済の仏像は三尊形式を主体としながら展開していったとのことで、百済仏と一光三尊形式は相即不離の関係にあったと言えるわけである。一光三尊形式は百済特有の形式ではないが、百済で特に好まれ、特に流行した形式だったと言えよう。

最後に、朝鮮三国では最も仏教の伝来の遅かった新羅について見てみたい。『三国史記』によると、五二八年（法興王十五）に統一国家の理念を確立するため、仏教などの先進的な文化を受容したとのことである。これは、日本への仏教伝来の十年前で、朝鮮三国の中では格段に遅い。しかし、それは新羅が後進的であったためではなく、仏教の受容の仕方に違いがあったからである。つまり、高句麗・百済は王室主導であったが、新羅は民間主導で、後に王室がそれを公認したからである。新羅では特に弥勒信仰が盛んで、新羅を代表する仏像と言えば、弥勒半跏思惟像である。そのため一光三尊形式の作例は殆んど見られない。

さて、以上の如く朝鮮半島では一光三尊形式の仏像が六～七世紀を中心に極めて盛んに制作された。しかしながら、その中で阿弥陀三尊と確認されるものは高句麗の五七一年銘の金銅無量寿仏像ただ一体のみである。像容は阿弥陀仏像であるものの、銘文によると、その信仰は純粋な阿弥陀信仰には程遠く、弥勒信仰との重層性が明らかである。従って、朝鮮三国時代の仏像に明確な阿弥陀信仰の徴証を見出すことは不可能と言わざるを得ない。要するに、阿弥陀仏を礼拝対象とする信仰はあったが、それは阿弥陀仏を主体にしたものではなく、弥勒信仰の一環としての阿弥陀仏に対する礼拝だったわけである。この信仰の重層性が三国時代の仏教の大きな特徴であったと思われるので、それについて確認しておきたい[14]。通例の阿弥陀信仰は、阿弥陀仏の極楽浄土に生まれることが最終的な目的で、それ以外は何も求めない。ところが、当時の重層的信仰はこれとは全く様相を異にするものであった。つまり、極楽浄土は最終的な目的地ではなく、一時滞在場所でしかなく、来るべき竜華三会、すなわち五十六億七千万年後の弥勒の説法時には再び人間に生まれ変わって、その救いに預かろうというわけである。これは勿論、浄土三部経の所説とは相反するもので、中国仏教が現世への再生を力説したことに起因するものと言えよう。中国仏教には道教的な不老長生の思想が色濃く反映されており、仏教は現世への再生を説くことによって初めて受容されることができたわけである。中国の北魏の頃に盛行したこのような重層信仰は朝鮮三国や日本へも多大な影響を与えたのである。朝鮮三国時代の信仰もこの重層信仰そのもので、西方極楽浄土への往生は現世へ下生、再生するための手段・方便として理解されていたことになろう。時代ははるかに下るが、平安時代の藤原道長は、阿弥陀信仰者として知られているが、弥勒信仰者でもあった。著名な金峰山への埋経は弥勒信仰そのものであり、弥勒の竜華三会に値遇することを期したものである。その時埋納された経筒[15]の銘文によると、道長は弥勒の下生までの無限の時を待ち受けようとしていたことが解り、極楽往生は仮住まいに過ぎず、最終目的地ではなかったことが知られる。このように、この重層的信仰は多年にわたり強固な支持を受けていたわけであり、この信仰を正しく把握しておかないと、三国時代の仏教信仰も明らかにすることができない。以上のように、朝鮮三国時代において、阿弥陀仏を礼拝対象とする信仰はあったものの、それは本来の阿弥陀信仰とは全く異なったもので、弥勒信仰の一部をなすに過ぎないものであったと言えよう。それが、現存する仏像の検討から導き出された結論である。

まとめ

全体の総括に移りたい。信濃善光寺の草創期およびそれ以前、古墳時代における朝鮮半島系渡来人の動向について多角的に検討し、また朝鮮三国時代の仏教についても見てきた。その結果、善光寺の草創に携わった人々は河内地方にいた渡来人であって、彼らが馬の生産増強のため、またヤマト政権との権力闘争を避けるため信濃に移住して来て、その地で寺を建てたことに始まるものであり、そのような渡来系氏族の心の拠り所とされるような寺だったと考えられる。ヤマト政権や既存の首長層との権力闘争の絶え間ない河内地方では、自分たちの信仰を具現する寺を建てるのは困難だったと思われるが、権力争いも少ない信濃ならば、そのような寺を建てることも十分可能だったわけである。ところで、善光寺の草創に携わった人々の信仰はいかなるものだったのであろうか。残念ながら、阿弥陀信仰を示す徴証には巡り合うことができなかった。やはり、彼らの信仰は既述の如く重層的な弥勒信仰だったと思われる。つまり、阿弥陀や釈迦や観音も礼拝対象とするものの、その上位には常に弥勒が意識されている信仰、弥勒を最終的な信仰対象とする信仰であったことが指摘されよう。現在、絶対の秘仏となっている善光寺の根本本尊もそのような渡来人の信仰を反映したものであるとすれば、阿弥陀三尊である可能性は低い。(16)それは、以上の如き信仰の実態、すなわち、その重層性から十二分に類推可能なものである。また、『善光寺縁起』所収の本田善光の説話であるが、難波の堀江から信濃へと善光寺如来を背負って夜通し走って先を急いだ、との伝承は、河内から信濃へと移住した渡来人たちの状況や心情をモチーフにして創作されたものであるということも無理なく納得できよう。

（1）拙稿「善光寺草創論試案」（『東方』一七号所収。本書第Ⅱ部第二章）。
（2）名著出版、一九九〇年。本書は善光寺の草創事情を考察する上で極めて有益な情報と示唆に富んでいる。特に、第三章最後の「善光寺と渡来人」の節は、前章の推論と共通する点が少なくない。本稿では、「なぜ河内国に元善光寺があるか」の節に教示・示唆を得た所が多大である。
（3）前掲書、三〇ページ。
（4）前掲書、一八一ページ。
（5）史料は、順に日本古典文学大系『日本書紀 下』九四ページ、同『日本書紀 上』三七〇～三七一ページ、同『日本書紀 下』九四ページ、一一六ページ、一二三～一二四ページ。
（6）前掲書、四二ページ。
（7）日本古典文学大系『日本書紀 下』二六ページ。
（8）国史大系『続日本紀 前篇』一五一ページ。
（9）日本古典文学大系『古事記 祝詞』三〇七～三〇八ページ。
（10）日本古典文学大系『日本書紀 下』二三四ページ。
（11）善光寺大本願の「大本願系図」には、大本願の開山である尊光上人は恵灌の弟子であるとされている。この系図は恐らく新しいもので、内容の信憑性も高くはなさそうであるが、善光寺が三論宗や恵灌と関連付けられて認識されていたことがそこから知られるのではなかろうか。
（12）『史学雑誌』五四編九号所収。井上光貞氏は、日本浄土教史研究の第一人者であり、氏の『日本浄土教成立史の研究』（山川出版社、一九五六年）は、その集大成として名著の誉れ高い業績である。この論文は、氏が弱冠二十四歳にして発表したデビュー論文である。その論文が未だに後世に残る業績として、多くの後学の指針となっていることは敬服の至りである。
（13）前掲拙稿、前掲誌所収、一二四ページ。

(14) この信仰の重層性については、大西修也氏「阿弥陀・弥勒信仰の実態と図像」(『論叢仏教美術史』所収、吉川弘文館、一九八六年)に詳しい。氏は、朝鮮三国時代や中国南北朝時代の造像銘を精査し、「これらの銘文からうかがえる阿弥陀信仰、すなわち西方浄土へ往生した者が、再びこの人間世界に生まれて来ることができるとする考え方は、中国で漢訳された公式の浄土関係経典からは理解できず、当時の北魏社会に流布し信仰された仏教の本質は、浄土三昧経など偽経のそれに近いものだったともいえよう。衆生の願いのままにその願望を遂げさせることを本願とする阿弥陀の教えからいっても、再生の可能性を説いたこうした信仰こそ北魏社会に流布した仏教の本質であったように思えるのである。(中略)こうした弥勒信仰と深く結びついた阿弥陀信仰の実態は、北魏社会のみならず朝鮮や日本においても同様な傾向をもっていたと考えられる」とされている(同書、三〇四~三〇六ページ)。傾聴に値しよう。日本仏教史上においても、弥勒信仰と阿弥陀信仰の関係は再考察してみるべきであろう。すなわち、「我が国では平安時代中期を境にそれまで盛んだった弥勒信仰が急速に衰え、阿弥陀信仰がそれに取って代わった」との理解が一般的だと思われるが、これは必ずしも正しくない。両者は重層的、並行的に受容されていたのであり、その一体性を見失ってはなるまい。両者は従来の考え方のように、別の信仰として区別されるべきではなく、これは弥勒信仰、これは阿弥陀信仰といったような断定もより慎重に行わなければならない。

(15) この経筒は、奇跡的に完全な形で現存し、当時の信仰を知る上での第一級の資料となっている。仏教史の研究において、このような銘文や供養願文、造像銘などの金石文は文献史料に勝るとも劣らず多くの情報を提供するものであり、その有効活用が必要不可欠である。

(16) 善光寺の本尊は、一般に阿弥陀三尊であるとされているが、それは『善光寺縁起』成立以降の、阿弥陀信仰の霊場と化した善光寺の姿を背景にした見方であり、根本本尊の像容については、不明としか言いようがなく、恐らく阿弥陀ではなく、釈迦か弥勒ではなかろうか。これは以前、小論において詳述した所であるが、今回の推論からも改めて証明し得るものと言えよう。拙稿「善光寺式一光三尊仏の起源」(『武蔵野女子大学仏教文化研究所紀要』一七号所収。本書第Ⅱ部第一章)参照。

第四章　善光寺河内起源説

信濃善光寺の草創事情については、これまでに、畿内に定住していた馬の飼育に携わる朝鮮半島系渡来人が信濃に移住して創建したものであろうとの、概ねの見通しを立てることができた。本稿では、古墳時代から飛鳥時代に至る時期の畿内、特に河内の地域的な特性について詳しく検証した。その結果、この地域が先進的な仏教を受容する渡来系氏族の集住する、我が国随一の先進地域であったことが再確認された。しかしながら、そのような先進的仏教と善光寺信仰との関わりについては解明不十分に終わり、河内から信濃への渡来人の移住の明確な証拠を提示することはできなかった。様々な状況証拠からこれまでの主張を補強することはできたが、確証を得られなかったのは残念であった。

はじめに

信濃善光寺の草創伝承は、夙に人口に膾炙し、善光寺の存在と共に広く流布している。この伝承は、『善光寺縁起』に説かれたもので、信濃国の住人本田善光が難波の堀江に打ち捨てられていた善光寺仏を発見し、それを急いで信濃へ持ち帰り、自宅に安置したのが善光寺の起こりである、とするものである。これは、一見荒唐無稽な創り話に過ぎないように見えるが、重大な歴史的事実をも暗示していることを見逃してはなるまい。すなわち、現代の大阪地方がその出発地点であることと、夜も休まずに一刻も早く目的地に着こうとしたことの二点である。この意味するところについては、既に論じた所であるが、(1) 大阪を出発点としたということは、善光寺あるいは善光寺仏が河内や大和などの畿内にその淵源が求められるということ、昼夜を徹して先を急いだということは、何らかの危険や迫害から逃れるためにできるだけ早く移動しなければならなかった状況を示しているものと考えられよう。

信濃の善光寺の起源が河内に求められることについては、既に指摘したが、(2) その状況を今一度整理しておきたい。五世紀から六世紀にかけては、未だ日本が統一される途上であり、その中で最も強い権力を有し、全国統一を図ろうとしていたのが、畿内を中心に勢力を伸張させつつあったヤマト政権であった。ヤマト政権は、全国統一の推進に際し、先進的な技術を持っていた朝鮮半島系渡来人を日本に招聘し、政権の中心に近い地域に定住させ、保護した。それが、現在の大阪府南部、河内国であり、その河内の中でも石川の流域、現在の藤井寺市から太子町、河内長野市にかけての南河内一帯が渡来系の技術者集団が集住していた地域であった。そのような先進的な技術を持った渡来系氏族の中でも馬の管理、生産、調教に携わっていた人たちが善光寺の草創に特に関わっていたであろう、との推論を提示した。(3) しかし、彼らにとって河内には地形的に難があったようである。つまり、適度な起伏があり、崖や山で仕切られ、馬が逃走しにくい地形を求め難かったこと、他の有力首長層らとの権力闘争に巻き込まれ易い地域であったとの欠点があったのである。そこで、段階的に、しかしなるべく速やかに新天地である信濃国へ移住する必要が生じ、彼らがその念持仏を安置、礼拝した施設が信濃の善光寺の起源と想定され得る。つまり、信濃の善光寺の草創に関わったのは、河内地方に住んでいて、馬の生産、調教に携わっていた朝鮮半島系渡来人であったと考えてほぼ間違いなかろう。残念ながら、それを明記した史料の欠如がこの推論の成立のための大きな障害となっている。勿論、文献史料以前の時代であり、様々な状況証拠をつなぎ合わせて立論してゆくより他に方法がないとも言えよう。いずれにせよ、善光寺の起源を畿内の大和、河内地方に求めようとする説は、古くは坂井衡平氏の『善光寺史』に提示されており、(4)決して目新しいものではない。また、近年では大和岩雄氏が『信濃古代史考』において、善光寺の河内から信濃への移動を様々な状況証拠から立論されているが、(5)これについては既に詳述したところである。(6)以上のように、信濃の善光寺の起源を、河内と限定しないまでも中央政権の所在地に近い畿内近国に求めることは至極妥当な方向だと言えよう。これは、何よりも『善光寺縁起』における本田善光の伝承が雄弁に物語るところである。すなわち、なぜ本田善光は善光寺仏を難波の堀江で拾わなければならなかったのか、ということである。

難波の堀江の意味するもの

難波の堀江は、単なる思い付きでも偶然でもなく、重大な歴史的事実を反映したものである。難波の堀江とは、抽象的な一般名詞ではなく、具体的な固有名詞である。つまり、大阪のどこかにある堀を漠然と指しているのではなく、淀川、あるいは大和川の水を大阪湾に流すために開削された水路のことなのである。(7)さらに、この難波の堀江は洪水防止の排水のためのみの水路ではなく、古代の水上、河川交通の大幹線としての重責をも担う一大運河であったことを認識しておく必要がある。すなわち、難波の堀江の開削によって瀬戸内海―大阪湾―河内湖(8)―大和川―石川を経路とする水運が可能となり、古代国家の表玄関であった難波津、つまり大阪湾と南河内が直結されることになる。さらに、南河内からは竹内峠という低い峠を越えるだけでヤマト政権の中枢であった飛鳥に至ることができるわけである。南河内地方の先進性と繁栄については改めて後述するが、その繁栄は難波の堀江の開削を抜きにしては語れないと言えよう。また、現在の羽曳野市古市近辺には古市大溝と呼ばれた大規模な運河があったことが明らかになっているが、これはこの地域に巨大な古墳を築いた在地の首長層が石川の水を引くために掘削したものと考えられており、大阪湾から古市を水路で直結する役割を担っていたことになる。後述する河内の小山善光寺も元々は大和川に程近い、川岸とも言えるような場所にあったようであるが、難波の堀江に直結している大和川に面した所に善光寺があったということは極めて意味深長で、多くの示唆を与えるものとなろう。難波の堀江は、極めて早い時期から史料上に現れている。『日本書紀』仁徳天皇十一年十月条に「難波高津宮の北側を開削し、南の水を引いて大阪湾に流し、その水路を堀江と名付けた」との記事がその初見である。(9)さらに、欽明天皇十三年（五五二）十月条には「物部氏が百済伝来の金銅仏をこの堀江に投げ捨てた」との記事が見えている。(10)言うまでもなく、『善光寺縁起』は『書紀』の後者の記事に脚色を加え、改変して本田善光の説話を創り上げたわけである。(11)難波の堀江の所在地は、本命と目される旧淀川天満橋付近以外にもいくつかの候補地がある。一つは、飛鳥の向原寺で、聖徳太子建立と伝えられる古刹であるが、その寺の池を難波の堀江であるとするもので、もう一つは、大阪市西区にある和光寺のあみだ池をそれとする伝承である。両者とも池を堀江としているが、これは『善光寺絵伝』の描写に惑わされた後世の伝承だと言えよう。(12)さらに、後者は天満橋の数kｍ南に位置し、伝承としては成立し得るものの、前者は飛鳥にあり、難波からは遠く離れていて検討に値しない。

古代大阪の地勢

それでは、難波の堀江が開削された当時の大阪の地勢はいかなるものだったのであろうか。古代の大阪は大小の河川が入り組み、大洪水が幾度も繰り返される、水害常襲地帯であった。その洪水を防ぐために作られたのが、難波の堀江であり、淀川の堤防として著名な茨田堤《まんだ》である。これらの治水、利水事業は高度な技術を要する国家的大事業であり、当然、朝鮮半島系渡来人の技術指導によって成し遂げられたものと考えられる。[13] さて、古代の大阪地方は現代とは地勢、地形が全く異なり、それを想像すること自体到底困難である。現在の大阪市の市域は大半が海か沼、あるいは低湿地だったとのことであり、[14] その中で現在の大阪城の辺りを先端にして上町台地と呼ばれる台地が南の堺の方から半島のように海の中に突き出していたという。平安時代、四天王寺の西門が海に面していて、その西門が極楽浄土の東門に通じている、とする信仰が盛行したが、[15] 四天王寺は大阪城のやや南寄りの上町台地上に位置しているので、これは当時未だ現存していた古代の大阪の地形を反映した伝承である。古代の大阪では、現在の大阪城のすぐ南に難波宮があり、その北東方向に難波津、つまり大阪港があったものの、現在の大阪市の市域は殆んど人の居住できるような土地ではなく、僅かに大阪湾に面した地域だけが港湾都市として栄えていたことになる。

遡って、今から六〇〇〇～七〇〇〇年前、縄文時代前期の大阪は北は高槻、東は生駒山の麓まで、南は八尾の近辺まで一面の海で、河内湾と呼ばれる海が広がり、その中に上町台地が半島のように突き出していた。それが、二〇〇〇～三〇〇〇年前の縄文晩期になると、上町台地の先端が著しく北進し、対岸の千里丘陵に迫り、河内湾は海水が入りにくくなり、干潟化することになる。さらに、一五〇〇～一八〇〇年前になると、この干潟は完全に淡水化し、河内湖と呼ばれる湖になった。この河内湖は後背地の河川の水を広範囲に集めるものの、大阪湾への排水口は上町台地と千里丘陵との僅かな切れ目だけしかなく、頻繁に大洪水をもたらしていた。[16] そこで、その台地の途中、現在の大阪城の北辺を切り開いたのが難波の堀江だったのである。[17]

先進地域南河内

現在の大阪府は摂津、河内、和泉の三国に跨っているが、河内は大阪の東南部に位置し、北は淀川に接する枚方・寝屋川から南は河内長野に至る内陸部の南北に細長い地域である。現在では、存在感の薄い、大阪市の単なるベッドタウンに過ぎない地味な地域となっているが、今から一四〇〇〜一五〇〇年前には我が国随一の先進地域だったのである。その河内の中でも南河内の藤井寺市・羽曳野市の一帯、石川と大和川の流域が最も繁栄した地域であった。それを端的に表わしているのが古市古墳群と呼ばれる大規模な古墳群である。古市古墳群は堺市の百舌鳥古墳群と並び称される我が国最大の古墳群である。百舌鳥古墳群を代表するのが仁徳天皇陵で、その航空写真は誰もが目にしたことがあろう。この仁徳天皇陵に匹敵するのが、古市古墳群の応神天皇陵である。仁徳天皇陵は全長四八六m、全幅三〇四mに及ぶ日本最大の古墳として著名であるが、応神天皇陵は全長四一五m、全幅三三〇mで、その面積では仁徳陵に及ばないものの、墳丘に盛り上げられた土砂の量では仁徳陵を上回り、我が国最大のボリュームを持つ古墳だとされるそうである。六世紀頃にこのような我が国最大の作業量を要した巨大古墳がこの地に築かれたことは、この地域が当時の権力と富の中心であったことを物語るものに他ならない。これらの大規模古墳の築造に膨大な資材と労力が費やされたことは言うまでもない。近鉄南大阪線で藤井寺の次が土師ノ里という駅であるが、ここはその名の通り、古代豪族土師氏(18)の根拠地だった所である。土師氏は、巨大な古墳の築造技術を身に付けた土木技術集団であったが、倭の大王とされる首長層から古墳の築造を依頼され、巨万の富を蓄えて豪族になったものとされている。土師氏は、元来出雲在住の朝鮮半島系渡来氏族であり、野見宿禰を祖先とする氏族であるが、埴輪制作を含む葬送儀礼に関わっていたことが知られている。彼らの氏寺が道明寺であり、現在ではごく簡素な佇まいとなっているが、往時は七堂伽藍が建ち並ぶ大寺院だったことが解っている。そして、その道明寺から僅か五〇〇m程西にある三ツ塚古墳からは大小二基の修羅が出土している(19)。また、その古墳の至近では埴輪を焼いた窯の跡が発見されていて、土師ノ里一帯が正に土師氏の古墳築造のための一大拠点だったことを明示している。このような大規模古墳がこの地に築造されたのは、五世紀のことだとされている。五世紀の日本は倭の五王の時代と呼ばれるように、ヤマト政権による全国統一が成される直前の時期に当り、その時に全国随一の財力と技術力が集中していたのが、この南河内だったのである。それでは、なぜこの地域が全国随一の先進地域になったのだろうか。この当時の政権の中心は、言うまでもなく、大和の飛鳥であった。そして、この当時の我が国の表玄関は難波津、つまり大阪港だったのである。瀬戸内海航路の終着点に当たる難波津には、西日本各地のみならず、先進の朝鮮半島や中国大陸からの文物が流入し、集積する一大拠点であり、その両者の中間に位置し、通り道に当たるのが南河内の石川流域だったのである。当時の南河内は、正に最新の技術を身に付けた渡来系氏族が集住し、異国情緒溢れる、活気に満ちた産業都市だったと言えよう。今でこそ、日本のどこにでもあるような大阪の近郊都市になっているが、一五〇〇年前には我々の想像を絶するような世界がそこに展開していたことになろう。

南河内で活躍した渡来系氏族

それでは、この南河内地方にはいかなる氏族がいて、いかなる活動をしていたのであろうか。その一例として、土師氏について述べたところであるが、この地方にはそれ以外にも実に多彩な氏族の活動があったことが知られている。大伴氏、蘇我氏、物部氏の如き中央の有力氏族も拠点である大和から積極的に進出して来た。それは、大和だけでなく、南河内をも手中に収めることが権力基盤強化のために必要不可欠であったからである。後に全国統一を成し遂げるヤマト政権の大王もこのような中央の有力氏族や、渡来系氏族と結び付き、配下に治め、権力の伸長を図っていたことになる。南河内地方に多くの渡来系氏族が集住していたのは、ここが権力の中枢にも近く、難波津への交通の要衝であったためと考えられるが、これを大王勢力の側から見ると、王権に忠実な新来の渡来系氏族を住まわせるのにこの地域が最適であったためだと言えよう。つまり、権力の中枢から近過ぎず、遠過ぎず、連絡の取り易い、この上ない立地条件が南河内には備わっていたことになろう。

　南河内を拠点とした渡来系氏族としては、まず王仁《わに》の後裔氏族とされる西文《かわちのふみ》氏が挙げられる。西文氏は東《やまとの》文《ふみ》氏と並んで古代の宮廷での文筆や記録の職務に携わっていた百済系の渡来氏族で、究極の知識階級だったと考えられよう。彼らの先祖である王仁はあらゆる典籍に精通した、文章博士であったとの伝説が『日本書紀』応神天皇十五～十六年条[20]に記されている。西文氏は後には宮廷での学問、さらに、倉庫の出納に関する職務をも掌り、絶大な権威と実力を有していたようである。この王仁の後裔氏族は井上光貞氏が戦時中に発表された論文[21]で一躍有名になった氏族である。井上氏は、彼らの氏寺である西琳寺の縁起を分析、検討され、その生活と信仰の実態を明らかにされた。それによると、彼らは極めて進取の気性に富み、常に中国大陸や朝鮮半島の進んだ文化や宗教を取り入れて、日本に同化することなく、暮らしていたことが明らかになった、とのことである。彼らの氏寺である西琳寺は、羽曳野市古市にあり、欽明天皇二十年（五五九）に文首《ふみのおびと》が親族等を率いて建立した、と伝えられる我が国屈指の古刹である[22]。西琳寺の沿革、由来などを記したものが『西琳寺縁起』であるが、その中に金銅阿弥陀仏像銘があるのが注目される。これは、斉明天皇五年（六五九）のことで、西琳寺建立から満百年目に当たるが、阿弥陀の造像例としては極めて早い時期のものである。恵隠という三論宗の僧侶が六四〇年と六五二年に宮中で『無量寿経』の講経をしたのが、日本における阿弥陀信仰の初見とされていることから、我が国の阿弥陀信仰の最初期の段階で西琳寺には早くも阿弥陀仏像が造像されたことになる。残念ながら、この仏像は現存せず、銘文しか伝わっていないが、いかに彼らの氏族が最先端の仏教を率先して取り入れていたかが、この一件からも明確に窺えるのではなかろうか。我が国では、飛鳥時代は勿論、奈良時代になっても一般には現世利益的、呪術的な仏教信仰が圧倒的で、浄土経典も鎮護国家のための護国経典と同じような受容のされ方しかされていなかった。その時代に阿弥陀信仰の価値を見出し、阿弥陀仏を礼拝の対象としたのは、正に画期的なことだったと言えよう。なお、この西琳寺の北方一ｋｍの所に応神天皇陵に比定される誉田山古墳がある。前述の如く、この古墳は古市古墳群最大の大きさを誇り、墳丘の体積では日本一という壮大なものである。この古墳の所在地は、応神天皇の別名である誉田別《ほんだわけの》命《みこと》を取り、羽曳野市誉田《こんだ》となっている。(23)この河内の誉田の地名が善光寺の創立者とされる本田善光の本田姓と関連するものであろうことについては、すでに述べた。(24)この古墳の東側には、誉田八幡宮があり、ここは現在でも荘厳な神社で、祭神は勿論応神天皇である。長野山護国寺という神宮寺がこの神社と共に有り、隆盛だったとのことであるが、明治の廃仏毀釈で寺は廃寺になり、神社に統合されてしまった、とのことである。長野山というのは、この地域の大字名だったものだが、長野や誉田の地名の近くに百済系渡来人の氏寺西琳寺がある、という事実からは信濃の善光寺との関連性を想起せずにはいられまい。

既述の通り、文氏は百済系の渡来氏族であったが、同じ百済系の渡来氏族が約百数十年後にやって来て再び古市の近辺に定住している。彼らは、王辰爾《おうしんに》という人を祖先とし、後に分派し、船氏、津氏、白猪《しらい》氏（後に葛井《ふじい》氏）となって大いに活躍することになる。船氏と津氏はその名から解る通り、水上交通に従事していた氏族であった。古市古墳群の近辺に古市大溝という運河が開削されたことは既述したが、これにより、難波の堀江から河内湖、大和川、石川を経て、古市大溝へつながる一大水上交通路が整備されたことになり、この地で各地からのヤマト政権、あるいは有力首長層への貢納物の輸送に携わっていたのが彼らであった。船氏の氏寺は、野中寺である。現在は真言宗で、山門を入ると左手に三重塔の礎石が、右手には金堂跡がある。やはり、かつては大伽藍を構え、威容を誇っていた寺院であったが、今は参拝客も少なく、静かな佇まいとなっている。(25) 野中寺から南へ約一kmの所にあったのが善正寺で、津氏の氏寺であるが、現在は何の痕跡も留めていない。なお、この寺と思われる寺が船氏、津氏、葛井氏三氏の共同墓地を兼ねていたことが、『日本後紀』延暦十八年（七九九）三月丁巳条の記事(26)から確認される。また、津氏の氏神に当たるのが大津神社で、所在地は羽曳野市の北部、野中寺から北へ約一・五kmの地点になり、現在でも地元民の信仰を集めている。そして、葛井氏の氏寺が葛井寺である。市名も駅名も現在は「藤井寺」であるが、寺名は氏の名前と同じ「葛井寺」になっている。ここは、他の渡来系氏族の氏寺とは異なり、現在も多くの参拝客を集め、賑わっている。(27) 西国五番札所で、巡拝の人も多く、本尊の国宝千手観音菩薩坐像(28)は秘仏だが、毎月十八日に開帳され、遠来の拝観者も少なくない、という。寺伝では、聖武天皇の勅願により行基が建立したというが、氏寺としての葛井寺の創建はそれ以前に遡るであろう。この葛井寺のすぐ南西に辛国神社(29)という神社があるが、「辛国」とは、すなわち「韓国」のことで、葛井氏の氏神である。葛井寺は、辛国神社の神宮寺という関係にあったものであろう。

井上光貞氏の指摘(30)にもあるように、これらの渡来系氏族の氏寺、氏神は羽曳野市の古市から北側のごく狭い地域に集中していることが解る。僅か三〜四km四方の地域に古市古墳群と共にこのような氏族の氏寺、氏神が密集していたことになる。往時は、それぞれの寺院も広大な境内を持つ大寺院であったし、既に大小の古墳が何十基も築かれていて、その過密ぶりはかなりなものだったであろう。それだけ、彼らにとって条件の揃った住み易い地域だったことも確かではあるが、各氏族間の協調、連合を抜きにしてはこれだけの集中的な居住の説明は付かないであろう。すなわち、先に住んでいた渡来人が同郷の人々を呼び寄せ、便宜を図る、そしてそのネットワークができて、さらに多くの同郷の渡来人が一ヶ所に集まって来たのではなかろうか。(31) 王仁を祖先とする氏族と王辰爾を祖先とする氏族は、元来は別の氏族であるが、同じ百済出身ということと、先進技術を伝える技術者集団という性格も似通っていたことから、お互いに協調、協同関係を取っていたものと思われる。時代はかなり下るものの、『続日本紀』宝亀元年（七七〇）三月辛卯条に「称徳天皇が河内の由義宮《ゆげのみや》に行幸された際、葛井、船、津、文、武生、蔵の百済系六氏族が合同して男女計二百三十名もの大人数で歌舞を演じて慰問した」との記事が見え、[32]注目される。つまり、奈良時代の後期に至ってもなお百済系の渡来氏族が協力、協調し合って勢力を保っていたことがこの条文から読み取れよう。

それでは、このような渡来人の生活と信仰はいかなるものだったのであろうか。井上光貞氏によると、彼らは「大陸、半島の宗教、風俗を長く保持し、社会一般の趨勢からかなり際立って大陸、半島風な生活を行っていた」とされ、「大陸、半島風な生活を営んでいた彼らは物の考え方、心情のあり方においても当然大陸、半島風であったにちがいない」との結論を導き出しておられるが、[33]首肯されよう。それだからこそ「先進仏教界の思想的変化に対する著しく早い智的な反応」がなし得たのだということである。つまり、彼らは日本においても自らの風俗や習慣を大切に保持、伝承していた。また、彼らは信仰心の篤い民族で、最先端の仏教をいち早く取り入れる一方で、道教的な信仰も保持し、日本の在来の神をも敬って神社の建立にも励んだのであった。自らの民族の風俗や習慣については極めて保守的な彼らであったが、こと宗教に関しては先進的、前衛的だったと言えよう。常に朝鮮半島や中国大陸の最新の情報をキャッチし、半島、大陸でのニューモードとも言うべき最先端の流行の仏教を殆んど時間差なく取り入れて、信仰していたようである。当然、同時代の日本人の生活や信仰とは全く一線を画する、比較にならない程開明的なものであったと言えよう。日本人で彼らと同じような生活や信仰をなし得たのは、彼らを保護し、活用した蘇我氏や大伴氏などの有力氏族、あるいは大王と呼ばれた有力な首長層クラスの人たちだけであったと考えられよう。

以上、煩瑣を厭わず、南河内とその周囲の地理的条件、そこに移住して来た渡来系氏族の概要と、その生活、信仰について見て来た。如上の事象を念頭に置いた上で、本題である信濃の善光寺の起源について考察してみたい。

河内善光寺の意味するもの

既述した通り、[34]河内には元善光寺とも呼ばれる古刹がある。現在の所在地は藤井寺市小山一丁目になるが、葛井氏の氏寺、氏神である葛井寺、辛国神社から北へ一ｋｍ余りの民家の密集地帯にひっそりと建っているのが河内善光寺、あるいは小山善光寺である。同寺は『善光寺縁起』をさらに脚色した草創伝承を伝えるが、[35]史実との乖離が著しい。普段は参詣者も数少ない、鄙びた小寺院に過ぎないが、毎年四月二十四日が本尊の開帳日で、多くの人出があると言う。本堂に安置されている前立像は明らかに善光寺式一光三尊仏であるが、秘仏の本尊は善光寺仏とは似ても似つかぬ形態をしていて、[36]注目される。確かに一光三尊形式の金銅仏ではあるが、典型的な善光寺如来とは全く別な形式の仏像であることが認められよう。この仏像は火中しており、容貌や印相、紋様などの詳細は確認できない。しかしながら、まず仏像の矮小さが際立っている。像高は僅か一四～一五ｃｍ程しかないという。また、善光寺仏と決定的に異なるのは蓮台の形式である。両脇侍は獅子座という、ライオンの上に乗っているが、さらにその左右に蓮の茎が出ていて脇侍を支えている。善光寺如来は、中尊、脇侍共それぞれが臼型をした台座の上に立つのが決まりであり、その規式から大きく逸脱している。これは、善光寺如来とは全く異なる、極めて古い形式の仏像だと見られよう。[37]つまり、平安末期以降、善光寺如来の規式が定着する以前の仏像であり、その様式から飛鳥時代の渡来仏、あるいは飛鳥時代に渡来人によって日本で造像されたもので、この大きさや伝来状況から見て、この地方の氏族が念持仏として造像したものではなかろうか。以下、公開されている唯一の写真である図版(38)を参考に、子細に検討してみたい。

前述の如く、この仏像は火中していて、像全体が溶解、磨滅したような状況になっている。光背の左上部が欠失し、中尊、脇侍、化仏のいずれも像容が不明瞭であるが、図版から解る範囲で検討してみたい。このような形式の仏像は、五〜六世紀の中国で流行し、盛んに造像されたものであり、百済など朝鮮半島よりは、むしろ中国大陸の影響が強いように見受けられる。両脇侍は、獅子の上に乗っているが、中尊の台座には博山爐《はくさんろ》と呼ばれる香炉が彫られている。須弥山をかたどった蓋を持つ香炉で、中央にこの博山爐、左右に獅子をセットで表現するのが、この時期の中国の仏像によく用いられた図案であった(39)。ところで、このような小さ目の金銅製の仏像を小金銅仏と呼んでいるが、その代表的、かつ最優秀の作例とされるのが、法隆寺献納宝物の中の四十八体仏と呼ばれる作品群である。小山善光寺の本尊は、そのような四十八体仏や一般的な善光寺如来よりも遙かに小さいことが特筆されよう。四十八体仏は、概ね像高二〇〜三〇ｃｍ程度で、善光寺仏は光背も含めた全長が六〇〜七〇ｃｍ程度である。この時期の仏像としては、誕生仏では一〇ｃｍ内外の小さなものが少なくないものの、三尊形式の仏像としては極めて小さい部類に属しよう。小山善光寺仏の如き小像は、念持仏として制作されたことは間違いないものの、恐らく厨子の中に安置し、日々の礼拝の対象とされたものではなく、さらに別な礼拝形式が採られていたのではなかろうか。つまり、護符や守り神の役目を担って家の梁や鴨居の上などに置かれていたのかもしれず、あるいは外出や戦陣の際のお守りや守り仏として携行されたのかもしれない。いずれにしても、この当時の渡来系氏族の神仏の礼拝方法を再検討してみる必要があろう。さて、この仏像の出来栄えであるが、それ程優秀な作例とは見なし難いようであり、中国大陸、あるいは朝鮮半島からの渡来仏なのか、日本で造像されたものなのかも判然としない。ただ、明瞭に窺えるのは、五〜六世紀の中国大陸の作風を強く示すものだということである。恐らく、この南河内地方の渡来系氏族、その氏族の中でもさほど有力でない人たちが、自分たちの念持仏として造らせたものと推測され、それが小山善光寺に伝来した経緯も全く不明としか言いようがない。この仏像は元々、小山善光寺の本尊だったわけではなく、何らかの形で譲り受けたか、奉納されたものであろう。寺院の本尊として造像されたものとしては、あまりにも小さく、出来も今一つだからである。(40)『善光寺縁起』を借用した、本田善光云々の伝承も寺運興隆のために後世に創作されたものに違いない。(41)なお、小山善光寺は、以前は大和川に接する津堂城山古墳のすぐ北にあったと伝えられている。(42)現在の寺域から約一km程北方に当たるが、この位置関係から同寺が津堂城山古墳の被葬者の氏寺であった可能性も指摘され得よう。津堂城山古墳は、四世紀末、古市古墳群中で最初に築造されたものとされ、他の古墳と同様に被葬者が確定されていないが、大王クラスの有力な首長層の墓所と考えられており、先般重文に指定された水鳥形埴輪(43)が出土した古墳として知られている。前述の通り、藤井寺、羽曳野市一帯は古市古墳群の只中に位置し、古墳と寺、神社がそれぞれ密接なつながりを持っていると考えられよう。

地名の移動と氏族の移動

さて、この小山善光寺は以前は長野の善光寺とも呼ばれていたであろうことは、すでに述べた。(44)現在、河内における長野地名は最南部の河内長野市のそれだけであるが、旧来は藤井寺市に及ぶ広域的な大字名として、恵我長野（餌香長野邑）(45)が使われていた。辛国神社に合祀された神社は長野神社と呼ばれ、そこから五〇〇m程南にあり、仲哀天皇陵に比定されている陵墓は恵我長野西陵とも呼ばれている。小山善光寺が長野善光寺と呼ばれていたことは十分に想定可能であろう。しかしながら、河内の長野地名が信濃へ移動した形跡については、残念ながら全く確認できなかった。両者の長野地名が全く無関係だとは思えないのだが、いかなる文献からも両者の関連は見出すことができなかった。

しかしながら、氏族の移動については、ある程度確認することができそうである。河内在住で、継体天皇と目される大王の配下で権力を誇っていた氏族の一つに志紀県主がある。『古事記』には、彼の家が天皇の家に見紛うばかりで、無礼だと、火を着けられそうになった、との説話が見えており、その繁栄ぶりが窺える。前述の土師ノ里駅から北へ五〇〇m程の地点に志紀県主神社があり、この地域一帯を支配していた氏族であったが、この志紀県主は『新撰姓氏録』によると、「志紀県主　多同祖。神八井耳命之後也」と、神武天皇の皇子神八井耳命《かむやいみみのみこと》を祖とする一族に連なることが記され、科野国造と同じ祖先を持つことが解り、科野国造が河内に本拠地を置く氏族から出ていることが確実視される。ここで、彼らの包括氏族である河内多氏《おおうじ》について確認しておきたい。多氏という氏族は、古代の有力豪族である物部氏と連合関係にあって、彼らの東国平定に際して多大な貢献をしたことが知られている。すなわち、物部氏は全国統一を目指すヤマト政権の下で軍事関係の分野を掌っており、さらにその下で軍馬の調達に携わっていたのが多氏であったと考えられる。多氏が畿内から東国に派遣されて活躍したことは、『常陸国風土記』にその一族の黒坂命という人の活躍ぶりが見え、信濃国の平定に際しても同じような状況で活躍したのではないかと推測される。また、物部氏も多氏も共に高句麗系の渡来氏族と推定されており、九州から畿内へ、そして東国へと移動し、徐々に版図を広げていったことが知られる。河内から信濃へ移住し、善光寺の草創に関わったのもこの多氏の一族、あるいは関係者だった、と考えて大過なかろう。

まとめ

以上、多様な方面から検証を試みてきたが、信濃の善光寺が河内に起源を求められること、つまり、河内に定住していた朝鮮半島系渡来人が信濃に移住して草創した寺が信濃の善光寺であったことについては概ね首肯されよう。しかし、決定的な証拠と言えるものは見出せず、その証明の困難さを痛感させられる結果となった。最後に若干の補足を加えつつ、本稿の総括としたい。

かつて、南河内地方は難波津から飛鳥へ至る水上交通の要衝であり、多くの、また様々な技術を持った渡来人が集住する、最先端の技術、文化が集積した地域であった[49]。この地方の急速な発展は、水上交通路整備の一環としての難波の堀江の開削と呼応したものであった。既述の如く、船氏、津氏といった海運に携わっていた氏族、蔵氏のように倉庫業に携わっていた氏族、さらに、馬氏という正に馬による陸上輸送に携わっていた氏族などが活躍していた。馬については前述の通り、軍馬の調達などの軍事部門で活躍した多氏もあり、輸送部門と軍事部門の双方で馬に携わった氏族が広汎な活躍をしていたと考えられる[50]。南河内在住の渡来系氏族のうち、このような馬に関わっていた氏族が信濃に移住し、創建したのが善光寺であったと見て間違いなかろう。南河内には、王仁の後裔氏族である船氏や津氏など百済系渡来人の他、多氏など高句麗系の渡来人も多数居住していたが、彼らは一様に進取の気性に富み、大陸や半島の最先端の仏教をいち早く受容し、信仰していたことが特筆される。信濃の善光寺も、渡来系氏族のそのような先進的な信仰形態を具現するものだったかもしれない。なお、藤井寺市小山所在の善光寺は、この地域の渡来系氏族の氏寺だったと推測されるが[51]、信濃の善光寺との関連は後世に無理やり付託されたもので、残念ながらその草創を解く手掛かりとはなり得ない。

確実な証拠を挙げられず、相変わらず推論に終始してしまったが、ある程度の問題提起は果し得たのではなかろうか。今後もさらにこの推論を補強してゆきたいものである。

（1）「善光寺草創論試案」『東方』一七号所収（本書第Ⅱ部第二章）、「続善光寺草創論試案」『東方』一九号所収（本書第Ⅱ部第三章）。
（2）第三章参照。
（3）第二章参照。
（4）坂井衡平氏の『善光寺史』は、戦前に脱稿していたものの、刊行の日の目を見たのは昭和四十四年のことであった。氏は、善光寺の本尊や古代寺院の縁起について精査され、その起源を中央政権の所在地に程近い大和、河内地方に求められるとし、信濃時代の前に大和地方時代を設定して論考されている。善光寺の起源を畿内に求める学説が既に昭和戦前期に確立されていたわけである（同書上、一八三〜三〇三ページ）。
（5）『信濃古代史考』名著出版、一九九一年、一六〇〜一八五ページ。
（6）第三章参照。
（7）堀江とは、堀のことではない。堀は、地面を細長く切り開いて水を通したものであるが、堀江は、地面を掘って水を通した川、すなわち疎水や水路、運河のことを言うのだそうである。基本的に堀の水は停滞しているが、堀江の水は流れているわけである。両者の区別については、小生も今回初めて認識したところであるが、意外に多くの研究者は見過しているのではあるまいか。
（8）大阪の地勢の変動と河内湖については後述する。
（9）日本古典文学大系『日本書紀 上』三九三ページ。
（10）日本古典文学大系『日本書紀 下』一〇二ページ。
（11）『縁起』によると、日本に初めて伝えられた仏像が排仏派の迫害に遭い、堀江に投げ捨てられて、長年忘れ去られていたものを、たまたま通りかかった本田善光が見付けた、と伝える。この状況から、難波の堀江は泥が堆積した、流れのない、淀んだ沼のようなものだと思い込んでいた。ところが、今回このイメージが全く見当違いであったことに気付いた。難波の堀江は、この当時としては画期的で大規模な土木事業によって成し遂げられた水路であり、その実情は水量豊富な大運河だったのである。善光寺仏が投げ込まれたのは、あまり人々に見向きもされない、堀と言うより沼のような深い泥の中ではなくて、国家的大事業によって開削された、多くの人々が興味関心を持って見物に訪れるような、水量も多く、水の澄んだ水路の中だったことになる。誤った認識を正さねばならない。

(12)『善光寺絵伝』は、『善光寺縁起』を絵画にしたものであるが、そこでは善光寺仏は池か沼のような泥の中から半分姿を現しているように描かれているのが通例である。その『絵伝』の描写に影響を受けた伝承であろう。もっとも『絵伝』を描いた画家も難波の堀江の何たるかを知らず、自分のイメージで描いてしまったため、それが後世にまで長らく誤解を引き継ぐ結果となってしまったのである。堀と堀江のみならず、池と堀江は元来全く別なものであるが、両者の混同もここから来るものであろう。

(13)信濃の善光寺の草創は恐らく朝鮮半島系渡来人の手になったと推論されるが、難波の堀江も同じく朝鮮半島系渡来人の指導の下に成ったとなると、両者の関連性には偶然だけでは済まされないものが想定され得る。善光寺草創の実情を解明するためには、関連のありそうな個々の事象を一つ一つ再検証してゆくことが必須である。

(14)現代大阪を代表する繁華街である梅田も心斎橋も難波もいずれも海か沼の中にあったわけであり、現在の地勢、イメージとはあまりにも落差が大きい。

(15)平安中期以降の四天王寺は浄土信仰のメッカで、西に沈む夕陽を礼拝しつつ、入水往生する者が後を絶たなかったという。この信仰の様子は『梁塵秘抄』によく現れている。

(16)大阪の別称として、「なにわ、浪速、浪花、難波」の表現がよく用いられるが、これは潮の満ち干の激しい、干満の波が速い所、という意味から来た地名である。『書紀』神武即位前紀にも「方に難波碕に至るときに、奔き潮有りて太だ急きに会ひぬ。因りて、名づけて浪速国とす。亦浪花と曰ふ。今、難波と謂ふは訛れるなり」とある（日本古典文学大系『日本書紀 上』九ページ）。

(17)以上の研究は、梶山彦太郎・市原実氏『続大阪平野発達史』（古文物学研究会、一九八五年）に拠る。両氏の長年に亘る綿密な調査は、大阪の地勢の変動を明らかにした画期的な研究成果として幅広く活用されている。

(18)土師氏の活躍については、『倭の五王（讃、珍、済、興、武）の時代 藤井寺市生涯学習センター歴史展示室開設図録』（藤井寺市教育委員会編、一九九五年）に詳しい。

(19)修羅とは、木製の大型のソリのことであるが、これは古墳築造時の石棺や石室に使う巨大な石を運ぶために使われたものと考えられている。大きい方は全長八・八mもあり、小さい方と共に重要文化財に指定されている。

(20)「十六年の春二月に、王仁来り。則ち太子菟道稚郎子、師としたまふ。諸の典籍を王仁に習ひたまふ。通り達らずといふこと莫し、所謂王仁は、是書首等の始祖なり」とある（日本古典文学大系『日本書紀 上』三七一～三七二ページ）。

(21)「王仁の後裔氏族と其の仏教」（『史学雑誌』五四編九号所収）。この論文の内容については、第三章において既述した。

(22)西琳寺は、現在は真言宗に属し、人気のない、実に簡素な寺院で、往年の隆盛ぶりは偲ぶべくもない。ごく狭い境内の本堂左手前に大きな自然石が置かれているが、これは旧来の五重塔の心礎だという。近所から掘り上げたものだというが、巨大な石で、一説では五重塔の心礎としては我が国最大のものだとも言われ、往年の七堂伽藍が立ち並んでいた頃を偲ばせる唯一の証拠として、そこに置かれている。

(23) 本来は、当然「ほんだ」と発音するべきであるが、後世訛って「こんだ」となった。同じ字で「ほんだ」と発音する地名は千葉市や兵庫県などにもあり、全国的な古代地名であろう。

(24) 第三章参照。

(25) 野中寺は、寺伝では聖徳太子の命により蘇我馬子が創建したものともいう。同寺発行の参拝の栞には、「昔は竹内街道の中程にあり、法隆寺式配置の伽藍が甍を並べ、道行く内外の使臣、渡来人の人々にその威容を誇示していた」とある。寺宝としては、天智天皇五年（六六六）の銘を持つ金銅弥勒菩薩半跏思惟像（重文）が挙げられる。但し、これが渡来系氏族船氏の信仰の実態を物語る造像例というわけではなさそうである。

(26) 国史大系『日本後紀』一九～二〇ページ。

(27) 近鉄南大阪線藤井寺駅から南へ徒歩三～四分程で葛井寺の南門に至る。商店街のアーケードに接した、街の中心にある立地条件も他の渡来系氏族の氏寺とは大きく異なるところである。

(28) 天平期仏像彫刻の傑作の一つとして、よく知られた名作である。八世紀中頃、造東大寺司系の工人によって造立されたものと考えられており、千手観音像としては、我が国現存最古の作例であり、高い歴史的意義を持つとされる。なお、葛井氏の一族は造東大寺司の要職に就いており、多くの技術系官僚を輩出していたという。この千手観音像も渡来系氏族の高度な技術によって造像されたことになろう。『国宝葛井寺千手観音図録』（大阪市立美術館編、一九九五年）に拠る。

(29) 現在、辛国神社は地元の人々の信仰を集める、何の変哲もない神社であるが、極端に長い参堂で葛井寺の方につながっていて、社殿は参道の最奥に位置している。恐らく往時は葛井寺も辛国神社も境内が現在より遙かに広大で、両者は完全に接し、続いていたのであろう。なお、かつては長野神社という式内社があったが現在は合祀されてしまった、とのことである。

(30) 註（21）論文。

(31) 現在、我が国では、ブラジルなど中南米系の人々が急増しており、その大多数が群馬、静岡、愛知、三重四県の公営団地などに集住しているという。これは同郷の人々のネットワークができ、先に来た人が後発の人々の面倒を看る、コミュニティーが成立しているからであろう。一五〇〇年前の朝鮮半島系渡来人の場合でも同じようなことが想定されよう。

(32) 国史大系『続日本紀 後篇』三七五ページ。

(33) 註（21）論文。

（34）第三章参照。
（35）小山善光寺の寺伝については、第三章で既に紹介したが、そのあらましは次の通りである。この寺は難波の堀江で善光寺仏を拾い上げた本田善光が信濃に向かう途中止宿した所だという。この地に庵を結んでいた念仏の行者隆聖法師の下に善光が一泊したところ、その善光寺仏の素晴らしさに感激した法師が尊像をこの地に留め置くよう懇願したが、善光は尊像は信濃に持ち帰る使命があるとして断った。ところが、法師の願いに応じ、二人で三日三晩念仏していると、さらにもう一体の善光寺仏が出現し、その善光寺仏を本尊として開創されたのが小山善光寺である、とする。これは、『善光寺縁起』に改変を加えて捏造されたもので、内容的にもお粗末と言わざるを得ない。しかしながら、信濃の善光寺の起源が河内地方に求められることは疑いを容れない事実であり、この寺の存在と合わせてこの寺伝の意味するところを再検討してみる必要は大いにあろう。
（36）この仏像は、坂井衡平氏『善光寺史』のみに図版が掲載されているが、現在は図版も公開されておらず、撮影もできない。実際に現物を拝観して来た友人の話によると、この図版が間違いなく秘仏の本尊のものだということであり、この図版を唯一の手掛かりとして考察してみたい。
（37）善光寺如来の規式については、下平正樹氏「善光寺如来について」（『善光寺 心とかたち』第一法規出版、一九九一年所収）に詳しい。なお、拙稿「善光寺式一光三尊仏の起源」（『武蔵野女子大学仏教文化研究所紀要』一七号所収。本書第Ⅱ部第一章）でも詳述した。
（38）図版は、註（4）書、一四五ページを参照。
（39）久野健、中村元氏監修『仏教美術事典』（東京書籍、二〇〇二年）に拠る。
（40）大勢の人々の礼拝を想定して造像された仏像と、個人的に念持仏として造像された仏像とは、その法量、技巧に大きな差異がある。勿論、個人的な念持仏にも秀逸な作例はあるが、小山善光寺の本尊はどちらかと言えば稚拙な部類に含まれよう。但し、この仏像の歴史的価値には多大なものがあり、美術史的な価値のみで判定できるものではあるまい。
（41）この小山善光寺と全く同じ寺伝を持つのが八尾市にある垣内善光寺である。やはり、小山善光寺と同様に後世、寺運興隆を図って創作された伝承であることは、論を俟たない。
（42）大和川は、既述の如く河内湖を経て難波の堀江を通って大阪湾へ注いでいるが、難波の堀江に直結している大和川の至近に小山善光寺があったことは意味深長である。両者の関連についても大いに検討の余地があろう。
（43）津堂城山古墳は巨大な形象埴輪が出土したことで知られるが、一九八三年に東側の周濠から発見された三体の水鳥形埴輪は、その白眉である。優に一mを超す大きさと優美な造形は他に例を見ないものとして、高く評価されている。被葬者、あるいは施主の権力とセンスを今に伝えるものであろう。
（44）第三章参照。

(45) この地名は、夙に『日本書紀』雄略天皇十三年三月条に「遂に餌香の長野邑を以て、物部目大連に賜ふ」と見えており、極めて古い地名であることが確認される（日本古典文学大系『日本書紀 上』四八八ページ）。

(46) この説話については、既に第三章でも取り上げた（『古事記』雄略天皇条、日本古典文学大系『古事記 祝詞』三〇七～三〇八ページ）。

(47) 佐伯有清氏『新撰姓氏録の研究』本文篇、吉川弘文館、一九六二年、二〇二ページ。

(48)『常陸国風土記』には、全国統一のための先住土着民族の殺害駆逐の生々しい描写が目に付くが、茨城郡の伝承として、「大臣の族、黒坂命」が「国巣、山の佐伯、野の佐伯」を殺害した、とする（日本古典文学大系『風土記』四七ページ）。なお、同書「大臣の族、黒坂命」の頭註には、「大は多に同じ。氏族の名、神八井耳命を祖とする多臣の同族者」とある。常陸国における、多氏の活躍については、鈴木健氏『常陸国風土記と古代地名』（新読書社、二〇〇三年）に詳しい。

(49) 現代の南河内地方は、全国どこにでもあるような一地方都市であり、ベッドタウンに過ぎない。ここが五、六世紀から八世紀頃にかけて我が国随一の先進地域であったことを想起するのは今や困難である。この地域は、平安遷都の影響で早くも九世紀には急速にローカル化が進んだということであるが、日本古代国家の成立はこの地域とこの地域の渡来人の力によって初めて成し遂げられたということを銘記しておかなければなるまい。

(50) 馬に関しては、河内は全国一の先進地帯であった。これは、『延喜式』に全国の三分の二に当たる一五九戸もの馬飼部が河内に見えることからも知れよう。『日本書紀』にも履中天皇五年九月条、継体天皇元年正月条などに河内馬飼部のことが見え、この地で夙に馬の生産、調教が盛行していたことが解る。

(51) 小山善光寺は、その草創もどこまで遡れるか、全く不明である。同寺の縁起は一見、信濃善光寺の草創を解く重要な鍵となるかの如く見えるが、既述の通り、この縁起は信濃善光寺の『善光寺縁起』を借用して、それをさらに改変したものであって信憑性は極めて低い。そこに念仏の行者や草庵などの用語が見られるのは、この伝承が中世以降に創作されたものであることを示すものに他ならない。従って、小山善光寺もそのような伝承を付託される以前の姿は全く別のものだったに違いない。しかし、それ以前の姿については皆目検討が付かず、存否自体も不明である。近隣の津堂城山古墳との関係も想定されるものの、明確なことは何も解らない。

第五章　親鸞と善光寺

親鸞の生涯と「空白の三年間」

親鸞の生涯は謎に包まれている。彼は、自身の思想信条の表明には雄弁であったが、それとは好対照に自らの私生活や実体験については全く寡黙であった(1)。何一つとして黙して語ろうとしないかのようであるが、その唯一の例外が『教行証』の末尾、化身土巻の後序と呼ばれる部分に書き記された記事である。そこには、師法然と共に越後国へ流罪になったことと、師法然から『選択集』の書写を許されたことの二点、つまり、人生で最も辛く、憤懣やる方ない出来事と、人生で最も嬉しく、感涙にむせぶ出来事が簡潔に記されている。数え年で九十年にも及ぶ波瀾万丈の生涯であったが、自らその体験を書き記したのはこれだけであった。彼の生涯を知り得る史料としては、正妻である恵信尼が末娘覚信尼に書き送った手紙である『恵信尼文書』が挙げられるが、その生涯の断片を書き記すのみである。まとまった伝記史料としては、覚如が曾祖父である親鸞を讃嘆するために編んだ『親鸞聖人伝絵』と『報恩講式』があるが、脚色が著しく、内容の精粗のばらつきも大きく、客観的な史料とは見なし難い(2)。以上のような基本的な史料の欠如により、親鸞の生涯は謎に満ちたものとなっている。父が日野有範であることは明確だが、母については吉光女と言われるものの、全く確証がない。生年は、承安三年（一一七三）と確認されるが、誕生日は伝わらない。正妻は恵信尼だが、それ以外の妻の有無も解らない。(3) 男の兄弟の数も四人とする説と五人とする説がある。(4) 子供の数も七人とする説、六人とする説があって確定し難い、(5) といった具合である。その上、後世の祖師信仰の隆盛化に伴い、カリスマ化・神格化が進み、その実態はますます見極め難くなってしまった。そのため、明治時代には親鸞架空説までささやかれた程であった。署名入りの鎌倉時代の筆跡が現存することから、今となっては親鸞の実在を疑問視する人は誰もいない。しかしながら、一人の人間としての親鸞の実像が遠く凡人の手の届かない所に隠蔽されてしまっていることも、また事実であろう。

このような状況下、親鸞の生涯を逐一再構築してゆくことには多大な困難が伴う。その中でも、親鸞三十九歳の建暦元年（一二一一）から四十二歳の建保二年（一二一四）にかけての三年間は「空白の三年間」とも言うべき、謎の時期である。どこで何をしていたかが史料上から全く確認できないのが、この三年間なのである。『伝絵』には、「聖代、建暦辛未歳、子月中旬第七日、岡崎中納言範光卿をもって勅免」とあり、(6) 建暦元年（一二一一）十一月十七日に越後流罪の勅免が下されたことを記している。言うまでもなく、親鸞は師法然共々、承元の法難と呼ばれる念仏の弾圧に遭い、京から遠く越後へ配流されたのだが、それが赦されたのが四年後のこの年だということになる。『伝絵』には、「勅免ありといへども、かしこに化を施さんがために、なほしばらく在国したまひけり」とあり、(7) すぐに越後を立ち去ったのではなく、今しばらくは留まったようである。但し、「化を施さんがため」との表現は史実とは認め難い。親鸞がこの地で積極的な布教活動を展開した形跡が見られないからである。(8) となると、親鸞は建暦元年（一二一一）からあまり遠くない時期に越後を発ち、どこかへ向かったと考えられよう。いずれにせよ、この年の越後で親鸞の足跡はぷっつりと切れてしまうのである。その後、親鸞の足跡が史料上で確認されるのは、建保二年（一二一四）、上野国でのこととなる。その史料とは、言うまでもなく

『恵信尼文書』である。「三部経、げにげにしく千部よまんと候ひしことは、信蓮房の四つの歳、武蔵の国やらん、上野の国やらん、佐貫と申すところにてよみはじめて四五日ばかりありて、思ひかへしてよませたまはで、常陸へはおはしまして候ひしなり」(9)とある。有名な『浄土三部経』千部読誦のエピソードで、読み始めてから四、五日目にして「名号の他に何の不足があって経を読むのか」と反省し、読誦を中止し、常陸国へ向かったという。これは、恵信尼が夫親鸞と共に行動した時のことを回想して記しているものだが、その記憶は鮮明で、何の作為も感じられない書き振りから見ても、歴史的事実と断定して間違いないものである。親鸞の生涯の中でも一つの大きな転機とされる、重要な事件であったことは論を俟たないが、その位置付けについては今回は措いておきたい。いずれにせよ、この三年間に親鸞は越後の国府から上野国佐貫まで移動したことになる。両者の距離は概ね二〇〇kmであるが、親鸞はいかにして関東入りしたのであろうか。親鸞が、流罪赦免後一旦京都に帰ったとする伝承もあるが(10)、説得力が無く、越後からまっすぐ関東へ向かったと考えたい。越後の国府は、現在の直江津のあたりであり、佐貫は館林、羽生から東へ一〇km位の場所である。となると、最も一般的な経路は現在のJR信越本線に沿った(11)、妙高高原、黒姫、長野、上田、軽井沢から碓氷峠を通り、前橋あたりから関東平野に抜ける道筋になろう。このルートに「空白の三年間」の解答が示されている。言うまでもなく、このルート上の最大の街は長野であり、長野には善光寺がある。親鸞が善光寺と何らかの関わりを持って関東へ向かったことは容易に想定されよう。まず、時間的、地理的な条件から親鸞と善光寺との関係が指摘され得るのだが、以下詳しく検討してみたい。

親鸞の関東移住に関する諸学説

親鸞の関東移住の理由については、既に様々な学説が出されては消えている。『伝絵』には、「聖人越後国より常陸国に越えて、笠間郡稲田郷といふところに隠居したまふ」とあるだけで、何の情報も提示していない。そこで、戦後間もなく服部之総氏は『親鸞ノート』において、「親鸞は越後の農民と共に関東へ移住した」とする新説を出したが、(12)やがてこれらの農民の移住は江戸時代のことであることが解り、説得力を失った。その後、笠原一男氏が『親鸞と東国農民』において、「恵信尼の実家三善家の所領が関東にあったため、その縁を頼って移住したのでは」との学説を打ち出した。(13)ところが、その根拠が不明確であることが解り、この説も説得力を失ってしまった。続いて、赤松俊秀氏は『人物叢書 親鸞』において、「親鸞の稲田移住は『教行信証』の著述が主たる目的であり、稲田はそれに好適な条件を具えていた」とし、当時の常陸国稲田郷は文化的に先進の地であり、後年稲田領主笠間時朝が鹿島神宮に『宋版一切経』を奉納した事実から見て親鸞在住中には既に稲田には参照すべき経典、典籍が備わっており、その閲覧のために関東は常陸へ赴いたのではないか、との説を発表した。(14)しかしながら、赤松説では、親鸞の関東移住の主目的が布教活動ではなく、執筆活動にあったことになってしまい、事実と大きく乖離してしまう。さらに、笠間時朝の一切経奉納は赤松氏も承知の如く、建長七年（一二五五）のことであり、親鸞の関東滞在中とは年代的に大きくずれていて、「『一切経』が自由に見られるところ」として稲田を選んだ、との説は成立困難と言わざるを得なくなってしまった。(15)

善光寺勧進聖説の台頭

　ここで、俄然有力視されるようになってきたのが、親鸞が善光寺の勧進聖だったのではないか、とする見解である。古くは、松野純孝氏が『親鸞 その生涯と思想の展開過程』において指摘したところである。氏は、それを親鸞の肖像画である「安城の御影」から推論した。[16] また、五来重氏は修験道と親鸞の関わりに着目し、そのような信仰との接点から親鸞が善光寺の勧進聖になったのではないかとしている。[17] さらに、平松令三氏は、親鸞在世中に越後国府にまで善光寺信仰が伝播していたと考えられること、『伝絵』第八段に「親鸞七十歳の時、肖像画を描かせるために定禅法橋という画僧を呼んだところ、親鸞の顔を見て〈昨晩夢に見た善光寺本願御房にそっくりだ〉と驚いた」という伝承が収録されていること、現存する善光寺式一光三尊仏の中で鎌倉期の制作と判定される像の分布は概ね関東地方が中心であり、親鸞の活動地域とほぼ一致すること、栃木県の高田派元本山専修寺の本尊は典型的な善光寺式一光三尊仏で、親鸞在世中にまで遡り得る秀作であり、寺伝では、この像は親鸞が自ら信濃の善光寺へ赴き拝戴して来たものだとすること、[18] などから親鸞が善光寺の勧進聖であった、との推論が成立し得る、としている。[19] 氏も認めている通り、親鸞と善光寺を結び付ける文献史料が全く無いのがこの説の最大の弱点であるが、総合的に見て賛同すべき見解であろうと思われる。

　以上のような状況を勘案した上で、親鸞の空白の三年間とその後の活動を再構築してみたい。建暦元年（一二一一）、流罪を赦免された親鸞は生まれ故郷の京都には帰らず、すぐに移動しようとはしなかった。この地で善光寺の勧進聖の一行と何らかの形で接触したと考えられる。彼らの信仰と活動に興味と関心を持った親鸞は、一団に従って善光寺へ向かった。ここで一定期間、善光寺聖としての研修を受け、勧進活動のノウハウを習得し

国宝信濃善光寺本堂（筆者撮影）

たのであろう。研修期間を終えた親鸞は、主要な活動地域である関東へ仲間の聖達と共にキャラバンを組んで進行して行ったと思われる。その初期の出来事が『恵信尼文書』にある、建保二年（一二一四）、上野国佐貫での『浄土三部経』千部読誦の法要であった。恐らく、地元民の要請による水害鎮定、五穀豊穣などを目的としたかなり大規模な法要だったのではあるまいか。親鸞も善光寺聖の一人として、その法要に参加していたのだが、始めてから四、五日目にハッとその呪術性に気付き、師法然から賜った専修念仏の教えとの乖離に愕然とし、その場から立ち去ったようである。ここで、他の善光寺聖の一行とは一旦袂を分かち、単独で妻子共々布教の旅に出たと思われるが、この時点で善光寺聖としての活動をやめてしまったわけではなさそうである。様々な布教形態を模索しながらも善光寺の勧進活動は継続していたと考えたい。それは、先述の専修寺草創伝承にいう嘉禄元年（一二二五）の善光寺仏拝戴が、勧進活動の功績に対する褒章であり、勧進聖の統括的な地位に到達した証しと位置付けられるからである。[20]また、高田門徒の統率者であり、性信と並び称せられる高弟であった真仏、その後継者の顕智も聖的な性格が濃厚であり、親鸞と同じように善光寺聖であったかも知れない。親鸞のみならず、その関東の門弟達の布教活動も善光寺聖の勧進活動と重ね合わせて考察してみる必要性があるのではなかろうか。

以上のように、多くの状況証拠をつなぎ合わせてゆくと、善光寺の勧進聖であった親鸞の実像を極めて合理的に再現することができる。

善光寺信仰と真宗高田派と蓮如

しかし、残念ながらこの親鸞善光寺聖説は未だ学界の定説となるには至っていない。むしろ、根強い抵抗が今もって拭い去れていないのが実情のようである。その事情について一考しておきたい。現在、真宗各派の中で善光寺との関わりを残しているのは高田派だけである。高田派では、既述の如く、元の本山である栃木県の専修寺本尊が秘仏の善光寺式一光三尊仏であり、今日でも根強い信仰を保ち、同派のシンボルともなっている。当然の帰結として、高田派では末寺にも多くの善光寺如来を有し、宗派全体に「一光三尊仏信仰」[21]の風潮が漲っている。[22]

このような信仰は、しかしながら真宗の中では異例であり、他派からは異端的な眼差しをもって見られているこ
とも偽らざるを得ない事実である。(23)
それでは、なぜ高田派だけに善光寺信仰の痕跡が伝持されているのだろうか。その解答は言うまでもなく高田派教団の独自性にあると言えよう。つまり、今日真宗教団の勢力の大部分は東西本願寺に属しており、それ以外の派も何らかの形で東西本願寺とかつては本末関係にあったのである。その中で唯一、高田派だけが東西本願寺とは常に一線を画したスタンスを守り通すことができたのであるが、これは奇跡ともされよう。この「一線を画したスタンス」の下でこそ善光寺信仰が伝持され得たことは誰の目にも明らかであろう。では、高田派とそれ以外の真宗他派とでは何が決定的に相違しているのだろうか。私は、それは蓮如の影響を受けたか否かに尽きると思うのだが、いかがなものであろう。蓮如は周知の如く、真宗の一大改革者であった。その手腕によって真宗教団が今日の隆盛を見たことについては異論はあるまい。(24)しかしながら、その改革の陰に親鸞直伝の多くの事物が葬り去られてしまったことも忘れてはなるまい。「親鸞直伝の多くの事物」を最も伝えているのが高田派であることは自明の理であるが、その中に善光寺信仰も当然含まれていたと見て大過なかろう。換言するならば、蓮如以前には真宗全般に行われていた善光寺信仰は、蓮如以後はあたかもそれが以前から全く無かったもののように消し去られてしまったのではあるまいか。(25)蓮如が種々雑多な信仰を否定し、その象徴たる仏像や画像を廃棄したことは、『蓮如上人御一代記聞書』(26)にも見えている。そこには、「前々住上人（蓮如―筆者註）の御時、あまた御流にそむき候ふ本尊以下、御風呂のたびごとに焼かせられ候ふ(27)」とあり、蓮如の時代には「御流にそむき候ふ本尊」つまり、教団内に真宗の宗旨に相反する仏像が数多くあったことが解り、それを焼却したという、極めて興味深い伝承を伝えている。これは、恐らく歴史的事実であり、「御流にそむき候ふ本尊」の中に善光寺如来が含まれ、それが破却されたことは容易に想定されよう。

国宝専修寺御影堂（筆者撮影）

文献史料の陥穽

親鸞と善光寺との関係を文献史料から実証することは残念ながら不可能である。親鸞善光寺聖説を認めようとしない多くの研究者がその根拠とするのがここである[28]。親鸞が善光寺信仰について書いたものは「善光寺和讃」五首だけであり、その和讃さえ親鸞の真撰かどうかが疑われているのが実情である。それ以外には両者を結び付ける史料は全く存在しないのである。親鸞善光寺聖説の成立はやはり不可能なのであろうか。確かに、一見最も合理的な文献史学の立場からはノーの解答しか導き出せないであろう。しかし、文献史料一辺倒の歴史学が行き詰まりつつあるのも事実であり、文献以外の様々な資史料にも目を向けようとするのが最近の学界の大勢である。例えば、絵画史料の再評価も急速に進みつつある。『伝絵』ならば、旧来は文献たる詞書だけが重視されて、絵相には殆んど注意が払われなかったが、現在では、絵画の描写を独立した重要な根拠とする見方が優勢になりつつある。また、客観性が低いと相手にされて来なかった説話や伝説伝承をも有効活用しようとする動きも強まって来ている。(29) 絵画史料は文献史学の行き詰まりを打開するために再評価されつつあるが、ここで我々は文献史料の陥穽を見過してはなるまい。つまり、文献には著者、編集者の恣意が多分に反映されているということである。筆者、編集者の側にとって都合の悪いこと、書き残したくないことは葬り去られてしまうのである。『伝絵』に善鸞義絶のことが全く描かれていないことも、(30) そのような一例であろうし、大局的には、権力・体制側に不利益をもたらす事項は抹消されてしまうのである。(31) それとは正反対に伝説伝承は、歴史的事実を正確に伝えることはないものの、社会的背景を余すことなく反映し、権力・体制側に不利益な事項程後世にまで長く語り伝えられるものである。前述の如く、「親鸞が善光寺の勧進聖であった」ということは近代の東西本願寺にとっては甚だ不都合な事実であったのではないか。善光寺の信仰は今も昔も極めて現世利益的で民衆の要求に即応したものである。その信仰を宗祖親鸞が実践していたとなると、東西本願寺の体系化された教学理論が崩壊するような事態すら招きかねないであろう。(32) 多くの研究者が親鸞善光寺聖説を容認できない理由はここにあるのではなかろうか。

親鸞の実像と創り上げられた親鸞

親鸞という人物像を歴史的に再構築する上で文献史料の陥穽も大きな障害となるが、それ以上に厄介なのが信仰の対象である祖師聖人としての人物像の著しい固定化である。つまり、祖師聖人たる者「このようなことはなさるはずがない、おっしゃるはずがない」、「こうあるべきだ、こうでなければならない」といった思い込みである。[33]実は、一般に提示され、流布している親鸞像はこのような思い込みに基づいた、創り上げられた人物像なのである。「専修念仏」、「悪人正機」、「肉食妻帯」、「神祇不拝」等々、親鸞の一側面を表現したものではあっても、親鸞の人物像を総合的に表したものではない。[34]そのような誤解と曲解が拭い去れない限り、親鸞という人物像は永遠に闇の中に閉ざされたままとなるであろう。そのような閉塞状況の突破口ともなり得るのが、親鸞善光寺聖説ではなかろうか。今後も地道な資史料の探求、精査を行い、少しずつこの説を補強してゆきたいものである。

（1）親鸞は、「非僧非俗」を宣言し、自他共に認める破戒僧であった。「後世の人の規範とされる生き方は持戒の清僧たる師法然であって、自分の実体験などは役に立たないもの」という意識があったのか知れない。親鸞が晩年、法然の言行録である『西方指南抄』を編んだのもそのような意識に基づくものではなかろうか。一般に、師匠の伝記は弟子が編集するものだが、親鸞の弟子にはそのような動きは全く見られない。親鸞が固くそれを禁じたのだろうか。

（2）覚如の『伝絵』の史料的価値については、夙に幾多の論議がなされている。古くは、大正十一年（一九二二）に中沢見明氏が『史上之親鸞』において、「『伝絵』は覚如が本願寺を中心とした教団を組織しようとの野心をもって創作したもの」と論断している。後に中沢氏の立論に誤りが見付かり、旧来の定説を覆すまでには至らなかったが、『伝絵』一辺倒の覚如的本願寺中心史観に一石を投じた功績は甚大であった。その後も『伝絵』を親鸞の正史と見る姿勢は、基本的に現代まで受け継がれてきているが、『伝絵』の史料的価値に疑問を呈し、他の史料を再認識すべきだとする見解も強くなってきている。佐々木正氏は、『伝絵』に親鸞の生涯の決定的な分岐点である、法然門下への帰入と肉食妻帯の実践についての具体的な理由が何一つ示されていないことに疑問を抱き、「結婚の事実を秘匿したのは、自らの属する日野家の正統性を貫くための深謀遠慮の戦略によるもの」だとする。その上で、「『伝絵』は特別な意図をもって製作された伝記であり、親鸞伝としては作為的な、偏向をはらんだ二次的史料、と評価せざるをえない」と結論付け、「それらの事情を明記した存覚の『正明伝』こそが親鸞の正史とされるべきである」とされていて、注目に値する（「史実と伝承の親鸞像」『日本の名僧　親鸞』吉川弘文館、二〇〇四年、六六～七九ページ）。いささか極論に過ぎる感がなきにしもあらずだが、覚如・存覚父子の立場の違いと、それによる史料的性格の差異についての指摘は首肯されよう。覚如があくまで本願寺中心主義に立つのに対して、存覚は高田門徒や荒木門徒などの東国の門弟と親近で、そのために二度も義絶されることとなり、その上、本願寺の歴代からも外されるという不遇をかこつこととなる。存覚が東国門弟の流れを継ぐ木辺派の歴代に加えられていることも注目に値しよう。親鸞の伝記として、覚如の『報恩講式』よりも存覚の『嘆徳文』の方が正確なのは、存覚が東国の門弟からより確実な情報をつかみ得たためだとも考えられる。一般に『嘆徳文』は『報恩講式』の単なる増補で、内容的には同一だと見られることが多いようであるが、両者の史料的性格の差異については、なお検討の余地があろう。『伝絵』『報恩講式』『嘆徳文』の史料的価値については後に第Ⅲ部第五章において詳述する。

(3) 蓮如の十男である実悟が制作し、本願寺の系図として最も詳しい「日野一流系図」によると、長男の範意だけが「母後法性寺摂政兼実公女」とされ、九条兼実の娘の玉日姫と結婚した、との伝承に則っているものの、実情は全く不明である。また、晩年の帰洛後、新たな妻を迎えたとの説もある。

(4) 高田派専修寺蔵「日野氏系図」では、長男である範宴（親鸞）の下に尋有、兼有、有意の三人の弟が記され、「日野一流系図」には、さらに末弟として行兼の名が加えられている。なお、姉妹もあったはずだが、当時の常として女性は系図には記されないので、全く解らない。

(5)「日野一流系図」からは、恵信尼との子として、小黒女房、慈信房、信蓮房、益方入道、高野禅尼、覚信尼の三男三女が確認されるが、その前に兼実の娘との子として記されている範意がいかなる存在なのか皆目解らない。

(6)『浄土真宗聖典』一〇五四ページ。

(7) 同右。

(8) 親鸞がこの地で本格的な布教活動に従事していなかったことは、『親鸞聖人門侶交名帳』に越後の門弟として「覚善越後国々府住」と、たった一人の名しか挙げられていないことからも窺えよう。

(9) 註（6）書、八一七ページ。

(10) 親鸞が一旦帰京し、京都から関東を目指した、とする一時帰洛説は古い伝承ではあるが、根拠薄弱と言わざるを得ない。それよりは、なぜ親鸞が生まれ故郷である京都へ帰らなかったのかを検証することの方が重要である。師法然が亡くなり、教団の体質も様変わりしてしまい、帰るべき必然性も魅力も失ってしまったためとする見方が有力である。平松令三氏『歴史文化ライブラリー 親鸞』（吉川弘文館、一九九八年）一五七〜一五九ページ参照。

(11) 現在、信越本線は長野新幹線の開業と引き換えに分断されてしまっていて、碓氷峠の区間は廃線、軽井沢—篠ノ井間はしなの鉄道に転換されており、厳密には元来の信越本線のルートと言わなければならない。

(12) 服部之総氏『親鸞ノート』国土社、一九四八年、八七〜八九ページ。同著は、マルクス主義思想家三木清氏の未刊の遺稿「親鸞」に依拠しており、書名も三木氏の『哲学ノート』を模している。実証的な論証はなされておらず、着眼点は新鮮であるものの、現代の学問的水準には達していないところが多いようである。

(13) 山川出版社、一九五七年、一五三〜一六〇ページ。

(14) 吉川弘文館、一九六一年、一五四～一六三ページ。

(15) 赤松説では、『教行信証』の初稿本の脱稿がほぼ元仁元年（一二二四）頃の関東滞在中と確認されることを根拠に、親鸞の関東移住の目的もそこにあったとするが、布教よりも執筆が最優先された形跡も証拠もなく、説得力に欠ける。なお、この部分の研究史については、平松氏前掲書、一六二～一六四ページ参照。

(16) 三省堂、一九五九年、三四二～三五五ページ。「安城の御影」については、存覚の『袖日記』の中に今はない裏書が写されていて、それによると、この画は親鸞が八十三歳の時に朝円という画家が描き、裾には茜根裏の下着が見え、敷皮は狸皮、草履は猫皮、杖には猫皮が巻かれているという。氏は、このような服装や身の回りの品から親鸞を旅の念仏ヒジリとして捉えた。肖像画から親鸞の宗教的性格を見出したこの説は、新鮮であり、卓見と言うべきであろう。

(17) 『善光寺まいり』平凡社、一九八八年。但し、平松令三氏の指摘にあるように、「氏の推論は民俗学的な発想が先行しており、信頼すべき史料に基づく実証作業がなされていないため説得力には欠ける」（『聖典セミナー　親鸞聖人絵伝』本願寺出版社、一九九七年、二一一ページ）のが残念なところである。

(18) 寺伝では、親鸞が関東布教中の嘉禄元年（一二二五）、下野国大内庄柳島で野宿をしたところ、「ここは伽藍を建てるに相応しい聖地であるから寺を建てよ」との明星天子の夢告を得、明星天子は柳の枝と菩提樹の種子を親鸞に授けて消えた。親鸞は、その枝を地面に挿し、種子を蒔いて、眠りに付いたが、翌朝には柳も菩提樹も大木に成長しており、湿地帯だった地形が伽藍を建てるのに相応しい高堅な台地に変わっていた。その霊異に感激した地元の豪族大内氏の協力の下、寺の建立に着手した。伽藍の竣工が近づいた頃、近所に滞在中の親鸞は再び「信濃の善光寺に本尊と同一の尊像があるから、それを頂いて来て寺の本尊とせよ」との夢告を得、実際に善光寺に赴き、その尊像を持ち帰り、本尊として如来堂に安置したのが専修寺の起源である、という。これが専修寺草創伝承であり、一見、荒唐無稽かつ非科学的な作り話にしか見えないが、この伝承の背景には重要な歴史的事実が隠されていて、看過し得ないものがある。

(19) 註（10）書、一六四～一七一ページ、註（17）書、一九八～二一四ページ。

(20) 平松令三氏は、「高田専修寺の善光寺如来像は、親鸞が勧進上人に補任された、その証しとして付与されたものであろう」とする（『親鸞の生涯と思想』吉川弘文館、二〇〇五年、一三九～一四〇ページ）。

(21) 善光寺如来や法隆寺金堂釈迦三尊像のように、飛鳥時代の仏像の典型的な形式が一光三尊形式である。善光寺如来は、一光三尊形式の仏像の一例であり、鎌倉時代に盛行した。高田派では、古来、善光寺如来のことを「一光三尊仏」、「三尊様」と言い慣らわして、親しんでいるが、独自の呼称である。それだけ愛着が深いことの現れであろう。もっとも、近年は高田派外の書物でも「一光三尊仏」の表現が散見され、やや一般的な表現になって来たようである。善光寺如来の系譜については、拙稿「善光寺式一光三尊仏の起源」（『武蔵野女子大学仏教文化研究所紀要』一七号所収。本書第Ⅱ部第一章）を参照されたい。

（22）高田派専修寺の「一光三尊仏」は、十七年ごとに一度開帳される秘仏であり、栃木県の旧本山、三重県の本山の他、全国の主な末寺で足掛け三年間に亘って出開帳される。以前程の盛り上がりはなくなったものの、宗風宣揚の貴重な行事としてすっかり定着している。
（23）真宗の中での、真宗らしからぬ信仰の実例としては次のような例も挙げられよう。滋賀県にある木辺派の本山錦織寺には、毘沙門堂があり、ここで帰洛途中の親鸞が説教したと伝える。これが高田派と同じく関東の門弟系の教団に伝わる信仰であることには留意すべきであろう。
（24）隆盛を見たのは本願寺教団であって、その代わりに東国門徒系の教団が衰微したことは今さら述べるまでもない。ここで蓮如の功罪を論じる余裕はないが、蓮如以前の真宗と蓮如以後の真宗の差異については余程認識を新たにしておかないと必要以上の誤解を生じるだけではなかろうか。
（25）小林計一郎氏『善光寺史研究』（信濃毎日新聞社、二〇〇〇年）によると、僅かながら東西本願寺派寺院にも善光寺信仰の痕跡を見出すことができるようである。具体的には、善光寺仏（中尊、脇侍のみのものを含む）を保持する寺院が九ヶ寺、「善光寺絵伝」を伝える寺院が三ヶ寺、「善光寺」の寺号を有する寺院が六ヶ寺確認される。このデータは悉皆調査ではなく、実際にはこれより遙かに多くの仏像、絵伝が伝えられていると思われるが、東西本願寺では全国に二万ヶ寺もの末寺があり、比率としては、ごく僅かなものに過ぎない。勿論、宗派全体としての意識や盛り上がりなどとは無縁な存在である。
（26）この「御風呂」は仏像や仏具の洗濯のための湯風呂だそうであるが、その風呂の焚き付けにしたということであろうか。いずれにしても、雑多な信仰を排除するためには思い切った手段も辞さない蓮如の姿勢がよく窺えよう。
（27）註（6）書、一三〇三ページ。
（28）例えば、蒲池勢至氏は、親鸞と善光寺信仰の関連については理解を示しながらも「はたして親鸞が善光寺聖であったかどうかは考えさせられる」と否定的な見方をする（「親鸞の信心・門弟の信仰」『日本の名僧　親鸞』吉川弘文館、二〇〇四年、五四〜五六ページ）。
（29）古代や中世の信頼すべき文献史料が今後新たに発見される可能性は限りなくゼロに近く、文献史料に基づいた議論もほぼ尽くされた感がある。そこから新知見を見出すことも不可能だと言えよう。次に、絵画や説話、伝説伝承に目が向けられるのは当然の成り行きであろう。
（30）善鸞義絶事件は、親鸞晩年の一大痛恨事であるが、覚如は当然その事実を知っていたであろう。しかし、親鸞を讃嘆するという『伝絵』の趣旨と相容れなかったため取り上げられなかったのである。
（31）律令国家の正史たる『六国史』、幕藩体制の基本史料である『徳川実紀』でもその傾向は強く、その文面をそのまま信頼することは危険が伴う。正史だけに拠らず、副次史料をも参照すべきである。

（32）これは、善光寺に参拝した者すべてが実感する事実であろう。門前の宿坊に宿泊した多くの参拝者が早朝、本堂の前に並び住職の数珠を頭上に頂く「お数珠頂戴」、一月七日から十五日まで錦の布に包まれた善光寺の宝印を頭に頂く「御印文頂戴」、本堂地下の真っ暗な通路を辿り、本尊直下にあるとされる鍵を探り当てる「戒壇巡り」などが有名であるが、いずれも極めて現世利益的かつ密教的な色彩の強いものである。このような信仰が東西本願寺の教学理論と相容れないことは一目瞭然であろう。

（33）祖師信仰の盛行は日本仏教の大きな特徴の一つであるが、親鸞の場合は特にそれが顕著であり、多くのタブーがつきまとう。一般人とは全く別次元の崇高な存在として位置付けてしまうと、一個の人間としての実像は完全に隠蔽されてしまって明らかにできなくなるのである。

（34）九十年に及ぶ親鸞の生涯はとても一語で言い表わせる程単純なものではない。時期によっても極めて振幅が大きく、現世利益的な行業や密教、神祇との交渉もあった。高校日本史の教科書に提示されている一般的な親鸞像は、彼の生き方のほんの一部分しか表現していないのである。

第六章　太子信仰と善光寺信仰

はじめに

太子信仰と善光寺信仰は、日本仏教の展開に多大な影響を与えて来た。太子信仰については、既に豊富な研究業績があるものの、善光寺信仰については、史料的な制約もあり未だ不十分な状況と言わざるを得ない。しかしながら、両信仰は、平安後期以降、一体となって流布・展開しており、両者を一体のものとして捉え、研究してゆく必要があろう。両信仰の密接な関連を示すのが、「太子絵伝」である。「太子絵伝」は、「善光寺」、「法然」、「親鸞」の各絵伝と共に四種絵伝として受容され、絵解きによって、初期真宗教団の教線拡張に多大な貢献を果たした。その最前線が、愛知県三河地方の高田派系寺院であった。

太子信仰は、日本仏教の基層である。日本仏教の展開は、太子信仰に触れずしては多くを語れないのではなかろうか。鎌倉新仏教の祖師方にも濃厚な太子信仰の傾向が見られることは周知の事実である。その中でも、親鸞の太子崇敬は際立っており、それは自ら「聖徳太子和讃」(1)を制作していることに如実に示されている。それ故、親鸞を宗祖とする真宗では、本山・末寺を問わず、本堂の脇壇に聖徳太子の画像を掲げることが規式とされている。その真宗の中でも、特に太子信仰を顕著に伝えているのが、愛知県三河地方であり、それらの寺院は真宗高田派の流れを汲むことが知られている。[2] 二〇〇八年春に、岡崎市美術博物館で開催された特別企画展は、このような三河地方の浄土信仰と太子信仰の関わりを明らかにする画期的な展観であった。[3] また、現在では蓮如以降の真宗がすっかり正統派の位置を占めているが、それ以前の初期真宗の姿を世に問うたことは、極めて意義深いことであった。

さて、この企画展を一瞥しただけで、初期真宗と太子信仰、善光寺信仰の密接な関わりが視覚的に理解されるが、今回は初期真宗の温床ともなった両信仰の展開と関わりについて、一考してみたい。まず、太子信仰の起源と展開について再確認し、その善光寺信仰、初期真宗との関連について、考察してみたい。

太子信仰の起源

聖徳太子（五七四～六二二）を信仰の対象とする太子信仰は、聖徳太子個人に対する敬慕の感情から起こっている。幾多の大事業を遂行したにも拘らず、その子孫が悉く殺害されてしまったことに対する、同情と恋慕の念が加わり、一人の実在の人格から神格化された信仰の対象へと昇華してゆくことになる。太子の死後、ほぼ百年後に当たる養老四年（七二〇）に編纂された『日本書紀』には、「半夜に厩戸豊聡耳皇子命、斑鳩宮に薨りましぬ。是の時に、諸王・諸臣及び天下の百姓、悉に長老は愛き児を失へるが如くして、塩酢の味、口に在れども嘗めず。少幼は慈の父母を亡へるが如くして、哭き泣つる声、行路に満てり。乃ち耕す夫は耜を止み、舂く女は杵せず。皆曰はく、「日月耀を失ひて、天地既に崩れぬ。今より以後、誰をか恃まむ」といふ」[4] とあり、太子の訃報を聞き、日本中が光を失い、大地が崩れ去ったようで、これから誰を頼みとしたら良いのか、悲嘆に暮れた、と記している。勿論、『日本書紀』に見える太子の記事・伝承は必ずしも全幅の信頼を置けるものではない。しかしながら、太子の事績を記す最古の史料としての『書紀』の価値は侮れず、その後に成立した太子伝の殆んどすべてが『書紀』の記事を基にして撰述されていることを忘れてはなるまい。太子信仰の広汎な流布に多大な影響を与えた『聖徳太子伝暦』もやはり、『日本書紀』の記事を骨格として、そこに様々な伝承を付加したものに他ならない。いずれにせよ、太子信仰の萌芽は早くも太子の死後間もなくから見られ、死後百年後には国家の正史たる『日本書紀』に記される程の高まりを見せていたということになろう。聖徳太子の伝説には、様々なものがあり、よく人口に膾炙しているが、(5)いずれも後世の創作であることは論を俟たない。このような伝説は、太子の超人的な能力を記し、その神格化を図るものであるが、その始原は『書紀』にあったことが確認される。これらの伝説を集大成したものが、延喜十七年（九一七）成立の『聖徳太子伝暦』であり、『書紀』成立から二百年の間に太子の伝説が広汎に流布・普及し、信仰が一段と隆盛化して来たことに呼応するものである。さらに、後年『伝暦』を基に「絵伝」が制作され、爆発的な人気を博すこととなる。このような信仰は、太子が生涯を通じて、たゆまず仏教の受容・流布に尽力したことと、推古天皇の摂政として統一国家体制の形成に卓越した手腕を発揮したことに対する尊敬と讃仰に、それにも拘らず、子孫・一族がすべて殺害されてしまったことに対する追慕と哀悼の念が加わって醸成されて来たものと言えよう。つまり、太子信仰は、太子を日本仏教興隆の祖と位置付けることが一つの前提となっており、日本における仏教の流布・浸透と呼応する形で、広汎な支持を得、飛躍的に発展したものである。

ところが、近年の研究成果によると、最初期の日本仏教興隆に対する太子の実際の貢献度は極めて小さかった、とする見方が徐々に有力になりつつあること(6)も事実である。それによると、実際に仏教興隆政策を積極的に推進したのは太子ではなく、蘇我馬子であったが、それが太子の功績とされたのは、『書紀』以降の史料が、その編纂時点における政治的・社会的状況を反映して、記事を潤色・改竄してしまったからであり、それが誤って定着してしまったため、太子が日本仏教興隆の祖として位置付けられてしまった、とする。しかしながら、太子信仰は聖徳太子を日本仏教興隆の祖と位置付けることが大前提となっており、本稿ではその大前提に則って考察を進め、この問題についてはそれ以上触れない。たとえ、聖徳太子が日本仏教興隆の祖でないことが明らかにされたとしても、奈良時代以来、幾多の人々が太子を日本仏教の祖として、讃仰して来た歴史的事実には絶大な価値があり、もし、それを軽視してしまうことがあれば、日本仏教はその根幹をも喪失することになりかねない。

太子信仰の展開と流布

聖徳太子は、信仰の対象とされると、ほどなく一個の人間から超人的な能力を身に付けた存在へと昇華してゆく。これは、『日本書紀』に既に見える所であるが、時間の経過と共に、そこへさらに多くの説話的要素が付加されて来る。このような説話・伝承が太子の死後約三百年後に当たる延喜十七年（九一七）に編纂された『聖徳太子伝暦』において、集大成され、定型化されたことについては既述の通りである。なお、『伝暦』成立以前に最澄と、その弟子円仁に強い太子信仰が見られるが、これは、太子が天台宗所依の経典である法華経を初めて日本に将来し、註釈を加えたことに対する讃仰であった。初期の太子信仰として、特筆に値するが、あくまでも個人的なものであり、広汎な展開を見るものではなかった。

やはり、平安時代以降の太子信仰の発展に最も大きく寄与したのは、「絵伝」の創始と、それを活用した唱導教化活動にあったと言えよう。「絵伝」とは、周知の如く、高僧の生涯や寺院の成立事情を絵画にしたものであるが、「太子絵伝」の場合は、まず壁画として描かれた点が中世以降の「絵伝」と大きく異なる点である。(7)「太子絵伝」で、現存最古のものは、かつて法隆寺絵殿の板壁に描かれていたもので、現在は東京国立博物館法隆寺館に所蔵されている。江戸時代に二曲五双の屏風に仕立てられていたものが、現在は十面に装幀されており、平安時代中期の延久元年（一〇六九）に秦致貞という絵師が描き、国宝に指定されている。これを遡る三百年前の宝亀二年（七七一）頃、大阪四天王寺の絵堂に「太子絵伝」が描かれていたことが史料上から確認されるが(8)、これも板壁、あるいは板障子に描かれていたものと推定されている。両者共、装飾ではなく、最初から絵解きを前提とした実用的なものであった点が注目されよう。鎌倉時代に入り、「法然」、「親鸞」、「善光寺如来」の各絵伝が制作され、これらを絵解きすることによって、布教伝道に計り知れない効果をもたらすこととなる。

太子信仰と善光寺信仰の関連

ここで、もう一つのテーマである善光寺信仰について、その起源と性格を再確認し、それが太子信仰と結び付いていった状況と理由について、考察してみたい。善光寺と善光寺信仰については、既に論じたところであるが(9)、要するに平安時代末期に成立した『善光寺縁起』に基づく信仰である。善光寺を日本で最初に渡来した仏像を祀る、阿弥陀信仰の一大霊場とするもので、本田善光が難波の堀江で善光寺仏を発見し、信濃へ持ち帰り奉安した、という説話である。この説話を絵伝にしたものが、「善光寺如来絵伝」であるが、これも鎌倉時代以降盛んに制作され、善光寺信仰の流布に多大な効果を挙げた。

それでは、密接なつながりが見られる太子信仰と善光寺信仰であるが、太子信仰の方が先行し、かなり後に善光寺信仰が流布しているから、当然善光寺信仰が太子信仰を利用した、太子信仰に乗じて支持を拡大していったことになろう。両者の共通性、あるいは親近性を思量すると、日本で最初に仏教を広めたのが聖徳太子であることと、日本に最初に伝来した仏像を本尊としているのが善光寺であるとすること、つまり「日本仏教最初」という言葉に尽きるであろう。「日本仏教最初」をキャッチフレーズに掲げる善光寺が、聖徳太子および太子信仰を重視し、それと結合しようとするのは、当然の帰結とも言えよう。

ここで、両者の関連を示す具体例を見てみたい。まず、善光寺信仰の教則本とも言うべき『善光寺縁起』には、太子が物部守屋を征討した後、守屋によって難波の堀江に投げ捨てられていた善光寺如来と対面し、問答を交わした、という伝承が記されている。(10) それによると、太子は堀江の中の善光寺如来に対し、仏敵物部守屋らの征討を成し遂げた旨を報告し、「以前のように宮中にて礼拝供養申し上げたい」と言上した。すると、如来は何とも言えないかわいらしい声を出して、「今暫く機縁が熟するのを待っていたい」と告げたという。失笑を禁じ得ないような、荒唐無稽な作り話ではあるが、何とかして善光寺および善光寺仏を聖徳太子と結び付けようとした苦心の作だと言えよう。いずれにせよ、この伝承は善光寺信仰がそのスタートの時点で、聖徳太子および太子信仰の力を借りる必要があったことを示すものである。さらに、両者の関連を端的に示しているのが、善光寺如来と聖徳太子が手紙のやり取りをした、という伝承である。これも、極めて現実離れした作り話ではあるが、広く流布し、多くの人々に信じられて来た伝承として、一蹴に付し難いものがあろう。(11) このような伝承が、いつ誰によって作られたのかは、不分明であるが、『縁起』の伝承にさらに潤色を加えて作られたことは確かであろう。法隆寺僧顕真の『顕真得業口決抄』には、次のようにある。

太子献善光寺阿弥陀如来給御文事。表云。漢土大師―如来云々。下鵤厩戸云々。御文ノ語ハ。大慈大悲本誓願等廿句也。松子伝在之。云。法興元世一年辛巳十二月十五日。厩戸勝鬘上阿弥陀如来御返事云。上宮王救世大聖御返事。善光御文ノ語ニ云。善哉々々大薩埵。善哉々々大安楽。善哉々々マカ衍。善哉々々大智慧。左右不具云々。同月日善光上。今月十八日還来云々。其日即廟中ニ自書廿句文給。御使調子。乗黒駒云々。

また、『法然上人行状絵図』十六巻にも次のようにある。

この寺は、極楽補処の観音大士、聖徳太子と生まれて、仏法をこの国に広め給いし最初の伽藍なり。欽明天皇の御ために、七日の念仏を勤め給い、命長七年二月十三日、黒木の臣を御使として、善光寺の如来へ御書を進めらる。その御言葉には、「名号、七日称揚し已んぬ。これをもって広大恩に報ずとす。仰ぎ願わくは本師弥陀尊、我が済度を助け、常に護念せられんことを」と侍りけるに、如来の御返報には、「一日称揚するに恩留まること無し。何ぞ況や七日の大功徳をや。我が衆生を待ちて心間つこと無し。汝能く済度す、豈護らざらんや」とぞあそばされける。御表書には、「上宮救世大聖の御返事」と侍りけり。(12)

見て明らかな通り、「一光三尊如来」が「善光寺阿弥陀如来」に書き換えられるなど、内容も阿弥陀信仰を濃厚に反映し、鎌倉新仏教以後の信仰状況を現したもので、推古朝の信仰の実態とは著しく乖離していることが解される。(13) このような時代的制約を超越したところに展開したのが、善光寺信仰だとも言えよう。

それでは、なぜ善光寺如来は問答を交わしたり、手紙を認めたりするのであろうか。そこには、生身《しょうじん》信仰という、独特の信仰の存在がある。つまり、善光寺の本尊を血の通った、生きた仏様である、生身の弥陀であるとし、誰でも直接手を取って救い、極楽へ往生させてもらえる、とするものである。このような、聖徳太子と善光寺如来を結び付ける伝承の背景には、善光寺の勧進聖の活躍が大きく関与していると考えられる。太子信仰のメッカである、四天王寺は、また念仏信仰のメッカでもあった。『梁塵秘抄』の今様に詠まれている通り、(14) 四天王寺の西門は極楽浄土の東門に向き合っている、との信仰が広く行われており、大阪湾に沈む夕日を拝んで、多くの人が極楽往生を祈願し、中には入水して往生を果たそうとする人も少なくなかったという。嶋口儀秋氏が指摘される通り、(15) 四天王寺にも多くの念仏聖が所属しており、四天王寺の西門はそのような念仏聖の集結場所であったようであり、(16) ここに、善光寺聖が参集していたことも確実視されている。善光寺聖の活躍地域は、信越地方から関東方面へかけてが中心で、関西方面での活動ははっきり確認できないものの、ここで四天王寺の念仏聖と様々な情報交換をし、時には協同で勧進活動を行ったことも想定可能であろう。さらに、高野聖や時衆系の念仏聖との交流も想定される、という。このような状況下において、善光寺聖と四天王寺の念仏聖たちによって発案され、創作されたのが、聖徳太子と善光寺如来の消息往来の説話であろうとの推論は、正鵠を射ていよう。中世における、聖のネットワークは稠密で、その庶民信仰に与えた影響には計り知れないものがある。また、中世、四天王寺も善光寺も天台宗に所属しており、そこには浄土信仰のみならず、天台密教的な信仰も多分に包含されていたであろう。いずれにせよ、善光寺聖に、四天王寺の念仏聖、高野聖、時衆の聖といった、宗派の枠を超えた聖同士の密接な交流がこのような善光寺如来と聖徳太子の対面や問答、消息の往来という伝承を生み出したことは間違いなかろう。

さて、以前拙稿(17)において、本田善光はなぜ善光寺仏を難波の堀江で拾い上げたのか、について検討し、そのような伝承の成立には、馬の飼育・調教に携わっていた朝鮮半島系渡来人の河内地方から信濃への移住という背景があったことを推論した。しかしながら、今回の推測を重ね合わせるならば、難波は太子信仰のメッカである四天王寺のある難波であり、本田善光の難波から信濃への善光寺仏移送は、善光寺信仰、太子信仰を伝播する善光寺聖と四天王寺の聖の移動交流を反映した伝承だと考えられよう。つまり、本田善光のこの伝承は以前推論したような理由にプラスして、善光寺信仰・太子信仰双方の交流によって成立したものと見るべきであろう。

ここで、太子信仰と善光寺信仰が結び付く必然性について、さらに一考しておきたい。たとえ、善光寺の側に聖徳太子の権威を借りたいという思いがあり、双方の聖の交流が活発であったとしても、両者に結び付く必然性が無ければ、結び付くことはあるまい。両者の共通性として、まず生身信仰が挙げられる。善光寺仏が、生身の弥陀、生身の如来として貴賤上下の広汎な信仰を集めていたことについては既述したが、聖徳太子も没後時を経ずして、観音の化身だと信じられるようになり、『聖法輪蔵』という太子絵伝の絵解き台本と目される本には「抑、聖徳太子其ノ御本地生身観音トシテ」[18]と記されており、太子は血の通った生き仏だとされていたことが解る。また、四天王寺も善光寺も極楽浄土への入口であるとの信仰を集め、そこは死者追善の場であると共に自らが堕地獄を免れ、極楽往生をも保証してもらえる、中世庶民信仰の聖地となっていた。つまり、四天王寺へ参拝すれば、生身の観音である聖徳太子が、善光寺へ参拝すれば、生身の弥陀である善光寺如来が、衆生を極楽へ引接してくれると信じられていたのであり、両者の近似性・共通性が両者交流の大きな要因となっていたことは確かであろう。なお、両者の先後関係を考えると、太子信仰の方が先行しているので、それを後発の善光寺信仰が利用したことになるが、それは決して一方的なものでもなく、どちらが主で、どちらが従かを決め付けられるようなものでもなかろう。両者は渾然一体となって受容され、相互に補完し合いながら流布進展していったと考えられる。つまり、太子信仰も善光寺信仰を採り入れることによって、より多くの支持を得ることができたわけであり、両者共に大きなメリットがあったからこそ、ここまで密接に結び付いたということに相違あるまい。

太子信仰の証跡とその善光寺信仰との関連

太子信仰の証跡は、膨大な量の絵画・彫刻・建築として現存している。それらは、制作年代や史料的価値も様々であるが、単に過去の遺物ではなく、現代に至るまで信仰の対象とされている、現役のものであることが特筆されよう。太子信仰を象徴するものとしては、赤い袴を穿いて合掌した南無仏太子像や柄香炉と笏を持った孝養太子像が思い浮かべられる。また、真宗寺院の本堂には必ず孝養太子像の画像が掲げられており、太子堂を持つ寺院も多く、太子信仰の証跡は我々の身近な範囲に見出させる。このような幾多の信仰の証跡の中で、最も多くの情報を提供し、史料的価値の高いのが「太子絵伝」である。

きで、絵解きによってその内容が多くの人に伝えられていったのであり、「絵伝」と絵解きは相即不離の関係にある。現存最古の法隆寺旧蔵のものと、現存しない四天王寺絵堂にあったものが共に絵解きを前提として制作されていたことについては既述したが、それは以下の史料から確認されよう。すなわち、法隆寺絵殿の絵解きについては、赤井達郎氏によると、『建久御巡礼記』の建久二年（一一九一）の記事に見えるとされ[19]、四天王寺絵堂の絵解きについては、藤原頼長の日記『台記』に度々見え、康治二年（一一四三）十月二十二日条には、以下のように記されている[20]。

Ⅰ「太子絵伝」の流布

既述の通り、「太子絵伝」は、太子の生涯を描いて掛幅に仕立てたものが主である。それを解説するのが絵解

北政所先参御絵堂、禅閤、及法親王、坐砌下、本寺権上座某、持楚指画説之、余依仰昇座上、有不審之時問之、北政所、乍車引立聴聞之、良久説了、

頼長は、前関白の父忠実夫妻と共に四天王寺に参詣し、聖霊院の絵堂へ参り、軒下で権上座の僧による、笞で絵を指し解説する、絵解きを見聞した。頼長は、禅閤か法親王の仰せにより座上に昇って、不審な点を問い質した、という。当時の絵解きの様子が実にリアルに描写されていて、貴重である。聴衆が熱心に絵解きに聞き入り、活発な質疑応答もなされた、坐の盛り上がりが伝わって来るようである。

つまり、掛幅形式（障壁画を含む）の「絵伝」は当初から絵解きという唱導教化の手段に供することを目的に制作されていたことになる。これは、「太子絵伝」の成立と性格を考える上で、極めて重要な観点である。しかしながら、残念ながら「太子絵伝」の網羅的な研究は進展しておらず、その全体像は未だ明らかになっていない

点が少なくないようである。(21)

さて、「太子絵伝」、「善光寺如来絵伝」、「法然絵伝」、「親鸞絵伝」はそれぞれ独立した作品であるが、相互に極めて強い影響を与え合っており、それらが時に一連の続きものとして受容されていたことも重要な事実として、夙に指摘されているところである。

「太子絵伝」の初期の作例としては、四天王寺絵堂にあったもの、法隆寺旧蔵で東京国立博物館所蔵のものがあるが、それに次ぐものが四天王寺所蔵の六幅絵伝である。この作品は、太子の七百年忌を記念して元亨三年（一三二三）に、南都の絵仏師遠江法橋が描いたもので、壁画形式の「太子絵伝」の画面構成の影響を残した過渡期の作例であり、作者や制作の年次、制作の由来が明確にし得る点で極めて貴重なものである。年代的にその次に古い作例が、安城市本証寺所蔵の十幅絵伝（重要文化財）である。(22)この十幅絵伝は、真宗系の新しい形式の作例としては最古であり、かつ最も大部であり、記念碑的な大作と言えよう。この本証寺本には、一見不可解な状況が見て取れる。すなわち、「太子絵伝」必須の事蹟である、太子と物部守屋との合戦場面が第三幅と第五幅の両方に描かれていて、完全に重複している。ところが、同じく本証寺に所蔵される「善光寺如来絵伝」（重要文化財）には、こちらにも必須の事蹟で、他の「善光寺如来絵伝」に必ず描かれている、物部守屋との合戦場面が欠落しているのである。これは、本来「善光寺如来絵伝」の第二幅であったものが、誤って「太子絵伝」の第五幅に錯入してしまったものと考えられている。(23)制作時期も近く、同様の場面を含む両絵伝は入れ替わっても気付かない程似ており、また常に一揃いの続きものとして取り扱われ、唱導教化に活用されていたからこそ、このような取り違いが生じたのであろう。両絵伝の近似性と一体性を如実に示す、特記すべき事象である。太子の事蹟の中でも、仏敵である物部守屋を征伐する場面は、「太子絵伝」のみならず、「善光寺如来絵伝」にも必要不可欠な場面であり、両絵伝には共通する場面が少なくない。「善光寺如来絵伝」は、『善光寺縁起』を絵画化したものであるが、「太子絵伝」を手本にして制作されたと言うよりはむしろ、「太子絵伝」の姉妹作として同時に並行して制作され、流布していったと見る方が妥当ではなかろうか。両絵伝の密接な関連を明示する興味深い作例が、兵庫県加古川市の鶴林寺に伝存している。鶴林寺は、古来播磨地方の太子信仰の拠点とされて来た寺院であるが、同寺に所蔵される「太子絵伝」(重要文化財)は、その特異な構成で知られている。南北朝期に制作された同寺の八幅絵伝は、優秀な作例であるが、そのうちの前二幅は「善光寺如来絵伝」そのものであり、第三幅からが本来の「太子絵伝」である。このように両絵伝を完全に合体させた作例は他に知られていないが、善光寺如来に関する伝承の一部を含む「太子絵伝」は他にも数例が知られている。[25] この鶴林寺の「太子絵伝」は、「善光寺如来・太子絵伝」だったのかも知れない。元々、両方の絵伝を別々に制作する予定が、予算、あるいは制作期間などの関係で、合本として制作されたのではなかろうか、と推測される。いずれにせよ、この絵伝が制作された南北朝期、「善光寺如来絵伝」と「太子絵伝」は、一つの絵伝にまとめてしまっても差し支えないという風に思われていたわけであり、両絵伝の密接な関連、一体化認識を今に伝える物的証拠である。両絵伝が密接で一体化可能なものとして認識されていたことは、取りも直さず、善光寺信仰と太子信仰が密接な一体化したものとして把握されていたことの証左に他ならない。

以上、「太子絵伝」の注目すべき作例について概観してみた。制約により、個々の作例の具体的な比較検討を行うことはできなかったが、本証寺本、鶴林寺本の伝存状況から善光寺信仰と太子信仰の密接な結合について確認することができた。

Ⅱ「太子絵伝」の絵解き

次に、「太子絵伝」の絵解き台本と目される書物について、一考しておきたい。まず、『聖法輪蔵』と題する書は、太子の生誕から入滅までを記した編年体の伝記であり、太子の事蹟を一年ごとに一冊にまとめ、全五一冊に四天王寺建立之事などの別伝が加わる大部なものである。完本は伝わらず、愛知県岡崎市の満性寺所蔵本が、本伝三九冊に別伝八冊を伝えて、最大である。その著者を高田派第四世専空とする伝承があるが、確証はなく、信憑性は低い。著者は不明であるが、一宗に偏しない、一般的な太子信仰をその内容としており、真宗系の人物の著作ではあるまい。福井県越廼村法雲寺本、富山県氷見市光久寺本などの鎌倉末期写本が伝わり、文保元年（一三一七）の成立は信頼できるとされ、(26)専空は書写者であろう。上記二本を含め、幾本もの専空書写本が伝存し、「高田専修寺」の黒印が捺されていることから、専空が書写し、高田専修寺に伝来したものが北陸方面に流出したと考えられる。なお、満性寺本は、専空書写本の忠実な写本で、満性寺第十二世寂玄が永禄二年（一五五九）に書写したことが奥書から判明する。真宗系の書物でないものの、主に高田派で流布・受容された「太子絵伝」の絵解き台本として、注目に値する。

また、『聖徳太子内因曼陀羅』という極めて密教的な、真宗らしくない書名を持つ冊子が、これも岡崎市満性寺に伝わる。しかも、他に全く写本が伝わらない、天下の孤本というべき存在である。本書も、また「太子絵伝」の絵解き台本であるが、その書名とは反対に真宗的な傾向の強い内容である。すなわち、吉原浩人氏によると、(27)書名は、太子の内因（前生）を明かした曼陀羅（絵伝）という意味であろうとされ、一般的な太子伝とは、著しく様相を異にする。まず、太子の前生譚にかなりの分量を割き、太子伝の後に法然と親鸞の伝記が加えられている。太子の前生がいかに優れた存在であったかを説き、太子の伝記については、観音の化現であったことを示す神秘的な事績に限って記す。(28)次いで、法然が勢至菩薩の垂迹であるとし、親鸞が救世観音の応現であるとする。本書撰述の意図は、太子の讃仰と共に、太子に連なり、観音の応現である親鸞を讃嘆することにあった、と考えられるという。従って、この書の著者は真宗の僧侶であると推測され、満性寺寂玄は『聖法輪蔵』と同様、専空の撰述だと記しているが、具体的には全く不明である。筆跡は専空ではなさそうだとされるが[29]、となると、専空の周囲にいた人物が専空の依頼によって撰述したのかも知れない。成立年次は、書写奥書にある正中二年（一三二五）の少し前と考えられている。本書で注目されるのは、その序文に「三巻ノ画図ヲ録シテ、剰サヘ先師ノ素意ヲ顕ハシ、聖徳太子内因ト是ヲ号ス」とあり、跋文に「是以且窺太子絵伝巨細」とあることで[30]、これにより、ほぼ同時に三幅から成る掛幅絵伝が制作され、その絵解き台本であったことが解る。残念ながら、太子の前生譚を先に、法然、親鸞の伝記を後に加えた、三幅から成る「太子絵伝」は、満性寺にも、それ以外にも伝わっていない。いずれにせよ、既述の四種絵伝と共に受容され、絵解きされたことは確実であろう。

さらに、愛知県瀬戸市の真宗高田派万徳寺には、『聖徳太子伝』という外題を持つ、太子の伝記が伝えられている。これは、小島恵昭氏によると[31]、『『伝暦』を基礎資料にしながらも、『伝暦』そのものを直接にうけた系統の写本ではない」とされ、文保本太子伝の系統に属し、栃木県日光市輪王寺蔵本と同様に四天王寺子院に伝わった秘本を書写したもの、だとされる。本書もまた、「太子絵伝」の絵解き台本に比定されるといい、類本の殆んど無い稀少な伝記である。万徳寺も室町期の「太子絵伝」を伝え、再建ではあるが、太子堂を備えており、太子信仰の中心寺院の一つであったことは疑いを容れない。

また、建築としては、岡崎市妙源寺に[32]「柳堂」と呼ばれる鎌倉時代末期の太子堂（重要文化財）が現存している。正和三年（一三一四）の修理銘を有し、それ以前の建築であり、真宗寺院の建築としては全国最古と思われる。

以上、愛知県三河地方の真宗高田派系寺院に太子信仰の証跡が濃厚に残存していることが確認されよう。

初期真宗教団における両信仰の受容

最後に、太子信仰と善光寺信仰がいかに初期真宗教団で受容されたのかについて、再確認しておきたい。それに関する手掛かりは既述の如く、絵伝に求められよう。すなわち、四種絵伝、つまり「善光寺如来」、「聖徳太子」、「法然上人」、「親鸞聖人」の四つの絵伝をセットにして布教伝道していたことが理解される。三河地方の有力寺院であった妙源寺、満性寺、本証寺には、四種絵伝の中世に遡る大作が次表の如く伝えられているが、これだけの貴重な文化財がごく狭い範囲に集中して残されているということは、日本文化史上においても特筆に値するものだと言えよう。これは、中世の三河地方が、初期真宗教団の布教の最前線に位置していたことを物語るものに他なるまい。これらの四種絵伝は、既述の如く、絵解きによって唱導教化され、教線拡張の主要な手段として、最大限に活用されたのである。四種絵伝は、釈迦在世中にインドで鋳造された生身の弥陀である善光寺如来が、インドから日本に伝わった仏教を象徴し、その仏教を太子が採り入れたことは、日本仏教の受容・流布を象徴し、それを法然・親鸞が取捨選択し、今の我々に伝えられている、との釈迦から親鸞に至る教えの流れを体系

四種絵伝の伝存状況

	善光寺如来絵伝	聖徳太子絵伝	法然上人絵伝	親鸞聖人絵伝
妙源寺	○（重文）	△（現奈良博）	○（重文）	○（重文）
満性寺	○	△（現静嘉堂文庫・重文）	○	―
本証寺	○（重文）	○（重文）	○	―

的に説明することになり、これによって絵解きの聴聞者が釈迦からの正統な教えを受け継いでいることを自覚することができたのである。

さらに、吉原浩人氏によると、「親鸞の「和讃」などに見られるように、聖徳太子は救世観音の垂迹、法然は勢至菩薩の応現という認識が一般にある。ここで、先述の『親鸞伝絵』のごとく、親鸞が生身の弥陀の来現となると、聖徳太子＝観音、法然＝勢至、親鸞＝弥陀という図式が成立することになる。四種の絵伝をこれに当てはめると、阿弥陀如来（善光寺如来）から観音・勢至の両菩薩を経て浄土の教えが本朝に広まり、再び阿弥陀如来（親鸞）によって衆生が済度されるという、円環構造が完成することになる」とされるが(33)、説得力のある見解である。なお、氏も指摘されるように(34)、先述の『聖徳太子内因曼陀羅』は、四種絵伝の要素をすべて包含しており、既述の通り、同時に絵解きされたことが推定されよう(35)。ところで、妙源寺所蔵の四種絵伝は、特に剥落・摩耗が著しい。これは繰り返し絵解きに供された実物であったからに他ならず、四種絵伝が鑑賞するためのものではなく、布教のための実用的なものであったことを物語っている。同寺の太子堂（柳堂）は、絵解きのための堂であったが、ここに全国からの勧進聖が集まり、競って絵解きをするとともに、情報交換もなされたのであろう。鎌倉と京の中間に位置する岡崎は、勧進聖たちの中継地点であり、そこには、善光寺聖も、四天王寺の念仏聖も頻繁に立ち寄ったと考えたい。

正に同時期、仏光寺教団は絵系図という、系図に肖像画を組み合わせたものを考案し、それを活用して大発展を遂げていたが(36)、高田派系教団は四種絵伝の絵解きによって教線を拡張していたのであった。それに対し、絵系図や絵伝のような、視覚に訴える布教手段を持たなかった本願寺教団は衰微低迷していたのであった。現今の状況からすると、隔世の感があるが、中世、太子信仰と善光寺信仰を積極的に採り入れた、初期真宗教団が活況を呈していた時期があったことは銘記しておくべきであろう。

（1）『皇太子聖徳奉讃』七五首、『大日本国粟散王聖徳太子奉讃』一一四首があり、太子の事績を顕彰し、入念にその恩徳を讃仰している。なお、別に文明本『正像末法和讃』には、「皇太子聖徳奉讃」一一首を収めるが、顕智書写本には見えない。

（2）愛知県三河地方は、本願寺蓮如の出現までは高田派の牙城であった。妙源寺、満性寺の如く高田派に残った寺院と、本証寺、上宮寺の如く本願寺（現大谷派）に転派した寺院があるが、元来は皆高田門徒の流れを汲む寺院であった。

（3）二〇〇八年四月二十六日から五月二十五日まで開催された「三河念仏の源流 高田専修寺と初期真宗展」は、地方都市の美術館を会場とした、地味なテーマの企画展であったが、関係者の予測を上回る集客を果たし、図録は二度も増刷を重ねる程の売れ行きであった、と聞く。出品点数全一一七点のうち、高田派寺院所蔵のものが八割近くを占め、太子信仰、善光寺信仰に関連する出品も多く、この地方の念仏布教の実態を自身の目で確かめることのできる、極めて有意義な展観であった。特に、「善光寺」「太子」「法然」「親鸞」の四種絵伝が一体となって布教に活用されたことが、自然に理解された展示は、有効であったと言えよう。

（4）日本古典文学大系『日本書紀 下』二〇四ページ。

（5）厩の前で生まれたとか、十人（八人とも）の訴えを同時に聞き分けたとか、甲斐の黒駒と呼ばれる名馬を献上され、その馬で富士山に登ったとか、枚挙に暇が無い程である。

（6）『日本の名僧 聖徳太子』（吉川弘文館、二〇〇四年）には、旧来の定説を覆す注目すべき見解が多々提示されている。本郷真紹氏は、「「聖徳太子」像の形成」において、「いまだ神仏混淆の合理的解釈が構築されていない段階においては、天皇が仏教と直接接触することはタブーとされた。それゆえ、血統の上で天皇に近い立場にあり、かつ天皇にはならなかった人物に、すべての仏教興隆の業績を集中させ、王権による仏教興隆の軌跡を後世に伝える必要が存したのである。こういった経緯で一気にクローズアップされたのが、用明天皇の男子である厩戸皇子、すなわち聖徳太子の存在であったと考えられる」（同書、四〇ページ）とされる。確かに、本地垂迹説を知り、重層的信仰に何の疑問も抱かない我々は、神祇と仏教の対立・背反に鈍感になってしまっている向きがあろう。また、曽根正人氏は、「黎明期の日本仏教と聖徳太子」において、「周囲から孤立していた厩戸皇子の仏教は、一部の近親者を除く日本人には顕著な影響を及ぼさなかった。歴史上の厩戸皇子は「和国の教主」ではなかったし、その仏教は日本仏教史にほとんど痕跡を残さなかった。この実態の見えなくなった厩戸皇子の仏教の残影に覆いかぶさる形で、新たに創出された聖徳太子神話の仏教が流布していく。親鸞をはじめ後世の日本仏教者を刺激し続けていったのは、華々しい超越的外貌を持つこの聖徳太子仏教だったのである」（同書、八六ページ）とされる。確かに、「世間虚仮」の表現は孤高の仏教者であった太子の寂寥感を表現したものでもあろう。氏は、『三経義疏』の太子真撰についても、否定されるが、確かに当時の日本仏教の学問的水準ろう。

を再検討してみるべきであろう。両氏の見解は、未だ学界で大勢の指示を得るには至っていないようであるが、旧来、盲目的に史実と看做されて来た太子関連の事象を根本的に再評価する契機となった点において、大きな意義を持つであろう。

さらに、近年は『日本書紀』の史料的価値の見直しも盛んである。国家の正史として重用されてきた『書紀』が実は、史実を何一つ伝えない創作の物語だった、とする見解も奇抜とばかりも言えない状況にある。最新刊の大山誠一編『日本書紀の謎と聖徳太子』（平凡社、二〇一一年）にも『書紀』および聖徳太子の虚構性が論断されており、示唆に富む。かつて、聖徳太子研究の第一人者であった坂本太郎氏は、「『書紀』には不確かな事実や、造作と認められる文は所々にあるけれど、それらを差引いても、なおかつ太子伝の根幹としての『書紀』の価値は高いと見るのが、私の態度である」とし、「仏教には全く素人の私は「三経義疏」の研究に生涯をかけている花山信勝博士の執念をこめた太子真撰説に疑問を抱く気持は全くない」とし、「ただ『日本書紀』の記事の事実性に対する不信と、固定化された権威を引き下ろそうとする感情の故に、これまで太子の事績として疑いないと認められた事実をも疑い、それらは伝説ないし造作であるときめつけることが、進歩的学者の使命であるかの如く考える風潮が学界の一部を支配する。しかし、私共の知る大多数の知識人はこうした考えには、拒絶反応を示すもののようである」（『人物叢書　聖徳太子』吉川弘文館、一九七九年、四、五、二二四ページ）とされ、聖徳太子の事績には殆んど疑義を差し挟んでおられない。しかしながら、このような碩学の提唱した定説も覆される時期がやって来るのだということを実感させられる。

（7）例えば、「親鸞絵伝」の場合は、『伝絵』と呼ばれる絵巻物が最初に制作され、後に掛幅本として流布し、絵解きによって多大な布教効果を挙げた。最初は、個人的な観賞用だったものが、布教の手段に転ずるのだが、それに対し「太子絵伝」は最初から布教の手段として制作されたことになる。

（8）『聖徳太子伝暦』の「聖徳太子入胎之始。在世之行。薨後之事。日本書紀　在四天王寺壁聖徳太子伝。并無名氏撰伝補闕記等。其具載大概。不尽委曲」（『大日本仏教全書』一一二巻、四二ページ）の記述からその存在が確実視され、『太子伝玉林抄』巻第一の「四天王寺障子伝一巻、彼寺三綱衆僧敬明等造之、宝亀二年辛亥六月十四日造之云々」（『太子伝玉林抄』東方書院、一九二九年、一二ページ）、『太子伝古今目録抄』の「一　絵殿堂事　法隆寺絵。太子滅後。四百六十許年図之。天王寺絵。聖武天皇後也　百三十年許歟。有鐘楼故也」（『大日本仏教全書』一一二巻、四九ページ）の記述からその存在が確認される。

（9）善光寺と善光寺信仰については、聖徳太子と太子信仰とは正反対に、その研究業績は極めて限られており、既に指摘の通り、善光寺はいつ、誰が、何のために建てたのか、そのすべてが全く不明で、善光寺信仰の根幹をなす『善光寺縁起』もいつ、誰が作ったのか全く解らないのである。このような状況を解明することは容易ではない。

（10）原文は、『続群書類従』（二八輯、一六三ページ）に「于時自堀江底放光明世界赫焃。須臾之間即成界道林池宝樹楼閣顕然在一光三尊如来。太子頭面作礼合掌白如来言。守屋逆臣并在在所々悪党悉令退治畢。今正如上古帰入内裏可恭敬礼拝云々。時如来出愛敬微妙御声告太子言。善哉善哉聖徳太子。弘法利生之大願已令成就畢。然如所言我今帰王宮雖可利益衆生。暫時情有待可度機縁有仏勅。太子聞食之現有由御事耶。信受作礼還御成給実不思議事共也」とある。

(11) 法隆寺には、「善光寺如来御書箱」と呼ばれる蜀江錦を貼った木製の小箱が伝存しており、それを二重に包む袋と共に飛鳥時代の制作と判定されている。さらに後世、二枚の袋と四重の外箱により厳重に保護・封緘されており、長年に亘り、丁重に保管されてきたことが解る。この伝承の物的証拠として注目に値しよう。この「善光寺如来御書箱」は、一九八五年開催の「法隆寺展」で初めて公開され、それ以降幾度も出展されており、ようやくその存在が周知されて来たようである。この「善光寺如来御書箱」公開に関する報道が不的確であったことについて、吉原浩人氏は、「中世の善光寺信仰と聖徳太子信仰の密接な関係について、きちんとした形で解説できる者が、現在ではたいへん少なくなってしまったことも一因であろう。しかし、善光寺如来と聖徳太子が往復書翰を交わしたということは、中世においては歴史的事実として人々に深く信じられてきたことなのであった」とされ、「善光寺如来の生身信仰に裏打ちされた太子信仰の一側面を、我々は中世の人々の感覚でもう一度捉え直す必要があろう」とされる（「聖徳太子伝と善光寺如来」『国文学 解釈と鑑賞』五四巻一〇号、一九八九年）が、全く同感である。なお、余談であるが、『国文学 解釈と鑑賞』は二〇一一年九月発行を最後に終刊となったという。同誌は、国文学に留まらず、史学、宗教学、民俗学、美術史などにも及ぶ多彩な論考を掲載して来た。このような伝統ある学術雑誌の終刊が、グローバルな学問の進展に多大な損失を及ぼす懸念を抱くのは私だけではあるまい。

(12) 史料は、それぞれ『大日本仏教全書』一一二巻、一三〇ページ、『浄土宗聖典』六巻、一八八ページ。

(13) 同様な伝承は、顕智筆の『見聞』、『聞書』（三重県専修寺蔵、重要文化財）にも見られ（『真宗史料集成』一巻、六二二ページ）、『影印高田古典』三巻、二四〇、三四九ページ）、また、『存覚袖日記』にも「廟中廿句ノ文ハ太子被進善光寺ノ御書也。法興元世二年辛巳十二月十五日、厩戸勝髪上、御表書、謹上本師アミタ如来、極秘、厩戸御使調子丸」（『真宗史料集成』一巻、九〇五～九〇六ページ）とあり、広汎に流布した伝承であることが解る。

(14) 巻二法文歌の一七六番は「極楽浄土の東門は、難波の海にぞ対へたる、転法輪の西門に、念仏する人参れとて」と詠み、当時の信仰の実態を伝えている（日本古典文学大系『和漢朗詠集 梁塵秘抄』三七五～三七六ページ）。

(15) 「聖徳太子信仰と善光寺」（『仏教史学研究』一六巻二号所収、一九七四年。後『民衆宗教史叢書 太子信仰』再録、雄山閣、一九九九年、六七～九二ページ）。氏は、「善光寺信仰と太子信仰の結合は、庶民の間で自然発生的な成立を見たものではなく、善光寺如来と同格の太子信仰を説く庶民宗教家が存在したからに他ならない。それが中世において高野聖と共に、我が国庶民信仰史上で最も活発な活動をなした、善光寺聖と呼ばれる者である」とし、「四天王寺西門の念仏が太子より始まり、この念仏の功徳は冥界より人々を救済する仏である、善光寺如来が認めるものとし」た、とされる。

(16)『看聞御記』嘉吉三年四月十九日条に「昨日天王寺。住吉参詣。心静巡礼。太子御宝物等拝見。(中略)御比丘尼御所宿へ御出。善光寺菴へ入申」(『続群書類従』補遺二巻、六六四ページ)とあり、傍証となろう。

(17)「善光寺河内起源説」(『東方』二三号所収。本書第Ⅱ部第五章)。

(18)『真宗史料集成』四巻、四四四ページ。

(19)『絵解きの系譜』(教育社、一九八九年、七九ページ)に「当麻寺ノオコリ曼荼羅ヲガマセオハシマスベキニ、日ノセオハシマスベキニ、日ノタダクレニクレテ、絵殿ヲバトカセオハシマサズシテ、此寺ヲバイデサセ給テ、龍田河ノ上ヲワタラセ給ツツ」の引用があるが、『建久御巡礼記』は、『国書総目録』等にも見付けられず、未見である。

(20)『増補史料大成 台記』一〇二ページ。その他にも久安二年(一一四六)九月十四日、同三年九月十四日、同四年五月十二日、九月二十一日、同六年九月十七日条にも絵解きの記事が確認できる。

(21)研究遅滞の理由としては、制作年代が現存しないものも含めると古いものは奈良時代に遡り、新しいものは室町時代まで下り、その形態も板壁に描かれたもの、板戸などの建具に描かれたもの、巻子本の体裁を取るもの、掛幅装のものと極めて多岐に及び、内容も初期のものと後の真宗系のものでは大きな差異があり、類型化が進んでいないなど、一貫した研究対象として取り扱いにくかったためと、思量される。図版の公開・刊行も遅れており、本稿においても、可能ならば、現存「絵伝」全体の構成や構図、各部分の描写や表現などをカラー図版によって逐一比較検討してみたかったが、叶わない夢であり、それが現状である。それに対し、「法然絵伝」、「親鸞絵伝」は制作年代も限定され、定型化・類型化が進んでいるため、個々の作例の比較検討も容易であり、所蔵先も各宗派内にほぼ限定されるため、明細なカラー図版が刊行され、研究も進展している。我が国の絵伝の原型となり、中国大陸の壁画の伝統をも引く「太子絵伝」の研究が遅滞しているのに対し、その扱い易さ故に後の祖師絵伝の研究の方が先行している現状には違和感を禁じ得ない。

(22)既述の通り、「野寺の本証寺」と通称される同寺は、「佐々木の上宮寺」と共に現在は大谷派に所属しているが、以前は高田派の有力寺院であった。

(23)その推測の根拠として、「善光寺如来絵伝」には札銘がないが、「太子絵伝」では第五幅にだけ札銘がなく、他の幅にはそれがある、ということが指摘され、それは『真宗重宝聚英』三巻、『同』七巻の図版より確認される。

(24)二〇〇八年九月、筆者は初めて鶴林寺を訪れた。ここでまず感じたのは、境内の雰囲気が栃木県の高田専修寺に極めて似ていることであった。伽藍配置だけでなく、寺全体の佇まいが酷似しているようで、現在では比較の対象にもされない両寺の類縁性に驚かされた。鶴林寺は、天台宗に所属しながら、密教的な雰囲気は稀薄で、専修寺は真宗に所属しながら、非真宗的な気配を濃厚に伝えており、両寺共密教と浄土信仰の中間に位置するとも言えよう。高田専修寺は中世に遡る善光寺信仰の拠点であり、鶴林寺は古代に起源を持つとされる太子信仰の拠点であった。中世以降の両信仰の近縁性・類似性を考え合わせるならば、両寺院の似通った雰囲気も納得されよう。

(25) 石川県松任市本誓寺本では、第五幅に本田善光の善光寺仏信濃移送の場面が確認される（『真宗重宝聚英』三巻、解説、二〇四ページ、『同』七巻、図版一六三ページ）。

(26)『真宗史料集成』四巻、解題、七四ページ。

(27)「観音の応現としての聖徳太子・親鸞」（『国文学 解釈と鑑賞』五四巻一〇号所収、一九八九年）、「『聖徳太子内因曼陀羅』の一側面」（『印度学仏教学研究』三八巻二号所収）を要約した。先行業績の限られた『聖徳太子内因曼陀羅』についての的確な紹介論文である。

(28) 善光寺如来との消息往来についても、詳述するが、これも太子の神威性を強調するためであろう、とされる。

(29)『真宗史料集成』四巻、解題、七三ページ。

(30)『真宗史料集成』四巻、四二〇、四三四ページ。

(31)「太子信仰の地方拠点に伝来した太子伝」『国文学 解釈と鑑賞』五四巻一〇号、一九八九年、一〇五ページ。

(32) 岡崎市妙源寺は、「桑子の妙源寺」と呼ばれ、真宗では屈指の古刹である。古くは、平田の明眼寺と号した。親鸞が帰洛の途上で滞在したとされる。親鸞真筆名号（これ以外には、専修寺に二幅、西本願寺に一幅しか伝存しない）、いずれも重文指定の「善光寺」、「法然」、「親鸞」各絵伝、光明本尊など、数多くの法宝物、古文書を伝える点において、右に出るものが無く、妙源寺を抜きに真宗史は語れない。

(33)「総説 善光寺如来絵伝」『真宗重宝聚英』三巻、二一二ページ。

(34)「観音の応現としての聖徳太子・親鸞」『国文学 解釈と鑑賞』五四巻一〇号、一九八九年、九〇ページ。

(35)『聖徳太子内因曼陀羅』は、内容的には、阿弥陀よりも観音に収斂しているが、四種絵伝の別バージョンであり、ダイジェスト版だったのではあるまいか。四種絵伝をすべて絵解きすると、恐らく二時間近くを要したであろうと思われ、もう少し、簡便なダイジェスト版が求められた可能性は大いにあろう。

(36) 仏光寺第七世了源は、本願寺存覚の全面的な支援を得て、名帳、絵系図を創始し、順調に信者を増やしたが、蓮如出現以前の本願寺教団は、その後塵を拝するのみであった。仏光寺教団も、また太子信仰を教線拡張の手段として大いに活用していたが、それは元応二年（一三二〇）の造像銘を持ち、秀作として知られる孝養太子像（重要文化財）が、現に本山仏光寺に伝えられていることからも確認される。

第Ⅲ部　中世仏教の諸相

第一章　史上の真仏

真仏は、親鸞の直弟で、初期真宗教団の中心人物の一人であるが、彼について述べる直接的な史料は皆無に等しい。そのため、真仏の実像に迫ろうとするならば、我々はよほど想像をたくましくして、思い切った発想を心掛けねば、新しい事実は見えて来ないであろう。とは言うものの、真仏の一生については、一応学界において共通の見解とも言うべきものがあり、それを覆すような新説もなかなか出そうにはないのが現状である。

真仏のように史料的な制約の大きい場合、その少ない史料をいかに性格付けして、いかに解釈するかということが、極めて重要なポイントとなって来る。つまり使える史料は後世のものであっても積極的に活用してゆく姿勢が要求されてくるわけである。真仏の場合、これは親鸞の場合でも同じであるが、五天良空の『高田正統伝』の如き史料でも十二分に活用しなくてはなるまい。周知の如く、『高田正統伝』は江戸時代中期高田派の学僧五天良空の著で、正式名称を『高田開山親鸞聖人正統伝』という。高田派こそが、親鸞の教えを直接に伝える正統な流派であり、それに対して本願寺の系統は全くの亜流に過ぎないという立場に立って書かれた親鸞の編年体の伝記である。大変歯切れの良い文章で書かれており、いかにも事実をありのままに記したかのような書きぶりで、刊行当時は大変なベストセラーになったということである。その文中には、本願寺に対する対抗意識がありありと読み取れ、作り話としては面白いが、その内容の信憑性は近代では殆んど問題にされていなかったのが実情である。至る所にかなり極端なデッチ上げや歪曲が見られるのも事実で、それ故学問的には採り上げられることが少なかったが、戦後になり再評価の動きが現れて来たのである。それは『正統伝』の記事全てが根拠の無い架空のものではなく、それなりの歴史的背景や根拠に基づいて書かれた箇所が少なくないということが認識されてきたためであろう。つまり、史料批判をきちんと行えば史料としての使用に耐え得る箇所が少なくないと言うことである。以上のような点を踏まえた上で、今回は『正統伝』を中心とし、真仏の実像に迫ってみたいと思う。

さて、真仏についての研究はどうしても親鸞の影に隠れてしまいがちだと言っても過言ではあるまい。真仏は親鸞より三十六歳年下でありながら、四年も早く亡くなっており(1)、その活躍の時期が全く重なっていることもその原因の一つであろう。このことは、真仏の一生をより深く探れば、親鸞の一生もより明らかにされて来るということに他なるまい。

それでは『正統伝』を史料として、真仏の問題点について考えてゆきたい。まず最初に真仏の出自について『正統伝』は次のように記す(2)。

同年仲冬、真仏上人初テ帰依シタマフ。姓ハ、平氏、桓武天皇ノ御裔《オンスエ》、下野ノ国司大夫ノ判官国春公ノ嫡男、真壁ノ城主、俗名ヲ権ノ太輔椎尾《シヰノオノ》弥三郎春時ト申セリ。今年七月、父ヲ喪ス。春時、幼若ヨリ菩提心アリ、ヨリ〳〵禅坊ニマキリ、教示ヲ受タマヒシカ、遂ニ累代ノ武官ヲ舎弟真壁四郎国綱《クニツナ》ニユツリ、聖人ヲ招請シ、即剃髪《テイハツ》シテ御弟子トナリタマフ。聖人カタク止タマヘトモ、荐《シキリ》ニ申サレシカハ、チカラナク戒師トナリテ薙染セシ。聖人仰ラレケルハ、人ノ入道スルコトハ、或ハ父母ニオクレテ身ノ拠ナク、又ハ妻子ヲ亡《ウシナヒ》テ嘆ニアマリテコソ、衣ヲ染ナラヒナルニ、殿《トノ》ハ世《ヨ》モメテタク、御歳モイマタ壮《サカリ》(ママ)ナラテ、カク仏道ニ入タマフコト、真《マコト》ノ仏ナラスハ、争カクハオハシマサントテ、真仏房ト法名ヲ授タマヒキ。時嘉禄元年乙酉十一月四日、聖人五十三歳、真仏ハイマタ十七歳ノ御時ナリ。高田第二世ノ伝灯ニテマシマス。已上本伝また、『高田上人代々ノ聞書』にも「真仏上人、御往生は三月八日なり、この上人は王孫にてましますいわく真仏上人は柏原の天皇の末孫、鎮守府将軍大丞国香の後胤、下野の国司大内の息男なり」[3]とあり、真仏が、天皇家の血を引く由緒正しい、名門の出であるということを誇らし気に記している。今更記すまでもなく、高田派は本願寺とは違って法脈相承であり、親鸞とは血のつながらない流れを受け継いでいるのだが、その筆頭となる真仏は本願寺との対抗上、名門の出であるとしておかないと都合が悪かったのではなかろうか。ここで、少々高田派の第三世である顕智について触れておきたいが、顕智は真仏の弟子で、真仏に従って親鸞の門下へ加わったとも言われている。ところが、顕智は出自が不明で、様々な不思議な伝説を持った人でもある。真仏について、名門の出であると記した『高田上人代々ノ聞書』にも「この上人の御生国存じたる者これなく、ゆえに化生の人にてましますかと申し伝うるなり」[4]とあり、どこの誰とも知れぬ、神掛かった人だと伝えているのである。『正統伝』の続編とも言える『正統伝後集』にも「師はもとより化生の人なり、相伝えて富士権現の化身なりという」[5]と記されていて、真仏についての書き方とは対照的である。神足の持ち主で下野高田から京都まで四～五日で歩いたともいい、説教中にいきなり姿を消し、そのまま行方不明になったとも伝えられている。下野高田と伊勢鈴鹿で同日同時刻に忽然と姿を消し、そのまま見つからなくなったとの言い伝えは高田派内ではよく知られたもので、それを捜す行事が高田専修寺の「高田まち」、鈴鹿三日市の「おんない会」として今に続いている。親鸞面授の弟子の二人のうち一人がこのような神出鬼没な人であったとなると、せめてもう一人は由緒正しい名門の出であったとしておかないと、本願寺教団と対等に張り合えないという、そのような対抗意識がこのような記述を生んだと考えても良いのではなかろうか。それでは、真仏はどのような出自の人物であろうか。それについて、戦前では中沢見明氏が取り組まれ、戦後では平松令三氏らが検討を加え、おおよその事は解明されている。それによると、真仏が天皇家の血を引くというのはもちろん全く作り話であり、下野国司に大内氏は見当たらないそうで、『正統伝』の記事では最後の部分のみが事実を伝えていると見られるのではないかということである。つまり、真仏は椎尾氏という地方武士の出身であったと推測されるのである。その当時の親鸞の門下には山伏や武士などが多かったが、真仏もそのような一人であったと言えよう。

次に真仏という命名の由来について少し考えてみたい。それについては、先の『正統伝』に述べられているが、それはいかにも作り話で、しかもあまり出来の良い話とは言えそうにない。しかしながら親鸞の門弟の名を見ると、その殆んどが信・願・浄などの字を付けたもので、真仏は顕智と共にかなり異質な部類に入れられよう。これに関して、中沢見明氏は真仏が法然門下の敬心・心仏と同じ流派の念仏に帰依していたためではないかと推論されており、(6)相応の説得力があるようである。

さて、ここで高田草創とは、言うまでもなく下野高田の地に専修寺、あるいはその原型が作られたということであるが、それに際して真仏はいかなる役割を果たし、親鸞とはどのような関係にあったのであろうか。親鸞が夢告を受けると、低湿地が一晩のうちに高堅な台地に変わっていて、寺の建立を始めると、さらに夢告を受け、信濃善光寺で一光三尊仏を感得したとの、高田派の人間にはおなじみのストーリーであるが、『正統伝』の記述を見ておきたい。(7)

五十三歳

五十三歳正月八日、聖人イカナル心カオハシケン、唯一人、下野国芳賀郡《ハカノコホリ》大内庄《オヰチノシヨウ》柳島《ヤナキシマ》ト云所ニ往《ユキ》タマフ。日既ニクレヌ、人家《ジンカ》遠シテ、宿亭ナシ。野ノ中ニ一枚ノ平石《ヒライシ》アリ。聖人石上ニウツクマリ、念仏シテ明《アカシ》タマフ。明星マサニ出ントスルトキ、忽ニヒトリノ天童キタレリ。手ニ尺余ノ柳ノ枝ト、白紗《ハクシヤ》ノ包物《ツツミモノ》ヲ持タリ。東西ニ盤桓《ハンクハン》トシテ謡《ウタフ》テ曰、
白鷺《ハクロ》ノ池《イケ》ノミキハニハ、一夜《イチヤ》ノ柳枝《ヤナキエタ》青《アヲ》シ、

般舟《ハンシユ》ノ磐《イハ》ノミナミニハ、仏生国《フツシヨウコク》ノ種生《タネヲイ》ヌ、如此シハ〳〵吟シテ、北ニ向テ去ントス。聖人問テ言ハク、童子ハ何人ソヤ、何故ニコ、ニ詠吟スルヤ。答申サク、我ハ明星《ミヤウシヤウ》天子《テンシ》、本地極楽ノ聖衆虚空蔵菩薩ナリ。師ニ伽藍ノ霊地ヲ示サン為ニ、コ、ニ来レリトテ、即南方ノ水田ヲ指シテ曰ク、抑《ソモ》〳〵日域ノ中ニ、古仏ノ聖跡、如意輪観自在霊応ノ地三所アリ。一《ニ》者洛陽六角精舎ノ地、是過去諸仏転法輪ノ霊所、如意輪観自在鎮居ノ芳《ハウ》址ナリ。二者摂州摩尼宝《ニホフ》ノ峰《ミネ》、是往昔迦葉如来修行度生ノ地、如意観施無畏応現ノ山ナリ。三者野州柳島《ヤナキシマ》ノ地、是昔《ムカシ》釈迦文仏遊止説法ノ霊地、如意輪観世音如来ノ教勅ヲ受テ、方便利生ヲ待タマフ梵区《ボンク》ナリ。師ハヤク伽藍ヲ造建シ、是二樹ヲ庭砌《テイセイ》ニ殖《ウヘ》ヨ。コノ柳枝ハ、月氏白鷺池《ハクロチ》ノ柳ナリ。コノ樹子ハ、仏生国ノ菩提子ナリト云テ、件ノ二種ヲ聖人ニ授ク。聖人ノタマハク、童子ノ語疑ヘカラス。然トモ、此地ハ緑水《リヨクスイ》泥土ノミナリ、如何カシテ伽藍ノ地トナラント。童子黙シテタ、チニ水中ニ入去ル。聖人試《コヽロミ》ニ彼柳枝ヲ水田ノ涯《キシ》ニ刺《サシ》、菩提子ヲ平石ノ南ニ殖《ウヘ》、石上ニ帰、般舟三味シテマシマス。天明《テンメイ》ニ及テ、コレヲ見ニ、柳枝・菩提子一夜ニ長生スルコト二十尺余、枝葉四方《ヨモ》ニ相《アイ》布《シケ》リ、湧水四渠ニ流レ、中央凸然《テツセン》トシテ高堅ノ地盤トナル。是ヨリ此地ヲ名テ高田ト称《イフ》。蓋師徳ノ仏天ニ感《カン》スルヲ顕《アラハ》ストナリ。時ニ見聞ノ道俗、信伏驚歎シテ申サク、師教時ニ契《カナ》ヒ、機縁ステニ稔《ウメ》リ。ハヤク伽藍ヲ造建シテ一宗ノ本基《ホンキ》トセント。聖人ノタマハク、我願猶未満ノ所アルカト。門弟等其意ヲ不レ知。已上本伝

同年四月十四日ノ夜子刻《ネノコク》、聖人宮村ノ草庵ニマシ〳〵テ霊夢ノ告アリ。謂《イハユル》一人ノ聖僧化来シテ言ハク、師ノ願既ニ満足セリ。速ニ信濃国善光寺ニ来ヘシ。我身ヲ分テ、師ニ与ヘシ。ハヤク伽藍ヲ建テ、尊像ヲ案置シ、澆季ノ支証ニソナヘ、末代ノ衆生ヲ引導スヘシト云云。即西ニ向テ去、高田ノ地ニシテ忽ニ消《キエ》ヌト覚《オホヘ》テ、夢サメ了《ヲハリ》ヌ。聖人歓喜斜ナラス、トリアヘス善光寺ニ参リタマフ。折フシ、横曽根ノ性信房、鹿島ノ順信房

マキリ合セテ、二人供奉セラレタリ。同十九日早朝、如来堂ニマヰリタマフニ、寺僧勤行集会ノミキリ、各相語ラク、昨夜不思議ノ霊告ヲナン蒙レリ。如来梵音ヲ挙テ言ハク、明日我弟子善信法師来ヘシ。我軀《ワレミ》ヲ分テ与《アタフルトコロ》所ナリ。汝等、此三尊ヲ彼善信ニワタスヘシト云云。シカルニ、今壇上ヲ見レハ、三尊現ニマシマセリ。彼善信イツカ来タマハント。同夢ノ者十五人ナリ。件ノ物語イマタ畢ラサルニ、聖人参入アリケリ。衆僧随喜ノ余ニ、仏勅カクノ如ナリトテ、彼霊告ヲ語リ、三軀一光の金像ヲ聖人ニ献《タテマツ》レリ。聖人歓喜ノ涙ニ咽ヒ、袈裟ニツヽミ、笈ニ入、ミツカラ負《オヒ》テ帰タマフ。順信、性信カハル〳〵扶助ス。ミチ〳〵ノ道俗、コレヲ聞テ結縁ノ為ニコヽカシコニ群集シ、街《チマタ》ニフサカリテ踵《クヒス》ヲメクラスコトヲ不レ得。同二十六日晡時ニ泊《ヲヨヒ》テ、高田ニ帰郷《キキヨ》アリ。已上本伝

五十四歳

五十四歳正月十五日、真仏上人祖師ノ名代トシテ上洛アリ。高田ノ伽藍ニ勅号ヲ賜ヘキ由奏達シタマフ。岡崎黄門ヲ以テ後《ノチノ》九条殿ヘ申入ラルルニ、即彼黄門ノ執奏ニテ勅許アリ。カタシケナク、勅願寺ノ綸旨ヲ下サル。

専修阿弥陀寺

宣奉祈天長地久之由依　天気如斯

嘉禄二年二月十九日

倫旨《(ママ)》ノ趣カクノコトシ。真仏上人三月五日高田ニ帰著、家令海老沢《エヒサハ》大学、長岡《ナカオカ》右京兆、国府谷《コフノヤ》左京亮供奉。已上本伝

同年四月上旬、金堂、影堂、四門、築地、外郎等コト〳〵ク成就シ畢ヌ。即彼柳・菩提樹ヲ仏殿ノ庭左右ニ移植ラル。

廓内兆域四方九十丈、築地之内四方四十二丈、
金堂　縦横九丈三尺、善光寺感得如来案之、
影堂　縦横七丈八尺、聖人自刻寿像案置之、
四面楼門、高金堂之七分、楼内各納仏像、
南大門　勅額　専修寺
西大門　勅額　阿弥陀寺
東大門　自額　太子寺
北大門　自額　無量寿寺
廓南門　自額　高田山
已上者、信州善光寺模範拠之。

嘉禄二年丙戌四月中旬第五日慶讃也。真仏房以下ノ弟子二十八口ヲ率《ヒキヒ》テ、南大門ヨリ次第ニ西東北外ノ額ヲ案シ、拈香九拝《ネンカウキウハイ》シテ治国利民ノ神呪ヲ誦シ、天長地久御願円満ノ祝聖《シユクシン》アリ。七箇日法事トリ行レテ、二十一日午刻結願ナリ。此時、自他国ノ領主高田《タカタノ》入道国時《クニトキ》、真岡《マフカノ》城主国行《クニユキ》、久下田《クケタノ》太郎秀方《ヒテカタ》、真壁《マカヘノ》城主国綱《クニツナ》、小栗《ヲクリ》城主尚家《ナヲイエ》、相馬《サウマノ》城主高貞《タカサタ》、笠間《カサマノ》庄司基員《モトカス》、平塚《ヒラツカノ》庄司源次郎重連《シケツラ》等オノ〳〵簾中《レンチウ》相倶ニ参詣セラル。茲ニ因テ、諸国ノ門弟、自余ノ道俗、貴賤トナク、親疎トナク、群詣スルコト路ニ余リ、野ニ溢《アフ》レリ。已上本伝

ここでまず問題にしなければならないのは、高田専修寺の開山は誰かということである。『正統伝』はその書名の通り、高田の開山は親鸞であると言い切っているのだが、いかがなものであろう。これは最初に結論から述べると、真仏によるものとしか考えられないようである。一般に寺院がその開基開山を著名な僧に求めることは、古来からよくあることであり、弘法大師、行基菩薩などに至ってはその例は枚挙に暇がない位である。勿論、そ

の大半が史実とは認め難いものであり、その寺院にハクを付けるための常套手段であったとも言えよう。また本願寺三世覚如の著した『改邪抄』に「寺を建てることは阿弥陀仏の本願ではなく、一向専修の人はこれを企てるべきではない。それ故親鸞在世中には弟子の中で寺を建てるような者はいなかった」とあり(8)、親鸞およびその弟子が造寺造塔に携わることはなかったという見方が有力となってくる。もっともそのように考えると、親鸞はおろか真仏も高田専修寺の開山とは言えなくなってしまいそうであるが、そこまで全面否定する必要はあるまい。つまり、真仏が高田専修寺を建てなかったとしても、高田開山と呼ばれるにふさわしい仕事をしたことについては全く疑いを容れないのではなかろうか。高田派十世真慧の著した『顕正流義鈔』にも「高田開山真仏上人」と明記されており、また天文十二年（一五四三）の『下野国高田専修寺勧進帳』にもはっきり「真仏草創」と記されていて、高田派では江戸時代、それも五天良空以前には真仏草創が定説となっていたことが解る。つまり高田専修寺親鸞草創という寺伝は五天良空の『正統伝』以降に形成され、広まっていった伝承だったということが言えよう。

以上のようなことを総合して考えてみると、次のような理解が可能となろう。高田専修寺の原型は実は真仏以前から高田の地にあったのではなかろうか。しかし、それは善光寺如来、あるいは虚空蔵菩薩を祀るような信仰の道場であって、そこへ真仏が入寺し、親鸞の教化に遇ってその道場を念仏の道場へと発展させ、高田門徒の拠点として整備していったのではあるまいか。寺を建てなかったとしても、高田門徒の拠点としての専修寺の原型を作ったという点において、真仏草創は十分に言い得ることであろう。真仏が入寺した専修寺の原型と呼べるものは、寺と言うよりは恐らく如来堂のような、地区の信仰の道場であり、今で言えば集会所のような施設であったと推定されている。そのような御堂の管理権は高田の近くに住む真仏なら継承可能だが、旅の僧であり、よそ者の親鸞が継承することはまずあり得ないことだと思われる。そのような点からも親鸞が高田専修寺を開いた、あるいは住持したということは殆んど考えられないようである。しかし、親鸞がこの高田の地を訪れ、布教の拠点の一つとしたことはまず疑いようがない。専修寺に現存する親鸞墓石の石塔婆は明らかに鎌倉時代の様式を示すものであると言われ、親鸞の在世中に専修寺の原型となる施設がこの高田の地にあったことは確実である。真仏は、親鸞より先に亡くなっているから、その真仏が専修寺の原型を作ったということは、それが親鸞の在世中に行われたということに他ならない。下野高田専修寺は真仏草創であっても、いささかもその価値を減じるものではあるまい。

次に引き続き、高田の伝燈、つまり法脈相承についての『正統伝』の記述を見てみたい。(9)

二十一日結願ノ日、自他両国ノ地頭、并ニ門弟等二十八人会談連署シテ、当寺ヲ以テ祖師一流ノ本寺ニ相定、水田十二町、山林七町ヲ付シテ、寺ノ永財トス。聖人言ハク、予ハ教勧ニイトマナキ身ナリ。真仏ハ壮年ナラネトモ、真俗ニツキ羽翼爪牙ノ器量アレハ、当寺ヲ官知セシメント思ト。会合ノ人ミナ申サク、聖人ノ明《メイ》鑑《カン》サキタチテ面々ノ意ニアリトテ、甚ヨロコヒアヘリ。因テ今日ヨリ、真仏房ヲ御名代トシテ、寺職ヲ看知セシム。已上本伝

五十八歳

五十八歳、寛喜二年庚寅四月五日ノ夜五更、下野国高田専修寺御自作之影前ニ於テ、真仏上人へ唯授一人ノ口訣御相伝也。コノ時、聖人五十八歳、真仏二十二歳。已上本伝

六十歳

六十歳、貞永元年壬辰正月中旬第五日、聖人高田住持職ヲ真仏房ニ譲タマフ。是時、集会ノ門弟等ハ、顕

智・専空・性信・乗然・専信・善鸞、都合二十八人、御影堂ノ左右ニ列座ス。祖師ハ右ノ中座、真仏上人ハ左ノ中座ニマシ〳〵、今日ヨリ真仏ヲ以テ我身ノ代《カハリ》トス、各此人ヲ以テ師匠ト仰ヘシ。イサ、カモ師命ニ違スル者ハ、永ク我門人ニ非ト仰ワタサル。人々謹テ厳命ヲ受ク。時ニ真仏上人ノ家令《カレイ》海老沢《エヒサワ》大学、聖人ノ随身長岡右京兆、国府谷左京亮、印信状ヲ奉リ、左右ニヒカエテ、人々ノ判形ヲ検合ス。祖師自ラ筆ヲ取テ、印信状年号月日ノ次ニ、

高田専修寺住持職親鸞位譲リ一真仏房ニ一畢。向後予門弟等ラ以テ二真仏ヲ一可レ仰二親鸞ト一者也。　親鸞御書判

次ノ判ハ顕智・専空・性信・乗然以下次第ヲ守テ連判ス。二十八番ハ慈信房善鸞、二十九番国府谷左京、三十番長岡右京、三十一番海老沢大学時道判形也。于時貞永元年壬辰正月十五日、祖師六十歳、真仏上人二十四歳也。已上本伝

同年八月上旬第七日、聖人下野国高田ヲ立出テ、華洛ニ赴タマフ。供奉ハ顕智房・専信房・伊達《ダテノ》善然房・飯沼性信房、四人ナリ。真仏・専空両人モ、武蔵国矢口《ヤグチノ》渡《ワタシ》マテ送タマフ。已上本伝

六十六歳、六十七歳

六十六歳十一月、高田専空房、都ニ登タマフ。西洞院御坊ニテ、聖人ニ対面ナリ、是ハ当初祖師京師ニ赴タマフ時、武蔵国矢口マテ送ラレケルニ、聖人ノ仰ニ云ク、常陸・下野ノ弘通ハ高田ニ真仏アレハ、我アルニ同シ。顕智モ京へ具スレハ、道々ノ弘法ハ、身フタツ持ニ似タリ。タ、陸奥《ミチノク》ノコト最《イト》イフカシク思ソ、是ヨリ彼国ニ赴、是心・覚円・無為心等《ラ》ニ教示シ、立川《タチカハ》ノ邪義ヲ防《フセ》カンコト、御房ニ非シテ誰カアルヘキト、念比ニ示サレケレハ、泣々別奉テ、真仏上人ノ印状ヲウケ、奥州和賀郡ニ下リ、今年三月マテ教勧シキリナリ。凡陸奥ノ弘法ハ、専空ヨリ国中ニ流通セリ。其間オリ〳〵高田ニカヘリ、真仏上人ニ面拝セラル。五年ノ春《ハル》

秋《アキ》聖人ヲ拝セサレハ、余ニユカシク思奉トテ、顕智房モ同道ニテ、十一月二日高田大内ヲ出テ、同十六日京著ナリ。聖人喜悦斜《ナヽメ》ナラス、関東弘法ノアリサマ、繰《クリ》カヘシ〳〵聞タマヒ、御ヨロコヒノ余ニ、顕智・専空ヲ左右ニ召、両人ノ手ヲ取テ、真仏ハ我体ナリ、顕智・専空ハ左右ノ手ナリトテ、歓喜ノ涙ニ咽タマヘリ。此時ニ、ハヤ三代相承ノ徳ミヘタリト、人ミナ申アヘリ。専空房、明年八月東国ニ下ラレケリ。已上本伝、下野記

八十六歳

八十六歳、正嘉二年戊午四月五日夜五更、京都西洞院御坊御自画ノ影前ニ於テ、顕智房へ唯授一人口訣御相伝也。今年九月二十四日正像末和讃再治清書畢ヌ。十二月獲得信心集御述作。已上本伝、正中記

同年十二月、三条富小路善法院ニ於テ、二十一通ノ口訣ヲ顕智へ御相伝アリ、高田専修寺住持職ヲ付与シタマフ。已上本伝

八十七歳

八十七歳、正元元年己未四月五日夜五更、洛陽西洞院御坊御自画ノ影前ニ於テ、専空房へ唯授一人口訣御相伝也。已上本伝

八十九歳

八十九歳、弘長元年辛酉、三十余通ノ口訣ヲ専空房へ御伝授也。已上本伝

この部分は全くの作り話でしかなく、史実と言える箇所は皆無である。高田の法脈の正当性を主張する余り、五天良空はこのような涙ぐましい程の極端な工作をしたのである。文中の「唯授一人口訣」とは、親鸞が真仏、顕

智、専空の三人にだけ伝えた秘密の教えであり、これを相伝することにより、この三人は親鸞位に就いたというのである。極めて密教的な色彩の濃い、怪しげな教えのようで、これが後年高田派に大変な誤解を与えるものとなる。高田派とは、呪術的な、大変怪しい教えを相承している宗派であるとの、とんでもない誤解がこの記述から生じ、その疑いは長年払拭されずに続くことになるのであり、五天良空も全く罪作りな工作をしてしまったものである。また高田住持職を親鸞が真仏に譲ったとあるが、これも既述の通り実際にはあり得ないことである。もっともらしく、印信状を取り交わしたとあるが、親鸞が高田専修寺の住持になったこともなければ、その権利を譲渡することも考えられないのである。

六十六歳の項に専空の力により陸奥まで教えが広まったことを聞いた親鸞が顕智、専空の手を取って歓喜したとあるが、これも全くの作り話である。専空は、正応五年（一二九二）の生まれで、これは親鸞の没後三十年目に当たる。これも『正統伝』の工作、あるいは改竄に他ならず、後の高田派歴代に血縁のつながる専空を親鸞面授の弟子とする必要上こうなったものである。『正統伝』には明記されていないものの、『正統伝後集』では専空の生年は何と八十一年も繰り上げられていて、その結果当然のことながら没年齢は百三十三歳という常軌を逸したものとなってしまっている。(10) これは『正統伝』の執筆態度、ひいてはその史料価値を論じる上では見落とせない箇所ではなかろうか。

以上、『正統伝』を史料として真仏の問題点について見て来たが、このような史料を批判的に読んでみることで、その背後に隠された歴史的史実がかえってよく見えてくるのではなかろうか。史料を読解するには、表面の字面を読むことも大切であるが、その背後に隠された部分を批判的に読み取ることもまたそれ以上に大切なのではあるまいか。

さて、ここで『正統伝』から離れて、真仏に関する一、二の問題を採り上げておきたい。

埼玉県の蓮田という土地は、大宮の少し北で現在は完全に東京のベッドタウンと化している。ここに高田派の記念碑とも呼べるものが現存していることはあまり知られていないようである。それは「真仏報恩塔」と呼ばれている石碑の一種である。高さ四m程の石造の碑で、専門的には板碑と呼称されるものである。現物は薄手の石板を建てたもので、「塔」と呼ぶのはいささか誇大な表現のような気がするが、現代の共同墓地の中に屹立する姿は勇壮である。この「真仏報恩塔」は、いつ、誰が、何のために建てたかが明記されている点で極めて史料的価値の高いものである。表面には「南無阿弥陀仏」と大きく彫られ、その下に真仏の弟子である唯願が延慶四年（一三一一）三月八日に師真仏の恩に報ずるために建てたことが記されている。さらにその裏面には「銭以上百五十十貫」とその建立に要した費用までが記されていて、興味深い。この唯願という人は、「親鸞聖人門侶交名帳」に見える常陸国在住の真仏門弟であることが確実視されているが、真仏の弟子の教化活動が広く関東一円に及んでいたことを示すものだと言えよう。さて、この板碑はなぜ真仏にあまり縁の無さそうな蓮田にあるのだろうか。他の場所から移設されたとはまず考えられないそうであり、鎌倉時代末期からこの地にあったと見て良いようである。現在も蓮田市近辺は高田派にとっては縁の薄い地域であり、(11)そこに高田開山上人の石碑が建っているのは不思議に思われる。しかし、ここで我々は高田派の真仏という捉え方が適切でないことに気付かされる。板碑を建てた唯願は高田門徒ではなく、真仏にも高田門徒という意識が無かったことを忘れてはなるまい。

親鸞が善光寺聖だったのではないかということは以前から指摘され、現在では最も有力視されている学説であるが、同じように真仏も弟子の唯願も村々を巡り歩いて念仏を勧める念仏聖のような人だったと見てまちがいあるまい。高田派とか高田門弟という枠組みの中だけでは語り尽くせない、そのようなスケールを持った人が真仏だったのであろう。そのスケールの大きさを現代に伝えるのが板碑としては全国で二番目の大きさを誇る、この真仏報恩塔に他ならないのである。

最後に、真仏の筆跡についても触れておきたい。真仏の筆跡は親鸞のそれに酷似しており、素人目には両者の弁別は全く不可能だと言っても過言ではあるまい。そのため高田派本山専修寺に伝来する親鸞真筆と考えられていた法宝物の多くが実は真仏の書写本だと判明したのは戦後になってからのことである。両者の弁別は長年誰もなし得なかったのだが、それを確立したのが、生桑完明、平松令三の両氏であった(12)。その結果、国宝の『三帖和讃』も「正像末法和讃」の一部分を除いては真仏の筆写であることが明確となった。しかし、真仏の筆写と言うことは、親鸞在世中の書写に他ならないわけで、これらの聖教は親鸞が真仏に書き写させたものと見てまちがいなかろう。これはまさに親鸞から真仏への法脈相承を如実に示すものであり、真仏の筆写だから価値が下がるなどということはあり得ない。それでは、なぜ真仏はこのように親鸞と酷似した筆跡を残したのであろう。親鸞の真筆を、真似して、偽せ物を作ろうとしたのではないか、と勘繰る人もあるが、親鸞に傾倒していた真仏が師匠の書物の偽せ物を作ろうとするわけがあるまい。推測でしかないが、師である親鸞に心底から傾倒して、心酔した真仏は、その考え方から行動、筆跡に至るまでが自然に親鸞のそれに大変似通ってしまったのではなかろうか。故意に筆跡を真似たのではなく、尊敬し、心酔した余り、結果的にそうなってしまったと考える方が無難であろう(13)。

（1）通常、真仏は承元三年（一二〇九）に生まれ、正嘉二年（一二五八）に亡くなったとされているが、没年については全く確証が得られない。後述する蓮田市の真仏報恩塔は延慶四年（一三一一）の建立であるが、これは真仏の没後四十七年目という、いささか中途半端な年に当たる。結城市称名寺の寺伝でも真仏の没年は弘長元年（一二六一）とされており、平松令三氏はこちらの方が正しいのではないかと推測されている。それならば延慶四年は真仏の満五十年忌に相当し、無理がない。

（2）『大系真宗史料』伝記編1、二〇一ページ。

（3）『真宗史料集成』四巻、専修寺・諸派編、七九～八〇ページ。

（4）註（3）書、八一ページ。
（5）註（2）書、二三〇ページ。
（6）「真仏伝説に就いての考察」『高田学報』第九輯所収、一九三四年。
（7）註（2）書、一九八〜二〇二ページ。
（8）『浄土真宗聖典』九二七ページ。
（9）註（2）書、二〇二、二〇六〜二〇七、二一一〜二一二、二一五ページ。
（10）註（2）書、二三七ページ。
（11）蓮田市、大宮市近辺には二十四輩寺院は存在せず、真宗寺院も少ない。高田派寺院に至っては都県境の川口市に一ヶ寺あるに過ぎない。
（12）この間の事情については、平松令三氏「真仏上人の筆跡」（『影印高田古典・真仏上人集』解説、一九九六年）に詳しい。
（13）平松氏も「それは上人が師親鸞を慕い、一生懸命に模倣しようとしたためであろうとしか考えられない」とされる（註（12）論文、五四三ページ）。

第二章　師資相承の実態

はじめに

師資相承とは、すなわち法脈相承のことで、師匠から弟子へ、弟子から孫弟子へと教えを受け継いで伝えてゆくことに他ならず、親から子へ、子から孫へと相伝する血脈相承に対するものである。両者は、日本仏教の展開、発展に比類なく大きな役割を担って来たが、今回は、日本仏教史の中でも最も著名な師資相承の具体例と考えられる、法然から親鸞への相承について、具体的に再検討してみたい。なお、本稿は法然から親鸞に授与された法然の肖像画を中心に考察してみようとするものである。

『教行証』後序の再検討

法然から親鸞への師資相承と聞いて、私共がまず思い浮かべるのは、『親鸞聖人伝絵』第五段の「選択付属」の内容であろう。『伝絵』は言うまでもなく、本願寺第三世の覚如が制作したものである。その内容は親鸞三十三歳の元久二年（一二〇五）、師上人である法然から『選択本願念仏集』の書写を許され、同時にその肖像画の描き写しも許されたというもので、親鸞が『選択集』を伝授されるところと、法然が肖像画に讃を書かれている場面が絵に描かれている。(1)この第五段の詞書（つまり、解説であり、『御伝鈔』と呼ばれているもの）は、『教行証文類』化身土巻の内容をそのまま漢文で引用した形になっており、これは『伝絵』の中でも異例中の異例と言える箇所である。覚如の文章はごく一部に過ぎず、その殆んどが親鸞の『教行証』の引用で占められているのである。『教行証』は、親鸞の信仰哲学を集大成したもので、真宗の根本聖典として尊重されていることは今さら説明するまでもない。その『教行証』の末尾に当たる化身土巻の後序と呼ばれている部分にこの『選択集』授与の事情が明記されている。『教行証』は、周知の如く親鸞の思想・信仰を体系的に書き著した書物であり、自らの体験やそれに対する感慨を書き記す書物ではない。そこに親鸞が自らの体験を書き加えたということは、余程強い意識が働いていたに他なるまい。そもそも親鸞は、自身の私生活や実体験については極めて寡黙な人であり、このような実体験について書き記されたものは『教行証』のこの部分を措いては他に全く例を見ないのである。親鸞は恐らく他にはこのような実体験を書き記したことは一度もなかったであろう。(2)いずれにしても、この『教行証』後序の部分は極めて史料的価値を有する、第一級の史料である。

それでは、なぜ親鸞は根本聖典のこの部分に自らの実体験を書き加えたのであろうか。この後序の部分を今一度見直しておきたい。

ここでは、まず法然共々流罪に処せられた承元の法難について書き記されている。親鸞は過去を回想するとともに『教行証』執筆の動機を改めて表明されているわけである。それによると、(3)「思い返してみるに聖道門の教えはすっかり廃れて名ばかりになっているが、浄土真宗の法門はますます盛んになって来ている。ところが、旧仏教の僧侶たちは仏教の道理を弁えず、浄土門が真実の教えであることを知らない。挙句の果てには、興福寺の学僧たちは後鳥羽上皇と土御門天皇に奏上して念仏の禁止を訴えた。嘆かわしいことに上も下も法に背き、道に外れ、念仏門の開祖法然上人やその弟子たちを法律の手順を無視して、あるいは死刑にし、あるいは遠国に流刑にしてしまった。私もその一人であり、この上はもはや僧侶でもなく、俗人でもないのだから禿の字を取って名前にした」とある。

　無法にも旧仏教の僧徒らの言い分を聞き入れて、念仏を禁止し、法然らを処分したことに対し、強い怒りと悲しみを表明されているところであり、それならば私はもう正式の僧侶ではないのだからと「非僧非俗」の宣言をされた、夙に著名な一文である。それに続いて、法然の赦免と入滅について記し、それから選択相伝のことについて書き記している。

「ところで、私親鸞は建仁元年に法然上人の下に参じ、雑行のはからいを捨て、阿弥陀様の本願に任せる道に入った。そして、元久二年には上人のお許しを得て『選択本願念仏集』を書き写させてもらった。同年四月十四日には、『選択本願念仏集』という内題の字と「南無阿弥陀仏　往生之業　念仏為本」の言葉と「釈綽空」という私の名前とを法然上人の直筆で書いて頂いた。同じ日には法然上人の肖像画をお貸し頂き、それを描き写させて頂いた。同年七月二十九日には、その肖像画の讃銘に法然上人の直筆で「南無阿弥陀仏」と「若我成仏　十方衆生　称我名号　下至十声　若不生者　不取正覚　彼仏今現在成仏　当知本誓重願不虚　衆生称念必得往生」という真実のお言葉とをお書きになった。また、夢のお告げによって綽空という私の名前を改めて、直筆でその名前をお書きになった。法然上人はこの時七十三歳でいらっしゃった。『選択本願念仏集』は関白九条兼実公のご命令によって撰述されたものである。真宗の要点、念仏の奥義がこの中にすべて収められてある。これを見る者は念仏の教えを悟り易く、本当に世に稀なすぐれた文章であり、これ以上のものはない、意味深い聖典である。長年に亘ってその教えを蒙った人は千人、万人にも及ぶであろうが、上人に昵懇であった人の中でも『選択集』を拝見し、書写を許されることは極めて難しいことであった。それなのに、私親鸞はそれを書き写させて頂き、肖像画までも描かせて頂いたのである。これは、ひたすらお念仏を称えさせて頂く身となった徳であり、必ず浄土へ往生できるという兆候である。それ故、ここに感激の涙を抑えつつ、その経緯を記したものである」と書いている。

このように、この後序の部分には法然と親鸞に関する歴史的事実が簡潔明瞭に、しかも感情を込めて明記されていることが確認できる。両人の間柄を明示する最上級の史料だと言えよう。両人がいかに深い絶対的な信頼関係を築いていたかが、この短い文面からもはっきりと受け取れるのではなかろうか。両人の間柄については、『歎異抄』第二段の「たとえ法然上人にすかされまいらせて念仏して地獄におちたりともさらに後悔すべからずそうろう」という表現がよく引き合いに出されるが、周知の如く『歎異抄』は親鸞が直接書いたものではなく、その説得力、信憑性は『教行証』後序の方が数段優っているのではなかろうか。いずれにせよ、内容的には『歎異抄』第二段の部分と符合するわけで、両人の信頼関係の深さは全く疑いを容れない事実である。

以上、『教行証』後序の部分について見て来た。繰り返しになるが、親鸞は自身の体験や、それについての思いを殆んど何も書き残していない。そのような自らの体験と思いを自ら書き記した現存唯一の例がこの部分なのである。どうしてもこれだけは書き残しておきたいとの、親鸞の限りなく強い意志が窺えるところである。親鸞の九十年に及ぶ一生は、正に波瀾万丈で、幾度もの大きな転機を経ている。例えば、比叡山を下りて六角堂に参籠した時、上野国佐貫という所で浄土三部経の千回読誦を行っていて、その誤りに気付いた時などが思い起こされる。その中でも親鸞にとって一生のうちで、最も忘れ得ぬ出来事が師法然共々流罪になったことと、師法然から『選択集』を伝授されたことだったわけである。一生涯のうちで最も辛く、憤懣やる方ない出来事が前者であり、一生涯のうちで最も嬉しく、感謝に堪えない出来事が後者だったわけである。

『教行証』化身土巻後序の記事により、法然から親鸞への選択相伝の出来事は全く疑いを容れない歴史的事実であり、親鸞自身にとっても比類なく重大な人生体験であったことが確認された。そのような親鸞の気持ちを十分に汲み、覚如は『伝絵』を作成する時に『教行証』を全面的に、しかも一字一句違わず正確にそのまま引用したのである。同様に、『伝絵』の第九段に親鸞が法然共々流罪になる場面があるが、ここでも先程の『教行証』の後序の文章がそのまま一字一句変えずに引用されている。覚如としても、自分があれこれと考えて新たに文章を作るよりも、曾祖父親鸞の文章をそのまま借用した方がより効果的だとの判断の結果、こうしたのであろう。この『教行証』の後序の文章は覚如にとっても、それ程までにインパクトの強い、感動的なものだったに相違あるまい。

さて、以上の如く『伝絵』の選択付属の内容は『教行証』後序に明記されたものと同一であり、歴史的事実であることが確認されたので、その内容について詳しく検討してゆきたい。

法然から親鸞に対して『伝絵』に書かれているような作法で師資相承が行われたことは確実な歴史的事実である。これは、親鸞に対してだけでなく、法然の他の弟子に対しても同じような作法が行われていたことを意味するものである。それでは、その唯一の史料たる『伝絵』、すなわち『教行証』の文面を詳細に見ておきたい。先に現代語訳を示したので、今一度漢文書き下し文を掲げておきたい(4)。

しかるに愚禿釈の鸞、建仁辛酉の暦、雑行を棄てて本願に帰す。元久乙丑の歳、恩恕を蒙りて選択を書く。同じき年初夏中旬第四日、〈選択本願念仏集〉の内題の字、ならびに〈南無阿弥陀仏　往生之業　念仏為本〉と、〈釈綽空〉と、空の真筆をもってこれを書かしめたまひ、同じき日、空の真影申し預かり、図画したてまつる。同じき二年、閏七月下旬第九日、真影の銘は真筆をもって、〈南無阿弥陀仏〉と〈若我成仏十方衆生　称我名号　下至十声　若不生者　不取正覚　彼仏今現在成仏　当知本誓重願不虚　衆生称念必得往生〉の真文とを書かしめたまひ、また夢の告げによりて綽空の字を改めて、同じき日、御筆をもって名の字を書かしめたまひをはんぬ。本師聖人、今年七旬三の御歳なり。『選択本願念仏集』は、禅定博陸の教命によりて選集せしめたまふところなり。真宗の簡要、念仏の奥義、これに摂在せり。見るもの諭り易し、まことにこれ希有最勝の華文、無上甚深の宝典なり。年を渉り日を渉り、その教誨を蒙るの人、千万なりといへども、親といひ疎といひ、この見写を獲るの徒、はなはだもって難し。しかるにすでに製作を書写し、真影を図画せり。これ専念正業の徳なり、これ決定往生の徴なり。よって悲喜の涙を抑へて、由来の縁を註す。

まず、「建仁辛酉の暦、雑行を棄てて本願に帰す。元久乙丑の歳、恩恕を蒙りて選択を書く」とあるが、実に明快な表現である。これを書いているのは、五十二、三歳の頃、関東在住中と推定されるから、約十年程前のことを振り返って思い出しながら書いているのであろう。これは、日記など何らかの記録を見ながら書いているのではなく、「建仁辛酉」「元久乙丑」という年紀も頭の中にはっきり残っていて、「雑行を棄てて本願に帰す」という表現も自然に口を突いて出てきたものであろう。その後の記事も極めて精確で、何かの記録に基づいたものでも、あやふやな記憶を辿ったものでもなく、頭の中にある明確な記憶をそのまま書き留めたものだと考えられる。大変歯切れが良く、文章に勢いがあるのはそのためであろう。ここで、注意を要するのは、三つの時点の出来事が順を追ってあたかも一つの出来事のように書かれていることである。すなわち、まず最初に法然の許しを得て『選択集』の書写を許されたのが元久二年のいつか（四月十四日以前のある日だが、月日は記されていない）で、その書写が終わってその本に「選択本願念仏集」の内題と「南無阿弥陀仏　往生之業　念仏為本」のキャッチフレーズ、「釈綽空」という親鸞の名前を法然が書き加えたのが、同年の四月十四日である。そして、その四月十四日には法然の肖像画を貸してもらい、それを写して別の肖像画を絵描きに頼んで作ってもらうわけである。その肖像画の描き写しが終わって、その年の閏七月二十九日に「南無阿弥陀仏」の名号と「若我成仏　十方衆生

称我名号　下至十声　若不生者　不取正覚　彼仏今現在成仏　当知本誓重願不虚　衆生称念必得往生」という真実の文を法然が讃銘として書き加えた。しかも同日法然は夢の告げにより綽空という名を改めて別の名前を書いてくれた、ということになる。『伝絵』の絵を見ると、あたかも三つの出来事が同時に行われたかのように描かれていて錯覚に陥りそうであるが、(5)三つの出来事には数週間、数箇月もの時間差があることを忘れてはならない。最初に『選択集』を貸し与え、その書写が終わるとそこに内題とキャッチフレーズとも言うべき文を加筆し、今度は肖像画を貸し与え、それを絵描きに頼んで描き写させてもらい、それが出来上がると今度はその肖像画に讃を書き加える、といった一連のやり取りが一つのセレモニーとしてきちんと定着していたことが感じ取れよう。(6)このような手順は法然も、親鸞を初めとする弟子たちも当然行われるべきセレモニーとして従前から承知済みであったと考えられよう。

『選択集』と肖像画のその後

それでは、その時に親鸞が自ら書き写し、法然に内題を書いてもらった『選択集』はその後どうなったのであろうか。親鸞にとっては師法然から賜ったこの上ない聖教であり、生涯肌身離さず大切にしていたはずであるが、残念ながら現在その所在は確認されていない。それどころか、それらしき伝承を持つような写本すら全くないのである。この『選択集』がもし残っていれば、親鸞の最も若い時の真筆になったであろう。晩年の真筆の聖教類は親鸞が真仏、顕智を初めとする門弟たちに託したため後世にまで伝来したが、この『選択集』はその後の親鸞と波瀾の人生を共にしたために失われてしまったのであろうか。すなわち、越後へ流罪になり、善光寺を経て北関東で二十年間に亘る布教活動をするうちに失われてしまったのではなかろうか。恐らくは、師法然の教えを思い出しては毎日のようにその『選択集』のページを繰っていたに違いなく、そのため長年のうちに傷みや汚れもひどくなって来ていたことも確かであろう。(7)

妙源寺蔵「選択相伝の御影」の発見

それでは、『選択集』のすぐ後に貸し与えられ、絵描きに模写させた肖像画は伝来しているのだろうか。それに該当する肖像画は長年伝否不明であったが、近年それに合致すると考えられるものが、岡崎市の妙源寺に伝来していることが明らかにされた。(8)この画像は「選択相伝の御影」と呼ばれ、大切に伝持されてきたものであるが、これがもしその現物であるならば、国宝級の発見とも言えるものである。以下、この画像について検討してみたい。黒衣墨袈裟を着け、首を左に傾げる法然独特のポーズで、両手で念珠を爪繰りながら念仏を称えている、典型的な法然の肖像画である。この像は、二尊院や知恩院所蔵の肖像画などとも構図が共通するが、ひげや髪が伸びていること、上畳の前に草履が脱がれている点などが異なり、これは法然のヒジリ的な面を強調しようとしたものと、考えられるとのことである。肖像の上部には「南無阿弥陀仏」と「若我成仏　十方衆生」以下の『往生礼讃』の文が讃銘として加筆されている。この肖像画については、いかなる画家が描いたのか皆目見当が付かないが、讃銘の筆跡については法然のものとして疑いを容れないものであるという。『伝絵』、すなわち『教行証』に記されているものと全く同じ讃銘が加筆されていることに驚かされる。但し、肖像画の讃銘には「称我名号　下至十声」の「称我」が二回書かれており、親鸞も『教行証』ではそれを重複と見做し、繰り返してはいない。ところが、注目されるのは善導の『往生礼讃』では「彼仏今現在世成仏」とあるものが、この讃銘では「彼仏今現在成仏」とされていて「世」の字が脱落していて「称我」の重複と相俟って法然の大らかな、細かいミスを顧ない書写態度が見て取れよう。この「世」の字の脱落を、親鸞は『教行証』にも忠実に引き写し、さらに『観無量寿経集註』や『西方指南抄』などの引用箇所でも「世」の字の脱落を墨守しているのである。恐らく親鸞は、善導の原本との相違に気付きながらも、法然の讃銘そのままに誤った形で、終生大切に守り通したのであろう。親鸞が師法然から直接賜った『選択集』と肖像画をいかに大切に伝持していたかが、この一件からも窺い知れよう。

さて、この讃銘が『教行証』と一致すること、その筆跡が法然のものと認定されることから、この肖像画は親鸞が法然から授かった現物だと見て良かろう。「称我」の重複や「世」の脱落は後世の贋作には起こり得ないものである。「世」の字の脱落は『教行証』の表記に合わせて故意に行うことも可能だが、「称我」を二回も書いてしまうなどというミスは決して起こり得まい。贋作を作成する時には細心の注意を払い、緊張した執筆態度で書くものであるから、このような一目でそれと解るケアレスミスは起こり得ないのである。このケアレスミスも法然の真筆であることを証明する重要な証拠とされよう。それでは、この妙源寺蔵「選択相伝の御影」を親鸞が直接授かったその現物と断定して問題ないのであろうか。以下、この点についてさらに詳しく検討してみたい。

「選択相伝の御影」（部分。妙源寺蔵）

妙源寺蔵「選択相伝の御影」の真贋鑑定には、名号および讃銘の筆跡鑑定と肖像画の時代判定が柱となろう。まず、筆跡について見てみると、名号の方は法然筆京都盧山寺本『選択集』の標挙にある六字名号と全く同一の筆癖と認められるとのことである。また、讃銘の方は京都清涼寺蔵の法然自筆書状（熊谷入道宛）と漢字の崩し方や筆の運びが酷似していて、これも同一筆跡と認められるそうである。(9) 既述の如く、「称我」の重複、「世」の脱落も法然真筆を補強するものであり、この画像の名号および讃銘が法然真筆であることについては、それを否定する材料も無く、肯定すべきものと言えよう。となると、この肖像画は法然の没年である建暦二年（一二一二）以前の制作ということになる。

ここで、妙源寺蔵「選択相伝の御影」と酷似し、その解明の重要な手掛かりとなる福岡県久留米市の善導寺蔵法然像について検討しておかなければならない。この善導寺本は残念ながら褪色が著しく、細部ははっきり確認できないものの、一見してその像容も讃銘も妙源寺本と同一であることが見て取れる。法然が首を左に傾げ、両手で念珠を爪繰る姿なども同じ構図であるが、讃銘は「称我」の重複はなく、「世」の字の脱落もないとのことである。この像で驚くべきことは、画像の絹裏に「元久二年二月十三日」との紀年墨書銘があることである。この元久二年（一二〇五）は、正に親鸞が法然から『選択集』と肖像画の書写を許されたその年であり、親鸞に許された肖像画は同年閏七月二十九日に完成しているのであるから、その少し前に別の弟子に許し与えられたものということになる。しかしながら、善導寺本は後世の補筆、改変の跡も少なからず、讃銘は法然真筆としても良いものの、元久二年の紀年銘の信憑性も今一つだということである。もし、善導寺本がその紀年銘の如く法然から直接与えられた現物だとすれば、妙源寺本も同じく同年の制作と見なされようが、残念ながら善導寺本の評価も未だ定まっていないようである。以上の如き状況を総合的に判断してみると、次のようなことが推察されよう。すなわち、法然が描き写しを許した肖像画は妙源寺本以外にも複数あり、それは常に法然の手許にあった大元の寿像、つまり生前に描かれた肖像画を弟子の申し出によって特別に貸し出し、描き写しを許されて制作されたものであろう、ということである。以上、妙源寺蔵「選択相伝の御影」について、名号、讃銘の筆跡から考察してみた。

それでは、絵画自体はいかに評価、判定されるのであろうか。結論から述べると、その評価はあまり高くないようである。つまり、鎌倉時代の肖像画とは認め難いとの見方で美術史の専門家の意見は概ね一致しているのだそうである。それは、法然の面貌が写実的でないということが最大の理由であるという。確かに、写実性を尊ぶ鎌倉時代の肖像画にしてはやや精彩を欠き、描線にも今一つ迫力がなく、着衣の表現も類型的なのは否めないところである。また、面貌に妙な隈取りがあり、畳の表現にも造形に手抜きがあり、絵画の技法上から鎌倉時代の作とは認められない点が少なくないとの指摘である。

似絵と藤原隆信

鎌倉時代の肖像画としては、藤原隆信の作とされる伝源頼朝像が著名である。美術史の専門家はこのような作品を一つの基準として考えているわけであるから、妙源寺本の評価が低くなりがちなのも無理からぬところであろう。藤原隆信は似絵の祖と呼ばれ、藤原定家の父親違いの兄に当たり、元々は歌人として知られていたが、次第に絵の才能が認められて似絵の祖として崇められるようになったという。似絵というのは、生きている人を目の前にして写生した極めて写実的な肖像画のことである。彼は生まれながらにしてこの上ない文学的環境にあり、宮廷歌人から宮廷絵師へとその才能を開花させていったのである。しかしながら、隆信の作と確定できる作品は極めて少なく、先の伝源頼朝像に伝平重盛像、伝藤原光能像を加えた神護寺三像は彼の代表作に擬されるものの、彼の作だという確証がどうしても得られないという奇妙な状況になっている。また、隆信が後白河法皇の命により法然の御影を描いたという伝承が知恩院蔵の『法然上人行状絵図』に記されているが、これは鎌倉末期の成立であり、信憑性は高くなく、現に彼の作と認定できる法然像は存在しないとのことである。ところで、この隆信であるが、法然の弟子でもあり、恐らく親鸞とも交流があったのではないかと考えられている。彼は、晩年法然の弟子となり、臨終時には他の門弟らと共に高声念仏を称えながら往生したとされる程の篤信な人であったことが知られている。このような観点から見ると、隆信が法然の肖像画を描くことは大いにあり得ることであるが、やはり美術史の専門家が見る限り、そのような事実は全く確認できないとのことである。それでは、藤原隆信とはいかなる人なのであろうか、今一度検討しておきたい。

「康治元年（一一四二）生まれで、歌人、画家として知られるが、美福門院、後白河院、八条院の侍臣で、上野守、越前守、若狭守を歴任し、正四位上に叙せられている。院政期の歌合、歌会に度々出席し『千載和歌集』などの勅撰集の他、私撰集への入集も知られる。建仁二年（一二〇二）には、和歌所寄人に加えられ、家集に『隆信朝臣集』がある。歴史物語なども述作したが、現存せず不明。画家としては、肖像画に堪能であった。承安三年（一一七三）竣工の後白河院妃建春門院の御願寺である最勝光院の障子絵は常磐光長という宮廷絵師が担当し、平野行啓と日吉御幸の場面が描かれたが、その時の供奉の人々の顔を隆信が描き、似絵の先駆的作例として注目される。伝源頼朝像、伝平重盛像、伝藤原光能像は隆信の作とも言われるが、確定できない。建仁二年（一二〇二）出家し、法然上人に帰依する。元久二年（一二〇五）二月二十七日没、享年六十四歳」とのことである。(10) 彼が実に多才な人であり、画家としてよりもむしろ歌人として有名で、画家としての業績は思いの外少なく、また不明確であることが理解できよう。このように考えてくると、美術史の専門家たちの鎌倉時代の肖像画、引いては絵画全般の判定にも疑問を抱かざるを得ない。つまり、鎌倉時代絵画の一つの基準作となる藤原隆信の作品と絵画技法が明確になっていない現状での判定には全幅の信頼をおくことはできないと思われるからである。藤原隆信という人物とその周辺について根本的に再検討してみる必要があろう。例えば、隆信を初めとする宮廷絵師たちはいかなる体制（グループで仕事に当たるのか、そこにはいかなる上下関係があるのか）で、いかなる環境（専用の工房があるのか、画材や絵筆などは無料で貸与されるのか）で、どの程度の報酬を得ていたのか、といった状況がより具体的に解明される必要があるのではなかろうか。また、恵まれた環境にあったと思われる宮廷絵師たちとは別にいかなる画家たちがいかなる状況で活動していたのかについても具体的に解明されなければならないであろう。

法然とその肖像画

さて、法然が自分の手許に常に肖像画を持っていて、それを弟子の求めに応じて貸し出していたことは『教行証』後序の親鸞の記事からも明らかであり、疑いを容れない。法然には隆信の件以外にも肖像画を描かせたとの伝承が多々あり、法然に肖像画に対しての格別な思い入れ、あるいは関心があったことが窺える。また法然の弟子証空が正行房の依頼により師法然の肖像画の貸与を切望していたが、それが叶わず残念だったとの内容が奈良興善寺阿弥陀如来立像の胎内文書によって確認されている[11]。つまり、法然は肖像画の貸与を師弟関係の確認、強化の有効な手段として活用していたことになる。しかしながら、このような自らの肖像画を貸与して模写させるといった方法は従前の我が国においてはあまり例を見ないことであった。恐らくは、進取の気性に富んだ法然が武家の主従関係の構築の仕方をも参考にして、中国禅宗の方法を採り入れて考案したものではなかろうか[12]。

それでは、法然が常に手許に常備していた肖像画はいかなるものだったのであろうか。これは『教行証』後序に明らかなように元久二年（一二〇五）より前に法然の姿を直接写生した寿像であったことは間違いないが、それ以上のことは不明である。そこで、法然在世中の元久二年より前に描かれた肖像画が現存していれば、それが該当する可能性があるのだが、既述の如く、現存の法然の肖像画でその在世中にまで遡り得るものは、京都二尊院の「足曳の御影」のみであるという。「足曳の御影」は、傷みや褪色が進行しており、その詳細は判然としないが、法然の肖像画としては極めてオーソドックスな、典型的な特徴を示していると言えよう。首をやや左に傾げ、胸の前で両手で念珠を爪繰る姿勢は知恩院蔵で隆信作との伝えがある隆信御影や妙源寺蔵「選択相伝の御影」とも共通する構図であり、無精ひげを生やし、厚ぼったいまぶたをした、やや生気に欠ける、ボーッとしたような面貌も酷似しているように思われる。法然の肖像画は現存品から明らかなように、類型化が進み、構図から面貌まで大変よく似ており、法然の肖像画としての一つの基本的なパターンが確立していたことが解る。そのパターンを確立させた大元の肖像画があったはずであり、それが元久二年（一二〇五）以前に描かれ、法然が常に手許に置き、親鸞が借り受けた肖像画だったのかもしれない。ところで、二尊院本、知恩院本、妙源寺本共、上げ畳という畳に座っている点は同じであるが、法然の前に描かれているものが、二尊院本は風呂敷のような包み、知恩院本は硯と紙、妙源寺本は草履とそれぞれ異なっており、類型化の進んだ法然像のアクセントとなっているが、その意味するところも解明されねばなるまい。恐らく、大元の原本に捉われず、模写した絵師がその創意工夫によって書き加えたものであろう。いずれにしても、二尊院本「足曳の御影」は大元の原本ではなく、大元の原本は現存しないのではなかろうか。

妙源寺蔵「選択相伝の御影」の検証

さて、再び妙源寺蔵「選択相伝の御影」について検討してみたい。名号、讃銘の筆跡からは、これが元久二年（一二〇五）に親鸞が描き写させた現物に間違いないとの判定が下された。ところが、絵画の方からはそれを否定する見解が導き出されている。残念ながら、絵画の方からはこれが現物であるとする証拠は見出せず、現物でないとする証拠が多々挙げられるというのである。それでは、現物でないとする証拠がどの程度説得力を持つものであるか、改めて検証してみたい。まず、法然の面貌が写実的でなく、写実性を尊重する鎌倉時代の肖像画らしさがない、との指摘は妥当だろうか。確かに、唯一法然在世中の作とされる二尊院本「足曳の御影」は妙源寺本よりは面貌がややシャープで、その線も冴えているようである。しかし、管見の限りでは両者に決定的な、歴然とした（誰の目にもその出来の良し悪しがはっきりと解る程の）技量の差異は認められないのだが、いかがなものであろうか。このような絵画の判定には主観や第一印象が先に立つことが多く、客観的な判断を下すことは至難の業であり、複数の人のより広汎な判定が求められよう。また、二尊院本と同じく妙源寺本も法然の姿を直接写生したものではなく、既製の肖像画の写しであることからなおさら写実性が損なわれていると考えられ、時代が下るから、新しい作品だから写実性に欠けるというわけではなかろう。

次に着衣の表現が類型的で、面貌にも不自然な隈取りがあって技工上鎌倉時代の絵画らしくない、との指摘であるが、着衣の表現が類型的なのは妙源寺本に限ったことではなく、二尊院本、知恩院本についても多分に当てはまることであり、今一つ説得力に欠けると言わざるを得ない。不自然な隈取りというのは、顔の、特に目の周りに鎌倉時代らしからぬ陰影が付けられていることを指しているとのことであるが、恐らく、後世の補彩によるもので、それにより鎌倉時代的でない技工が目立ってしまったのではないかと思われる。また、上畳の高麗縁は造形に手抜きがある、との指摘であるが、これを写真で見る限りでははっきり確認できず、それが妥当な指摘なのか否かについては言明できそうにない。但し、平松令三氏によると上畳の文様は最も格式の低い小紋高麗縁で、畳の前に描かれた草履と相俟って法然の念仏ヒジリ的な姿を表現しようとした、カリスマ化が進行する以前の故態を示すものだという。傾聴に値しよう。また、讃銘が下地に直書きされていることも鎌倉時代らしくない、との指摘がある。この時期の讃銘は色紙型を設け、色下地を作って、そこへ墨書するのが通例だとされるのだが、直書きは禅宗の頂相ではむしろ当たり前であるし、門弟に下付するための略式な肖像画としては、こちらの方がより相応しいと考えられよう。以上のような考察によると、美術史の専門家が「妙源寺本は鎌倉時代の作にあらず」とする根拠はいずれもその説得力が不十分だと思われる。

それでは、『教行証』に記されている、親鸞が依頼して肖像画を描かせた絵師とは、どの程度のクラスの、どの程度の技量の絵師だったのであろうか。この絵が描かれたのは、元久二年（一二〇五）、三十三歳の時のことであった。若く、未だ新入りの修行僧である親鸞が当代一流の絵師を雇ってその絵を描かせることは、経済的に無理だったと考えられる。とは言うものの、親鸞にとって一世一代の歓喜極まる出来事であるから、肖像画も可能な限り良いものを描かせようとしたに違いなかろう。親鸞には絵師の知り合いは無かったであろうから、恐らく法然に適当な絵師の斡旋を求めたのではなかろうか。法然は後白河法皇や九条兼実とも交流があり、絵師についても少なからぬ人脈があったのは確かであろう。既述の如く、法然の弟子には当代随一の似絵の名手とされた藤原隆信もいたが、親鸞が依頼したのは隆信のような宮中御用達の宮廷絵師ではなく、ワンランク下の絵師であったと推定される。ところが、『教行証』後序によると、親鸞が法然の肖像画を借り受けてから、それが完成して法然に讃銘を書き加えてもらうまでに百三十三日間を要している。『伝絵』などの絵巻物のように細かい彩色を要する長大な作品ならば、半年とか一年位の制作期間が必要であろうが、一枚の肖像画の模写に百三十三日かかったというのはかなり長いように思われるが、いかがであろう。それだけ、きちんとした工程を経た丁寧な制作がなされたことは確かであろうし、これを描いた絵師も丁寧なきちんとした工程をこなせるだけの技術を身に付けた人だったと言えよう。つまり、親鸞の依頼した絵師は、一流の宮廷絵師ではないものの、丁寧な制作工程をきちんとこなすだけの技術力のある絵師だったということになろう。さて、妙源寺蔵「選択相伝の御影」はその出来栄えから一流の宮廷絵師の作ではないものの、かなりの、中等以上の技術力を持った絵師の作だと判断され、両者は一致する可能性が高いように思われる。さらに付言しておきたいのは、妙源寺本のサイズについてである。二尊院本「足曳の御影」は、縦一〇三ｃｍ、横七八ｃｍもあり、御堂に掛けて礼拝するのに相応しい大きさであるが、妙源寺本は縦五四ｃｍ、横二八ｃｍと極めてコンパクトで、個人的に持ち歩くのにも便利なサイズで、門弟に下付されたものとして矛盾がない。つまり、妙源寺本はそのサイズの点からも法然から親鸞に下付された現物という条件に合致している、ということになろう[13]。

結びに代えて

さて、法然から親鸞への師資相承について、『教行証』後序の内容からその史実性を確認し、師資相承に際し実際に使われた法然の肖像画、特に妙源寺蔵「選択相伝の御影」について、その成立事情を多角的に考察して来た。妙源寺本の真贋については、結論を下すまでに至らなかったが、ある程度の見通しは付けられたのではあるまいか。昨今、歴史学の分野でも文献史料一辺倒ではなく、絵画史料をも重視しようとする研究態度が浸透しつつある。今後は、歴史学のみならず、美術史、仏教学、民俗学などの関連諸分野との連携がより一層不可欠になって来るであろう。

（1）この肖像画も首を左に傾げる、法然独特の姿に描かれていることが注目される。

（2）親鸞は、自らの信仰や思想については雄弁であり、それは晩年に書き残した多くの著作物から明確に知り得る。それに反して、自らの私生活や実体験については、殆んど何も書き残していない。親鸞の場合、自らの思想や信仰は私生活や実体験に基づく部分が多いと思われるが、親鸞はそれを峻別したのかもしれない。

(3) 原文は、『浄土真宗聖典』に拠り現代語訳した。
(4) 『浄土真宗聖典』。
(5) このような画法は「異時同図画法」と呼ばれ、絵巻物通有のものである。
(6) 法然から、『選択集』の書写、肖像画の貸与を最初に許されたのが親鸞だった、とする見方もあるが、『教行証』の文面からもそれ以前に一連のやりとりが定着していたことが看取されよう。
(7) しかしながら、同様に法然の下で勉学中の著とされる『阿弥陀経集註』、『観無量寿経集註』が西本願寺に伝来し、国宝に指定されていることと比べ合わせてみると、『選択集』の伝わっていないのはやはり、不可解と言わざるを得ない。『集註』は親鸞が自らの勉学のために作った、自分専用の書き込み付きテキストである。それより遙かに大切だったはずの『選択集』が残らず、『集註』が残ったのは不思議である。
(8) これは、小山正文、平松令三両氏の近年の研究により明らかにされたものである（小山氏「妙源寺の法然像」『真宗重宝聚英』六巻解説、同朋舎、一九八八年、二五六〜二六四ページ、平松氏『聖典セミナー 親鸞聖人絵伝』本願寺出版社、一九九七年、一一〇〜一一六ページ、『歴史文化ライブラリー 親鸞』吉川弘文館、一九九八年、一一六〜一二三ページ、「親鸞相伝の法然像をめぐって」『歴史と仏教の論集』所収、自照社出版、二〇〇〇年）。以下の考察は両氏の研究に準拠する。
(9) 平松氏の筆跡鑑定に基づく。氏は、親鸞の筆跡鑑定の第一人者としても夙に著名であり、法然の筆跡鑑定についても全幅の信頼を置くに足りよう。
(10) 『国史大辞典』に拠る。似絵の名手としての隆信については、宮島新一氏『肖像画』（吉川弘文館、一九九四年）に詳しい。氏によると彼の似絵として確定できるのは最勝光院障子絵のみであり、神護寺三像も疑わしいという（同書、一〇七〜一一九ページ）。
(11) それは、法然の自筆書状と共に納入されていた証空の正行房宛書状であり、「さては、おほせ候ひたりし御えいの事のかなひ候ざりしこそ、まめやかにくちおしく候へ」との文言が確認されるという。斎木一馬氏「興善寺所蔵の源空・証空書状覚え書」（『斎木一馬著作集』三巻所収、吉川弘文館、一九八九年）参照。
(12) 鎌倉中期以降、禅宗で盛んに描かれた頂相は全く同様な例であり、夢窓疎石が弟子に教えを伝授した証しとして多くの頂相を描かせたことはよく知られている。禅宗では、師の肖像画に讃を書き加えてもらい、これを印可状、つまり免状として弟子に交付していたが、そのような方法を法然はいつ、いかにして知り得たのであろうか。禅宗の頂相の盛行は法然の在世中よりかなり後のことである。
(13) 妙源寺蔵「選択相伝の御影」並びに二尊院蔵「足曳の御影」などの法然像の再調査を強く要望したい。可能ならば、何本かの法然像を一堂に集め、同時に複数の専門家に比較調査してもらうことができれば最良である。また、絵の良し悪しや技工だけではなく、用紙や絹本、あるいは顔料などを科学的に分析することにより、時代や質の良し悪しも解り、年代測定の大きな手掛かりとなるに違いない。それが主観的な思い込みを打破することにつながるであろう。すなわち、美術史の専門家の「鎌倉時代にこんな作品はあるはずがない」とか、浄土宗の関係者の「法然上人が讃銘を間違えるようなミスをするはずがない」といった類の固定観念の打破である。

第三章　講式の系譜と『報恩講式』・『嘆徳文』

講式は、未だ学界での認知度も高くなく、研究が進展しているとは言い難い状況にある。先ず、このような状況にある講式の定義について確認した。その上で初期講式の代表作である源信の『二十五三昧式』を取り上げ、その性格が会員制の念仏結社の規式であったことを確認した。次いで、永観の『往生講式』を取り上げるが、これが初めて一般に公開された画期的な講式であり、以後の講式の大流行の端緒を開くものであったことを確認した。次に鎌倉時代、講式全盛期の代表的な作例として明恵の「四座講式」と貞慶の『発心講式』を取り上げ、前者の演劇的性格、後者の信仰告白的性格を指摘した。さらに、隆寛の『知恩講式』と覚如『報恩講式』には、随所に酷似した表現が見られ、後者は前者を手本にして制作されたであろうことを推論した。最後に、『報恩講式』と『嘆徳文』をいかに措定すべきか考察した。

講式とは

講式は、平安中期から鎌倉時代にかけて盛んに制作された、仏教儀礼の式次第を示したもので、その式次第に則り、そこに記された本文を読み上げることによって儀礼あるいは法要が執行される。それは、必ずしも仏教だけの範疇に留まらない、一大エンターテイメントとも言える興行であった。しかしながら、このような中世日本の宗教儀礼の一大興行である、講式の大局的かつ網羅的な研究は未だ立ち遅れている現状にある。恥ずかしながら、筆者も『祖師親鸞讃嘆 報恩講式と嘆徳文』（山喜房仏書林、二〇一二年）を上梓したものの、このような講式全体に対する視野を欠き、広汎な講式群の中で『報恩講式』と『嘆徳文』をいかに措定すべきかが全く等閑に付されてしまっており、慙愧の至りである。このような不備を補正すべく、両者の講式群における位置付けをその内容表現や受容状況など、先行する講式群との比較検討を通し、逐一再考察してみたい。

「講式」という語は、まだまだ一般にも学問的にも認知されているとは言い難いのが現状である。この概念規定をきちんと確認しておかないと、『報恩講式』及び『嘆徳文』の措定も不正確かつ無意味なものになってしまいかねない。

それでは、諸辞典類から「講式」の項目の解説を引用して、その概念規定を確認してみたい。まず、『広辞苑』には、（1）「仏・菩薩・高僧などの功徳をたたえ、ふしをつけて読むもの。二十五三昧式・往生講式・愛染講式など」。また、（2）「広義の声明の一。仏・菩薩・高僧などの徳をたたえたり、事績を述べたりするもので、漢文読み下し体の本文を用いた、一種の語り物」とある。また、中村元氏『仏教語大辞典』には、「仏・菩薩・祖師などの徳を讃嘆する儀式、あるいはその次第（法式）を記した書。源信の二十五三昧式、永観の往生講式、貞慶の地蔵講式、高弁の四座講式、覚如の報恩講式など平安時代から鎌倉時代に盛んにつくられ、その一部は現に行われている」とある。[1]

これらの内容を要約すると、次のようになろう。すなわち、元々は仏や菩薩をほめたたえるための仏教儀礼に際して、その式次第と唱えるべき表白に本文である式文を書き加え、それぞれの段の終わりに伽陀を記し、最後に廻向文を加えた定型的なもので、[2]節を付けて諷誦することがその特徴とされる。本文は美的な漢文表現を用い、その節回しと共に法要の雰囲気、格調を盛り上げる効果が計算されている、ということである。それが、後年さらに流行し、祖師などの高僧や経典、さらには神祇に関する講式までもが作られ、仏教あるいは神祇の儀礼の執行次第を書き表わしたものとして、三百以上にも及ぶ講式が作られるに至り、後の仏教歌謡などにも多大な影響を与えるものとなる。講式に規定された法要儀礼の多くは廃絶したものの、現在にまで脈々と受け伝えられているものもあり、その一つが覚如の『報恩講式』であり、存覚の『嘆徳文』である。(3)

前述の如く、講式についての大局的、あるいは網羅的な研究は進展していないのが現状である。個々の講式については、古くは戦前から注目され、翻刻もなされ、その内容と意義について論じられているものもある。しかし、講式全般に亘っての巨視的かつ網羅的な研究はここ二十年程前に始まったばかりであり、今後の研究の進展に期する所極めて大である。(4)このような研究遅滞の原因としては、多様な宗派・寺院に所属する数多くの僧俗が数百にも及ぶ講式を半ば私的に制作して来たため、その全体像が把握し難く、その内容も密教から浄土教、法華、果ては神祇にまで及び、それらを的確に措定することが至難であったためと考えられる。(5)

さて、講式の概念と、その定型については、大正大学講式研究会の代表者でもある山田昭全氏が簡潔明瞭に記しておられるので、(6)その解説に沿ってまとめておきたい。氏によると、「講」とは「お経のような難しい文章を解り易く説くこと」で、「講式」とは、そのような「講」の式次第という意味になるという。このような講式で決められた式次第のパターンとして通常「先ず総礼」とあるが、これは「総礼伽陀」の略で、導師を初めとする出仕の僧侶が堂内の本尊・諸尊に向かって伽陀を唱えつつ礼拝することをいうものである。「次いで導師着座」とは、伽陀に続いて導師が礼盤に着座することをいい、これは覚如の『報恩講式』でも同様である。(7)「次いで法用」とは、「次いで三礼」、「次いで如来唄」、あるいは「次いで散華」などとも記し、(8)これらをまとめた表現で、礼盤上で導師が勤める礼拝の作法である三帰依文、如来唄の読誦、あるいは出仕僧全員による散華などを行うことを指す。つまり、「法用」とは礼拝の作法との意味であろう。「次いで表白」とは、これからこの講式で述べようとする要旨を諸仏諸尊先師に奉献するスタイルを取る。そして次が、講式の本文の読み上げで、「次いで式文」と記される場合もあるが、このような指示が無い場合も多いようである。また、式文、つまり本文の各段の後には必ず伽陀があり、各段の式文・伽陀を終えてからは「次いで神分」とあることが多い。これは、『般若心経』一巻を読誦することで、最後に「次いで六種廻向等」とあり、この法要の利益がすべての人々に廻らし与えられることを願って、一座の講式が終了することになる。

つまり、講式の元来の意味は経を易しく説こうとする勉強会の式次第であり、これを堂内で行う場合には、中央に礼拝の対象となる本尊の画像を掲げ、華麗な式文及び荘重な曲節を付した伽陀を唱え、[9] かつ僧侶や信徒らの合掌礼拝、行道という演劇的所作を伴った総合的儀礼であった、ということになろう。

講式の起源と展開

嚆矢　『二十五三昧式』

我が国の講式の起源を源信の『二十五三昧式』[10]に求める点については異論はなかろう。[11]しかしながら、源信が最初に制作した『二十五三昧式』は後に手直しされており、元のものは後の講式とはやや一線を画するものであった。周知の如く、源信は天台浄土教を大成した学僧であり、その著『往生要集』は天台教学の中に浄土信仰を明確に位置付けた画期的な業績であり、平安中期の社会風潮に多大な影響を与えた。貴族社会では、浄土信仰が一大ブームとなり、藤原道長も『要集』を愛読したことが知られている。庶民社会では、『要集』の地獄の描写が広く人口に膾炙し、末法思想の流布と呼応して「厭離穢土・欣求浄土」の一大センセーションを惹起することになる。源信は、天台浄土教を教義的に確立した人物であるが、それに留まらず、自ら浄土信仰を実践したという点において特筆に値する。その実践活動が『往生要集』の理念を体現した二十五三昧会であった。(12)比叡山横川の僧侶二十五人をメンバーとして発足した定員制の宗教結社で、この会の規式が『横川首楞厳院二十五三昧起請』である。それによると、毎月十五日の晩にメンバーが集合し、まず『法華経』の講経が行われ、その後徹夜で念仏三昧を修し、『阿弥陀経』を読誦するという。さらに、メンバー同士は常に「父母兄弟の思い」をもって、皆が極楽往生の固い契りを結び、そのために助け合うものとされている。メンバーの中に病人が出れば、看病に当たり、死者が出れば、皆で手厚く葬り往生を祈念すべきことも記されていて、(13)相互扶助を条件とし、極楽往生を最終目的とする念仏結社であった。

『二十五三昧式』(14)は、全六段に及ぶ荘重な講式で、各段の後に伽陀を配し、その直前には「念仏百八反」、伽陀の後には「出経」(『阿弥陀経』一巻を読誦)、最後には「次三礼」、「次七仏通誡偈」、「次後夜偈」、「次神分」(『般若心経』一巻を読誦)などの指示が見える。長大な時間を掛けて執行する壮大なスケールの講式であることが解る。内容的には、地獄・餓鬼・畜生・修羅・人・天の六道に迷う衆生に念仏の功徳を廻向し、結社のメンバー二十五人が共に極楽往生を遂げようとの趣意が述べられており、表白に「二十五人連署発願文」が引かれているのが特徴的である。この『二十五三昧式』については、近年、長谷川明紀氏が自らの所属する天台真盛宗の伝本を基に精緻な研究成果を刊行されており、(15)爾後の研究の一つの指針となるであろう。なお、氏によると、『二十五三昧式』はあまりにも長大なため、天台宗の現行の法要では、かなり大幅に省略して勤めるのが慣例になっているとのことである。(16)

さて、『二十五三昧式』の内容を概観してみると、覚如『報恩講式』との類似性が強く看取される。表白に見える「摠仏眼所照微塵刹土」の文言は、(17)全く同一である。また、第一段（地獄道）の後の伽陀「稽首天人所恭敬

阿弥陀仙両足尊　在彼微妙安楽国　無量仏子衆囲繞[18]」は、龍樹作とされる『十二礼』の冒頭部分であり、『報恩講式』の前に「報恩講初夜伽陀」として唱和されるものと同様である。『二十五三昧式』は、寛和二年（九八六）以降、数年のうちに制作されたと考えられており、覚如『報恩講式』の永仁二年（一二九四）を遡ること遙か三百年以上前に相当する。つまり、覚如は遙か昔の定型句を選択・流用していたと見るべきであろう。[19]以上、『二十五三昧式』が我が国講式の嚆矢として、後発の覚如『報恩講式』にまで多大な影響を与えて来たこと、さらにその作法や発音にまで影響が継承されて来たことが知られよう。

転換『往生講式』

『二十五三昧式』から約百年後の承暦三年（一〇七九）に永観によって制作された『往生講式』は、講式に新局面を開くものとなった。つまり、それまで定員制を取り、限られた人にのみ公開されていたものが、広く一般に開放され、誰でも参加できる集会に改められたのである。これは大評判となり、浄土信仰の新たな一つのジャンルとして確立されることになる。『往生講式』は七段にも及ぶ重厚な講式であり、[20]阿弥陀仏に対する懇切丁寧な礼拝の作法が記されており、最初に「先西壁安阿弥陀迎接像」とあるのが注目される。講式の本尊である阿弥陀仏の像[21]を安置して法要を始めるようにとの指示である。阿弥陀仏を初めとする聖衆の来迎を仰ぎ、皆で極楽浄土に迎え入れてもらおうとする、聖衆来迎会を多数の参詣人に公開する大法会であったと考えられよう。なお、山田氏によると、[22]『往生講式』は全文仮名書きのものも刊行されたとのことであるが、これは元々、導師がソロで読誦していた式文本文を漢字の読めない参列者が共に唱和することを可能にした、画期的な試みであったと言えよう。このような状況の変化に対応すべく、『二十五三昧式』も誰もが参列できる形に作り直されることになるが、それが『六道講式』である。『六道講式』は、『二十五三昧式』を簡略化したもので、氏によると「開催時間を大はばに短縮するとともに、徹夜で行なっていたものを日中に移すといった措置をとったようである」とし、三礼、表白、四奉請《しぶじょう》などをすべて省略し、いきなり六段の式文を読み始め、各段の後の伽陀と念仏を唱えるに留め、『法華経』の講経も姿を消してしまうという。その後では、真源の『順次《じゅんし》往生講式』、証空の『当麻曼陀羅供式』が注目に値するが、前者は「楽人の演奏に合わせて念仏踊りのようなことをしたのではないか」(23)とされ、後者は「当麻曼陀羅の絵解きをする形で進行する」ものであり、「絵画と最も密着度の高い講式だった」とされている。講式の上演が急速に演劇性・公演性を帯びて来るのがこの時期の特徴として指摘されよう。

全盛　明恵と貞慶の講式

鎌倉時代は、講式の全盛期とも言うべき時期である。この時期には、明恵、貞慶という二人の講式作者としての活躍が特筆される。明恵は、栂尾の高山寺を興した華厳宗の僧であり、熱烈な釈迦信仰を持った人であった。親鸞と同年の生まれであり、自らの夢を克明に記した「夢記」を残していること、『摧邪輪』において法然の専修念仏を厳しく批判したことでもよく知られる人である。この明恵は、「四座講式」と総称される『涅槃講式』、『十六羅漢講式』(24)、『遺跡講式』、『舎利講式』を制作したことで著名である。これは、釈迦が涅槃に入ってから遺体が荼毘に付され、遺骨や遺跡が人々に礼拝されるようにまでを四座に分けて讃嘆したものである。四座の講式を通して勤めると、参列した人々は釈迦入滅時の悲嘆から、それを追慕して舎利を礼拝する信仰に入ってゆく経過を居ながらにして追体験できる仕組みになっていた。これは、主に屋外で勤められ多様な演出が施され(25)、参列の多くの信者を魅了する一大法会となっていたことが解される。「四座講式」の内容は、釈迦の入滅を悲嘆して最後の供養を捧げ、仏弟子たちが仏勅を奉って遺法を護持することを讃え、仏陀の八相成道の遺跡を慕い、仏舎利の功徳を讃えるものであるが、参列者自らが、釈迦の入滅に立ち合い、遺された教えを受け伝えてゆく覚悟をし、仏舎利を礼拝する、それを実体験できるように効果的に組み立てられた講式である。

　ところで、明恵はこの「四座講式」を自作自演していたようであるが、『明恵上人行状』に大変興味深いエピソードが伝えられている。[26] 元久元年（一二〇四）二月十五日、明恵は紀州湯浅の湯浅宗景邸で涅槃会を執行した。涅槃会では、『涅槃講式』が読み上げられるが、釈迦入滅のくだりに来て、明恵は悲嘆の情に堪え切れず、絶句して、そのまま卒倒してしまった、という。参列の人々は絶命してしまったかと思ったが、しばらくして意識を取り戻したものの、続行は無理で、その続きを弟子の喜海[27]が急遽代行して勤めた、という。明恵が式文の読み上げに際し、完璧に感情移入を果たし、その場の人になり切っていた、それ程迫真の演技だったことが窺える貴重なエピソードである。なお、山田昭全氏は、「急遽代役を立てて続行した、ということは式文に曲節が無く、朗読されていた証左であろう[28]」とされる。

　明恵は、「四座講式」以外にも数多くの講式を制作している。涅槃講に対して、仏生会も行うべきと考え、『仏生会講式』を制作、元仁元年（一二二五）以降、自作自演している。[29] さらに、『国書総目録』には十八編、グュルベルク氏の「講式データベース」には二十四編が挙げられている。その中には、『春日大明神講式』、『住吉大明神講式』の如き、神道の講式も見られ、広汎な分野に及ぶ講式を自在に制作した明恵の面目躍如たるものがある。

　一方の貞慶は、法相宗の僧であるが、戒律の復興に尽力し、法相宗中興の祖とされる学僧である。[30] 彼も新興の念仏宗には批判的で、『興福寺奏上』を起草し、法然らの念仏停止を訴えたことでもよく知られる存在である。『貞慶講式集[31]』には十三編の講式が収録され、『国書総目録』には十四編、「講式データベース」には三十編が挙げられており、その多作において、彼を凌駕する者はいない。講式名を概観すると、「薬師」、「観音」、「如意輪」、「地蔵」、「弥勒」、「虚空蔵」、「弁財天」、「文殊」、「聖徳太子」、「春日権現」、「法華経」と極めて広汎であり、信仰の対象として思い付く、すべてを講式にしてしまったのではないかとさえ思われる程である。貞慶は、弥勒信仰・観音信仰に傾倒した人としても知られ、『弥勒講式』、『観音講式』は幾度も改作されている。『弥勒講式』は、式文五段に及ぶ、極めて完成度の高い重厚な講式である。明恵の「四座講式」と共に講式の白眉とも言え、中世講式の一つの到達点であろう。このような講式を覚如『報恩講式』が模倣・援用した蓋然性は高いと思われる。『弥勒講式』表白に見える「総仏眼所照微塵刹土現不現前一切三宝而言」、「三宝哀愍納受」の文言は『報恩講式』と一字一句異なる所がない。(32)また、各段が「第一に」、「第二に」で始まり、その後伽陀が引用され、礼拝の作法が行われるのは、明恵「四座講式」と同様であり、『報恩講式』もそれを継承している。

さて、貞慶の講式の中でも注目に値するものが、『発心講式』である。これは、他の講式とは異なり、貞慶自らが一人で読誦するために作られたもので、自身の発心を表明したものである。山田文昭氏は「自受法楽型」と評されているが、(33)絶妙な表現であろう。式文は六段から成り、「第一報釈尊恩、第二仰弥勒化、第三帰弥陀願」とあり、(34)釈迦・弥勒・阿弥陀の三仏を礼拝讃嘆することを表明している。旧来、貞慶の信仰は『興福寺奏上』に見られる如く、阿弥陀信仰を否定する立場に立つものと見る見解が主流であった。しかし、『発心講式』に見える阿弥陀信仰は本格的なものであり、貞慶の内面に確固たる阿弥陀讃仰の意志が形成されていたことは疑うべくもない。これをいかに解すべきであろうか。思うに、『興福寺奏上』は法相宗僧侶としての対外的な意見表明であったのに対し、『発心講式』は貞慶個人の内面的なものだったのかも知れない。(35)しかしながら、日本中世の仏教には、宗派意識は極めて稀薄で、確立以前とも言える。栄西が密教を兼修し、一遍が心地覚心の下に参禅し、親鸞にも専修念仏だけでは言い表わせない多様な信仰が見られること、覚如・存覚に密教修法が多いことなどを考え合わせると、貞慶が阿弥陀信仰を持っていたことは何ら不思議とするに値しないことなのである。(36)なお、『発心講式』は難解な経典の引用に終始しており、内容的にも他講式とは一線を画する特異な存在だと言えよう。

『知恩講式』と『報恩講式』

次に、隆寛の『知恩講式』を見てみたい。これは、法然の弟子である隆寛が師法然の恩徳を讃嘆するために安貞元年（一二二七）以前に制作したものであり、法然の伝記史料としても比類なき価値を有するものである[37]、という。『知恩講式』は、昭和三十九年（一九六四）、東寺宝菩提院三密蔵の史料整理の途上、櫛田良洪氏により紙背から偶然発見されたものである。房玄という人物によって鎌倉時代に書写された「秘訣口伝」という写本の紙背文書から『知恩講私記』と『別時念仏講私記』、共に隆寛作の未見の二講式が発見された、という。これは、法然の新たな伝記としても画期的な発見であり、親鸞における『恵信尼文書』にも匹敵するものであろう。なお、浄土宗において宗祖法然の祥月命日に執行する法会は現在は「御忌」と呼ばれているが、以前は「知恩講」と呼ばれ、『知恩講式』順読を中心とした法会であった[38]、という。それが廃絶し、浄土宗では半ば忘却されていた『知恩講式』がここに復活を遂げたわけである。「知恩」は、本山知恩院の寺名にも見え、真宗における「報恩」と同様に[39]、浄土宗では尊重されて来た用語である。覚如『報恩講式』との強い関連性が指摘されよう[40]。

さて、『知恩講式』は、五段に亘って師法然の徳を讃嘆する重厚な講式である[41]。表白に続き、第一に「諸宗通達の徳」、第二に「本願興行の徳」、第三に「専修正行の徳」、第四に「決定往生の徳」、第五に「滅後利物の徳」を讃嘆する構成を取る。これは、覚如『報恩講式』の第一に「真宗興行の徳」、第二に「本願相応の徳」、第三に「滅後利益の徳」を述べる構成と酷似している。以下、『報恩講式』が『知恩講式』をベースに制作されたと目される個所は次の通りである。まず、各段の終りに来る伽陀は「南無尊重讃嘆本師聖霊」とあり、『報恩講式』の「南無帰命頂礼尊重讃嘆祖師聖霊」とほぼ同じである。また、表白の「草の風に靡くが如し」は、『報恩講式』三段の「風に靡く草のごとし」の表現と同一であり、表白の末尾、「しかじ、恒に仏号を唱えて彼の本懐に順ぜんには。今五つの徳を讃じて、四輩を勧めんと欲す」は、『報恩講式』表白の「しかじ、名願を念じて、かの本懐に順ぜんには。今、三つの徳を揚げてまさに四輩を勧めんとおもう」とほぼ同じである。また、第三段の冒頭、「念仏の行人多しと雖も、専修専称は甚だ稀なり」は、『報恩講式』第二段の冒頭、「念仏修行の人多しといえども、専修専念の輩はなはだ希なり」と殆ど変わりない。さらに、第五段の後半、「流れを酌みて、源《みなもと》を尋ぬるに、偏に先師の恩徳也」は、『報恩講式』初段の末尾、「流れを酌んで本源を尋ぬれば、ひとえにこれ祖師の徳なり」と変わる所がない。また、第五段の後の伽陀「何期今日至宝国」以下は、善導の『般舟讃』の引用で、『報恩講式』初段後の伽陀と同様である。その他にも、随所にほぼ同様の表現が両講式には見え、(42)覚如が『知恩講式』をベースにし、それを適宜修正して『報恩講式』を制作したことは間違いなかろう。

講式の伝統

多様な講式の中には、あまり盛行しなかったものや、早々に廃絶してしまったものもあり、その実像は未だ不分明である。しかしながら、『阿弥陀講式』、『聖徳太子講式』などと並び、日本仏教信仰史上、留意すべき講式と目される『善光寺如来講式』は一見の必要があろう。(43)

それでは、ここで今まで検討して来た講式について、再度まとめた上で、『報恩講式』と『嘆徳文』の措定を試みたい。

講式は、源信や慶滋保胤らの念仏結社である二十五三昧会の規式を定めた『二十五三昧式』を嚆矢とし、後に一般に公開され、法会の一体感を共有する形式のものとなってから一大ブームを迎える。それは、独特の節回しに、動きのある礼拝作法、さらに多様な演出も加えられ、一種のエンターテイメントのようなものであり、参列した大衆が一体感に浸りながら信仰を共有する、今までにない仏教行事だったと言えよう。講式は、正に総合芸術とも言うべきものであり、後世の仏教文学、仏教音楽にも計り知れぬ影響を与え、絵伝の絵解きや節談、声明も講式の流布と密接な関連を有する。鎌倉時代は、このような講式の全盛期であった。

さて、制作時期が四百年近くにも及び、内容も多岐に亘る講式であるが、その基本的な形式はあまり変えられることなく、よく受け継がれていると言えよう。すなわち、最初に礼拝の作法が記され、伽陀があり、次に表白がある。表白は、本文で述べようとする趣旨を諸仏諸菩薩などに宣言・宣誓するものであり、大抵は「敬って……にもうしてもうさく」という定型句が使われる。次に本文（式文）に入り、各段で述べることが「第一に……といっぱ」、「第二に……といっぱ」との定型句で始められるのを通例とし、対句表現を多用し、技巧を凝らした漢文が用いられるのが特徴である。各段の末尾には、必ず「伽陀を唱えて礼拝すべし」、「伽陀にいわく」、「頌にいわく」との定型句に続いて伽陀が引用されるのが基本である。伽陀の後には、起居礼、立ったり座ったりを伴う礼拝作法があり、[44]その後、次の段に入る。これを各段繰り返し、最後に、様々な礼拝作法を行い、廻向文で講式を終えるのが通常のパターンである。講式には、基本的に発声箇所のすべてに節があり、棒読みする箇所はあってもかなり少ない。[45]なお、講式は、五段構成が多く、『報恩講式』の三段はかなり短い方であるが、一段だけのもの、七段に及ぶものもある。

それでは、既述の事柄を念頭に置いた上で、改めて『報恩講式』『嘆徳文』の措定を試みたい。まず、『報恩講式』の書名であるが、『報恩講私記』と表記されている例が少なくない。これは、現存最古の東西本願寺蔵蓮如書写本が「私記」となっており、それに倣ったためである。ところが、「私記」は本来、私的な記録、あるいは自分の著作を謙った表現で、『報恩講式』に相応しくないことは自明である。[46]『報恩講式』に限らず、「私記」は

「式」の当て字と解したい。次に、『報恩講式』の構成であるが、いくつもの先行する講式との比較・検討により、その基本的な構成を厳格に守り、表現も先行の講式を模倣する箇所が多いことが理解された。『二十五三昧式』から三百年の時を経ながらも、『報恩講式』は講式としての構成・形式を崩すことなく、尊重し、厳守したことが知られる。これは覚如が、格調高い講式の構成が祖師親鸞を讃嘆するために最適だと判断したからであろう。なお、既述の通り、『報恩講式』の格調高く、難解な漢文表現はすべてが覚如のオリジナルではない。勿論、覚如自身の漢文の素養・知識を最大限に活かした上で、気に入った字句や表現が先行する講式に見付かれば、それらも積極的に採り入れていったのである。特に、『知恩講式』は書名も酷似し、『報恩講式』の手本とされたことは疑いを容れないであろう。

ここで、『嘆徳文』について見てみたい。『嘆徳文』は、講式の形式を採っていないため、講式の数には入れられていない。しかし、その内容や読誦の作法などから見て講式の一つとして扱うべきである。『嘆徳文』は唐突に、いきなり本文が始まっているのが特徴であり、講式の体裁を全く考慮していない。しかし、これには理由がある。つまり、『嘆徳文』は正式には『報恩講嘆徳文』と呼ばれ、常に『報恩講式』と合わせて読誦されることを前提に制作された経緯があるからである。そのため敢えて総礼、三礼、如来唄などの式次第は書かれずに省略されたと考えられる。ところが、実際には真宗高田派での場合、『報恩講式』同様、「稽首天人所恭敬」以下の伽陀が唱えられ、三礼、如来唄が導師により礼盤上で勤められ、『報恩講式』と全く同一の礼拝作法が行われている。さらに、続いて『阿弥陀経』を読誦するのは、『二十五三昧式』などに見える「出経」に相当するとも言え、それを講式風に記すなら、「出経」、「念仏」、「廻向」としても差し支えないのではなかろうか。なお、「講式データベース」によると、一段構成の講式の中には、表白を省略したもの、「それ……といっぱ」、「それおもんみれば……」と唐突に本文が始まっているものも少なからず見受けられる。以上のような観点から、筆者は『嘆徳文』も講式の一として取り扱うべきだとの思いを強くする。なお、『嘆徳文』の写本は『報恩講式』と同様、繰り返し実際に使用されたため、中世に遡る古写本は伝えられていない。こちらも西本願寺蔵の蓮如書写本が現存最古とされ、西本願寺には、さらに蓮如の筆になる述べ書き本が伝存しているが、これは先の『報恩講式』述べ書き本と同綴されていて、両者の一体的な読誦の様が偲ばれる。それでは、『嘆徳文』の表現や文体はいかがであろうか。こちらは、『報恩講式』以上に技巧を凝らした漢文体で書かれており、対句表現に拘った四六駢儷体の本文は多少くど過ぎるような印象も与えるが、格調を重視する講式の本文には似つかわしいと言えよう。また、『報恩講式』に先行講式と同一、あるいは酷似する表現が多々見受けられるのに対し、『嘆徳文』にはそのような例は見られず、その表現は、先行の講式に捉われない存覚のオリジナルと看做される。父覚如の『報恩講式』を増補するものとはいえ、その表現はすべて自身のオリジナルとした、存覚の並々ならぬ意気込みと執念さえも感じられるようである。父の傑作『報恩講式』を尊重しながらも、それに流されることはなく、自らの思念とオリジナリティーを明確に表明したものが『嘆徳文』だったのである。それ故、「十乗三諦の月、観念秋を送り、百界千如の花、薫修し、歳を累ぬ」、「三経の沖微、五祖の奥賾、一流の宗旨相伝、過つこと無う、二門の教相稟承由有り」、「内に宏智の徳を備うと雖も、名を碩才道人の聞きに衒わんことを痛み、外にただ、至愚の相を現じて、身を田夫野叟の類に侔しうせんことを欲す」(47)といった、緊迫感漲る名文が生み出されたのであろう。

『報恩講式』『嘆徳文』は、講式の中では後発組に属するが、現代に至るまで伝持され、有効に機能している点で、極めて貴重な存在である。これは、真宗門徒がいかに長年祖師親鸞の敬慕・讃嘆に努めて来たかを如実に示すものであり、その意味において、『報恩講式』『嘆徳文』は、多様な講式の中でも格別な存在価値を有するものと私考する。(48)

（1）さらに、『日本国語大辞典』には、（1）「講会の法式や表白などを記したもの」、（2）「仏・菩薩・先徳などを讃嘆した和文の声明、漢語調の散文で、拍節にはまらない唱法。平安中期にはじめて作られた。（中略）平安時代中期に源信が作した「二十五三昧式」が最初のものとされる。中世に入ると覚鑁・貞慶・明恵などの奈良仏教の僧によって多くの講式が作られた。特に明恵の「四座講式」が著名である。その内容は、仏・菩薩・法会への讃嘆が中心であったが、中世には次第に多様化し、慈恵大僧正などの祖師・先達を讃嘆するものや、春日や熱田などの神に関するもの、あるいは法華経をはじめとする経典についての講式も作られた。これを中心とした法要は、多く、惣礼（伽陀）・法用・講式・神分・六種廻向の順で進行し、講式は複数の段から成り、段末毎に伽陀を唱えるのが通例である。本文は、願文や表白文のそれと等しく、漢文体で書かれることが多い。美辞麗句を連ねた対句を基調とするが、鎌倉時代中期には、平仮名交り文のものも出現する。音律は、平曲をはじめとした語り物音楽や和讃の発達に影響を与えたと考えられる」とある。また、『岩波仏教辞典』には、「講は経文を分りやすく説くこと、式は会を進めるための次第を意味する。すなわち講師が経典を分りやすく説く学習会の式次第が講式の本義であったが、のちに、仏・菩薩・神明・祖師などを礼拝讃美する儀礼となって流行した。本尊（画像が多い）を掲げ、その徳を讃歎する式文（3段・5段など複数の章段で構成される）や伽陀を朗誦するという形態をとる。源信もその設立にかかわった二十五三昧式が講式の先駆とみられ、永観の『往生講式』が流行したあと鎌倉期に至り、明恵・貞慶など本格的講式作者が現れ、以来講式は神仏を礼拝する儀礼として全国的に普及した」とある。

（2）先般、「講式を読誦する法会の作法には授戒作法との共通点が多々見られる」という（石井修道氏、二〇一三年八月二十一日横浜市金沢文庫における研究会での口頭発表）、注目すべき新たな示唆を得た。氏によると、名古屋市真福寺大須文庫所蔵の『入衆日用』は近世の写本であるが、原本は『無量寿禅師日用小清規』といい、鎌倉初期の撰述で、臨済禅における日用清規を編集したものであるという。そこに含まれる「五戒略記」、「十善戒略作法」、「八斎戒略作法」は授戒の作法を記したものであるが、「先三礼、次如来唄、次表白、次神分」など、講式の作法と共通する作法が確認される。先行する授戒作法が講式作法に採り入れられたと考えるべきではなかろうか。

（3）『嘆徳文』は、講式の形式を取っていないため講式の数には含められていないが、その内容および受容のされ方から見て講式の一例とすべきであろう。詳細後述。

（4）近年、大正大学の綜合仏教研究所の中に講式研究会が組織され、そのメンバーの地道な努力と熱意によって、ようやくその全貌が明らかにされつつある。なお、メンバーの一人でドイツ人のニールス・グュルベルク氏が中心になり、講式のデータベースが立ち上げられているが、インターネット上で講式の全体像が容易に把握できるようになったことは画期的であり、瞠目に値しよう。

（5）講式は、仏教の法要儀礼の施行要領だと言えるが、その法要を執り行う人々、組織する人々が講であり、講集団は日本仏教を下支えする信仰集団として、極めて重要な役割を果たして来た。このような重要なテーマが等閑に付されて来たわけであり、いかに日本仏教史の研究が個々の人物や個々の事象のみを対象にし、巨視的、網羅的なものになっていなかったかを如実に示す、憂慮すべき事態と言わざるを得ない。

(6)『仏教文学講座八 唱導の文学』勉誠社、一九九五年、一一～五三ページ。

(7)「稽主天人所恭敬」以下の伽陀の途中から法主あるいは新門が正面の礼盤に登り着座する、一連の所作のことである。拙著『祖師親鸞讃嘆 報恩講式と嘆徳文』(山喜房仏書林、二〇一二年)一八～二〇ページ参照。

(8)例えば、明恵『涅槃講式』の場合、「先総礼」とあり、伽陀の引用後、「次導師着座、次法用、次表白」との指示がある(『大正新修大蔵経』八四巻、八九八ページ)。

(9)式文の読み上げには、曲節が付けられるが、複雑重厚なものではなく、どこかに語り口調を留める程度の軽い節であるといい、式文の後の伽陀には極めて重厚な曲が用いられるとのことである。これは、真宗高田派現行の『報恩講式』が式文に複雑重厚な曲節が付き、伽陀が定型化された節である(前掲拙著、一五～一一〇ページ参照)のとは、かなり様相を異にする。

(10)『二十五三昧式』を源信の作でないとする学説もあり、源信の関与の程度については未だ不分明な点もあるようである。勧学会の主宰者であった慶滋保胤の影響力が極めて強かったであろうことは、想像に難くない。

(11)『二十五三昧式』を嚆矢とする講式は、必ずしも日本で独自に発達したものとは言えないであろう。慈覚大師円仁は、最澄の弟子で、天台密教の基礎を築いたことで知られるが、中国五台山の五会念仏を比叡山の常行三昧に採り入れ、天台浄土教の端緒を開いた人としても著名である。彼は九年間唐に渡り、『入唐求法巡礼行記』を著しており、そこには唐で盛行していた講会、法会の様子が記され、法会の式次第や式衆の役割などについても見聞したことが知られる。恐らく源信に始まる講式は、その百五十年程前に円仁が唐から将来し、比叡山に伝わっていた記録を基に制作されたものだと考えられよう。なお、源信がこれ以外に『涅槃講式』、『舎利講式』、『地蔵講式』などを制作したとの伝承もあるが、真偽未決で、後世の仮託と見る方が無難ではなかろうか。しかしながら、未だ検討の余地があろう。

(12)二十五三昧会は、先行する文人貴族の念仏結社であった勧学会をより念仏中心に発展的に解消した組織で、法華経を講読し、念仏を称え、詩を作って仏を讃える、一種のサロンのような集まりであった勧学会を純粋な念仏信仰の場に改めたものだとされよう。

(13)『恵心僧都全集』一巻、三三九～三五八ページ。

(14)以下の引用は特に断わりのない限り、『大日本仏教全書』三一巻、二二〇～二二七ページに拠る。

(15)『二十五三昧式』と『六道講式』(二〇一〇年)。自費出版で、部数が限られ、その研究成果が広汎に知られないであろう点は極めて残念である。『二十五三昧式』の成立事情、『六道講式』への転換、作法や声明の特徴など、極めて着実な論証がなされており、大いに注目に値する論考である。氏は『二十五三昧式』の読誦の方法（作法、発声・発音）についても綿密な調査検討をされているが、それによると、「起居礼」と呼ばれる、導師が柄香炉を手に持ち、磬を打ち、「三礼」「如来唄」を唱える天台宗現行の作法は、真宗高田派で現行の『報恩講式』拝読作法とほぼ同じである。また、「蹲踞礼」と呼ばれる、出仕僧全員が偈文に合わせて平座・中座・起立を繰り返す作法は、高田派での迎接礼《こしょうらい》とほぼ同じであることが解る。つまり、「式文拝読作法」も「迎接礼」も特殊なものではなく、宗派を超えて共通に行われる礼拝作法であり（前掲拙著六七ページにおいて高田派独特の所作と記したが訂正すべきである）、その作法を継承して来たということに他ならないであろう。さらに、漢文の読み下し方についても「と者」を「といっぱ」と、「放逸を」を「ほういっと」、「涙」を「なんだ」と発音する点などは高田派現行の『報恩講式』と共通する（同著、四〇～六九ページ、前掲拙著、二〇～六八ページ参照）。なお、天台真盛宗現行の『二十五三昧式』及び『六道講式』を録音したCDを長谷川氏から頂き、試聴したが、その節回しは高田派現行のものに比べると抑揚に乏しく、かなり異なる印象を受けた。なお、本来なら、さらに本書の内容について詳しく紹介・検討したい所ではあるが、本稿は講式全体の概観がそのテーマであるので、後日を期したい。

(16) まず、「連署発願文」は省略、六道に及ぶ式文は通例、三道で済ます。出経は、『阿弥陀経』の一部分に代え、「念仏百八反」は三句念仏に、最後の「三礼」以降はすべて省略し、一般的な廻向伽陀、三礼に置き換える、という（註(15)書、六六～六七ページ）。それでもとても一時間では終わらないであろう。

(17) 『二十五三昧式』は、註(14)書、二二〇ページ、『報恩講式』は、『真宗高田派聖典』（春秋社、二〇一二年）八五七ページ。

(18) 前註に同じく前者は、註(14)書、二二三ページ、後者は註(17)書、八五七ページ。

(19) 講式の全体像を把握していなかった筆者は、前掲拙著執筆時点では、その殆んどが覚如のオリジナルと錯覚しており、自らの不明を恥じるばかりである。以下、同様の例が多々確認される。

(20) 以下、『大正新修大蔵経』八四巻、八八〇～八八三ページに拠る。

(21) 講式の本尊には通常、画像が用いられるが、ここで言う「阿弥陀迎接像」がいかなる仏像なのかについては、慎重に判断されなければならず、必ずしも画像に捉われる必要はなかろう。もっとも、多様な阿弥陀像の中では、「山越阿弥陀図」が、最もこの条件に合致するようであり、中村元・久野健氏『仏教美術事典』の「山越阿弥陀図（金戒光明寺蔵）」の項（東京書籍、九一九ページ）には「臨終行儀や念仏講の本尊として用いられた可能性が高い」とある。

(22) 以下、註(6)書、二九～三〇、三三～三四ページ。

(23) 筆者は、長谷川明紀氏の紹介により、二〇一三年三月八日、三重県松阪市の天台真盛宗来迎寺で執行された「雅楽と声明　管弦講順次往生講式」を聴講する機会を得た。「管弦講」とは雅楽と声明を融合させた講式の法会であり、カンタータ（交声曲）の嚆矢であったともいい、当日は「万歳楽」が演奏された。「管弦講」については、西村冏紹編『順次往生講式と管弦講』（天台真盛宗教学部、二〇一〇年）に詳しい。なお、作法や声明については、真宗高田派現行『報恩講式』との共通性はあまり見出せなかった。

(24) 二〇一三年十一月三十日、中村元東方研究所研究部会において、瑩山紹瑾の『瑩山清規』巻上の末尾に『十六羅漢講式』の引用が見られるとの示唆を得た。但し、内容は同一ではなく、引用と言うよりは改作とすべきであろう。原作で「一挙羅漢住處。二挙如来付嘱。三挙福田利益。四讃現在神徳。五発願廻向也」とあるものが、「一明住處名号。二明興隆利益。三明福田利益。四明除災利益。五供世尊舎利」と改変され、より現世利益的傾向を強めているようである。講式が清規にも影響を与えていたことになり、これも中世日本仏教の超宗派的性格の一端を示すものと言えよう。史料は、『大正新修大蔵経』八二巻、四三五～四三六ページに拠る。

(25) 既述の如く、講式の法会執行に際しては、「蹲踞礼」や「迎接礼」など動きのある礼拝作法が多いのも特徴の一つであるが、これはある意味では参列する信者への演出としての意味合いも強かったのではなかろうか。難解な漢文の式文をただ聴いているだけでは参列者が一体感を持つことは困難であっただろうと思量される所以である。

(26) 「此の時に当って、上人面に憂愁の色を顕し、眼に悲恋の涙を浮ぶ。声を励ましてこれを読むも、『青蓮の眼閉ぢて永く慈悲の微咲を止め、丹菓の唇默して終に柔軟の哀声を絶ちにき』の句に至りて身心戦動して悲泣嗚咽す。説法の声絶て出入の息止みぬ。衆会悉く滅を取るかと疑ふ。良久しくして蘇息す。其後礼盤を降りて講説を止む。仍つて喜海をして彼の式文を読み続がしむ」とある。

(27) 喜海は、明恵常随の一番弟子で、『高山寺明恵上人行状』を撰述している。当然、師明恵の言動や性格をも熟知していたはずであり、このようなハプニングにおいて、誰でも交代できたというよりは、むしろ逆に喜海だからこそ代行が可能だったと見るべきではなかろうか。

(28) 「仏教と絵解き」『国文学 解釈と鑑賞』四七巻一一号、一九八二年、七三ページ。しかしながら、前註で述べた如く、明恵と喜海の信頼関係には確固たるものがあり、その場にたまたま居合わせた一般の僧侶とは、状況が全く異なる。喜海ならば、たとえ複雑な節回しを伴った講式であっても師明恵と同様に読誦することができたのではあるまいか。喜海が代行できたことを以て、「四座講式」が朗読されていたことの理由に挙げるのは無理があるように思えてならない。

(29) 講式の本尊については、註（21）でも述べたが、仏生会の本尊は全く不明である。山田昭全氏が「ここでも降誕にかかわる絵画が用いられたはずである。右手が天、左手が地を指している灌仏会に用いる例の唯我独尊像はかえってリアリティが乏しく、それをもって仏生会講式の本尊にあてることはおそらくなかったものと思う」（註（28）論文、七四ページ）とされる通り、誕生仏（通例は小金銅仏）を本尊に用いたとは考え難く、降誕の画像があったはずであるが、そのような作例は全く伝存していないばかりか、制作された形跡すら全く確認できていない。あるいは、成道後の釈迦画像であったと見る方が無難かも知れない。
(30) 二〇一三年は、貞慶八百回忌に当たり、奈良国立博物館における特別展など、再評価を期すべき催事や展示が行われたが、宗派の開祖でないためもあってか、やや盛り上がりに欠けたように思えてならない。
(31) 既述の山田昭全氏以下、大正大学講式研究会のメンバーによる労作である。貞慶作の十三講式の翻刻、諸本校異、出典に加え、「解説編」では、さらに詳しい綿密な検討がなされており、今後の講式研究に明確な方向性を提示した業績として、その価値は多大であろう。願わくは、他講式の続篇の刊行も期待したいところである（山喜房仏書林、二〇〇〇年）。
(32) 『弥勒講式』は、『大正新修大蔵経』八四巻、八八七～八八八ページ、『報恩講式』は、『真宗高田派聖典』八五七～八五八ページに拠る。なお、貞慶『舎利講式』には「嗚呼聖容早隠雖隔給仕於四十五年之月」とあるが、これが覚如『報恩講式』に「ああ、禅容隠れて何にか在す、給仕を数十箇回の月に隔つ」と引き継がれている（『貞慶講式集』一七ページ、『真宗高田派聖典』八六二ページ）。
(33) 註（6）論文、四八ページ。
(34) 以下、『貞慶講式集』に拠る。
(35) 貞慶の法然批判は、その行き過ぎた行動に対するものであって、浄土教自体を批判したものではない、との示唆を得た。確かに、『興福寺奏上』を以て貞慶を反浄土教的思想の持ち主と看做すのは早計であろう。
(36) 現代の研究者は、ともすると現代の仏教宗派の枠組みに捉われ過ぎて、「何宗の僧」、「何宗の信者」という視点を立脚点にしがちであるが、これは日本中世においては全く無意味な視点だということを念頭に置かねばなるまい。これは、筆者自身も猛省すべきと感ずる所である。筆者は、二〇一三年八月三十日、福山市鞆安国寺を訪問し、善光寺如来像（重文）及び覚心木像（同）を拝観する機会を得た。善光寺如来像は、通例の金銅仏ではなく、木像であるが、光背の全高が三mを超す巨大かつ優秀、しかも特異な作例として知られる。覚心木像は、日本最古の寿像とされ、鎌倉期の肖像彫刻の秀作である。このような貴重な彫刻が薄暗い釈迦堂（重文、現本堂）の中に安置されている様に大いに感動を覚えた。要するに、覚心が善光寺如来を本尊として開いた寺が安国寺の前身である金宝寺であり、その姿が現代にまでそのまま継承されているのである。混沌とした中世日本仏教の実態を今に伝える貴重な物的証拠である。釈迦堂内の雰囲気は密教的であり、「臨済僧であった覚心が善光寺如来を密教的な堂内に安置した」ことになるが、そのような宗派間の垣根を取り払って考察した方が合理的であることは今さら言を俟たない。また、両像には多くの胎内納入品が見られることも特徴の一つであり、中尊胎内墨書は曼荼羅そのものであり、中尊納入品の一、「血書阿弥陀経」も極めて密教色の強いものと言えよう。覚心と鞆安国寺との関連は未だ殆んど解明されていないが、密教と禅、浄土信仰を結び付ける、中世日本仏教史の重要なポイントであり、今後の研究の進展を切望せずにはいられない。なお、同寺蔵善光寺如来像は、覚心木像と共に戦前に旧国宝（現重文）に指定されているものの、その価値が知られるようになったのは、昭和三十年代以降のことであり、小倉豊文氏の業績（「安国寺草創小考 備後国の場合を中心として」『広島大学文学部紀要』一二号所収、一九五七年、「善光寺如来像小考 特に備後国安国寺本尊について」『仏教芸術』三七号所収、一九五八年）に拠る所が大きい。学術的な善光寺史研究の端緒である坂井衡平氏の『善光寺史』（脱稿は一九三八年）にも何ら記す所がない。なお、鞆安国寺については、後に本書第Ⅲ部第七章においても詳述する。

(37)『知恩講式』については、阿川文正氏の緻密な論考（「知恩講私記と法然上人伝に関する諸問題」『大正大学研究紀要文・仏教学部』五一号所収、一九六六年）があり、本稿もこれに拠る。

(38) 御忌は、『一枚起請文』の読誦を中心とする法会で、『知恩講式』読誦よりも遙かに簡便である。法会の簡略化の進行により衰退してしまったのであろう。

(39) 真宗でも、報恩寺は国宝親鸞直筆「坂東本『教行信証』」を伝えて来た、坂東報恩寺（親鸞の直弟である性信が開いた関東二十四輩の筆頭で、長らく下総横曽根にあったが、近世になり江戸に寺基を遷した）など、名刹が多い。

(40) 両講式の関連性、類似性が夙に半世紀近くも前に阿川氏により、指摘されていたわけで、その事実に今回初めて気付いた自らの不明に恥じ入るばかりである。

(41) 本文は、『真宗聖教全書』五巻、七一五～七一九ページに拠る。書き下しは、伊藤正芳氏『知恩講私記』（既成院、二〇一一年）に、『報恩講式』は、『真宗高田派聖典』八五七～八六三ページに拠る。

(42)『知恩講式』第二段（以下、『知』二と略）「此の言《ことば》、誠なるかなや」→『報恩講式』第二段（以下『報』二と略）、「誠なるかなこの言《ことば》」、『知』二「直也人《ただびと》」→『報』三「直也人《ただびと》」、『知』二「皆是れ夢中に告《こく》を得」→『報』三「皆これ夢のうちに告《つ》げを得」、『知』三「自力の心を改めて他力の願に帰す」→『報』一「自力の心を改めて、偏に他力の願に乗ず」、『知』五「盛んなる市に異ならず」→『報』三「盛んなる市に異ならず」などが確認される。本文出典は、『知恩講式』は伊藤氏前掲書、八六～一〇五ページ、『報恩講式』は、『真宗高田派聖典』八五八～八六三ページに拠る。

(43) 筆者が最も関心を惹かれる講式の一つである『善光寺如来講式』を一瞥してみたい。『善光寺如来講式』は、了阿が文永九年（一二七二）に制作したもので、善光寺如来の功徳を三段に分けて讃嘆している。ちなみに、了阿という人物は『仏家人名辞典』にも見えず、不明である。講式の作者には、一世を風靡した高名な僧侶から無名な人物まで、僧俗を問わない広汎な立場の人々が携わっていたことが解される。『善光寺如来講式』は、首尾完結し、整然とした講式である。以下、本文は牛山佳幸「高野山大学架蔵『善光寺如来講式』について」（『市誌研究ながの』七号所収、二〇〇〇年）の翻刻に拠る。これが現在に至るまで唯一の紹介論文かつ翻刻である。最初に引用される伽陀は、「稽首天人所恭敬」以下の文言で、既述の如く『二十五三昧式』一段の後の伽陀、そして『報恩講式』冒頭の伽陀とも同一である。講式では、よく使われる伽陀だと言えよう。次に長い表白があり、それに次いで勧請、つまり法要の場に仏・菩薩の来臨を祈念する作法が記されている。第一段は、善光寺如来の縁起が説かれ、インドの月蓋長者が黄金で鋳造させた一光三尊仏が百済に渡り、その後さらに日本に伝えられたが、排仏派の物部守屋らにより難波の堀江に投げ捨てられ、それを本田善光（ここでは「若麻績善光」となっている）が見付けて、信濃に持ち帰り、安置して寺とした、との周知の『善光寺縁起』のストーリーをほぼなぞるものとなっている。続く第二段では、阿弥陀仏の誓願の深重、かつ確かなことが、第三段では、廻向発願の功徳を称揚しているおり、「浄土三部経」や曇鸞、善導の著作などを引くものの、善光寺如来の功徳について、全く触れられていないのは、意外と言うしかない。第一段で、善光寺如来の伝来の尊さが語られるならば、続く第二・第三段では、その利益の広大無辺さについて、滔々と述べられ、讃嘆されてしかるべきであるが、善光寺如来には全く言及されておらず、拍子抜けな感を禁じ得ない。無病息災から極楽往生まで、あまりにも多くの現世利益を併せ持った善光寺如来の功徳は、講式という、固定化された儀式によって讃嘆するのには不向きであったのかも知れない。実際、『善光寺如来講式』はこれ以外には作られていないし、この講式によって善光寺如来講が執行された記録も全く残されていない、とのことである。失敗作とまでは言えないが、講式として有効に活用されずに終わった作例なのかも知れない。多数の講式の中には、大ヒットして大いに人口に膾炙したもの、連綿と現代にまで継承されたものもあれば、早々に廃れてしまったものや、殆んど実際には行われなかったものも多数あったに違いない。『善光寺如来講式』は後者の一例であったと見る方が無難ではなかろうか。

（44）註（15）に既述した通り、筆者は前掲拙著（六七ページ）において、『報恩講式』読誦の際の起居礼である迎接礼を「真宗高田派独特の印象的な礼拝作法」であるとしたが、全面的に撤回せねばならない。

（45）既述の如く、明恵の在世中には複雑な節回しは無かったのではないかと推測されており、現在に伝わる『報恩講式』などの重厚・複雑な節回しは、やはり後世に付加されたものと考えるべきかも知れない。

（46）筆者は前掲拙著（一二一～一三ページ）において、「蓮如が他の密教的な講式と区別するため当て字をしたのかも知れない」と記したが、これは訂正すべきである。すなわち、講式データベースを一覧すると、「私記」の書名を持つ講式が少なくとも十数点確認され、その中の何点かは鎌倉初期にまで遡ることが知られるからである。「私記」の表記は、蓮如が考え出したものではなく、それ以前から使われていたものであった。なお、宮崎円遵氏は、『定本親鸞聖人全集言行篇』における『報恩講式』の解説（二四一～二四二ページ）において、「本書において「式」を「私記」と書かれているが、これが果して上人以前からか、上人よりはじまるか、いずれとも決すべき資料を欠くが、大凡本書よりはじまるのではなかろうか」とし、「「私記」の表現は蓮如の頃に使われ始めたものであろう」とされているが、否定せざるを得ない。

（47）引用は、『真宗高田派聖典』八六七～八六八ページに拠る。

（48）実際に、『報恩講式』『嘆徳文』を読誦伝承してゆく重責を担っている筆者は、ついつい過大評価しがちで、主観が交っていることは否定し得ないが、後期講式の傑作という評価は決して主観とは言い切れまい。

第四章　覚如・存覚の生涯と『報恩講式』・『嘆徳文』

覚如・存覚父子の事績とその位置付け

本願寺第三世覚如とその子存覚は、初期真宗教団において大きな事績を残しているが、そのスタンスと目標は対照的とも言える程異なっていた。『報恩講式』と『嘆徳文』の史料的価値を論ずるには、まずその作者たる覚如・存覚の功罪について、精確に把握しておかねばならない。

覚如の生涯と事績

覚如は、文永七年（一二七〇）[1]十二月二十八日に、覚恵の長男として京都三条富小路の近辺で出生した。覚信尼の孫、親鸞の曾孫に当たり、幼名は「光仙」といった。幼少時より学問・仏門に関心が強く、文永十一年（一二七四）には、慈信房澄海に付き外典を習い始め、建治三年（一二七七）には、天台の秘書『初心抄』を与えられる、という。[2]次いで、弘安五年（一二八二）、延暦寺宗澄に入門し、台密を学び、[3]翌弘安六年（一二八三）には興福寺一乗院の信昭に入門し、法相を学ぶという。弘安九年（一二八六）、興福寺一乗院にて出家得度し、「覚如房宗昭」と名乗る。以後、行寛などに学ぶが、翌弘安十年（一二八七）には上洛した如信に、翌々年には唯円に宗義（法然・親鸞の教説）を学んでいる。

覚如のその後の人生に決定的な影響を与えたのが、正応三年（一二九〇）三月から二年間に亘る東国下向であった。これは、父覚恵に連れられて曾祖父親鸞の遺蹟を巡拝し、未だ生き残っていた親鸞面授の弟子から教えを乞うためのものであった。しかしながら、覚恵・覚如父子が東国の門弟達から必ずしも歓迎されなかったであろうことは察しが付く。この東国への旅で、覚如は曾祖父親鸞への傾倒を深める一方で東国門弟との違和感を強く認識することになったようである。なお、この年、長男存覚が生まれている。

この東国巡拝の旅の感動を胸に、自らの想いと意欲を表明すべく、著したのが、『報恩講式』であった。彼の処女作であり、覚如弱冠二十五歳の永仁二年（一二九四）のことであった。翌永仁三年（一二九五）には、『親鸞聖人伝絵』初稿本を一気呵成に撰述している。その後、『伝絵』は康永二年（一三四三）の康永本まで五十年近くに亘って増補改訂が繰り返されることになり、彼の創作意欲の旺盛さと『伝絵』に対する並々ならぬ思い入れが看取される。

これより以前、覚如の父覚恵は大谷廟堂の護持に腐心していた。元々、大谷廟堂は、東国門弟等の活動・支弁により文永九年（一二七二）に建立されたものであった。この廟堂を寺院化し、その管理人としての自らの地位を確立することが、覚恵・覚如父子の積年の課題であった。しかし、この計画は難航を極める。大谷廟堂の管理支配に関しては、建治三年（一二七七）の覚信尼筆「大谷屋地寄進状」(4)からも明らかなように、覚信尼とその子孫（覚恵、覚如）が沙汰人を継承することを確認しつつも、あらゆる権限は東国門弟の手に委ねられており、沙汰人は単なる番人でしかなかった。この屈辱的な状況は誇り高き覚如にとっては到底容認できないものであり、その打開こそが彼の畢生の事業であった。そこで、覚如は多大な歳月を費やし、徐々に自らの権限を強化すべく様々な画策を講じることになる。その成果は、廟堂管理人の呼称が漸時、沙汰から留守、そして留守職へと変化していることにも如実に現れていよう。(5)

正安四年（一三〇二）五月二十二日、覚如は父覚恵の譲り状(6)により、初めて大谷廟堂の留守職を認められた。ところが、この頃覚恵と、その異父弟唯善との廟堂管理をめぐる紛争が惹起し、長期化の様相を呈して来た。覚恵の譲り状は唯善の野望を斥け、子覚如にその権利を相続する旨を表明したものであったが、なおも唯善は執拗に廟堂の奪取を企て、覚如もこの事態の収拾に精力を使い果たすことになる。徳治元年（一三〇六）、唯善は大谷廟堂に押し入り、占拠の実力行使に出る。その後しばらくは、膠着状態が続くが、東国門弟の支援もあって最終的に延慶二年（一三〇九）、青蓮院の裁定を得、唯善の敗訴が決まった。しかし、それを不服とする唯善は廟堂を破壊し、親鸞の木像と遺骨を強奪するという暴挙に出るのであった。唯善は覚如にとっては叔父に当たり、東国門弟を牽制して自らの地位を確立しようとする覚如にとって、この内輪もめは極めて不都合な事態であった。東国門弟たちが「親族内でこんなに紛争が絶えないのなら、廟堂の管理は自分たちでやろう」と考えることは覚如にとって最も避けるべき、憂慮すべき事態なのであった。そこで、覚如は秘策を巡らせ、青蓮院の裁定が下された七日後に、東国門弟たちに宛てて懇望状を認めている。十二箇条からなるこの懇望状は覚如にとっては屈辱的と言える程低姿勢な内容であるが、その意欲にも並々ならぬものがあった。覚如の人となりを考える上でも重要な史料であるから、煩を厭わず全文を掲げてみたい。(7)

　　親鸞聖人御門弟中へ懇望せしむる条々の事

一、毎日御影堂御勤、闕怠すべからざる事

一、財主尼覚信の建治・弘安の寄進状に背くべからざる事

一、御門弟等御中より、たとい御留守職に申し付けらると雖も、御門弟の御意に相背くにおいては、一日片時たりと雖も、影堂敷内を追い出さるるの時、一言の子細も申すべからざる事
一、御門弟等、忝く両御代の院宣並びに庁裁、本所の御成敗を賜わらるるの上は、留守職たりと雖も、一切子細を申すべからざる事
一、向後においては、本所御成敗の旨に任せ、御門弟等の御計らいに背くべからざる事
一、私に取る所の借上をもって、御門弟等に懸け奉るべからざる事
一、聖人の御門弟等、たとい田夫野人たりと雖も、祖師の遺誡に任せ、全く蔑如の思いを成し、過言致すべからざる事
一、影堂留守職に申し付けらると雖も、全く我が領の思いを成すべからざる事
一、御門弟御中より御状を賜るの時、彼の文章をもって後日の亀鏡に備え、子細を御門弟御中に申すべからざる事
一、影堂敷地内に好色傾城等を招き入れ酒宴すべからず。自他共に禁制すべき事
一、御門弟の御免許を蒙らず、細々諸国に下向し、或いは勧進と称し、或いは定員数に諧《かな》わずと号し、御門弟に諂い奉るべからざる事
一、諸国の御門弟に対し奉り、自ら忠節有るの由、称すべからざる事
以前の条々、一事たりと雖も、御門弟の御計らいに背くべからず。不調不善を現し、或いは財主尼覚信の寄進状並びに両御代の勅裁・使庁成敗・本所御下知等に背くにおいては、御門弟等の御計らいとして、時日を廻らず、御影堂の敷内を追い出さるべきものなり。且つは、唯善坊御影堂並びに御門弟等に敵対し、種々の不調を現す。或いは御影堂並びに房舎等をもって、質券に入れ、或いは御書状等を拾い置き、後日の亀鏡に

備う。子細を掠め申すと雖も、既に棄て置かるるの上は子細無しと雖も、今覚如をも彼の唯善に准じ、御門弟御中より御不審の上は、此の状を出す所なり。向後と雖も、御門徒に敵対せしめ、証文有りと称し、門弟の御書状等をもって、もし子細を申す事有らば、皆悉く、今案の謀計に処せられ、ゆめゆめ叙用あるべからざるものなり。此くの如く状を出しながら、猶もって後日子細を申さば、此の状をもって証文となし、本所並びに公家・武家へ訴え申され、遠流の重科に処せらるべし。そもそも上件の条々等、覚如においては、元よりその企て無し。不調を現さずと雖も、併しながら未来のために此くの如く書き、状を出すものなり。もし偽り申さば、惣じては三朝の浄土高祖、別しては祖師聖人の冥罰を蒙り、而も現当の悉地をも失うべし。

仍って未来の亀鏡たるの状、件の如し。

延慶二年己酉七月二十六日　　　　覚如在判

「私は唯善のような野望は持っていないから、どうぞ私を留守職として認めて下さい。決して門弟方の意に背くようなことは致しませんから」との哀願にも近い切実さが窺われ、興味深い。東国門弟たちの意に背くなら「遠流の重科に処せらるべし」とし、曾祖父親鸞と同様に重罪を科されても甘受しよう、という。「御門弟の御計らい」、「御門弟に対し奉り」等、卑屈なまでの謙遜ぶりであり、唯善事件の収拾のためには一時的にはプライドもかなぐり捨てなければならなかった覚如の立場を示すものである。これは、『報恩講式』に見る格調高い文体とは好対照に平易な文章であり、とても同一人物の作とは思えない。それとは正反対に、大変興味深い表現が第七条目に見られる。「田夫野人たりと雖も」、「蔑如の思いを成し、過言致すべからざる」とあるが、「田夫野人」は、ひどい田舎者、との軽蔑的なニュアンスである。つまり、覚如は関東の門弟たちをとんでもない田舎者と見ていて、ついつい軽蔑したり、失礼な口の利き方をもしそうになってしまうのであって、そのような自分を戒めている(8)のである。この表現からも懇望状の文調が、いずれ形勢逆転を目論んでの一時的な謙遜であることは自明であろう。

しかしながら、東国門弟の警戒感には未だ根強いものがあり、留守職就任は容易には認められなかった。そこで、覚如は翌延慶三年（一三一〇）、東国に下向し、門弟たちと半年に亘って協議を重ねる。その結果、同年秋、ようやく留守職就任が認められ、積年の念願が果たされたのであった。念願の第一目標を達成した覚如には、次なる大事業が待ち受けていた。それは、廟堂を寺院化することであり、それにより自身とその後継者の地位のさらなる安定強化を図ろうとするものであった。応長元年（一三一一）、彼はまず、破壊された廟堂の修復を手掛けると共に、親鸞の肖像画「鏡の御影」の改作を行う。(9)

また、この年以降、地方門徒の掌握と布教にも力を入れ、存覚と共に越前に下向し、大町の如道に『教行証』(10)を講じている。その後、伊勢から尾張、さらに三河、信濃へも下向し、徐々にその教線を伸張させている。応長元年（一三一一）の越前へは、「鏡の御影」と「安城の御影」を持参しており、親鸞肖像画の披露を布教の一助としていたことが知られる。なお、正和元年（一三一二）には、大谷廟堂に「専修寺」の額を掲出したが、比叡山からの抗議により、程なく撤去せざるを得なくなり、寺院号の掲出は失敗に終わった。なお、覚如は正和三年（一三一四）、早くも留守職を長男存覚に譲り、(11)一時的に隠棲した。自身の病気と留守職の血脈相承を明示するためであったが、実権を存覚に全面的に委ねる気はもとよりなく、院政的形態を執って実権を保持し続けたのである。覚如は存覚を信頼し、共に各地へ巡錫して教線の拡張に努めている。

しかし、元応二年（一三二〇）、了源が覚如の門下に入ってから、両者の関係は徐々に反目化してゆくことになる。了源は、仏光寺派の第七世であるが、実質的な仏光寺教団の創立者である。名帳・絵系図などを考案し、仏光寺派の独自性を明確化して急速な教線伸張を実現したことで知られる。覚如は、この了源の指導を存覚に任せたのだが、これが、父子の反目を招く契機となってしまったのである。了源は、京都山科に興正寺を創建し、その寺号は覚如の命名によるものであった。最初は、ごく質素な施設であったが、またたく間に大発展を遂げ、創建十年後の元徳二年（一三三〇）には東山渋谷に移転し、存覚により仏光寺と命名され、繁栄を誇った。一方、大谷廟堂は「本願寺」の寺号がこの頃ようやく認知され、寺院化が始まったばかりで、未だ弱小寺院でしかなく、一気に仏光寺の後塵を拝する状況になってしまった。しかも、この興正寺から仏光寺への大発展・繁栄には存覚の与する所が甚大で、本願寺一点集約を目指す父覚如にとって、それを阻害・抑制する子存覚の行動は許さざるものとなっていったのであった。父子の対立は決定的なものとなり、元亨二年（一三二二）六月、覚如は存覚を義絶するに至り、かつて就任を強要した留守職も取り上げ、自らが復職している。

この存覚義絶の理由については、様々な説が提示されているが、切迫した状況に追い込まれた覚如にとっては、他に選択肢の無い、至極当然な行動であり、これを不思議とする見解自体が不可解である。覚如が、大谷廟堂を寺院化し、本願寺としてのスタートを切ったばかりのこの時期、その息子が東国門弟系の教団に多大な寄与をし、本願寺を遙かに凌駕する寺院が現出したとすれば、それに対して強い敵対心を抱くことは、むしろ自然な感情である。覚如が終生念願し続けて来た本願寺を中心とした教団の実現を、実の息子に妨害されたのであるから感情的に許せなかったわけである。もっとも、単に感情に任せた義絶ではなく、自身の経済的な窮乏、教義上の対立(12)など様々な複合的要因が重なって義絶に至ったと見なければなるまい。

義絶された存覚は仏光寺に居住することになり、了源から経済的な支援を受け、その見返りに了源の仏光寺経営に多大な貢献を果たす。幾多の聖教を執筆・書写して了源に与え、仏光寺の移転落慶法要などで導師を勤めている。大谷廟堂を追放された存覚は、仏光寺において活躍の場を見出したのである。

他方、大谷廟堂の留守職に復した覚如は、本願寺の別当識となり、その経営に邁進する。彼は執筆活動により自らの主義を主張し、その地位の保全確立を図ろうとする。彼が最も力説しようとしたのは、「三代伝持」の系譜の正統性であった。まず、嘉暦元年（一三二六）、『執持鈔』を著し、本願寺聖人の仰せ＝親鸞の教義は善導・法然の教えを継承したもので、その親鸞の教えを受け継ぐのが自分覚如だとの強い意識が窺える。親鸞を「本願寺聖人」と表現している所に、東国門弟系教団に対する並々ならぬ対抗心が現れていよう。次いで、元弘元年（一三三一）、『口伝鈔』を執筆している。これは、親鸞が如信に語った他力真宗の肝要を覚如が伝持しているとするもので、法然―親鸞―如信、引いては親鸞―如信―覚如の三代伝持の正統性を表明するものであった。すなわち、法然の教義を正しく継承したのは、鎮西・西山派の弁長、証空などではなく、親鸞であり、親鸞の教義を正しく継承したのは、東国の門弟らではなく、如信、覚如なのだとし、大谷本願寺の師資相承の正統性を強調するに至っている。なお、『執持鈔』には、如信相承のことは説かれておらず、『口伝鈔』に至って唐突に如信相承が強調されていることに違和感を覚える。これは、如信が親鸞の血統を引いており、しかも面授口決の弟子であり、覚如も直接如信から教えを受けた事実を示し、血脈の上からも、法義の上からも覚如の相承が最も正しいことを訴えたかったからに他ならない。急速に発展し、短期間のうちに本願寺教団を凌駕してしまった仏光寺教団への対抗上、覚如は如信という人を使った宣伝力の有効性に気付いたのであろう。

さらに、建武四年（一三三七）、『改邪鈔』を著す。その跋文に「右この抄は、祖師本願寺聖人親鸞、先師大網如信法師より面授口決せるの正旨、報土得生の最要なり。余、壮年の往日、かたじけなくも三代、黒谷・本願寺・大網伝持の血脈を従ひ受けて以降、とこしなへに蓄ふるところの二尊興説の目足なり」[13]とある如く、ここでも如信からの相承を強調すると共に、宿敵である仏光寺教団の布教方法を具体的に、しかも徹底的に論難している。「名帳」、「絵系図」の異義が最初に説かれている所からも、この書の著作の目的が明確に知れよう。

ここに、覚如の本願寺中心主義標榜は、『報恩講式』に始まり、四十数年後の『改邪鈔』をもって大成されたと言えよう。なお、この『改邪鈔』執筆の前年、建武三年（一三三六）には、大谷本願寺は足利尊氏の兵火に罹り焼失している。堂舎と共に親鸞の影像や『伝絵』の初稿本も灰燼に帰してしまい、覚如にとっては痛恨事であったに違いない。その後、暦応元年（一三三八）、覚如は存覚の義絶を十六年ぶりに解いている。その背景には、大谷本願寺の復興再建計画があった。つまり、その再建に際し、東国門弟等の支援協力を得るためには、一時的にせよ、存覚の義絶を解いた方が好都合だという計算が覚如にあったためであろう。当然、これは父子の和解を意味するものではなく、それは、覚如が翌年、密かに用意した置文からも明らかである。それによると、本願寺別当識の相伝は、覚如の死後は、善照（覚如内室）―従覚（覚如次男）―光養丸（従覚の長男、後の善如）の順に継承せよとし、「存覚は、多年に亘って不義を重ね、不孝義絶の身であるから未来永劫に本願寺の敷地内に立ち入ることを許さない」とし、「存覚小法師」と蔑称している。(14)

この間、覚如の計画が奏功し、大谷の堂舎は高田の専空、三河和田の寂静など、東国門弟の尽力・支援により復興を果たした。しかしながら、寺院化され、本願寺と名乗りはしたものの、未だ独立採算には程遠く、東国門弟依存の経営体質は全く変わっておらず、覚如の目指した東国門弟依存からの脱却には未だ多大な日時が必要だったのである。(15)康永元年（一三四一）、覚如は存覚を再度義絶する。この時期の存覚に特段の変化はなく、覚如の逆鱗に触れるような事件もない。赦免以降の四年間に両者の関係に何の変化も無かったことからすると、赦免自体が極めて形式的で、実態を伴わないものであったことが解る。

その翌年、康永二年（一三四二）、『伝絵』の最終改訂版である「康永本」(16)を制作している。随所に手を入れた、決定版と言えるもので、初版の制作から実に四十八年後になり、覚如の制作意欲の旺盛さには驚かされるばかりである。それだけ、若き日の本願寺中心主義の理想が老年に達しても些かも変わらなかったことを示すものであろう。自らの理想に向かって邁進し、各方面でその力量を存分に発揮して来た覚如であったが、七十代も後半に差し掛かると、さすがに気力的にも体力的にも衰えが見えて来たようである。

晩年の覚如にとって痛嘆極まりなかったのは、貞和五年（一三四九）、妻善照の死去であった。覚如五人目の妻であったが、三十一年間に亘り辛苦を共にした最愛の妻であった。前述の置文において、本人没後の別当識後継者の第一候補として善照の名を挙げていることからも、その信頼の程が知れよう。存覚との関係に変化はなかったが、支えを失って弱気になったのであろうか、東国門弟らの赦免運動の成果もあり、観応元年（一三五〇）八月、遂に義絶を解くこととなった。形式的にせよ、父と子に戻って最期を迎えたいというのが、本音だったのであろう。しかしながら、別当識への就任は、決してそれを許可しない旨、同年八月二十八日付の置文に明記しており、義絶宥免と別当識継承とは全く別であるとする考えを終生貫いたわけである。同年十一月には、従覚の子、善如への別当識譲状を認めている。[18]

覚如の最期は南北朝の動乱の最中であった。『存覚一期記』には、「このような非常事態下においては、本来は親子が一緒に住んで助け合うべきであるが、それが叶わないことは全く不本意である。この上は、お互いに自重して身命を全うすることが何より大切である。しかしながら、私（覚如）はもう老齢であり、再び会うことはできそうにない、今が今生の別れだと言って涙に暮れた。（存覚も）離愛の情に堪えず、袖を涙で濡らした」[19]とある。感動的な父子の別離の描写であるが、覚如も死期を悟り、随分心細かったのであろう。自身の感情を犠牲にしてまでも本願寺を中心とした教団の建設に邁進して来た覚如が最期に見せた人間的な一面であった。観応二年（一三五一）一月十九日、八十二歳で波瀾に富んだ生涯を閉じる。臨終に際しては、幾多の奇瑞が現れたことを『慕帰絵』、『最須敬重絵詞』共に記すが、[20]これは覚如が親鸞の往生に際して『伝絵』には全く記さず、排除したものであった。[21]

存覚の生涯と事績

存覚は、正応三年（一二九〇）六月四日、本願寺第三世覚如の長男として京都に生まれた。父覚如は、祖父覚恵と共に同年三月から二年間に亘り、親鸞の遺蹟巡拝のために東国へ下向しており、不在であった。幼名を「光日麿」といった。永仁五年（一二九七）、前伯耆守日野親顕の猶子となる。

乾元元年（一三〇二）、南都東北院の慶海の下に入り、翌嘉元元年（一三〇三）、十四歳にして興福寺の院家発心院での毎月の講筵で問者の役を勤め、慶海の指導を受けた。同年十月十日、東大寺において出家受戒し、密教の十八道法・金剛界法を伝受した。翌嘉元二年（一三〇四）五月、近江礒島の引接坊に入り、法華経を伝受する。翌嘉元三年（一三〇五）には、日野中納言俊光の猶子となり、名を光玄と改めている。十八歳の徳治二年（一三〇七）夏、比叡山横川の四季講に列し、秋にはその講師を勤める予定であったが、祖父覚恵の死去により辞退した。同年十月から十二月まで安養寺彰空に付き『観経疏』の「玄義分」から「定善義」までを学修した。彰空は浄土宗西山派の祖証空の弟子で、覚如も受法しているが、存覚はこれ以降、長年彼と親交を結び、その思想形成に多大な影響を受けることになる。その後、東山証聞院の供僧となり、密教を受法したが、延慶三年（一三一〇）には、覚如の命により証聞院を出て大谷に帰っている。これは唯善が敗走し、覚如の大谷居住が再び可能となり、父子同居を求められたためである。存覚の修学は概ね以上であるが、密教系の受法が多い点においては、父覚如に勝るとも劣らないようである。

応長元年（一三一一）、父覚如に従い越前に下向し、主に存覚が『教行証』を伝授した。この時期は父子一致協力して布教に勤んでおり、正和三年（一三一四）には、大谷廟堂の留守職を譲られている。文保元年（一三一七）から翌年にかけて、親鸞の『観無量寿経註』及び『阿弥陀経註』を書写しており、その書写態度からは親鸞に対する忠誠心が看取される。[22] 元応二年（一三二〇）、仏光寺の了源が初めて大谷に来参し、指導を求めた。覚如はその指導を存覚に任せたため、以後存覚は了源専属の師の如く活動することとなる。

これが、長年に亘る覚如・存覚父子の不和の契機になろうとは、両人共全く想定外の事であったに違いなかろう。覚如は、了源の指導を信任して命じただけであり、存覚もその命に従って真剣にその責務を果たしたに過ぎない。しかし、予想以上に存覚と了源は意気投合し、父子以上の信頼関係を築いてしまったようである。しかも、存覚の加担した仏光寺はまたたく間に急成長し、[23] 本願寺を遙かに凌駕する勢力となってしまった。これを父覚如が快く思うはずはなく、父子の関係は一気に敵対関係にまで至ってしまう。その結果、元亨二年（一三二二）六月、存覚は義絶され、大谷を追われることになる。存覚は、近江から東国・奥州に下向するが、これは東国門弟から義絶和睦の支援を得るためであった、という。

義絶という未曾有の逆境にも拘らず、存覚と了源の親交はますます深まったようである。東国から帰洛した存覚は、了源が山科に建てた興正寺に居住し、存覚が了源を指導する代わりに了源は存覚一家の生活を支援することとなる。正中元年（一三二四）には、存覚の次女が興正寺で誕生しており、同年の秋彼岸の供養導師を存覚が勤めている。また、了源の求めにより『浄土真要鈔』、『諸神本懐集』、『持名鈔』、『女人往生聞書』、『破邪顕正抄』の五本[24]を書き与えている。奥書によれば、これらの聖教は同年の正月から八月にかけて執筆されたことが知られるが、短期間にこれだけの著作を成し遂げた存覚の熱意に驚かされると共に、了源に対する真剣な指導態度が窺える。両者は、堅固な信頼関係に保障された相互依存関係にあったのである。さらに、存覚三十八歳の嘉暦二年（一三二七）には、了源の支援により存覚一家の住坊が建てられている。その後、存覚は興正寺の寺号を仏光寺と改め、元徳二年（一三三〇）の春彼岸では、「聖道出仕儀式」で導師を勤めている。この時までに、仏光寺は山科から東山渋谷に移転し、さらに隆盛化している。

翌元弘元年（一三三一）、存覚は東国に下向する。家族を近江瓜生津に預け、単身で関東に向かう。「仏光寺の火災により生活困窮のため」とあるが、それ以上に東国門弟との交渉が大きな目的であった。二年半に及ぶ東国滞在中に門弟等と大谷廟堂の維持管理について、種々画策したと推定され、元弘三年（一三三三）十一月三日付で青蓮院門跡慈道親王から関東門弟宛に下知状を得ている。それによると、「大谷廟堂の影堂並びに敷地は門弟等の進止に任せるもの」[25]だとする。しかしながら、これに対して覚如も即座に反撃に及び、建武元年（一三三四）五月九日付で同じ青蓮院門跡慈道親王からの留守職安堵の下知状を得ている。それによると、「大谷廟堂の留守職については、存覚は義絶の身であるから、それを望み得ない」[26]とし、東国門弟との画策も振り出しに戻ってしまったことになる。全く泥仕合としか言いようのない応酬が繰り返されることとなる。なお、東国への下向は家族を戦乱から疎開させるためでもある。存覚の家族は、近江から鎌倉に移住した、とある。ところで、近江瓜生津は、存覚の妻奈有の実家であり、存覚一家のみならず、覚如の疎開先にもなっており、父子にとって重要な中継地点でもあった。建武元年（一三三四）、仏光寺本尊の開眼供養が夜陰内密に執り行われ、ここでも存覚が導師を勤めたと思われる。内密に執行されたのは、南北朝の戦乱時ゆえ、攻撃対象とされないためにであろうか。

存覚四十七歳の暦応元年（一三三八）三月、備後国府において、当地門弟の要望により、法華宗の宗徒と対論している。その結果、法華宗側を屈服させ、当地の真宗はますます繁盛した、という。論客存覚の面目躍如たるものがあろう。さらに、備後滞在中に、当地門弟の依頼により『決智鈔』、『歩船鈔』、『報恩記』、『法華問答』、『至道鈔』、『選択註解鈔』等を一気呵成に書き上げ、続けて『顕名鈔』を京都の明光のために著している。正中元年（一三二四）、了源に依頼された際の執筆と同様、僅か半年程で、幾多の書物を仕上げてしまう存覚の執筆意欲の旺盛さには、常人に及びの付かぬものがあろう。

このような、法華宗宗徒論破の活躍もあってか、同年九月、覚如は存覚の義絶を十六年ぶりに宥免している。存覚の妻奈有の父で、近江瓜生津の愚咄の斡旋による。しかし、この義絶宥免が真に父子の和解を意味するものでなかったことは、前段に見た通りである。

その後、覚如・存覚父子は、一時大谷に同居するものの、五十三歳の康永元年（一三四二）、再度唐突に義絶の報を得る。存覚の側にこの時期、勘気を蒙るような理由はなく、義絶宥免自体が表面的なものであったことを示している。再義絶は存覚にとっても、青天の霹靂ではなく、予測の範囲内だったのであろう。とは言うものの、それは存覚にとっては不名誉極まりないことであり、甘受できるような悠長な状況ではなかった。かくして、再び各地の門弟らは義絶の宥免に向けて活動することとなる。存覚義絶の宥免のために奔走する各地の門徒の姿勢は存覚がいかに門徒から信任されていたかを明示するものに他ならない。それに対して、その父覚如を信任して彼のために奔走する者は皆無に近かったようであり、強権を発動し、その存在を誇示しはするものの、覚如の孤立無援さはなおさら際立っていたと言えよう。

いずれにせよ、存覚は大谷へは帰れず、大和に隠棲する。大谷を追放されても、仏光寺以外に彼を支援・居住させてくれる場が少なからずあったことは、看過されまい。

五十九歳の貞和四年（一三四八）、存覚は、宝塔院叡憲のために『信貴鎮守講式』を作っている。極めて密教的な著作であるが、浄土教者というより汎仏教者であった存覚の面目躍如たるものがあろう。[27]浄土教系の人々だけではなく、非浄土教・密教系の人々からも信任され、一目置かれていた存覚の地位が窺える。

翌貞和五年（一三四九）、覚如の妻で存覚の義母に当たる善照が死去する。存覚より十歳も年下の義母であった。これを機に義絶の赦免を働きかけるが、叶わなかった。しかし、その後も存覚は義絶赦免に向けて精力的に動く。愛妻を失って悲嘆に暮れる老父と老境に入りつつある我が身を思うに付け、「このままではいたたまれない」との思いが募り、一刻も早い和解が急務となって来たのであろう。(28) 観応元年（一三五〇）五月、存覚は日野時光に宛てて手紙を認め、和解の斡旋を依頼した。日野家は、聖人の家系にも連なり、存覚も少年時代に猶子に入っており、大谷家とは長年の親交があった。大谷家諸事の仲裁・助言役として信頼されていたことが窺える。そして、時光の尽力も相俟って、同年八月五日、遂に義絶が宥免された。時に、存覚六十一歳、父覚如は八十一歳の高齢であった。存覚本人はもとより存覚を支援して来た諸国門弟たちの喜びも一入であった。存覚は、時光に和解の謝礼を述べ、晴れて大谷に帰った。かくして、形式的には和解の上で父子は最期の年を迎えることになった。しかし、既述の如く「義絶は解くが、別当識への就任は断固としてこれを許さない」旨、置文に明記されており、存覚を自らの後継者として認めることは決してなかったのである。

翌観応二年（一三五一）正月、世情はますます混乱を極め、京都への出入りもままならなかった。覚如からの書状にその窮乏ぶりを知った存覚は老父を慰問すべく、道中の困難を克服して金一封を届けさせた。覚如は存覚のその心遣いに感謝し、その金で少しの酒を飲んだ。その翌々日、覚如は八十二歳の生涯を閉じる。存覚は不例を聞き、急ぎ大谷に駆け付けたが、道中の困難もあって臨終には間に合わなかったのである。死に目には会えなかったものの、父が息子に対して感謝の念を抱いてから亡くなったことは、存覚にとって至上の喜びであったに違いない。怨憎渦巻く父子関係ではあったが、最期の一瞬には親子の感情を取り戻したのではあるまいか。

覚如没後の存覚は近江木部の錦織寺への下向・滞在が目立つ。錦織寺は、瓜生津の愚咄の弟、つまり存覚の妻奈有の叔父である慈空の開基になり、(29) 存覚も懇意であった。その慈空が、同年の七月七日に亡くなっている。その後、愚咄と慈空の妻澄禅尼は存覚に対し「慈空の遺志を酌んで錦織寺の後継となるよう」懇願したが、存覚は老齢を理由にそれを断わり、三男の綱厳（後の慈観）を推した。弱冠十八歳であったが、錦織寺第五世の法統(30)を継ぐこととなったのである。存覚は若年の息子を補佐し、寺勢を拡張させるためにも錦織寺に滞在しなければならなかったのである。かつての仏光寺了源の時のように、今度は錦織寺の興隆に傾注したのであった。父覚如の本願寺を唯一絶対視する考えとは真っ向から反するものであった。

覚如亡き後の大谷本願寺は、指導者に事欠き、存覚は大谷居住を強く求められた。一旦は固辞したものの、執拗な要請にやむなく承諾するが、かつて怨憎の舞台となった大谷には、存覚はもはや未練も関心も無くなっていたようである。いずれにせよ、父覚如からようやく義絶の宥免を得、その覚如亡き後、存覚は思う存分に活動できたはずである。しかし、老齢とも相俟ってこの時期以降、積極的な活動は確認できない。文和二年（一三五三）には、覚如の画像に讃文を認めている。存覚にとっての父覚如は、やはり、唯一絶対の存在であり、その喪失感には計り知れないものがあったのではなかろうか。なお、存覚の著作とする伝承を持つ『親鸞聖人正明伝』には、文和元年（一三五二）十月二十八日の奥書がある。その真偽については、後に詳しく考察したい。

『存覚一期記』から窺える晩年の存覚は動きに乏しい。六十歳代後半からの記事は僅少で、七十三歳からは記事も途絶え、その後の十一年間の記事は「八十二歳、錦織寺下向」、「八十三歳、寿像図画」、「八十四歳、往生」だけである。しかも、七十二歳からは三男の鋼厳が書き加えたものであると明記されている。

果たして、存覚にとって晩年の十数年間は無為なものだったのであろうか。必ずしもそうは言い切れないようである。親鸞の晩年と同じように彼の晩年は著作の時期であった。波瀾万丈の人生を回顧しつつ、心穏やかに求めに応じて著作に励んだのである。延文元年（一三五六）の『存覚法語』、翌年の『謝徳講式』に次いで、延文四年（一三五九）、存覚にとっては甥に当たり、本願寺第四世善如の度重なる求めに応じて書かれたのが『嘆徳文』である。存覚七十歳の時であった。父覚如の傑作『報恩講式』の増補であり、僅か千字余りの小品であるが、その史料的価値は侮れない。『報恩講式』成立から六十五年後、存覚なりの情報収集と認識に基づいており、前著の錯誤・不備を見事に補正しているのである。これについては、章を改めて詳しく検討する。さらに、翌年には大著『六要鈔』を一気呵成に仕上げている。これは、親鸞の『教行証文類』を彼の理解に基づき註解したものであり、後の真宗教学に与えた影響には計り知れないものがある。その理解は、親鸞の理解とも覚如の理解とも異なり、存覚独自のものがある。(31)

存覚の晩年の心の拠り所は、錦織寺とその後継となった三男鋼厳であった。応安四年（一三七一）、八十二歳での錦織寺下向は、その最後の滞在・参拝であった。翌年には、自身の寿像を描かせている。生前に肖像画を描かせることは、法然にも親鸞にも見られる師資相承の儀式の一つであった。存覚は、肖像画と聖教を鋼厳に伝授したわけで、その点において、錦織寺歴代に加えられる相応の理由があろう。応安六年（一三七三）二月二十八日、八十四歳の長寿を全うし、入滅する。『一期記』の記述は、「八十四歳二月二十八日御往生」と、拍子抜けな位、極めて簡潔であり、一切の奇瑞も讃嘆も加えられていない。これは、『伝絵』に記す親鸞の往生と通ずるもので、『慕帰絵』、『最須敬重絵詞』に記す覚如の往生とは正反対である。

（1）親鸞の没後満八年目に当たる。なお、文永七年十二月二十八日は西暦に基づくと一二七一年になるが、文永七年を一二七〇年として考える。

（2）この年齢にはかなり誇張があろう。いかに早熟・聡明であっても、読み書きも未だ不十分な幼児が仏典を学ぶとは考えられまい。もっとも、その後の少年時代も全く学問漬けであるが、青年期以降の博識・文才を勘案すると、その猛勉強ぶりもある程度は首肯されるかもしれない。

（3）この頃、覚如は園城寺南滝院の僧、浄珍に誘拐されるという不慮の災難に遭っている。美貌の少年覚如は、浄珍の愛玩動物にされてしまったが、幸いそれが彼の思想形成に重大なダメージを与えることは無かったようである。

（4）三重県専修寺蔵、重要文化財。親鸞の子覚信尼が大谷の敷地を廟堂に奇進し、その公共性を保つと共に、その代償として自らが廟堂の管理者となることの承認を東国門弟に求めた書状であり、本願寺教団黎明期の最重要史料の一つである。

(5) 重松明久氏『人物叢書 覚如』(吉川弘文館、一九六四年)に詳しい。氏によれば、沙汰は事務処理人、留守は管理者、留守職はより権限の伴った管理者だという(同書、四一~七九ページ)。

(6)『真宗史料集成』第一巻、九七二~九七三ページ、原漢文。覚恵は同日付で三通の譲状を書いている。二通が覚如宛で、一通が関東門弟宛のものである。

(7)『真宗史料集成』第一巻、九七五~九七六ページ。原漢文、一部訂正。

(8) この条文を意訳すると、「聖人の御門弟たちが、たとえどんな田舎者であったとしても、聖人がそのような人々を分け隔てされなかったことに従い、決して軽蔑したり、無礼な口の利き方をしないこと」となるが、京都に生まれ育って英才教育を受けて来た覚如には、関東の門弟たちは服装も粗末で、言動も粗野に映り、自分とは全く違う人種に見えたに違いなかろう。覚如の本心が垣間見られる表現である。なお、これを唯善の態度について述べている、とする見方もあるが、「唯善と同じように覚如も」という自戒の念が込められているのは間違いなかろう。

(9) この改作については、覚如の意図が奈辺にあるのか断定し難い点があり、不可解である。現国宝の鏡御影は、上部の讃を胡粉で抹消し、その上に色紙型を貼り足し、覚如自筆で「和朝親鸞聖人真影」と「正信偈」の四句が記されている。さらに下部の讃は、墨で塗りつぶし、蓮華を散らした描表装に改められている。改作以前は、上部には「正信偈」の文二十句が、下部には「源空聖人云、当知生死之家、以疑為所止涅槃之城、以信為能入　文」、「釈親鸞云、還来生死流転之家、決以疑情為所止、無為之城、速入寂静必為信心為能入　文」の文言が記されていたことが確認される。なお、この讃は親鸞の真筆であるとされてきたが、それは現在ではほぼ否定され、筆者未詳である。覚如が全文を抹消している事実から、覚如がその存在をも抹消したかった人物(第一に唯善が考えられるが、時間的に困難であろう、とされる)、つまり善鸞ではないか、との注目すべき見解も提示されている(平松令三氏「鏡御影と安城御影の問題点」『教学研究所紀要』一〇号、浄土真宗教学研究所、二〇〇二年、一六ページ)が、善鸞の筆跡が全く確認されていない現状では確定する術はない。いずれにせよ、単純な修理・修復ではなく、覚如の主観的な判断に基づく大胆な改作・改竄であったことは確かであろう。今後のさらなる調査・研究の進展が俟たれる所である。

(10) 一般には、『教行信証』の名で知られるが、正式には『顕浄土真実教行証文類』であり、そこに「信」の字は無い。「信」の挿入には、覚如の意図も感じられるが、詳細は後述する。本稿では、『教行証』、または『教行証文類』の名称を使う。

(11) 存覚は留守職の就任を固辞したが、覚如の説得工作に折れ、必ずしも本意ではなかったが、最終的に就任を承諾した。存覚にとっては強要されたに近いものであったが、この覚如の強引さがいかなる理由によるものなのか、不分明である。

(12) 覚如と存覚父子の教義理解の差異については、後に詳述する。

(13)『浄土真宗聖典』九四六ページ。
(14) 暦応二年(一三三九)十一月二十八日付覚如置文並びに同日付覚如処分状(『真宗史料集成』第一巻、九八〇ページ)。余談だが、処分状の「存覚小法師並彼子孫等」の表現は、天平年間に律令国家が行基とその支持者の行動を禁圧しようとした際の『続日本紀』の「小僧行基並弟子等」の表現に酷似しており、興味深い。覚如もこのインパクトの強い表現を念頭に置いて書いたのかも知れない(本書第Ⅰ部第一章参照)。
(15) 大谷本願寺が、経済的に自立しない限り、東国門弟の発言権を封じ込めることは不可能であった。覚如もこの事は重々承知であったが、彼の在世中に本願寺が経済的自立を達成することは遂に叶わなかった。
(16)『伝絵』の増補改訂版の最後を飾るもので、十五段構成に増広され、各段の絵相も大きく変化しており、その後の「絵伝」の基本作となっている。原本は東本願寺所蔵、重要文化財。
(17) 覚如には、善照以前に四人の妻が確認される。覚如・存覚父子の不和の原因が覚如の若い妻と存覚との確執にあったのではないか、とする説が出されているが、証拠不十分の感は拭い去れない。
(18) 暦応二年(一三三九)の置文には、「善照の次位の後継者は従覚とせよ」と示されているが、「従覚は存覚の実弟であり、存覚が対抗意識を抱かぬよう、存覚となるべく血縁の薄い者を指名したのだろう」(重松氏前掲書、二二三〜二二四ページ)とされる。従うべきであろう。
(19) 原漢文、「如此之時一所居住尤可為本意、然而自他依不階、互不相扶、背本意了、然者各全身命者、不可過之、但老齢於今者不可期後会、今生限今歟之由被仰之、則御落涙千行、愚朦又不堪離愛、頗湿双袖」(『真宗史料集成』第一巻、八七九ページ)。
(20)『真宗史料集成』第一巻、九二八〜九二九、九六〇〜九六一ページ。
(21)『伝絵』には、親鸞の往生に際し、一切の奇瑞を記していない。覚如の霊異奇瑞を排する思想は、その後継者たちには伝わらなかったわけで、覚如にとっては最も不本意な形でその終焉を描かれてしまったことになる。
(22) 原本西本願寺蔵、国宝。存覚書写本(三重県専修寺蔵、重要文化財)は、その忠実な写本で、奥書により文保元年春から一年半をかけて書写されたことが知れる。その書写は精確無比で、親鸞に対する敬虔・真摯な態度が窺える。これは、存覚が親鸞の思想・信仰を忠実に継承しようとした現れに他ならず、彼の思想・信仰を論ずる上で看過できない物証である。なお、『存覚一期記』に、この真摯な作業のことが記載されていないのは、不思議である。
(23) 仏光寺の快進撃の裏には、名帳・絵系図という独創的な布教方法が多くの民衆に支持されたという事実がある。名帳・絵系図は、存覚が考案・創始した、とする見解が優勢であるが、恐らく事実であろう。
(24) 存覚撰の『浄典目録』によると、『弁述名体鈔』も了源の求めに応じて執筆されたとする。奥書を欠いており、執筆年次は不明である(『真宗史料集成』第一巻、八五六〜八六四、一〇一六ページ)。

(25) 原漢文、「親鸞上人影堂並敷地等事、且守本願主覚信寄附之素意、且任代々門主下知之旨、彼門弟等進止、下可有相違者、青蓮院二品親王御気色如此」(『真宗史料集成』第一巻、九七九ページ)。

(26)『真宗史料集成』第一巻、九七八ページ。

(27) 覚如・存覚父子のみならず、中世の人々には、密教と非密教の区別はあまり厳密ではなく、区別をすること自体が無意味だったと言えよう。それを、現代人の観点から必要以上に厳密に区別し、批判・批評することは必ずしも正鵠を射ていないであろう。

(28) 義絶赦免を急いだ存覚の心情について、坂爪逸子氏は「愛妻を失い八十歳になった父親が、長男の自分を親不孝者の野心家だと誤解したまま寂れた大谷廟堂で老衰していくことが我慢ならなかった。さらに自分自身善鸞と同じように、異端や野心のゆえに義絶されたということが後世に残ることも断然容赦できなかった。現世に執着するゆえではない。現世に未練を残さないために、彼は父親の目の黒いうちに義絶を解く必要があった」とする(『存覚』青弓社、一九九六年、三八七ページ)。氏の描く覚如・存覚の人間像は、歴史小説の感があり、実証の不十分な点が目立つように思われるが、両者の心情の把握には傾聴に値する部分が少なくない。

(29) 寺伝では、錦織寺は、慈覚大師円仁が創建した毘沙門堂に始まり、親鸞が越後からの帰洛の途中に滞在し寺院とした、というが、実際には慈空が南北朝期に創建したものと見られよう。

(30) 錦織寺のそれ以前の歴代相承は、大変意味深長である。後継を辞した存覚のみならず、何の関わりも無かったはずの如信・覚如までもが第二・第三世の住持とされている。この相承は本願寺と同一で、実質的な開基である慈空は入っていない。これは、慈空以前に相承の事実が無かったことを示すものと言えよう。

(31) 覚如と存覚の教学理解の差異について、両者の親鸞教学からの逸脱については、筆者はそれを論考する力量を持ち合わせておらず、また、再検討の時間的な余裕もない。そこで、先行業績の代表的な一例を挙げると、信楽峻麿氏は、「覚如が理解していた真宗の信心とは、まったく教団的な世俗埋没の信心でしかなく、それはまた、民衆にとっては、封建的な権威随順、主体喪失の信心にならざるをえなかった」とされ、存覚に見られる「真宗信心における現世祈禱、死者追善の発想は、親鸞においては、厳しく排除されていたものであって、親鸞の教えを学ぶかぎり、出てくるはずのない思想」である、と両者の逸脱を批判されている。さらに、当時「ひとり覚如だけが『顕浄土教行証文類』を『教行信証』と呼んでいるが、これは覚如が、行とは名号、信とは、その行に善知識を仲介者として、よく帰属し、帰托していくことだと解釈するために、意図的に用いた呼称」だとされる(『教行証文類講義』一巻、七〇〜九四ページ、四巻、二四九〜二六八ページ)。要するに、覚如は教団運営の必要上、かなり大胆に親鸞の思想を改変して継承し、存覚はその行き過ぎを修正しつつも、時代に即応した信仰形態を模索したのであり、親鸞思想をそのまま受け継いではいない、と言うのである。このような時代に順応した信仰の変容が蓮如以降の本願寺教団の隆盛の大きな要因の一つとなっているのであり、真仏、顕智のように変革を求めず、師親鸞の教説を忠実に墨守して来た関東門弟系教団が衰微したのとは好対照をなしている。『教行証』の呼称を固守するのも、必ずしも変革を望まない高田派の伝統ではなかろうか。

第五章　親鸞の伝記史料としての『報恩講式』・『嘆徳文』の価値

伝記史料の欠如

周知の如く、親鸞の生涯は謎に包まれているが、その原因は彼の生涯について記した史料の欠如にある。まず、親鸞自身が自らの体験や私生活について全く語ろうとしていない。自身の思想信条の表明においては、積極的であっただけに、その落差には驚きを禁じ得ないものがある。信仰面についても、自らの実体験と合わせて語ることはついぞなかった。その唯一の例外が、『教行証文類』化身土巻の後序に記された、師法然に『選択集』の書写を許されたことと、師共々流罪に処せられたことの記述である。自身の実体験に関しては、寡黙を通した親鸞がこれだけは書き記しておきたかった、人生最大の歓喜極まる出来事と、人生で最も辛く、憤懣やる方ない出来事であった。親鸞の実際の生涯を再構築するに当たって、このような一次史料たる自筆の史料が殆んど残っていないことは大きな障害である。

そこで、親鸞の伝記としてにわかにクローズアップされて、重用されてきたのが、親鸞の曾孫覚如の撰になる『親鸞伝絵』である。既述の如く、『伝絵』は『報恩講式』執筆の翌年、「善信聖人絵」として撰述され、その後何度もの増補改訂が繰り返されている。その内容には、錯誤や精粗のばらつきが多く、旧来の『伝絵』を中心とした親鸞伝の構築に対しては見直しの機運が高まって来てはいるものの[1]、数少ないまとまった伝記として、なおも親鸞伝の主役の座を占めているのが現状である。その次に位置する親鸞伝が『報恩講式』と『嘆徳文』である。両書は親鸞の生涯を客観的に叙述したものではないが、執筆当時の多くの情報を提供している点において、一定の価値を有するものである。また、『恵信尼文書』[2]は、親鸞の妻であった恵信尼が娘の覚信尼に宛てた私信であり、断片的ではあるものの、親鸞の実体験や私生活について具体的に記されていて、一次史料に準ずる価値を有している。覚如の撰になる『口伝鈔』は三代伝持の血脈の正統性を主張したものだが、ここにもいくつかの親鸞伝が提示されている。さらに、伝存覚作の『正明伝』、仏光寺派の親鸞伝である『親鸞聖人御因縁』、高田派内の親鸞伝を大成した『正統伝』などの伝記が編まれている。これらは、成立事情が不明確であったり、特定の宗派を鼓吹しようとする傾向が強く、今まで伝記史料としての価値は認められて来なかった。しかし、その記述の中には、親鸞の生涯の重要な出来事が明記されていて、その再評価の動きが近年急速に高まりつつある。このような状況を踏まえつつ、まず『伝絵』を取り上げ、『報恩講式』『嘆徳文』の史料的価値を再検証したい。

『親鸞伝絵』の史料的価値

『伝絵』は、覚如が『報恩講式』に続いて、曾祖父親鸞の偉業を讃嘆するために制作したもので、永仁三年（一二九五）成立の初稿本は上下二巻、十三段で構成されていた。解説に当たる詞書《ことばがき》が覚如の直筆で書かれ、それに当代一流の画工による図絵が交互に配された華麗な絵巻物である。その画法は精緻を極め、美術史的な評価もすこぶる高い。現存最古の写本は専修寺本『善信聖人親鸞伝絵』で、焼失してしまった初稿本の二箇月後に制作され、関東門弟に贈呈されたものである。その後、十四段構成に増補された西本願寺本が制作され、さらに、康永二年（一三四三）、『伝絵』の最終決定版と言える、十五段構成の東本願寺蔵康永本が制作されているが、これは初稿本の制作から実に四十八年後のことになる。建武三年（一三三六）、足利尊氏の兵火に罹り大谷廟堂もろとも灰燼に帰してしまった初稿本の再制作版でもある。この康永本の詞書だけを抄出したものが『御伝鈔』で、後世広く流布することになる。

『伝絵』制作の目的は『報恩講式』と同じく、曾祖父親鸞の讃仰にあった(3)。それゆえ、もともと客観的な伝記を企図したものではなく、その描写はややもすると華美に走って、具体性に欠けるものとなってしまっている。また、その内容には錯誤や齟齬が目立ち、精粗のばらつきが大きいと言わざるを得ない。その内容を具体的に検証してみたい(4)。

しかあれば朝廷に仕えて霜雪をも戴き、射山にわしりて栄華をもひらくべかりし人なれども、興法の因うちにきざし、利生の縁ほかに催ししによりて、（第一段）

親鸞の家系が藤原北家に連なる輝かしいものであるとの、仰々しい表記に続く、親鸞得度の状況である。「教えを弘めようとする気持ちが芽生え、衆生を利益しようとする縁があったため」得度を決意したというのだが、数え年九歳の少年が自分の意志で得度を思い立つこと自体が現実的でない上に、得度に至った具体的な理由については、何の情報も示されていない。親鸞の男の兄弟は四人いるが、その四人全員が出家得度していることが、「日野氏系図」(5)から確認される。これは、貴族の家系では異例なことで、日野家の経済的な窮乏によるものではないかと考えられているが、その事情を記した史料はない。

建仁第一の暦春のころ　上人（親鸞）二十九歳　隠遁の志にひかれて、源空聖人の吉水の禅房にたづねまゐりたまひき。（第二段）

親鸞が、法然の下へ参入した経緯についての記事である。師法然との邂逅がその後の親鸞の生涯において決定的な重みを持つものであったことは言うまでもない。この人生最大の転機が「隠遁の志」だけで済まされてしまっていることには、隔靴掻痒の感を禁じ得ない。覚如は、その実情を知らなかったのであろうか、『伝絵』最大の錯誤がここに見える。つまり、親鸞は六角堂参籠を契機として、法然の下へ赴くのだが、『伝絵』では、この順序が全く逆になっている。『報恩講式』でも、「しかるあいだ宿因多幸にして」と、具体性に欠ける表現に留まっているが、存覚『嘆徳文』にはその因果関係が明記されているのである。また、二十年間に及ぶ比叡山での修行を中断した理由についても、それを記す史料はない。比叡山の腐敗・堕落をその理由に挙げる向きもあるが、ここではやはり親鸞自身の内面的な問題を重視すべきであろう。比叡山から六角堂、吉水へは、一連の事象として捉えるべきであろう。これは、何よりも『恵信尼文書』第一通に「山を出でて、六角堂に百日籠らせたまひて後世をいのらせたまひけるに、九十五日目のあか月、聖徳太子の文を結びて、示現にあづからせたまひて候ひければ、やがてそのあか月出でさせたまひて、後世のたすからんずる縁にあひまゐらせんとたづねまゐらせて、法然上人にあひまゐらせて(6)」の一文に明確に示されているところである。

建仁三年癸亥四月五日の夜寅の時、上人（親鸞）夢想の告げましましき。（中略）善信（親鸞）に告命してのたまはく、「行者宿報設女犯　我成玉女身被犯　一生之間能荘厳　臨終引導生極楽」といへり。（第三段）

先後関係の錯誤はともかくとして、親鸞が六角堂で救世菩薩、あるいはその化身である聖徳太子の夢告を得て、右記の偈文を授かった、との伝承はいずれの史料にも共通し、『伝絵』の表記にも異同はない。広汎かつ正確に流布した伝承として特筆に値しよう。さらに、この伝承は親鸞の直弟で、高田派第二世の真仏が書写した「親鸞夢記云(7)」の内容とほぼ同一であり、信憑性が高い。親鸞には、自筆の『夢記(8)』があり、それを門弟らが閲覧し、覚如もそれを見た上で、『伝絵』の詞書を書いたことが理解される。『伝絵』の原史料が特定できる箇所である。

建長八年丙辰二月九日の夜寅の時、釈蓮位夢想の告げにいはく、聖徳太子、親鸞上人を礼したてまつりてのたまはく、「敬礼大慈阿弥陀仏　為妙教流通来生者　五濁悪時悪世界中　決定即得無上覚也」。しかれば祖師上人（親鸞）は、弥陀如来の化身にてましますといふことあきらかなり。（第四段）

第四段の詞書は以上である。僅か百数十字に過ぎず、『伝絵』十五段の中で最少である。しかしながら、何よりも不可解なのは、建仁年間から建長年間への五十年もの飛躍である。前者は親鸞三十代初め、後者は八十代にかかる時期であり、青年期の出来事の間に唐突に晩年の伝承が挿入されている印象が強い。しかも、これは親鸞自身の体験ではなく、親鸞の弟子が見た夢の話である。もっとも、聖徳太子に関わる夢の話であるから、前段と関連させて、前段を承ける形でここに置かれたと思われるが、やはり、その不自然さは拭い切れない。

上人　親鸞　のたまわく、「今日は信不退・行不退の御座を両方にわかたるべきなり、いづれの座につきたまふべしとも、おのおの示したまへ」と。（中略）ややしばらくありて大師聖人（源空）仰せられてのたまはく、「源空も信不退の座につらなりはんべるべし」と。（第六段）

「信行両座」と呼ばれる、親鸞の伝記の中では極めて有名な伝承である。親鸞の提案により、法然の門弟三百八十余人の意識調査を行ったというものであるが、具体的には、阿弥陀仏の本願を信ずることを最も重視する信不退と、称名念仏の行を最も重視する行不退の二つの座に分け、そのいずれかに着席を求めたという。その結果、親鸞を含めて僅か四人だけが信不退の座に着き、残りの大多数の門弟は行不退の座に着いた。師匠法然も最後に信不退の座に着き、親鸞らの理解が正しかったことが明らかになった、という伝承である。これと同様の内容は、『正明伝』や『正統伝』にも見え、広く知られた伝承であったことが解る。但し、これが歴史的事実であったと見るのはかなり困難なように思える。まず、法然は「専修念仏」を提唱した人であって、阿弥陀仏の絶対他力への帰入を説いた人ではない、その法然が念仏よりも信心を重視したとは考えられない。さらに、この伝承は真宗の側にだけ伝わっているもので、法然の伝記にも一切記載されず、浄土宗側では全く知られていないのである。[9]信心正因説の立場に立つ覚如の創作ではないか、[10]とも言われているが、覚如が一から新しい伝承を作り上げたとも考えられないし、そのような伝承が初期真宗教団に古くから伝わっていたことだけは確かであろう。

これと、比較的よく似た伝承が次の第七段に記されている。「信心諍論《しんじんじょうろん》」と名付けられたこの段は、法然門下の中で親鸞が数人の門弟と口論に及んだというものである。「師匠である法然上人の信心と私の信心は同一である」と言った親鸞の言葉を聞き咎めた数人の門弟が「それは間違いだ」と批判した。ところが、そこに現れた法然が「阿弥陀仏から賜った信心は誰のものでも同一である」と諭し、裁定が下された、という伝承である。これは、『歎異抄』に同様の伝承が見えることから、[11]その著者とされる唯円が覚如に伝えた情報だと考えられている。いずれも、法然の大勢の門弟の中で、早くから親鸞が頭角を現していたということを表現したものに他ならない。つまり、両者は共通した意図を持って編まれた段だということになるが、その情報源は全く別個だったと考えられる。

定禅問ひていいはく、「かの化僧たれびとぞや」。件の僧のいはく、「善光寺の本願の御房これなり」と。ここに定禅掌を合はせ跪きて、夢のうちにおもふやう、さては生身の弥陀如来にこそと、身の毛よだちて恭敬尊重をいたす。（第八段）

第八段は、定禅という画僧が見た夢の話である。親鸞の弟子である入西が、師の肖像画を描かせるべく定禅を呼ぶと、定禅が昨晩夢に見た貴僧の顔が親鸞にそっくりだと驚き、感涙に咽んだという。定禅が夢の内容を語るには、「夢に見た貴僧は善光寺の本願の御房だと聞き、生身の阿弥陀さまに会えた感激に身の毛もよだつ思いで、心を込めて拝礼した」という。そこで、親鸞がその貴僧にそっくりだったということは、親鸞が阿弥陀如来の化身である証明に他ならない、とするものである。ここには、濃厚な善光寺信仰の反映が見られる。善光寺信仰の痕跡は、現在の真宗各派では高田派以外には殆んど見られず、[12]私見では、真宗の一大改革者である蓮如がそれを抹消したためと推定するが、覚如には善光寺信仰を否定したり、排除しようとする意識がなかったことが解る。覚如は、蓮如とは違い、太子信仰や山岳信仰、神祇など他信仰・他宗教にも寛容であった。このことは、『伝絵』第十二段で、箱根権現と親鸞との交渉を記し、第十三段で本地垂迹説を説き明かしている事実からも明らかであろう。これは、真宗が未だ他宗教と融合しなければ認知してもらえなかった、覚如の時代の状況をよく伝えていると言えよう。

第九段は、越後流罪の下りであるが、その詞書は、第五段の「選択付属」と同様に、親鸞『教行証』末尾の文言をそのまま引き写したものである。覚如が思案して新たに文章を作るよりも、親鸞の文言をそのまま借用した方が、遙かに迫力があり、効果的だとの判断であろう。問題は、引用の後の部分である。

勅免ありといへども、かしこに化を施さんがために、なほしばらく在国したまひけり。（第九段）

『伝絵』によると、流罪の勅免を蒙った後も教化のために、今しばらく越後の地に留まったというのである。しかし、親鸞が積極的な布教活動を展開した形跡は見られず、[13]覚如がいかなる史料、あるいは伝承を基にこのように記したのかは全く不明である。「化を施さんがため」とは、単なる修辞的表現なのかも知れない。

聖人（親鸞）越後国より常陸国に越えて、笠間郡稲田郷といふところに隠居したまふ。幽棲を占むといへども道俗あとをたづね、蓬戸を閉づといへども貴賤ちまたにあふる。仏法弘通の本懐ここに成就し、衆生利益の宿念たちまちに満足す。この時聖人仰せられてのたまはく、「救世菩薩の告命を受けしいにしへの夢、すでにいま符合せり」と。（第十段）

流罪赦免の建暦元年（一二一一）から『恵信尼文書』に浄土三部経一千部読誦の記事が見える建保二年（一二一四）までの三年間は、親鸞の生涯の中でも「空白の三年間」とでも呼ぶべき、謎の時期である。この期間に、親鸞は越後から関東へ移動したのだが、その状況や理由を記した史料が全く欠如しているのである。そのため、これまでにその理由について、多くの学説が出されて来た。(14)しかし、そのいずれもが根拠薄弱、立論困難との理由で消えてゆき、現在は、ただ一つ「親鸞善光寺勧進聖説」だけが残っている。これは、親鸞が越後滞在中に善光寺勧進聖の一行と出会い、その活動に関心と共感を覚え、(15)その一行と共に信濃善光寺へ赴き、一定の研修を終えて、活動の主舞台である関東へ入ったと見る想定である。その事実を記した史料の欠如が最大の弱点であるが、歴史的事実に極めて近い想定と言ってよく、現在最有力な学説である。しかしながら、『伝絵』は、そのような状況について、何の情報も提供してくれない。「隠居」という表現が、親鸞のその後の関東での精力的な布教の実態と著しく乖離していることは誰の目にも明らかであろう。また、「救世菩薩の告命を受けしいにしへの夢」との「符合」もその真意が測り難く、覚如のこじつけの感を禁じ得ない。

聖人板敷山といふ深山をつねに往返したまひけるに、かの山にして度々あひまつといへども、さらにその節をとげず。つらつらことの参差《しんし》を案ずるに、すこぶる奇特のおもひあり。(第十一段)

第十一段は、有名な板敷山の故事である。新しい教えを説く布教者が常に迫害と隣り合わせなのは、洋の東西を問わず共通なようである。修験道の行者である明法房(一般に弁円の名で知られているが、これは近世以降の呼び名とされる)が親鸞に敵意と恨みを抱き、殺害を企てた、という伝承である。これをそのまま歴史的事実とすることには、ためらわざるを得ないが、これに近いことは実際にあったであろう。このような場合、ややもすると、超能力を発揮してその危機を回避した、といったような表現が多々見受けられるが、(16)『伝絵』の記述は「奇特のおもひあり」と至って穏当である。(17)

この時期の親鸞の業績としては、『教行証』の撰述が挙げられる。現存真筆の「坂東本」(東本願寺蔵、国宝)に先行する初稿本があり、それが親鸞関東滞在中に一応の成立を見たことは確実視されている。言うまでもなく、

『教行証』は親鸞の主著であり、その撰述が親鸞の生涯の中でも格別な重みを持つことについて、異論を差し挟む余地はあるまい。それにも拘らず、『伝絵』には、この事実は一切記されていない。同じく、覚如の作である『報恩講式』にも記されることはなく、あたかもその事実を黙殺しているような感さえ抱く。(18)その理由については、未だ有効な解答が見出されていないのが現状である。(19)いずれにしても、このような重要な事実を意識的に除外したとすれば、その点においては、『伝絵』は恣意的な、史料的価値の低い著作と言わざるを得ない。

なお、親鸞関東滞在中のこととして、同じ覚如の作になる『口伝鈔』には、一切経校合の伝承が記されている。これは、「親鸞が慰労のための宴席に出席し、魚鳥の肉を食すに際し、他の僧が皆袈裟を脱いだのに対し、一人だけ袈裟を着けたままで食した」という有名な伝承であるが、(20)ここでは校合の事実そのものよりも、宴席でのエピソードに主眼が置かれている。覚如制作の『伝絵』には、この一切経校合の伝承を載せないが、仏光寺系の『伝絵』には見える。(21)ところで、一切経校合は、『教行証』の執筆と密接な関連が想定され得る。これは、峰岸純夫氏も指摘されているが、(22)親鸞畢生の大著である『教行証』の執筆には浩瀚な経典・註釈書が不可欠であった。これをどこで、いかにして閲覧するかは、親鸞にとっても大問題であったに違いない。それを解決する方法が、幕府主宰の校合事業に参画することだったのではあるまいか。(23)つまり、校合での実績によって閲覧が認められたか、校合作業に並行して閲覧の機会が与えられたのではなかろうか。とすると、親鸞は、恐らく数年間は鎌倉に滞在したのではなかろうか。

このように考えて来ると、なぜ覚如の『伝絵』に『教行証』撰述の事実が見えないのか、なぜ仏光寺の『伝絵』のみに一切経校合の伝承が見えるのか、という二つの疑問を合わせて解明することも不可能ではなさそうである。つまり、両者は相即不離の状態で仏光寺教団の前身である荒木門徒、阿佐布門徒にのみ残存していた伝承(24)であり、それを覚如が取捨選択したのではなかろうか。(25)以上の如き想定が正しいとすれば、覚如が『伝絵』に用いた史料・伝承の選択・採否は多分に主観的なものであったと言えよう。

さて、最晩年の親鸞には実子である善鸞を義絶するという、痛恨の出来事が起きている。建長八年（一二五六）五月二十九日のことであった。この間の事情は、親鸞自筆消息に明らかにされており、門弟の顕智書写『善鸞義絶状』[26]の存在により、それが門弟中に告知されたことが解る。理由はどうであれ、親鸞にとって生涯最大の不祥事であったことは確かであり、その落胆ぶりには比叡山での修行を断念した時以上のものがあったであろう。『伝絵』には、何の記述もないが、『報恩講式』、『嘆徳文』は勿論、後世の史料にも全く記すところがない。祖師の不祥事を記すことが憚られたことは、明らかであり、『伝絵』に記述の無いのは、その制作意図から見れば至極当然なことである。祖師親鸞の生涯最大のタブーであることは論を俟たない。

> 聖人（親鸞）弘長二歳壬戌仲冬下旬の候より、いささか不例の気ましします。それよりこのかた、口に世事をまじへず、ただ仏恩のふかきことをのぶ。声に余言をあらはさず、もっぱら称名たゆることなし。しかうして、おなじき第八日午時頭北面西右脇に臥したまひて、つひに念仏の息たえをはりぬ。（第十四段）

第十四段は、親鸞の入滅の記述であるが、静かな大往生の様が誇張されずに極めてよく表現されている。熱血漢の覚如が、感情の高揚を抑えて冷静に描写した名文である。高僧の入滅に際しては、往々にして様々な奇瑞が付き物であるが、親鸞入滅時には、そのような奇瑞は伝承の限りでなかったことになる。[27]

第十五段は、『伝絵』の締めくくりで、大谷廟堂の創立について記すが、本願寺の前身となる廟堂を必要以上に美化することもなく、表現は簡潔明瞭である。しかしながら、ここでは本文よりも奥書がさらに興味深い。

> 右縁起図画の志、ひとへに知恩報徳のためにして戯論《けろん》狂言《きょうげん》のためにあらず。あまつさへまた紫毫《しごう》を染めて翰林《かんりん》を拾ふ。その体もっとも拙し、その詞これいやし。冥《みょう》に付け顕に付け、痛みあり恥あり。しかりといへども、ただ後見賢者《こうけんけんじゃ》の取捨を憑《たの》みて、当時愚案の紕繆《びゅう》を顧みることなしならくのみ。[28]（第十五段）

この奥書は永仁三年（一二九五）、『伝絵』の初稿本制作の際に書かれた根本奥書であるが、本文以上に難解な漢語を用い、その文体は『報恩講式』にも近い。それによると、『伝絵』は、ひたすら祖師聖人の恩を知って、その徳に報謝するために制作したものであって、賢明な読者の取捨に任せ、錯誤のあることをも承知の上である、という。「拙し」、「いやし」、「痛み」、「恥」と最大限に謙遜しているが、要するに、事実を正確に伝えるために制作したものではないことが明言されていて、『伝絵』の史料的価値を論ずる上において看過され得ない内容である。

以上、『親鸞伝絵』は、作者覚如が根本奥書に述べるように、親鸞の伝記として正確を期したものではない。しかしながら、本文の内容に極端な捏造や恣意的な改変までは見出せず、佐々木正氏の如き「『伝絵』は特別な意図をもって製作された伝記であり、親鸞伝としては作為的な、偏向をはらんだ二次的史料、と評価せざるをえない」[29]との評価は穏当でないと思われる。つまり、『伝絵』は正確な親鸞伝ではないが、概ね当時の伝承を素直に反映していると言えよう。親鸞の伝承として、他の傍証史料を合わせて用いれば、その錯誤は十分に是正可能なものと考えられる[30]。但し、傍証史料を用いずに『伝絵』の記事のみから史実を論ずるのは極めて危険だと言わざるを得ない。

『報恩講式』の史料的価値

既述の如く、『報恩講式』は覚如の処女作であり、永仁二年（一二九四）に執筆されている。撰述の目的は、曾祖父親鸞の恩徳を讃嘆するところにあり、翌年成立の『伝絵』と軌を一にする。その性格上、具体的な情報の提示は少なく、抽象的な、技巧を凝らした美文調の漢文が続くが、その内容を逐一検証してみたい。

俗姓《ぞくしょう》は後の長岡の丞《しょうじょう》相内麿公の末孫、前《さき》の皇太后宮《こうたいこぐう》の大進《だいしん》、有範《ありのり》の息男なり。幼稚のいにしえ壮年の昔、耶嬢《やじょう》の家を出でて、台嶺《たいれい》の窓に入りたまいしよりこのかた、慈鎮和尚《じちんかしょう》をもって師範として、顕密《けんみつ》両宗の教法を習学す。(初段)

親鸞の出自について、簡潔に記す。これは、『伝絵』の誇張に満ちた回りくどい表現とは好対照である。覚如が『報恩講式』と『伝絵』では、その表現方法を巧みに使い分けていることが理解される。続いて、幼少期から青年期に及ぶ比叡山での修行について、慈円を師として広く仏教全般を学んだことを記す。親鸞と慈円との交渉は、学界では否定的であるが、古くからの伝承に従ったものであり、あらゆる親鸞の伝記に共通する内容である。(31)

しかしながら、『報恩講式』も出家得度の実情と比叡山での修学の実態については、記すところが無い。比叡山での修学の実態については、それを記す史料は皆無に等しく、ただ『恵信尼文書』に見える「堂僧」だけが具体的かつ有効な情報である。『報恩講式』の提示する具体的な情報は、「台嶺」、「慈鎮和尚」、「顕密両宗」のみであり、何ら他伝を上回る所はなく、やはり確かな情報を入手することができなかったのであろう。

よって出離《しゅつり》を仏陀に誂《あつら》え、知識を神道《しんとう》に祈る。しかるあいだ宿因《しゅういん》多幸にして、本朝念仏の元祖《がんそ》、黒谷の聖人に謁し奉って、出離の要道を問答す。授くるに浄土の一宗をもってし、示すに念仏の一行《いちぎょう》をもってす。(初段)

比叡山での修行の中断から師法然との邂逅に至る状況についても、抽象的な表現に終始している。ここでは、六角堂への参籠と、そこで得た夢告が決定的に重要な意味を持つが、それについて一切触れていない。『伝絵』では、因果関係・順序に錯誤を生じてはいるものの、その重要性を認識した上での記述がなされており、同一人物が相次いで執筆した両者の相違は不可解極まりないと言えよう。「六角堂参籠」、「夢告」の語句を挿入するだけでも遙かに史実性が高まるのだが、それを「宿因多幸」で済ませているのは、余りにもお粗末である。『報恩講式』の執筆の趣旨から見て、このような批判は正鵠を射ていないかもしれないが、この箇所に関しては、『伝絵』よりも史料的価値を減じていると思われる。但し、「神道に祈る」の表現は「神祇不拝」の親鸞に似つかわしくないものの、当時の親鸞の一側面を表わした有効な記事である。

　ここに祖師、西土《さいど》の教文《きょうもん》を弘めんがために、遙かに東関《とうかん》の抖擻《とそう》を跂《くわだ》てたもう。暫く常州筑波山の北辺に逗留し、貴賤上下に対して末世相応の要法を示す。

法然門下における、親鸞の動向については具体的な記述がなく、師法然共々流罪に処せられたことにも全く触れず、唐突に関東移住の様が描き始められる。親鸞の関東移住の理由については、様々な学説が提示されたものの、現在では善光寺勧進聖説だけが命脈を保ち、有力であることについては既述の通りである。いずれにせよ、親鸞が布教意欲に燃えて関東へ足を進めたことは確かであり、その点『伝絵』の「隠居」という表現よりはこちらの方が遙かに的確である。「常州筑波山の北辺」は、『伝絵』に「笠間郡稲田郷」とある通り、稲田を指していることは間違いないが、抽象的な表現の多い『報恩講式』にあっては、わざと具体的な表現を避けて全体のバランスを保とうとしたようである。『報恩講式』が具体的な情報を提示することよりも、抽象的な表現で全体を統一しようとすることに重きを置いた作品であることが解されよう。

　身にその証理を彰わし、人かの奇特《きどく》を見ること、勝計《しょうげ》すべからず。しかのみならず、来問の貴賤に対して、専ら他力易往の要路を示し、面謁の道俗を誘《こしら》えて、偏に善悪凡夫の生因を明かす。（二段）

親鸞の関東布教の実態は不明であるが、親鸞に関わる種々雑多なエピソードが関東二十四輩寺院などに伝えられている。[32]覚如もこのような伝承を少なからず耳にしたが、それを具体的に取り上げる程の価値や魅力は感じ取れず、「人々が聖人の奇瑞を見聞きしたことは数え上げられない位であった」と記すに留めたようである。『伝絵』でも、このような伝承には目を向けることがない。また、親鸞の布教は他力念仏による極楽往生を勧めることに尽きていた、というが、その実態はこれ程簡潔明瞭なものではなかろう。[33]

　終にすなわち花洛《からく》に還って草庵を占《し》めたもう。しかるあいだ、去《い》んじ弘長第二壬戌《みずのえいぬ》、黄鐘《おうしょう》二十八日、前《ぜん》念命終《ねんみょうじゅう》の業成《ごうじょう》を彰し、後念即生《ごねんそくしょう》の素懐を遂げたもう。（三段）

唐突に、帰洛と隠棲、往生の様が記されている。帰洛後の執筆活動はそれまでの精力的な布教活動に比べれば、動と静の好対照で、それを「草庵を占め」と表現している。帰洛から臨終までは二十五年以上あるが、この期間を「しかるあいだ」とあっさり片付けてしまったのには理由があろう。親鸞の生涯最大の不祥事である善鸞義絶事件を避けようとの意図があったのではなかろうか。「しかるあいだ」は、法然との邂逅の描写にも使われているが、具体的な状況や、年月の経過をぼかすのには便利な表現だったようである。臨終の様は、『伝絵』同様、脚色が加えられず簡潔であるが、具体的な情報は年月日のみで、逆に物足りなさをも感じる。

　廟堂《びょうどう》に跪《ひざまず》いて、涙を拭い、遺骨を拝して腸を断つ。入滅年遙かなりといえども、往詣挙《こぞ》って未だ絶えず。（三段）

親鸞の墓所である大谷本廟に大勢の門弟らが参詣に訪れた様である。『報恩講式』の中でも最も感動的なシーンの一つであるが、ここで注目されるのは「遺骨を拝して」の表現である。親鸞の遺体は火葬され、その遺骨は墓中に納められているはずだが、遺骨を実見・礼拝することができたということである。遺骨は、厳重に埋納されず、取り出して拝める状態にあったようである。これは、『伝絵』、『嘆徳文』以下の史料にも見えず、極めて重要な情報である。

　なお、ここで注意しなければならないのは、『報恩講式』の大部分は覚如が関東門弟らから聞き取った情報を基に執筆されているが、三段の後半部分のみは著者覚如が実際に見聞した事実を基に書かれているということである。つまり、覚如は関東門弟らが親鸞の遺骨を礼拝する場面を実際に見ていたわけである。親鸞の遺骨については、関東門弟のみならず、血族の者たちも強い関心と所有欲を持っていたことが知られる。これは、釈迦の遺骨とされる仏舎利に対する舎利信仰の影響により、日本でも高僧の遺骨が信仰の対象とされたことによるものであるが、親鸞の場合はその遺骨を伝持することが正統な後継者の証と見られていたきらいがある。大谷廟堂が、親鸞の遺骨と影像を安置する施設として整備・拡充され、後に寺院へと発展したことは、その証左と言えよう。さらに、唯善破却事件(34)や、近年の存覚伝持とされる遺骨の京都市常楽台での発見(35)、高田派三世顕智が伝えた専修寺蔵の遺骨(36)の現存によっても、いかに親鸞の遺骨が注目され、尊重されていたかが解る。「遺骨を拝して」の一文は、著者覚如が事実をありのままに記した、史料的価値の高い、具体的な情報である。

以上、『報恩講式』には親鸞の伝記史料としての具体的な情報は僅少である。さらに、他史料に見えない独自の情報は皆無に近い。しかしながら、親鸞の伝記ではないものの、「遺骨を拝して」といった何気ない表現の中に歴史的事実が表現されているような箇所もあり、看過し得ない。他史料と合わせ用いることによっては、有効活用の可能性を大いに残していると評せよう。

『嘆徳文』の史料的価値

『嘆徳文』は、本文中に「およそ三段の式文、称揚足んぬと雖も、二世の益物、讃嘆未だ倦まず。この故に一千言の褒誉を加えて、重ねて百万端の報謝に擬す」とある通り、『報恩講式』の増補を執筆の目的とすることが明示されている。抽象的な美文を連ねた『報恩講式』の増補を謳う限り、その史料的価値には多くを期待できそうにないが、実際に検証してみたい。

それ親鸞聖人というは、浄教《じょうきょう》西方の先達、真宗末代の明師《めいし》なり。（中略）これはこれ、貫首《かんじゅ》鎮和尚の禅房に陪《はんべ》って、大才諸徳の講敷《こうふ》を聞く所なり。

親鸞の家系については、一切触れず、『伝絵』のようにそれを誇示しようとする意図は全くない。『報恩講式』の簡潔な表現にさらに加えることは何もない、との著者存覚の認識であろう。貫首鎮和尚、つまり慈円の下で勉学に励んだ、とするのは、既述の通り、『伝絵』以下、すべての親鸞伝に共通して見られる伝承である。この部分には、何ら目新しい情報は提示されていない。

すなわち近くは根本中堂の本尊に対し、遠くは枝末諸方の霊崛《れいくつ》に詣《けい》じて、解脱《げだつ》の径路を祈り、真実の知識を求む。特に歩みを六角の精舎に運んで、百日の懇念をいたすの処に、親《まのあた》り告げを五更の孤枕《こしん》に得、数行《すこう》の感涙に咽《むせ》ぶの間、幸いに黒谷の聖人吉水《よしみず》の禅室に臻《いた》って、

比叡山での修行と訣別し、新たな方向を模索し、苦悩する親鸞の状況であるが、『伝絵』、『報恩講式』とは少なからず内容を異にする。まず、「根本中堂の本尊」とは極めて具体的であり、他史料に見えない(37)。一般的には、親鸞は比叡山を下りて、比叡山以外の場所で救いの道を求めた、と解されているが、『嘆徳文』の表現によれば、比叡山を含む各地の霊験あらたかな場所で、ということになる。親鸞が比叡山根本中堂の本尊に特別な祈願をした、との伝承はあるいは、『伝絵』、『報恩講式』とは全く別な情報源からの採択かも知れない。但し、存覚の『嘆徳文』における対句表現への執着は著しく、単なる修辞的な表現に過ぎない、との見方も捨て切れず、この一文の信憑性は即断できない。

この部分は、基本的に『報恩講式』の「出離を仏陀に誂え、知識を神道に祈る」の表現を言い換えたものであるが、「特に歩みを六角の精舎に運んで、百日の懇念をいたすの処に、親り告げを五更の孤枕に得、数行の感涙に咽ぶの間、幸いに黒谷の聖人、吉水の禅室に臻って」の表現は、『嘆徳文』の真骨頂を示すものである。つまり、『伝絵』『報恩講式』に明記されていない事実関係が簡潔明瞭に示されている。『恵信尼文書』にある通り、

比叡山下山↓六角堂参籠↓夢告↓法然門下参入という一連の時系列が正確に記されていることになる。覚如はこの辺りの事情を正確に知ることができなかったが、存覚は東国門弟からより正確な情報を得ることができたと思われる。『伝絵』『報恩講式』にせよ、『嘆徳文』にせよ、その原史料となる文献はなく、情報は専ら関東門弟からの聞き取りに頼らざるを得なかった。しかし、関東門弟らが覚如に提供した情報よりも存覚に提供した情報の方がより正確で詳細だったようである[38]。その差異が『伝絵』『報恩講式』と『嘆徳文』の記事の相違に反映されていると考えられよう。この部分は、『報恩講式』の増補を果たして余りあり、『嘆徳文』の面目躍如の感がある。

就中《なかんづく》に一代蔵を披いて、経律論釈の肝要を擢《ぬきんで》て、六巻の鈔《しょう》を記し、教行信証《きょうぎょうしんしょう》の文類《もんるい》と号す。かの書に攄《の》ぶる所、義理甚深なり。（中略）また、愚禿鈔《ぐとくしょう》と題するの選有り、同じう自解《じげ》の義を述ぶるの記たり。

続いて、『教行証文類』の撰述について記す。これが親鸞畢生の大事業であることは、論を俟たないが、なぜか『伝絵』にも『報恩講式』にも全く触れるところがない。覚如が親鸞の『教行証』の撰述を評価しなかった、とは到底考えられず[39]、それにも拘らず、全くその事実を記していないのは、十分な情報が入手できなかった、というような単純な制約によるものではなかったことを示すものではなかろうか。その反面、『嘆徳文』のこの記事は、簡潔ながら要を得ている。存覚が覚如より正確、かつより多くの情報を得ていたことは間違いなかろう。さらに、『愚禿鈔』の撰述について記す。『愚禿鈔』は、真宗教学の重要項目を列記した、親鸞自身の覚書を整理したものとも思われ、必ずしも体系的に完成された著作とは言い難い[40]。それを存覚が親鸞第二の著作として取り上げたのは、それが『教行証』に見える二双四重の教判を前面に出している関連によるものではなかろうか。

そもそも、空聖人《くうしょうにん》当教中興の篇に由って事に坐せしの刻《きざみ》、鸞聖人法匠《らんしょうにんほっしょう》上足の内として同科の故に、忽ちに上都《じょうと》の幽棲《ゆうぜい》を出でて、遙かに北陸の遠境《えんけい》に配す。しかる間、居諸《きょしょ》頻《しき》りに転り、涼燠《りょういく》屢《しばしば》悛《あらた》まる。

場面は、唐突に法然・親鸞の流罪に移る。「鸞聖人法匠上足の内」、つまり親鸞が法然の高弟の一人であった、という表現は全く存覚の脚色に過ぎない。親鸞は法然門下では弱輩で、教団の幹部ではなく、親鸞を讃美しようとする余りの誇張表現であろう。しかしながら、『報恩講式』では、全く触れられていない流罪の事実を明記している点においては、その増補の役目を十分に果たしていると言えよう。但し、「しかる間、居諸頻りに転り、涼燠屢悛まる」は、抽象的で意味が取りにくく、何について記したことか不明瞭である。「流罪の期間中、不本意な無駄な時間を過ごしてしまった」とも取れるが、次に続けて「その時に」と、関東布教中のことを記しているから、これも関東布教中の期間を指していることになろう。この部分は、修辞的な表現に拘泥し過ぎて、具体的な事実を明記することが軽視されているとも評されよう。

その後の関東布教、帰洛と晩年の行状については、簡略に過ぎ、具体的な情報の提示は何もない。関東門弟と懇意であった存覚は、親鸞の関東布教について、父覚如より遙かに新鮮かつ正確な情報を入手できたはずであるが、なぜそれを『嘆徳文』に活用し、記述しなかったのか極めて不可解である。(41)

以上、『嘆徳文』に提示された親鸞の伝記史料としての具体的な情報は、『報恩講式』同様ごく僅かである。しかしながら、その僅かな記述の中には『報恩講式』に見えない情報もあり、その補完の目的はそれなりに達成されていると言えよう。但し、『嘆徳文』は『報恩講式』以上に修辞的表現や対句表現への執着が強く、『嘆徳文』が記録であるより、文学作品であり、文学作品であるより芸術作品であることを痛感せざるを得ない。『嘆徳文』は、存覚の美意識が濃密に凝縮された、珠玉の芸術作品だと言えよう。

（1）古くは、大正十一年（一九二二）、中沢見明氏が『史上之親鸞』において、「『伝絵』の主要の部分は聖人の実伝ではなく、他の目的のために創作せられたものであろうと思う」、「私は『伝絵』著作の真意は、単に親鸞聖人一生の行状を記すのが、その目的ではなかったであろうと思う。即ちその主要の目的は名を祖伝に仮りて教義を述べ、自余の浄土宗以外に親鸞聖人を教祖としたる別立教団を建設せんとして居る者と思う」（同書二、三一ページ）とされ、近年では、佐々木正氏、松尾剛次氏が、伝存覚作の『正明伝』との比較検討を通して、『伝絵』の史料的価値の再検討を促している。詳細後述。

（2）京都市西本願寺蔵、重要文化財。周知の如く、大正十年（一九二一）に西本願寺の宝蔵で発見された。親鸞の妻である恵信尼が亡き夫のことを回想しつつ書いた手紙で、家族にしか知り得ない貴重な情報を多く提供する。もっとも、その存在は本願寺派内部ではそれ以前から知られていたようで、江戸時代の目録にも確認されるそうである。発見の翌々年に刊行された鷲尾教導氏の『恵信尼文書の研究』によって、その史料的価値が再認識されたのであって、新発見ではなく、再発見であったと言えよう。

（3）佐々木正氏は、「宗教家や思想家を顕彰する伝記は、「弟子が書く」ことが必然的な帰趨である。（中略）覚如は親鸞の血族である。血統を受けつぐ子孫が曾祖父を顕彰する伝記を書くこと自体に、ある特別な意味を読みとらざるをえない」（『親鸞始記』筑摩書房、一九九七年、七七〜七八ページ）とされるが、傾聴に値する指摘である。

（4）原文は、『浄土真宗聖典』（一〇四三〜一〇六一ページ）による。

（5）親鸞の家系を記した現存最古の系図。三重県専修寺蔵、重要文化財。

（6）『浄土真宗聖典』八一一ページ。

（7）真仏『経釈文聞書』から取り出して軸装されたものであるが、これは戦前まで『経釈文聞書』が親鸞真筆と考えられていたからで、親鸞が自らの実体験について記したものとして、特に貴重であるとして別表具されたものである。ところが、戦後の筆跡鑑定で、これは親鸞の真筆ではなく、直弟の真仏の筆と断定された。真仏は親鸞よりも先に亡くなっており、すなわち、これが親鸞在世中に書写されたことが証明されることになり、その史料的価値はむしろ高まったと言えよう。

（8）残念ながら、親鸞の『夢記』は伝わっていないが、その存在は疑いを容れない。親鸞と同年に生まれた栂尾高山寺の明恵は、自分の見た夢を克明に記した『夢記』を残しているが、同様なものが親鸞にもあったと言えよう。中世の人にとって、夢は神仏との交渉を図る高尚な次元で、現実よりも上位と認識されていたようである。親鸞の生涯における夢告の多さも、このような中世人の精神構造をきちんと把握しないと理解できない。親鸞だけではなく、真仏も覚如も夢を重視していたことは論を俟たず、それ故、『伝絵』には十五段中の五段にも及ぶ夢にまつわる伝承が収録されているのである。

（9）真宗の側では、知らない人がいないと思われるこの伝承も、浄土宗の側では、知っている人がいないという対照的な状況が今日まで続いている。余談だが、親鸞の思想を完成されたものとし、法然の思想を未完成なものと見る論調が真宗側にあることは否めない事実である。法然の思想は、既に完成された一つの到達点であり、そのような見方は真宗側の曲解であり、驕りである。法然思想を真宗側に引き寄せてデフォルメする傾向の嚆矢がこの『伝絵』「信行両座」の伝承なのかも知れない。いずれにせよ、宗派間の障壁が高く、他宗派に無知・無関心な日本仏教の弊害を見る思いである。

(10) 古くは中沢見明氏が、前掲書（八五ページ）において、『伝絵』は覚如が本願寺を中心とする教団を構築するため、野心をもって創作したものだとの前提に立ち、「信行両座」の伝承も創作に過ぎない、とされた。

(11) 『歎異抄』は、その圧倒的な知名度に比して、著者も確定されず、成立事情には不分明な、疑わしい点が少なくないが、このような初期真宗教団に伝わっていた伝承をも題材にして著されたことについては確認されよう。

(12) 詳細は、拙稿「親鸞と善光寺」（『印度哲学仏教学』二二号。本書第Ⅱ部第五章）参照。

(13) 平松令三氏によると、「『親鸞聖人門侶交名帳』には、越後国の門弟は一人しか見えず、この地で本格的な教化活動が行われたとは思われない」という（『聖典セミナー 親鸞聖人絵伝』本願寺出版社、一九九七年、一九五〜一九六ページ）。

(14) 「親鸞は越後の農民と共に関東へ移住した」、「恵信尼の実家三善家の所領が関東にあったため、それを頼った」、「移住の主目的である『教行証』執筆に際し、常陸稲田は好適な条件を具えていた」など。詳細は、平松令三氏『歴史文化ライブラリー 親鸞』（吉川弘文館、一九九八年）一六二〜一六四ページ、註（12）論文（本書第Ⅱ部第五章）五一ページ参照。

(15) 罪を着せられ、服役している期間は当然ながら、生活は保障されている。しかし、一旦それが赦免されると、途端に収入も生活も保障がなくなってしまう。そんな親鸞一家が最も自然な形で生活の糧を得る方法が善光寺勧進聖への参加だったのではなかろうか。妻と幼少の子供を抱えた親鸞にとっては、それは極めて切実かつ焦眉の課題であったに違いない。稲田に定住し、弟子や信者が集うようになれば、生活も安定するが、それまでの親鸞一家にとって、生計を維持してゆくことは容易なことではなく、これは今まで見落とされて来た側面ではなかろうか。

(16) 例えば、『日本霊異記』には、著者景戒が行基を讃仰する余り、行基を超能力者に仕立て上げてしまっている説話がいくつも見られる。

(17) 平松令三氏も、『伝絵』のこの部分の表現は、「聖人をカリスマに仕立てあげないように、十分配慮した記述になっている」と、冷静な執筆態度を評価されている（註（13）書、二二三ページ）。

(18) 覚如が、この事実を知らなかったとは全く考えられないし、過小評価したとも思われない。となると、意識的に外したとしか言いようがないのではなかろうか。

(19) 平松氏は、「『伝絵』執筆時には、その具体的な状況が既に解らなくなってしまっていたからではないか」（註（14）書、一七九ページ）とされるが、『伝絵』の他の段にも具体性に欠ける詞書が少なくなく、いくらでも書く方法はあったはずである。

(20) 原文は、『浄土真宗聖典』八八四～八八六ページ。

(21) 仏光寺蔵『伝絵』は、二場面に分かれ、親鸞と北条泰時が経蔵らしき建物の中で話し合う場面と、親鸞が校合終了後に謝礼を受け取っていると思われる場面である。詞書には、「関東武州の禅門　泰時、一切経の文字を校合せらるることありけり。聖人その選にあたりて文字章句の邪正をただし、五千余巻の華文をひらきて、かの大願をとげしめ給ひけり。これによりて壱岐左衛門入道　法名覚印　沙汰としてさまざまに四事の供養をのべられけり」（『真宗重宝聚英』第五巻、一五三ページ）とある。

(22) 峰岸氏は「鎌倉における親鸞の一切経の校合という作業が、教行信証の完成に深く関係を与えていたと考えてよいと思う。すなわち、教行信証の完成のために、親鸞は一切経のもっとも得やすい鎌倉に移住し、幕府からその校合の機会を与えられ、そのことが教行信証の完成に有効に作用したと考えるのである」とされる。極めて傾聴に値しよう。「鎌倉時代東国の真宗門徒」（北西弘先生還暦記念論集『中世仏教と真宗』吉川弘文館、一九八五年、五三ページ）。

(23)『吾妻鏡』嘉禎元年（一二三五）二月十八日条（国史大系『吾妻鏡』巻三、一五一ページ）に、明王院五大堂の落慶、一切経供養法会が営まれたことが見え、藤原頼経、北条泰時、北条時房らが列席している。これに先立って明王院に納められる一切経の書写・校合が行われたと考えられる、という（註（22）論文）。しかし、近年千葉乗隆氏は「親鸞が参加した校合の作業は、執権北条泰時が北条政子の十三回忌供養のため発願した一切経書写の時のこと」で嘉禎三年（一二三七）と推測されている（「親鸞の一切経校合」『日本の歴史と真宗』自照社出版、二〇〇一年、六～一四ページ）。いずれにせよ、旧来、親鸞の布教は関東の農民を対象としたものであって、政治権力との交渉など考えられない、とする論調が支配的であったが、それは先入観に過ぎない。実際の親鸞はもっと柔軟に思考・行動し、極端な弾圧を回避すべく賢明な言動に努めていたと思われる。

(24) 仏光寺派教団は、実質的な開創者である七世了源が京都山科に寺基を開くまで、関東にその中心があったが、他の初期真宗教団が常陸国を中心とした北関東に展開していたのに対し、早くから南下し、その中心は武蔵・相模両国にあった。二世真仏は、高田門徒の祖で常陸真壁の出とされるが、三世源海は、武州荒木（現行田市）の出で、荒木門徒の祖であり、四世了海は武州大井（現東京都品川区周辺）の出で、阿佐布門徒の祖である。その弟子が、五世誓海、六世了円であり、共に相模甘縄（現鎌倉市）の出と言われる。了源は、鎌倉幕府の御家人に仕えた武士の出だと言われる。法脈継承者の何代もが鎌倉近辺に生まれ育った、このような門徒集団には、当然のこととして、濃密かつ正確な鎌倉幕府及び鎌倉地域の情報が伝持されていたと見て間違いなかろう。

(25) 覚如が、いかに仏光寺に対し強い敵愾心を抱いていたかは、『改邪鈔』の記述や存覚義絶の状況からも明らかであり、そこにしか見出し得ない情報を不採択としたことも何ら不思議ではない。『口伝鈔』の記事が、校合作業の実態ではなく、宴席での親鸞と少年であった北条時頼とのやり取りに終始しているのは、覚如が校合の事実を伝えようとしたのではなく、宴席でのエピソードの面白さだけを伝えようとしたからに他なるまい。

(26) 三重県専修寺蔵、重要文化財。義絶の事実を関係者に周知するために書かれた書状であるが、以前はこれを偽作と見る向きもあった。しかしながら、面授の弟子であった顕智がわざわざ師を貶めるような書状を偽作する可能性は皆無であり、偽作説には全く根拠が無く、祖師親鸞をひたすら神格化しようとする感情論に過ぎない。

(27) 『恵信尼文書』第一通は、そのような奇瑞が伝えられなかった父親鸞の往生は確かだろうか、と疑問を抱いた覚信尼が母恵信尼に宛てた手紙の返信であり、「奇瑞が見られなかった」とする点で両者は符合する。

(28) この根本奥書は、初稿本系の専修寺本・西本願寺本と康永本とでは異同がある。すなわち、『真宗重宝聚英』第五巻の影印によると、初稿本系の「紫毫を馳せ」が「紫毫を染め」に、「後見賢慮」が「後見賢者」(専修寺本は異同なし)に、「紕繆《ひびゅう》」が「訛謬《ひびゅう》」になっている。紕繆は『大漢和辞典』に見えるが、訛謬は見えず、紕繆の方がより的確のように思われ、なぜそれが改訂版で改められたのかは不明である。なお、引用部分の誤りを『真宗重宝聚英』影印翻刻により訂正した。

(29) 「史実と伝承の親鸞像」『日本の名僧 親鸞』吉川弘文館、二〇〇四年、七九ページ。

(30) 『伝絵』の読み直しを提起した論考として、『誰も書かなかった親鸞 伝絵の真実』(同朋大学仏教文化研究所編、法藏館、二〇一〇年)が注目される。旧来の定説に捉われない斬新な視点からの論考が多く、新知見が少なからず提示されていて、示唆に富む。しかしながら、収載の殆んどの論考は、『伝絵』と『恵信尼文書』を金科玉条と看做し、他史料によって、その欠を補おうとするような姿勢は見られない。本来ならば、提示された新知見の一つ一つを再検証すべきであるが、時間の都合で若干の指摘に留める。安藤弥氏は、「近年、親鸞伝の再検討が注目されるなかで、しっかりとした史料批判の手続きを経ずに、伝承史料を安易に用いる傾向がある。門弟研究においても注意すべき状況である。この問題は関係者が思っているよりも、かなり深刻であり、今あらためて親鸞研究をめぐる視点・方法を鍛える必要性を痛感している。今後の課題である」(「親鸞消息にみる門弟の動向」同書、一三五ページ)とされ、同様な意識が本書全体に通底しているように思われる。『伝絵』の復権を目指すのならば、『伝絵』の厳密な史料批判も行うべきであり、このような偏向した史料解釈からは、親鸞思想の時期的な振幅は読み取れず、渡辺信和氏の「親鸞は何時絶対他力の思想に至ったのか。『御伝鈔』を繙くまでもなく法然のもとでそう認識をしたはずであり、だから流罪にあったのであり、それが善光寺に滞在して変わったとするならば、誰が親鸞の思想の変化を受容しえようか。教化者(=善知識)が揺らいでいたら信仰集団は成り立たないはずであろう」(「聖徳太子と善光寺」同書、一七八ページ)との、硬直した理解が導き出されてしまう。東国における親鸞にまつわる民間伝承を無視してしまうと、親鸞が終生何の揺らぎもなく、絶対他力を貫徹した、という見方しかできなくなってしまうのではなかろうか。

(31) 親鸞得度の治承五年（一一八一）には、慈円には未だ得度の戒師となる資格がなかったことが、明らかにされており（平雅行「若き日の親鸞」『真宗教学研究』二六号、二〇〇五年、一一六〜一一七ページ）、慈円による得度剃髪は否定されよう。しかしながら、比叡山で何がしか、示教された可能性は低くないと思われる。それにも拘らず、親鸞が慈円のことに一切言及しないことは不可解であるが、近年これに関して興味深い見解が提示されている。松尾剛次氏は、『親鸞再考』（NHK出版、二〇一〇年）において、「中世の比叡山は、南都諸寺院同様、男色文化の盛行した所であり、親鸞は童子として、慈円に仕えていた可能性がある。そのため、親鸞は慈円を忌避し、隠蔽したのではないか」とされる（同書、六一〜六二ページ）。親鸞が慈円の男色の相手を強要されていたのでは、とのセンセーショナルな見解である。証拠が乏しいものの、その可能性を考慮すべきであり、親鸞の比叡山下山の理由との関連も想定されよう。

(32) 後述のように、幽霊済度や大蛇済度など、念仏信仰とは一線を画する現世利益的な追善供養は、親鸞の関東布教の一側面として見逃せない。

(33) 他力本願の念仏信仰は、行じ易いとは言うものの、その理論は極めて高邁かつ難解である。これを関東の民衆に布教する親鸞の労苦には筆舌に尽くし難いものがあったと思われる。『報恩講式』でも『伝絵』でも、その苦心の様を描けば祖師讃嘆の説話になったかもしれないが、覚如はそのような説話を是としなかったようである。

(34) 前述のように覚恵と、その異父弟唯善との大谷廟堂管理をめぐる紛争であり、裁定を不服とする唯善は親鸞の遺骨と影像を奪取し、鎌倉に逃走する。親鸞の遺骨を所有することが、大谷廟堂の後継者のみならず、親鸞の後継者としても必要不可欠な条件であったと言えよう。

(35) 二〇〇七年九月十八日、京都市の本願寺派常楽台で親鸞の肖像画の掛軸の軸木の中から「親鸞の遺骨を宝塔に納めた」と記された墨書が見付かった。常楽台は、存覚の創建になる古刹で、未公表だった金銅製宝塔に納入されている骨片が親鸞のものである可能性が極めて高いと報道された。この遺骨は、存覚が廟堂別立を企てて密かに隠し持っていたものだとも言われている。

(36) 三重県専修寺には、親鸞の遺骨とされるものが伝えられており、それを納めた縮緬袋・包紙（共に重要文化財）は明らかに鎌倉時代にものと判定され、包紙には、「鸞聖人ノ御骨、顕智ノ御マホリ」と顕智の筆で上書きされている。これは、顕智が親鸞の遺骨をお守りの如く意識し、尊重していたということであろう。極めて注目すべき事例である。

(37) 『正統伝』には、二十八歳の修行中と三十歳の暇乞いの時に、『正明伝』には、二十八歳の修行中に根本中堂に丁重に祈願した、との記述が見えるが、これは苦悩の中に出離解脱の道を求めての祈願ではなく、多分にニュアンスを異にする。

(38) この理由については、既述の通りである。存覚は東国門弟から絶大な支持を得ており、情報を入手し易かったが、覚如は東国門弟から少なからず警戒されていて、情報を入手し難かったであろうことは、想像に難くない。

（39）「覚如が親鸞の『教行証』を曲解・歪曲した」との評を目にするが、それは独自の解釈を適用しただけであり、『教行証』自体を軽視したわけではなかろう。また、『教行証』の初期の写本は関東の門弟に伝持された。親鸞直筆の「坂東本」は、性信が下総報恩寺に伝え、現在は東本願寺蔵で国宝。直弟子真仏の写本が三重県専修寺に伝わり、重要文化財である。このように『教行証』が最初、性信や真仏といった関東の直弟子に伝持されたため、覚如が容易に入手できず、結果的にそれを忌避したということもあり得なくはないが、それを否定する必要はなかろう。

（40）親鸞の著作は多岐に及ぶが、『教行証』以外では、「和文の教行証」とも呼ばれる『三帖和讃』を第二の著作として評価したい。しかし、存覚はその限りではなかったようである。

（41）存覚は、親鸞の関東布教の状況について、多くの情報を入手したに違いない。存覚がそれを記してくれていれば、謎の多い関東布教の実態もかなり解明されたと思われ、残念至極である。せっかくの新鮮な素材（情報）を卓越した料理人（存覚）が活かさなかったことになり、なおさら心残りである。

第六章　存覚と『正明伝』

『正明伝』再評価の動向

親鸞の伝記史料として、近年特に注目されつつあるのが、伝存覚作の『正明伝』である。近世の親鸞伝を代表するものが、高田派の学僧五天良空《ごてんりょうくう》が享保二年（一七一七）に撰述した『正統伝』（『高田開山親鸞聖人正統伝』）であるが、この『正統伝』が参考文献として挙げ[1]、五天良空が享保十八年（一七三三）に開板したものが『正明伝』（『親鸞聖人正明伝』）である。『正統伝』は、その書名からも明らかなように、高田派の東西本願寺に対しての正統性を主張することがその撰述の最大の目的であり、その内容には本願寺に対する露骨な攻撃も見え、史料的価値の低い、恣意的な伝記と看做されて来た。この『正統伝』の作者が大きく関与した『正明伝』もまた、存覚に仮託した偽作であろうと看做されて、顧みられることは殆んどなかった。『伝絵』とそれを補完する『恵信尼文書』こそが正統な親鸞伝と評価され、それ以外の伝記は後世の創作に過ぎないとの見方が今日まで基本的に継承されて来ているのが実情である[2]。この背景には、東西本願寺と旧関東門弟系の高田派・仏光寺派などとの力関係が大きく関連していると思量される。つまり、蓮如登場以降の本願寺の快進撃は凄まじく、それ以降、「本願寺にあらざれば真宗にあらず」といった認識が今日まで変わらず続いており、(3)当然ながら、それ以降、関東門弟系教団に伝わった伝承は軽視されて来たのである。

しかしながら、『正明伝』、『正統伝』は本当に史料的価値の低い副次史料に過ぎないのであろうか。史料的に極めて限定され、謎に満ちた親鸞の実像を再構築するためには、このような副次史料をも最大限に有効活用することが不可欠ではなかろうか。本稿では、近年の研究成果を踏まえて『正明伝』の再評価を試みると共に、存覚真撰説の可否についても検討を加えてみたい。

『正明伝』の再評価については、佐々木正氏がセンセーショナルな論考を発表されているが、(4)それ以前にも、その再評価を促す論考が散見される。山田雅教氏は、『正明伝』の成立事情について考察され、「『正明伝』と『正統伝』では、作者の重きを置こうとした部分が全く異なり、前者は専修寺草創について紙数を費やしているが、後者の記述はごく簡略である。『正明伝』は『正統伝』程完成度が高くなく、古態を感じる。『正明伝』には、高田派意識はむしろ稀薄で、これは五天良空の偽作ではなく、より古い時期の成立を示唆するものであろう」(5)とする。説得力のある指摘であろう。また、「『正明伝』には『正統伝』に見えない関東での奇譚を多く載せ、親鸞の伊勢神宮参拝や伊勢桑名での故事を伝えることから、『正明伝』は関東の情報を持った人によって伊勢国で成立したのではないか」(6)と推測する。概ね首肯されよう。もし、五天良空の偽作ならば、現在の本山所在地である伊勢一身田《いしんでん》の由緒について何がしか触れられるはずであり、さらにそれがないということは、本山専修寺が伊勢へ遷される以前に成立したことを物語っているのではなかろうか。(7)以上、山田論文から『正明伝』は五天良空の偽作ではなく、『正統伝』に先行して成立したもので、内容的にも高田派に偏向したものではなく、概ね室町末期頃の成立であることが確認されよう。

『正明伝』の史料的価値

次に、佐々木正氏の『親鸞始記』に沿って、『正明伝』の再評価について検討してみたい。氏は、「記録」と「記憶」という対立する概念を立て、表層の記録の所産である『伝絵』よりも深層からの記憶の所産である『正明伝』の方が史実に近いと考え、『伝絵』ではなく『正明伝』から親鸞の歴史的実像を解明しようとした。しかしながら、「『正明伝』もまた記憶にもとづく記録であり、『伝絵』よりも『正明伝』のほうが、真実に近いといえるかどうかはおおいに疑問である」との松尾氏の指摘の通り[8]、この概念規定には少なからず無理があるよう[9]である。しかしながら、氏が今まで殆んど顧みられることのなかった『正明伝』に虚心坦懐に向き合い、『正明伝』が『伝絵』に優る箇所を具体的に多数指摘したことをこそ、まず評価すべきである[10]。

ここで、『正明伝』の記事を具体的に検証してみたい[11]。

> 釈親鸞聖人、姓は藤氏、大織冠鎌足ノ苗裔《ベウエイ》、勘解由《カゲユノ》相公《シャウコウ》有国《アリクニ》五代ノ孫、皇太后宮大進有範卿ノ嫡男ナリ。母ハ源氏、八幡太郎義家ノ孫女貴光女ト申キ。（中略）スナハチ告テノタマハク、我ハ如意輪ナリ。汝ニ一《ヒトリノ》男子《ナンシ》ヲ授クベシト云云。貴光女是ヨリ有胎《イウタイ》イマセリ。（巻一上）

親鸞の家系について、簡潔に記され、誇張もないが、親鸞の母についての伝承が注目される。「貴光女」が吉光《きっこう》女《にょ》と同一人物であることは間違いないが、その実在は確認されていない。源氏の出であるという伝承は他に見えず、注目に値しよう。受胎の伝承は、他の史料に見られないが、シャカ降誕の伝承に親鸞六角堂夢告の伝承を合わせて創作されたものであろう。なお、『正統伝』は『正明伝』の内容をほぼそのまま踏襲している。

> 同年（安元二年）ノ夏、厳父《ゲンプ》后宮太夫《コグノタユウ》逝去《セイキョ》アルノアヒダ、十八公麿舎弟朝麿《シャテイアサマロ》トモニ、伯父《ハクブ》業《ゴウ》吏部《リハウ》ノ猶子《ユウシ》トナ

リ、シバシバ俗典《ゾクデン》ヲナラヒ、聚蛍《シュケイ》ノミサホカツテ懈《ヲコタリ》ナシ。（中略）八歳五月ノ末ノコロ、御母堂貴光女カクレタマヘリ。イマダ四十《ヨソヂ》ニタラヌ御齢《ヲンヨハヒ》ニテ侍《ハベリ》キ。（巻一上）

親鸞の両親早世説は、古くからの伝承で、それが九歳での出家得度の理由ともされて来たが、現在ではほぼ否定されている。(12)『報恩講式』『嘆徳文』いずれにも見えないが、『正統伝』はこれを踏襲している。『伝絵』とは、別系統の伝承であろうと思われるが、史実とは異なる不正確な情報であったと言えよう。なお、この部分は、『嘆徳文』冒頭の「初めには俗典を習って切瑳す。これはこれ、伯父業吏部の学窓に在て、聚蛍英雪の苦節を抽んずる所なり」の表現と酷似している。両者とも存覚が書いたから似ているのではなく、『正明伝』を存覚作に擬装するため後人が似せて書いたものではなかろうか。

コノトキ少納言殿、僧正ニトモナヒテ、叡南無動寺ノ大乗院ニ登リ、四教義ヲ読始タマフ。権少僧都竹林房静厳ヲ句読ノ師トス。ソレヨリ小止観《セウシクハム》三大部《サンダイブ》等《トウ》ヲ読習タマヘリ。或ハ山ヲ下リ、京洛ニイマシテハ、南都ノ碩学ト聞ヘシ覚運僧都ナムドヲ招請シテ、唯識百法ヲ学タマフ。（巻一上）

親鸞の比叡山での修学については、記述の如く、『恵信尼文書』に見える「堂僧」の一語以外の具体的な情報を欠くが、『正明伝』の記事は詳細かつ具体的である。記事の信憑性については、全幅の信頼を置くには足りないが、勉学の内容・時期・場所・師のすべてを最初から捏造することは極めて困難であろうから、『伝絵』とは別に伝わった伝承を反映するものとして、相応の価値が認められよう。

オリフシ赤山明神へマイリ、法施ココロシヅカニシテオハシマスニ、神籬《ミヅガキ》ノ蔭ヨリアヤシゲナル女性、柳裏ノ五衣ニネリヌキノ二重ナルヲ打被《ウチカヅキ》、唯一人出来レリ。（中略）御僧ハ末代ノ智人ナルベシ。ヨモ此理ニ迷タマハジ。玉ト日ト相重ノコトハリ今ハ知タマフマジ。千日ノ後ハ、自《ミズカラ》思合《アハスル》コトノ侍《ハベラン》トテ、玉ヲバサシオキ、木蔭ニ立カクレテ失去《ウセ》ヌ。（巻一上）

『正明伝』のみに見える、意味深長な説話である。親鸞は、京都から比叡山への帰途、赤山明神で不思議な女性に遇い、女人往生について問答したというものである。女性は比叡山への参詣同行を懇願するが、親鸞は「山上は女人禁制の聖地で、それはできない」と断わる。それに対して、女性は「女性を排除し、差別するのなら、それは真実の教えではない」と反撃に出るが、参詣を諦めて、親鸞に玉を手渡して「これは太陽から火を取る玉である。尊い太陽の火も玉に映ってこそ闇夜を照らす灯となり、仏法も高い峰に湛えられている水のようでは人々を救うことはできず、低い谷に流れ落ちてこそ一切衆生を潤す教えとなるものである。あなた程の人がそれを理解できないことはあるまい。玉と日が重なる理由を今は知らなくても、千日後にきっと思い当たることがあるであろう」と言い残して消えた、というものである。後に、親鸞はこれが玉日との結婚の伏線であり、その女性が如意輪観音の化身功徳天女だったということに気付いたという。一見、荒唐無稽な伝承にも見えるが、佐々木氏も指摘される通り(14)、親鸞の思想形成上重要な暗喩と言えよう。

比叡山で仏教の奥義を探求していた親鸞であったが、弱者や女性救済についての意識は未だ稀薄であった。その欠漏を的確に指摘した女性の言葉は、親鸞に新たな視点を植え付けるものであり、これは後の肉食妻帯・非僧非俗のスタンスにもつながるものではなかろうか。後の親鸞が弱者や女性の救済に努めたことは、周知の事実であるが、その淵源や契機は不分明であり、それを伝える説話として、高い価値を持つ。史実か否かとの観点よりも、親鸞の思想を体現しているか否かとの観点で評価すべきであろう。

さらに、このような高度な思想的背景を持つ説話は、後述する幽霊済度などの奇譚とは全く性格を異にし、『正明伝』が偏向した、一部の情報だけではなく、多方面からの情報を基に編まれていることの証左と言えよう。ちなみに、この説話は『正明伝』以外に全く見えない、孤立した伝承である。先行する伝記は勿論のこと、多くの箇所で『正明伝』の伝承に依拠する『正統伝』にも採用されておらず、その情報源は全く不明である。

仰ノゴトク差別アルマジクサブラハ、、御弟子ノ中ニ、一生不犯ノ僧ヲ一人賜テ、末代在家ノ輩、男女往生ノ亀鏡ニ備ハベラムト。上人聊モ痛《イタミ》タマハズ、子細サフラフマジ、綽空今日ヨリ殿下ノ仰ニ従申《ママ》ルベシト。

（巻二上）

親鸞の結婚についての興味深いエピソードである。九条兼実の質問に法然は「出家と在家で、その功徳に違いはなく、全く同一である」と返答したが、それに納得できない兼実は「出家・在家で差異がないのならば、お弟子の中で一生不犯の僧を一人結婚させてその事実を証明してみて欲しい」と無理難題を持ち掛ける。すると、法然は臆することもなく親鸞を指名し、親鸞は不本意ながらも師の命令には背けず、兼実の娘である玉日との結婚を決意した、というものである。親鸞の結婚は、日本仏教史上初の公然たる妻帯であるが、その事情は殆んど解明されていない。いかなる縁故で、いつ、どこで結婚したのか、そのいずれもが想定の域を脱していない。しかも、恵信尼以外の妻の存在も未だ完全には認められていないのが現状である。(15)

なお、恵信尼以外の妻を大きく取り上げる『正明伝』と、それに一切触れない『伝絵』との乖離は著しい。その理由について、佐々木正氏は、「日野家存続に情熱を燃やしつづけた祖母覚信尼と、父覚恵の期待を一身に背負った覚如には、伝記製作の過程で九条家を巧妙に抹消する必要があった。玉日との結婚の事実を記せば、当然ながら九条家がすがたを現す。後継としての日野家の正統性はその時点で消滅してしまう。だからこそ、親鸞の生涯において決定的に重要な結婚を、あたかもなかったかのように通りすぎて、覚如は『伝絵』を製作したのであった」(16)とされる。『伝絵』に覚如の多大な作為が加えられていることは間違いなく、それが親鸞の実像を結果的に歪曲・隠蔽してしまったことは氏の指摘の通りであろう。

我天台ノ門跡ナラムニコソ、此後モ幾度カ大内ニ召レテ、浮世ノ塵ニ交ナム。師ノ僧正モ雲上ノマジハリ故ニ、カカル患難ニモ逢タマヘリ、好也《ヨシヤ》コレゾ遁世ノ因縁ナラメト、無下ニアサマシク覚シカバ、六角精舎へ百日ノ歩ヲ運シニ、感応ニヤアリケム。計ズモ厳師ノ高徳ヲ聞、スミヤカニ名利ノ衣ヲヌギ、心モ身モ真実ノ墨ニ染サフラヘト、最《イト》コマヤカニ語タマフニ、空師ヲハジメ百有余人ノ御弟子、月輪殿下ニ至マデ、ミナ感激ノ涙ヲ止カネタマヘリ。（巻二上）

親鸞の比叡山訣別と、法然門下参入の状況についての注目すべき伝承である。ほぼ同様の記述が『正統伝』に踏襲されているものの、先行史料には見られない独自な伝承である。法然門下に参入した親鸞が約一年前の出来事を述懐しているという設定である。これは師法然が、やむなく玉日との結婚を承諾した親鸞に対し、遁世の理由[17]について隠さず述べるよう要請し、それに答えたものである。それによると、宮中での歌会に招かれた慈円の歌に女犯の嫌疑が懸けられたが、弟子親鸞が歌の使者となり、見事にその嫌疑を晴らした。ところが、このような宮廷内での権力闘争に巻き込まれることがつくづくいやになり、六角堂への参籠を決意し、幸いにも師法然との邂逅を果した、というものである。これは、佐々木正氏も指摘される通り[18]、『嘆徳文』の「何ぞ、浮生の交衆を貪って、徒らに仮名の修学に疲れん。すべからく、勢利を抛げすてて、直ちに出離を悕うべしと」の表現と呼応するもので、『嘆徳文』を読むだけでは、具体的に何を指しているのか見当が付かないが、『正明伝』のこの部分と照合すると、その意味がよく解される。但し、このエピソードを存覚が『嘆徳文』には抽象的・簡略に、『正明伝』には具体的・詳細に書き分けたのではなく、『嘆徳文』の抽象的・簡略な記事を後人が脚色・創作して、『正明伝』に採用したのであろう。

佐々木正氏は、「親鸞の伝記には、比叡山を下りるにいたった動機や経緯、法然との邂逅の決定的場面、結婚という重大な決断へと踏み切る過程など、それらの理由と背景や、具体的事実が記載されることが、必須要件となってくるのである[19]」とされ、それを克明に記す『正明伝』こそ、親鸞の正史であり、それを全く記さない『伝絵』は作為に満ちた二次的史料に過ぎない、とされる。確かに、『伝絵』の提示する具体的情報はごく僅かで、肝心な所、知りたい所が書かれていなかったり、書かれていても『教行証』の本文をそのまま引用したものであったりして、隔靴掻痒の感を禁じ得ない。[20] それに対して、『正明伝』は具体的な情報が豊富で、親鸞の思想形成の過程を自然な形で辿り、理解することができる有効な史料であると言えよう。

御帰京ノ初ニハ、直ニ源空上人ノ墳墓ニ詣デ、シバシバ師弟芳契ノ薄コトヲナゲキ、参内ノ後ニハ、月輪禅定ノ御墓ナラビニ玉日前ノ芭冢《バウチョ》ニマイリタマヒテ、御誦経ト紅涙トコモゴモナリ。印信モ御供ナリシガ、玉日ノ御墓ニテハ今更終焉ノワカレノココチシテ、哀傷ノ涙ニ沈ミツヽ、其オリフシノ事ドモマデ語出サレタリ。（巻三上）

親鸞が、流罪赦免後一時帰洛し、長子印信と共に法然と九条兼実、玉日の墓参をしたという記事である。一時帰洛説は、最近まで殆んど認められていなかったが、近年再検討の動きが強まって来ている。亡き師と亡き妻の墓参を思い立つのはごく自然な人情であり、無下に否定されるべき伝承ではあるまい。『伝絵』が、親鸞の結婚について沈黙を固持することと、一時帰洛、玉日墓参を記さないこととは、同じ作為のなせるところ、との想定が可能である。つまり、既述の佐々木正氏の指摘にもある通り、九条家との関わりを抹消しようとの意図が垣間見えるわけである。同様の意図に基づく作為が複数個所確認されるとしたら、やはり『伝絵』の史料的価値には大いに再検討の余地があると言えよう。

同年九月、聖人城州山科村ニ一寺ヲ草創シタマフ。是ハ江東荒木源海ノ請達ニ因テナリ。今ノ興正寺是也。（巻三上）

嘉禄年中、聖人五十四歳、天童ノ告ニ因テ、下野国大内庄ニ一寺ヲ建立シタマフ。（中略）又霊夢ニ依テ、信州善光寺分身ノ如来ヲ感得シ、斯寺ニ安置シタマフ。即勅号ヲ申賜テ、専修阿弥陀寺ト号セリ。後ニ真仏房ニ附属シタマヘリ。高田専修寺是也。（巻三下）

親鸞四十歳の興正寺（後の仏光寺）草創と、五十四歳の専修寺草創の記事であるが、両者とも簡潔で、それを美化・誇張しようとの意図は見受けられない。特に、専修寺草創に関しては、『正統伝』に見える、脚色と誇張に満ちた表現とは、好対照をなしていると言えよう。「『正明伝』は、高田派や仏光寺派の正統性を主張するために偽作されたもの」との評価が正鵠を射ていないことは明瞭であり、言われなき汚名は払拭されるべきであろう。

建長八年ノ春、聖人御病気アリ。高田ノ顕智房ト蓮位房ト給仕ニ侍キ。事ノツイデアルマ、ニ、蓮位顕智ニ申サク、聖人ヲバ、イカナル人ト思定タマフヤト。顕智ノ云ハク、マサシク如来ノ応現ナルト思ハベルナリト。蓮位シバシバ肯《ウチガハ》ザル辞《コトバ》ニテ、サレバ或時ハマサシク権化ノ人ナリト覚ユルコトアリ。亦或時ハ疑シク見ヘタマフコトモアリト。顕智房ハ茶ヲ呑ミテアリシガ、少ホ、咲《エミ》テ、遠カラヌ日ニ実《マコト》ハ知タマハムトバカリ申サレタリ。サテナム、蓮位房不思議ノ夢想ヲ感ズルコトアリ。（巻四）

親鸞八十四歳の「蓮位夢想」は、『伝絵』にも見え、[21]古くからよく知られた伝承であったようである。しかしながら、その詞書はあまりにも簡略に過ぎ、要領を得ない。ところが、『正明伝』の記述は詳細で、物語としての起承転結を完備している。つまり、『伝絵』では単に蓮位が夢告を得たことを記すのみで、「聖徳太子が親鸞と出会い、阿弥陀仏だと礼拝した。だから親鸞が阿弥陀仏の化身であることは間違いない」という内容である。それに対して、『正明伝』では、親鸞の看病をしていた顕智と蓮位の何気ない会話から、蓮位の親鸞に対する疑念が明かされるが、顕智の予言通り、蓮位は先述の夢告を得、親鸞が阿弥陀仏の化身であることを知り、その疑念も氷解した、とするものである。[22]佐々木正氏も指摘される通り、[23]蓮位の疑念が夢告の発端になっているわけで、それを除いてしまったなら、単なる偶然の夢告に過ぎなくなり、その意味も軽薄になろう。両者の物語としての完成度には大きな隔絶があり、『正明伝』を読まなければ、この説話の全体像と真意は到底理解できないであろう。

それでは、この隔絶はいかなるところに起因するのであろうか。その原因としては、原史料の差異、執筆態度の差異が考えられる。両者が隔絶するに至った状況を考えてみると、以下の三つに分類することができるのではなかろうか。

（1）『伝絵』の原史料が不完全、『正明伝』の原史料が完全で、両者の記事はその史料の性格をそのまま反映したものであった。

（2）『伝絵』『正明伝』共に原史料が不完全であったが、後者は、創作部分を加え、最初から完成された物語であったかのように擬装された。

（3）『伝絵』『正明伝』共に原史料は完全であったが、前者に部分的な削除が行われ、結果的に前者は物語として不完全な形態になった。

（1）では、覚如は、完全であったはずの情報を不完全な形でしか知り得なかったことになる。となると、『正明伝』は、覚如が不完全な形でしか知り得なかった情報を、完全な形で知り得た人が編纂したことになろう[24]。両者の情報源が別個だと考えれば、その蓋然性は低くないであろう。（2）については、不完全な『伝絵』の記事を完全な『正明伝』の記事に書き換えることは容易ではないと思われ、創作追加の可能性は低いであろう。私見では、（3）の可能性が最も高いのではなかろうか。

『正明伝』に、常随の弟子蓮位が親鸞に疑念を抱くというような、祖師崇拝に逆行する内容が排除されずに[25]、記載されている事実はその客観性を示すものであり、親鸞を必要以上にカリスマ化、神格化しようとしていないことが解る。それに対して、『伝絵』の執筆態度がその対極に位置することは明白であるが、さらに想像をたくましくするならば、覚如は完全であった伝承から蓮位の疑念の部分を恣意的に削除してしまい[26]、その結果不完全な記事になってしまったのではなかろうか[27]。『正明伝』には、このような作為はかえって少なく、その史料的価値は侮れまい。なお、この伝承は、覚如『口伝鈔』にも見え[28]、それによると覚如は「蓮位夢想の記」を目にし、共感を覚え、急遽『伝絵』改訂版に追加したことが解る。「蓮位夢想の記」には、蓮位の疑念の件が記されていたはずだが、『口伝鈔』にもそれは見えない。

日既ニ西ニ痩テ、道路ニ人ナカリキ。彼山ノ麓ナル深淵ヨリ大蛇出テ、聖人ニ相向ヌ。其ノ長三丈余。マコトニ怖べキアリサマナリ。聖人歩寄テ、汝吾ヲ害セムトテ出タリヤ、将《ハタ》吾ニ所用アリテ出タリヤト問タマフニ、大蛇頭ヲ下テ両眼ニ涙ヲ流コト雨ノ如シ。（巻三下）

『正明伝』には、幽霊済度、大蛇済度、餓鬼済度など、多くの民間伝承的済度譚が収録されており、これらは、関東二十四輩に現在まで伝わる寺伝とも共通するものである。このような非科学的な奇譚は、ともすると無意味な、無益なものと看做されがちであるが、いかに評価すべきであろうか。確かに、このような奇譚の史料的価値は高くなく、そのまま親鸞の伝記にはなり得ない。しかしながら、このような伝承には必ずその社会的背景があり、歴史的事実を反映して生成されたものである。その文面の背後に隠された歴史的事実を読み解くことは重要な研究課題である。

例えば、『日本霊異記』の説話は、律令国家の正史である『続日本紀』からは決して知り得ない、奈良時代の民間信仰の実情を提示する史料として再評価されつつあり、このような伝承も文献史学・実証史学の限界を補完する史料として活用されねばなるまい(29)。非科学的な奇譚を多数載せる『正明伝』の史料的価値が低く、それを一切載せない『伝絵』の史料的価値が高い、という評価は必ずしも正鵠を射たものではあるまい(30)。

『正明伝』の評価

それでは、『正明伝』をいかに評価すべきであろうか。『正明伝』は成立事情が不分明で、古写本も現存せず(31)、親鸞の確実な伝記史料とは言い難い。しかしながら、五天良空による偽作だとは考えられず、『正統伝』に先行して、室町末期頃に、当時の伝承を集大成して成立したものと考えられる。内容的には、親鸞の思想形成の核心に迫る伝承が多く収録され、その点においては、『伝絵』を遙かに凌駕している。さらに、「蓮位夢想」の件で既述の通り、親鸞に不都合な伝承も敢えてそのまま掲載されており、従来から指摘されていたような偏向・恣意は見られず、高い客観性を維持していることが確認されよう。この点に関しては、むしろ『伝絵』の方が主観的で、恣意的な改変・削除をも辞さない執筆態度が見て取れる。『正明伝』を親鸞の正史として、それだけに依拠して論考するのは、やや乱暴に過ぎるかもしれないが、『伝絵』、『恵信尼文書』を補完して余りあるものがあり、『正明伝』を有効活用しない親鸞研究に新たな展望は開けまい。

なお、存覚真撰説の可否については、軽々に結論を出し得ないが、存覚に関する伝記や記事に『正明伝』らしき著作が全く見出せず、他の著作と比較しても、文体や内容の整合性に難があるように思われ[32]、真撰と見るのは難しそうである。存覚の名は、恐らく存覚の流れを汲む東国の門弟らに伝承されて来た情報を集大成した所から出されたものであろう。

（1）『正統伝』が参考にした文献として、「本伝」、「下野伝」、「正中記」、「至徳記」、「五代記」、「四巻伝」が挙げられているが、大半は真偽未決である。その中で、唯一現存するのが「四巻伝」で、これが『正明伝』である。山田雅教氏「『親鸞聖人正明伝』の成立」（平松令三先生古稀記念会編『日本の宗教と文化』同朋舎、一九八九年、八〇九～八二五ページ）に詳しい。

（2）夙に『伝絵』の史料的価値に疑問を呈した中沢見明氏であるが、『正統伝』についても「文書を偽作改造して、本願寺に対抗したもので、取るに足らないものである」（『史上之親鸞』洛東書院、一九二二年、六〇ページ）とされ、その価値を認めていない。なお、親鸞の伝記史料の再検討については、草野顕之氏が「親鸞聖人伝再考」において、近世伝承の再評価を含む史料採否の見直しを提言されていて、示唆に富む論証である（『真宗教学研究』二六号、八一～一〇六ページ）。

（3）現今、全国の東西本願寺派の末寺数が約二万ヶ寺近くを数えるのに対し、旧関東門弟系の高田派・仏光寺派・興正派・木辺派の末寺数は千五百ヶ寺程度にしか達しておらず、この圧倒的な勢力の差が親鸞の伝記の評価にも多大な影響を与えているのである。多数派の見解こそが学界で定説として定着するのは、宗教界でも必然の帰結である。

（4）『親鸞始記 隠された真実を読み解く』筑摩書房、一九九七年。

（5）「『親鸞聖人正明伝』の成立」平松令三先生古稀記念会編『日本の宗教と文化』同朋社、一九八九年、八一五〜八一六ページ。

（6）註（5）書、八一九〜八二〇ページ。

（7）本山専修寺は、高田派中興の祖とされる、第十世真慧により寛正六年（一四六五）頃に寺基を移転したとされてきたが、実際には明応年間（一四三四〜一五一二）に一身田に無量寿院が建立された頃から始まり、それから約五十年近くをかけて徐々に本山の機能が関東から伊勢に移されている。とすると、『正明伝』は室町末期には成立していたと考えられよう。山田氏は、『正明伝』所収伝承の性格分析を通してその成立時期を室町末期とされており、時期的に完全に合致する（註（5）書、八二一ページ）。

（8）松尾剛次氏『親鸞再考』NHK出版、二〇一〇年、二七ページ。詳細後述。

（9）佐々木氏も、それに気付かれたのか、「史実と伝承の親鸞像」（『日本の名僧 親鸞』吉川弘文館、二〇〇四年）では、『親鸞始記』とほぼ同様のことを述べながら、「記録」と「記憶」の双方を対立概念として捉える論法は影を潜めている。

（10）綿密な考証が評価されるが、氏の論調には、『正明伝』を擁護・評価する余り、それに対する『伝絵』を必要以上に貶めている感が禁じ得ない。ことさらに『伝絵』を偏向した作為的な著作と最初から決め付けてしまうと、客観的な判断が困難になるのではなかろうか。なお、氏は二〇〇九年に『親鸞・封印された三つの真実』を、二〇一一年に『謎解き問答「親鸞」』（前書の改題新書版、いずれも羊泉社）を上梓されている。本書は、対話形式を取り、一般読者にも親しみ易い好著である。内容的には、『親鸞始記』を引き継ぐもので、格段の新知見は提示されていないように見受けられるが、本書により『正明伝』が一般に認知されることを期待したいものである。

（11）原文引用は、『真宗史料集成』第七巻に拠る。

（12）乗専が文和元年（一三五二）に著した、覚如の伝記である『最須敬重絵詞《さいしゅきょうじゅうえのことば》』に「幼稚ニシテ父ヲ喪シ給ケル」とあり、それが両親早世に拡大解釈されたらしい。ところが、西本願寺蔵存覚書写『無量寿経』の奥書によると、有範は親鸞・兼有兄弟が成人するまで存命していたことが明らかになり、早世説は根拠を失っている。

（13）京都市左京区修学院にある、赤山禅院のことで、延暦寺の別院である。現在でも比叡山の山麓にあって、独特な雰囲気と密教的な色彩を色濃く残している。

（14）註（4）書、一〇四〜一〇五ページ。

(15) 大正十年（一九二一）に発見された『恵信尼文書』により、恵信尼が親鸞の妻であったことが確定したが、それ以前にはむしろ玉日の方が親鸞の妻として広く承認されていたと言えよう。蓮如の子実悟が天文十年（一五四一）に作成した『日野一流系図』には、親鸞の第一子として範意の名が見え、その母が九条兼実の娘であることが明記されており、近世には、本願寺教団内部でも玉日が親鸞の妻として公認されていたことが解る。ところが、近代以降、近代の婚姻形態や民法に照らし合わせて、親鸞の一夫多妻を認めようとしない傾向が強まり、明確な史料に乏しい玉日は次第に隠避されるようになり、逆に恵信尼一人が親鸞の正妻であったとする見解が主流派となってしまった。さらに、親鸞と恵信尼を理想の夫婦に、恵信尼を坊守の手本に仕立て上げてしまったのである。しかしながら、日本中世において、一夫多妻は反道徳的ではなく、何ら非難の対象となるものでもなく、むしろ当然な婚姻形態であった。近代の観念や道徳規範を中世に当てはめるのは、不適当である。なお、恵信尼を親鸞の正妻とする見解についても、「いわば九条兼実の娘である玉日姫が正妻で、恵信尼は側室という関係であろう。この恵信尼との結婚の背景にあったのは、つぎに述べる建永の法難であったと考えている。というのも、越後に配流されることになった親鸞にとって、九条兼実の娘を配流地に連れてゆくことは不可能であったが、家格も同じ三善家の娘恵信尼であれば可能であり、この配流事件こそが、親鸞を恵信尼との結婚に踏み切らせる背景ではなかったか、と考えている」（註（8）書、一一七ページ）と、全面的な見直しが提唱されつつある。証拠不十分なのが残念であるが、概ね正鵠を射ており、極めて注目に値する視点である。

(16) 註（9）書、七九ページ。

(17) 通常、出家して僧侶になることを遁世というが、ここでは、延暦寺の官僧身分から離脱して、法然門下へ参入することをいう。松尾剛次氏によると、「中世の僧侶集団は、官僧と遁世僧という二つのグループに区別でき、官僧が担った仏教が旧仏教、遁世僧の仏教こそが鎌倉新仏教」であり、「中世において、官僧身分を離脱し、再度、出家することは、「出家」とはいわず、しばしば「遁世」と表記された」という。註（8）書、三八、一一〇ページ。

(18) 註（4）書、三四～三六ページ。

(19) 註（9）書、六八ページ。

(20) 親鸞は、生涯最大の喜びであった、師法然から『選択集』の書写と肖像画の模写を許されたこと、生涯で最も辛く、憤懣やる方ない、念仏弾圧・配流の事件について、『教行証』の末尾にその感慨を自ら記している。『伝絵』第五段「選択付属」と第九段「師資遷讁《ししせんたく》」の詞書は、その文章をそのまま引用したものである。

(21) 『伝絵』初稿本の形態を残す専修寺本・西本願寺本には、この段は無く、最終校訂本である東本願寺蔵康永本以降に見える。覚如が最終段階で追加した説話であるが、その挿入位置である第四段は、六角堂夢告の後で、編年体の順序を破っており不可解である。

(22) この蓮位の疑念の件は、『正明伝』のみに見え、『正統伝』にも記されていない。

(23) 註(4)書、八九〜九〇ページ。
(24) この場合、存覚真撰の可能性もあながち否定できないが、さらに総合的な判断が必要とされよう。
(25) 晩年の親鸞に付き添って看病するような常随の弟子が親鸞に疑念を抱いていたとすれば、それは親鸞の価値を低下させるものに他ならないが、それをことさらに排除しなかった所に『正明伝』の性格がよく現れていよう。さらに、『正明伝』には、帰洛後の親鸞が関東門弟の頻繁な来訪を煩わしく、迷惑に思っていた、とする記事(『真宗史料集成』第七巻、一一七ページ)も見えている。人間的にも、学問的にも人並み外れた広い度量を持っていた、とされる親鸞のイメージとは明らかに逆行する記述であるが、一人の人間の率直な姿が描写されていて、興味深い。
(26) 不都合な点には触れず、無視してしまう、あたかも最初から無かったかのように偽装してしまう手法は、前述の玉日との結婚の件、一時帰洛・墓参の件など、『伝絵』には珍しくない。覚如のこの手法をそのまま継承し、本願寺を大発展に導いたのが蓮如であった。蓮如が、それまで本願寺教団にも連綿と受け継がれて来たであろう、善光寺信仰を抹消してしまった可能性については、拙稿「親鸞と善光寺」(『印度哲学仏教学』二二号所収、本書第Ⅱ部五章)で述べた。
(27) 覚如にとっては、物語としての不備や、伝記としての矛盾・錯誤はさして問題ではなかった。いかに祖師親鸞を讃嘆し、それによって自らの属する日野家を正統化するかが喫緊の課題であったと考えられる。
(28) 『浄土真宗聖典』八九五〜八九六ページ。
(29) 『伝絵』『正明伝』が共に関東門弟に伝わった伝承を原史料にし、『日本霊異記』も民間伝承を原史料にしており、公文書を原史料にして編纂された『続日本紀』などとの比較には慎重を期さねばなるまい。但し、編纂物であるから史料的価値が高く、伝承であるから史料的価値が低いとは限らない。
(30) 『正統伝』にも奇譚の収録はないが、それだから『正統伝』の方が『正明伝』より史料的価値が高いというわけではなかろう。そもそも、中世に生きた人にとって、科学的・非科学的という尺度は存在しない。すべてが同様に事実として認識されていたはずであって、そこに現代人の尺度を当てはめると、大きな過ちを犯しかねまい。奇譚の採否も執筆者の主観的な判断に過ぎないのではなかろうか。
(31) 註(5)論文によると開板の四年前に当たる享保十四年(一七二九)の書写本が二本知られているというが、それ以前の写本は見付かっていないようである。五天良空は刊記に「下野専修寺宝庫に寄贈されたものの、三百年以上見る人がいなかったものを刊行した」と記しているが、当の専修寺にもそのような写本は伝存せず、その信憑性を損ねているのが残念である。
(32) 浩瀚な存覚の全著作との比較検討が必須であるが、時間の都合で果たし得ず、多分に主観的な判断であり、後考を期したい。

第七章　一向専修と兼学兼修　鎌倉新仏教の見直し

日本中世仏教の措定は、黒田俊雄氏の提唱した「顕密体制論」により根底から見直されることとなり、親鸞の念仏と道元の禅を日本仏教の頂点と見るような見方も修正を迫られた。それと共に、旧来過渡的なものとして、低く見られて来た法然の念仏や栄西の禅も再評価されつつある。さらに、「禅密僧」というレッテルを貼られ、重きを置かれて来なかった聖一派円爾と法燈派心地覚心についても、彼らこそが、鎌倉中期の仏教界を代表する存在であったことが明らかにされつつある。本稿では、後者心地覚心の思想・信仰を解明した上で、その鎌倉仏教における位置付けについて考察し、その再評価を目指すものである。覚心は、入宋し、無門慧開に師事し、『無門関』を授かった禅僧であるが、その思想・信仰は幅広く、到底一語では表現し得ない。強いて言えば、真言密教と禅をベースにした信仰だとされるが、そこに念仏や神祇も深く関わっており、それらが自然な形で融合している。その信仰の実態について考察すると、仏教によっていかに衆生を救済するかを生涯真剣に問い続けた人間像が浮かび上がって来る。

鎌倉仏教研究史

「鎌倉新仏教」という用語は、広く人口に膾炙し、高校日本史での暗記必須事項となって久しい。そして、その新仏教の一画をなし、最有力かつ最先端をゆくのが親鸞の真宗と道元の曹洞宗であった、との見方も広く定着している。ところが、このような認識や概念も現代ではほぼ完全に覆されつつある。その契機は、近年のことではなく、四十年近くも前に遡るが、それまでの鎌倉仏教の評価・認識について、再確認しておきたい。戦後の代表的な研究としては、井上光貞氏や二葉憲香氏の業績が挙げられるが、井上氏は、『日本古代の国家と仏教』（岩波書店、一九七一年）において、「（日本の仏教は）鎌倉時代という短い期間に集中して、かくも多元的な、かつ生き生きした創造性を発揮した」(1)とし、二葉氏は、『古代仏教思想史研究』（永田文昌堂、一九六二年）において、「行基によって成立された反律令仏教の伝統は中世に至って偉大な結実を見せるに至る」(2)としており鎌倉新仏教を日本仏教の到達点とする見方が明らかに看取される。つまり、飛鳥朝、欽明天皇の時代に日本に伝来した仏教は氏族仏教から国家仏教へと大発展を遂げ、奈良時代聖武天皇の天平年間はその最盛期であったが、それは個々人を救済する仏教には程遠いものであった。平安時代には、旧来の南都六宗に加え、天台・真言の新しい仏教が興り、平安中期には密教の中から浄土教が分化し、藤原道長に代表される貴族仏教の黄金期を迎える。しかしながら、真に民衆を救済する宗教は法然、親鸞、道元ら鎌倉新仏教の登場を俟たなければならなかった。ここにおいて、日本仏教は初めて民衆個々人の救済という仏教本来の目的を果たせるようになり、その極致を迎えた、とする評価である。言わば、鎌倉新仏教中心史観とも呼べるべきものである。要するに、飛鳥から平安時代に至る日本の仏教は、鎌倉新仏教を胚胎するための準備期間であり、前提であったという見方である。さらに、その後の室町から近世に至る仏教は鎌倉新仏教の勢いが徐々に失われてゆく、堕落した仏教だと見ることになる[3]。このような評価・認識は一般にも広く浸透しており、未だに高校日本史の教科書でも同様な記述が少なくないようである。鎌倉新仏教も親鸞の真宗も大いにデフォルメされ、実際とは乖離した形で長年理解されて来たことになろう。このような二律背反的理解を図示すると、次のようになろう[4]。

新仏教	一向専修	密教否定	神祇不拝	民衆的	反権力的	近代的	合理的	進歩的	↓善
旧仏教	兼学兼修	密教的	神仏習合	貴族的	権力癒着	前近代的	非合理的	保守的	↓悪

このような、旧状を打破したのが、一九七五年、黒田俊雄氏によって提唱された顕密体制論である。黒田氏が、『日本中世の国家と仏教』（岩波書店）において提唱したこの学説は、社会経済史から思想史にまで及ぶ広汎な視野に立つ統一的なものであり、政治、経済、思想、文芸、寺院組織、儀礼など、正に日本中世史のすべての問題を包含する形で宗教のあり方を考え直そうとした壮大な理論である。黒田氏によると、「仏教ひいては全宗教を顕教と密教の両面から捉え、その一定の関係として理解する論理であり、歴史的には密教の絶対的優位を承認するなかで展開したもので、本質的には日本で独特の姿に形成されたところの密教の一形態である顕密主義」に立脚する宗教体制のことで、あるとしている[5]。いささか、大仰な概念規定ではあるが、この体制は中世荘園制社会における権門体制の一翼を担っていた南都・北嶺の大寺社勢力によって維持されていたとされる。そして、鎌倉新仏教を含む一連の仏教改革運動は正統派である顕密諸宗に対する異端改革運動という性格を有するとし、それは根本的に体制を揺るがす程の勢力を持ち得なかったとするわけである。これによって、旧来の鎌倉新仏教中心史観はその根拠を失い、逆に旧仏教と呼ばれ、否定的にしか評価されて来なかった南都六宗と天台・真言両宗が

にわかに脚光を浴びることになったのである。

このような研究史を前提にして、鎌倉新仏教の再検討という本題に入ってゆくが、それ以前に若干補足しておかなければならない。鎌倉新仏教の宗派は、高校日本史でも慣れ親しんで来たものであるが、実はこれが鎌倉時代には影も形もなく、鎌倉新仏教の六宗が確定し、時の政治権力から認定されたのは鎌倉時代を遙かに下る織豊政権の時期だったということである。豊臣秀吉が母方の祖父母の追善供養のために営んだ千僧供養会は実態は秀吉の仏教統制政策の一環であったが、方広寺大仏殿に真言・天台・律・禅・浄土・日蓮・時衆・一向衆の八宗の僧侶それぞれ百人ずつを請じて行われた大法会で、ここに政治権力によって鎌倉新仏教の各宗派が初めて公定されることになる。つまり、これ以前は鎌倉新仏教の各宗派は組織的に確立されておらず、鎌倉新仏教という呼称、あるいは概念規定自体が成り立たないということである。言うならば、鎌倉新仏教は「鎌倉時代に端を発した安土桃山新仏教」だということになろう。このように、黒田氏の提唱した顕密体制論は、日本中世仏教の旧来の評価を完全にリセットすることとなった。その後、顕密体制論は平雅行氏、松尾剛次氏、末木文美士氏などにより、再検討、修正が加えられたもの(6)の、その基本的なアウトラインはそのまま継承されたと見て差支えなかろう。本稿も黒田氏の理論を前提とすることになり、鎌倉時代の仏教は南都六宗に天台・真言を加えた顕密仏教が主流であり、新たに勃興した新仏教は傍流であり、社会的な影響力も小さく、むしろ旧仏教たる顕密仏教の側に新たな充実した動きがあった、との観点に立つことになる(7)。

鎌倉仏教の実態

前節で述べたことを念頭に置いて考えると、鎌倉時代の仏教には現代の我々が抱いているような宗派の区別、あるいは境界が殆んどなかったことが解って来よう。栄西は、一般には臨済宗の開祖として、日本に茶の湯を将来した人として知られているが、天台密教の権威であり、鎌倉幕府の御用祈禱師でもあり、重源の後を継いで東大寺の大勧進に就任したことについてはあまり知られていない。多くの人が「臨済宗の栄西がなぜ華厳宗の東大寺の復興に尽力するのか」と違和感を覚える所であろう。栄西の禅は極めて密教的だと評されるが、栄西は禅を重視しながらも、天台密教のスタンスに立ち、日本仏教全体の興隆を企図していたのであり、その趣意は、『日本仏法中興願文』からも読み取れよう。(8) 栄西にとっては、禅も密教も、そして東大寺も日本仏教という同じ範疇の中で把握されていたに他ならない。栄西という人物の多面性、そして鎌倉仏教の多様性をきちんと認識しておかないと、そのような事情が理解できず、誤解を生じることにもなりかねず、その点を留意しておくべきであろう。

鎌倉新仏教という概念自体が成り立たなくなりつつあることについては既述の通りであるが、鎌倉仏教の新たな潮流として、禅と念仏が挙げられることについては異論はあるまい。ところが、その評価については誤解と偏向が少なくないようである。つまり、栄西の禅、法然の念仏を過渡的な不徹底な雑修とし、道元の禅、親鸞の念仏を完成された、徹底した専修と見る評価である。この論法では、基本的に時代の後に来るもの程純粋化され、完成度が高く、評価に値すると見ることになり、正に鎌倉新仏教中心史観に引きずられた、偏向した見方であることは間違いあるまい。栄西は自他共に認める台密葉上流の開祖であり、法然も終生持戒の天台僧であった。両者を道元、親鸞に至るまでの過渡的形態としてしか認めないとしたら、それはあまりにも一方的な評価だと言えよう。

このような状況下、鎌倉仏教の見方に新たな示唆を与える業績が相次いで発表されたので、それを元に今少し考察を加えてみたい。その一つは二〇一二年六月に上梓された小野澤眞氏の『中世時衆史の研究』（八木書店）

であり、もう一つは二〇一三年八月上梓の小山聡子氏の『親鸞の信仰と呪術』（吉川弘文館）である。前者では、日本中世仏教に多大な影響を与え、確固たる勢力を有していた時衆の再評価を企図するもので、日本中世仏教の理解には、日本の信仰・文化の基層にあった時衆を宗派や宗学といった枠組みを取り去って再考察しなければならないとする。また、後者では、密教的呪術信仰が盛んだった日本中世においては、法然や親鸞でさえもそれと訣別することは困難であったとし、法然や親鸞の信仰もその母胎となった天台宗の信仰と決して異質なものではなく、天台・真言などの顕密仏教の延長線上に位置付けて考察すべきだとする。両者共、丁寧な考証作業に基づいた立論であり、傾聴に値しよう。同時に私共がいかに宗派意識に呪縛され、研究の視野を自ら狭めていたかを大いに反省させられたことであった。このような問題意識の下、前者では日本中世の超宗派的な信仰の基層をなしていたのが時衆であり、善光寺信仰の流布にも多大な寄与をなしたとする。それによると、由緒正しき顕密寺院であった善光寺にはその末端に妻帯する下級僧侶や時衆があり、外縁部の時衆が善光寺を利用し、善光寺もまた彼らを利用して拡大していったとし、善光寺と時衆が相互依存の関係で勢力を伸張させていったとする。さらに、善光寺聖は固定化した組織ではなく、ある時は善光寺聖、ある時は高野聖、またある時は融通念仏聖と変幻自在に姿を変える念仏勧進聖だったであろうとし、善光寺信仰と高野信仰の重層性が指摘されるとする。善光寺信仰を浄土信仰の一形態としか見ないことの誤りが小野澤氏の研究からも確認されるところである。次に、後者小山氏の業績は、個々人の信仰は病気や臨終といった生命の危機に直面した時にこそ顕著になるとし、病気治療や臨終行儀という観点から法然や親鸞の信仰を解明しようとしたものである。それによると、法然は専修念仏を説き、神仏への祈禱による病気治療を否定する一方で、貴族の邸に出入りして病気治療の祈禱に携り、また自らの臨終に際しては慈覚大師円仁の着用していた九条袈裟を着けるという矛盾した行動を取っているが、それは専修念仏の教えを広めるためには貴族からの信頼を得る必要があり、そのためには呪術に関与せざるを得なかったからだとする。また、親鸞についても、浄土真宗の宗祖として理想化する視点から論じられることが多く、偏向した見方が行われて来たと批判し、その著作に自力と取れる表現が少なくないこと、経典読誦による病気治療を試みた事例があることを挙げ、このような親鸞らしからぬ側面は、貴族の出であり、二十年間も天台宗の世界に生きて来たために呪術による病気治療が身に付いてしまったところから来るものではないかとする。さらに、法然・親鸞の弟子にはなおさら呪術的・密教的な傾向が濃厚であることを指摘しているが、これは両人の宗教的な資質が劣っていたからではなく、時代的な制約を克服できなかったことによるものであろう。いずれにせよ、呪術的・密教的であることがスタンダードであった時代に、そうでない宗教者を見出すことは至難だと言えよう(9)。

鎌倉時代禅僧の典型

今回は、鎌倉時代中期の一人の禅僧に焦点を合わせていささか考察してみたい。鎌倉時代の禅宗については、既述の通り、栄西の禅が多分に密教的であるのに対し、道元の禅は「只管打坐」という如く、徹底していて完成度が高いという評価が長年定着していた。ところが、近年の研究により、栄西の密教を含む諸宗兼修は比叡山からの攻撃をかわすための方便であったとか、幕府の御用祈禱師としての立場を維持するためであった、というような消極的なものではなく、自らの信仰的確信に基づいた積極的なものであったことが解明されつつあり、名誉挽回が果たされる日も遠くなかろう(10)。また、禅こそが仏教そのものであると力説した道元であったが、道元一派は勢力としては弱小に過ぎず、その弟子懐奘は達磨宗の開祖大日能忍の元弟子で、再度諸宗兼修の立場に回帰してしまう。これは、絶対他力を説いた親鸞の弟子や子孫が密教的儀礼に回帰してしまった事実とも軌を一にするものので、鎌倉仏教の特徴の一つとも言えよう。

このような時代の潮流の中、栄西の諸宗兼修を承ける形で繁栄したのが、京都東福寺の開山である円爾の聖一派と紀州興国寺の開山である心地覚心の法燈派である。両者共、一般には未だ知名度の低い人物であるが、鎌倉中期の禅の主流派であったことは疑いを容れず、その研究がようやく進展して来たところである。

心地覚心とその生涯

本稿では、後者の心地覚心という人物にスポットを当て、鎌倉時代の仏教の実情について考察してみたい。心地覚心は、無本覚心とも呼ばれ、勅諡号である法燈円明国師、略して法燈国師の号もよく使われる。心地覚心は承元元年（一二〇七）の生まれ、永仁六年（一二九八）の没で、満年齢で九十一歳という当時としては驚異的な長寿を全うした人であり、長寿としても著名な親鸞を二歳も上回る寿命には驚きを禁じ得ない。ここで、覚心の生涯を概観しておきたい。

覚心は、承元元年（一二〇七）、信州神林村、現在の松本市南部で出生した。十五歳で戸隠で修学し、仏教書、儒教書の殆んどを諳んじたと伝えられている。十九歳で剃髪し、東大寺で具足戒を受け、後高野山で覚仏に付いて密教を学び、金剛三昧院の退耕行勇に付いて禅と密教を学び、その後九年間高野山で修学した。二十九歳で、大和三輪の蓮道から密教灌頂の奥義を授けられ、三十三歳で師行勇が鎌倉寿福寺の住持となると、それに付き従い補佐を務めた。三十六歳で、道元から菩薩戒を受け、四十一歳で上野国世楽田の長楽寺で、栄西の直弟子栄朝に付き修学する。四十二歳、甲斐の心行寺から上洛し、勝林寺、後の南禅寺で真観と禅の教理について問答している。四十三歳にして東福寺の円爾に会い、その勧めもあり入宋の志を固め、高野山金剛三昧院に願性を訪ね、経済的な支援を依頼したようである。その後、高野山を下り、紀州由良から博多へ渡り、三月二十八日博多から入宋する。径山興聖万寿寺で痴絶道冲に付き、道場山で如覚荊叟に付き、その後四十七歳にして杭州護国仁王禅寺の無門慧開に師事し、師資相通ずるものがあり、印可を受け、翌年、『無門関』と『月林録』を授かって帰国している。

帰国後、高野山金剛三昧院に戻り、伊勢神宮に帰朝報告の参詣をしている。覚心は実に多くの師に付いているが、日本での道元の禅も釈然とせず、中国で痴絶道冲や如覚荊叟の教えにも納得できなかったようである。その中で、無門慧開を真の師と仰ぎ、帰国後も幾度となく書簡のやりとりをしている。国や民族を超えての師弟の信頼関係の厚さには感動すら覚える。無門から、その著『無門関』を授与され、日本に将来したが、これは禅の公案として江湖に知られ、現代に至るまで重視されている書物であり、それを覚心がもたらした業績は高く評価されるべきであろう。五十二歳にして、金剛三昧院の住持を辞し、紀州由良西方寺の住職に就任する。これは、願性に招請されてのことで、これ以降紀州由良西方寺、後の興国寺を根拠にする覚心率いる法燈派の歴史が始まることになる。

五十八歳の時、由良西方寺において、愛染法、五大尊法という密教儀式を行って寺域の粛正を図っているが、覚心の思想及び西方寺の性格を考える上で示唆に富むものである。六十歳で、妖魔の告げにより生母が信州に存命であることを知り、信州に母を迎えに行き、相携えて熊野詣をしている。六十二歳、鎌倉寿福寺の住持に招請されたものの、固辞して由良から動かなかったという。七十歳の時に、公私共に信頼していた願性が死亡し、木像を作って山内に安置している。七十二歳での野上八幡託宣事件は、後に無住の『沙石集』にも採録される程人口に膾炙したが、重病に罹った野上庄の女人を八幡菩薩と問答を交わして救った、という興味深い伝承で、覚心のシャーマンの如き性格が読み取れる。七十五歳で、亀山法皇から勝林寺、後の南禅寺の開山に請われたものの、辞退し、再三の依頼も固辞している。しかしながら、七十九歳の時、宇多野妙光寺の開山に請われ、これだけは引き受け、数年間住持している。八十七歳で、覚心の弟子らが仏師に覚心の肖像を造らせているが、覚心自身も入滅の近いことを感じてのことだろう。九十一歳にして、粉河寺大門の落慶法要の導師を勤めているが、その時に集まった稚児の中から一人の童子を選び、由良西方寺の後継者に指名した、という伝承が記されている。童子は、至一と命名されるが、覚心の期待通り、様々な霊力を発揮して粉河寺の危機を回避し、鎌倉建長寺・円覚寺で覚心の七年忌、三十三年忌を盛大に厳修したという。九十二歳、端座して静かに息を引き取る。後に、亀山法皇から法燈禅師号を、後醍醐天皇から法燈円明国師の号を賜っている。

さらに、真偽未決の伝承も数多い。最も著名なのは、時宗の開祖一遍が覚心の下を訪ねて、坐禅の修行をしたという伝承である(11)。これは、現在では歴史的事実とは認められていないが、禅と念仏との交流を物語る伝承として知られ、その背景を考察してみる必要があろう。また、普化宗という虚無僧の祖でもあるとされ、宋から帰国する際、四人の居士を連れて帰り、そこから普化尺八が始まったというが、伝承の域を出ない。さらに、有名なのは味噌・醤油の醸造法を初めて日本に伝えたのが覚心だとされていることである。覚心が入宋中に金山寺で金山寺味噌の製法を習い、その上澄み液から醤油を作ることを習得し、日本に伝えたとされている。現在でも由良の隣町の湯浅には何軒もの醤油屋があり、この伝承は無下に否定できないようである。

以上のように、心地覚心の生涯を辿ってみたが、極めて多様な側面を持った、アクティブな人物であったことが解されよう。覚心は、臨済宗の僧侶という位置付けになっているが、既述の通り、鎌倉新仏教の宗派区分は後世の人の認識であり、あくまでも便宜上ということになろう。禅僧であったことは確かであるものの、真言密教僧としての性格も色濃く、禅僧という枠の中に収めることは困難である。これは、覚心の師である退耕行勇、栄朝、円爾、さらに栄西とも似通った特徴であり禅密僧と表現される如く、禅と密教を併修するスタンスの僧の一人であった。但し、当時の禅僧の多くが天台密教を併修したのに対し、師行勇と同じく真言密教を併修した点が覚心の大きな特徴だと言えよう。その点、純粋禅を目指した道元はかなり特異な異端的存在だったことになろう。

ここで、覚心の活動と思想について逐一検討しておきたい。覚心の付いた師とその教義を概観してみると、密教の修学が極めて多い。もっとも、これは覚心に限ったことではなく、この時代に仏教を学ぶということはほぼ密教を学ぶことと同義であったと考えられる。これは、親鸞についても当てはまることで、『報恩講式』に「顕密両宗の教法を修学す」とあり、親鸞が六角堂の夢告で授かった「女犯偈」が『覚禅抄』という密教書の一節を思い起こしたものであったことなどからも理解されよう。さらに、その子孫である覚如、存覚については密教的な修学がなおさら多いことが夙に指摘されているところである（本書第Ⅲ部第四章参照）。

西方寺草創の事情と心地覚心

覚心の行実については、『鷲峰開山法燈円明国師行実年譜』、『紀州由良鷲峰開山法燈円明国師之縁起』、『法燈行状』、『由良開山法燈国師法語』などから知れる。(12) これらの史料に冠されている「紀州由良鷲峰」とは、覚心が開山となり、法燈派の根拠地となった西方寺のことで、後に興国寺となり現在に至っているが、覚心について考察するためには、先ずこの寺のことを知っておくべきであり、その草創の事情を『縁起』によって確認しておきたい。(13) 西方寺は、葛山景倫という源実朝の家臣が、主君実朝の急死を悼み、その菩提を弔うために創建した寺である。周知の如く、実朝は承元元年（一二一九）、二十八歳の若さで鶴岡八幡宮の石段の大イチョウの陰で公暁により暗殺されている。実朝の前生は宋の温州鴈蕩山にあったとも伝えられ、また栄西が実朝は玄奘三蔵の生まれ変わりだという夢を見たとも言われている。そこで、実朝は景倫を宋に遣わし、雁蕩山を絵に写し帰り、その絵のような寺を日本に建てようとするものの、志半ばにして暗殺されてしまったわけである。主君の訃報に接し、直ちに出家して高野山禅定院に入り、退耕行勇に付き、願性と名乗る。禅定院は北条政子が源頼朝追善のために建立し、退耕行勇を開山として建暦元年（一二一一）に草創したもので、願性は行勇の下で勉学修行しつつ、寺の運営を補佐する雑掌職に就いている。北条政子は、願性の忠実さに感激し、紀州由良の地頭職を与え、その得分が願性の高野山での生活費となっていた。願性は、由良の地頭として高野山との間を往復するが、主君実朝の無念を思うといたたまれず、その追善のために安貞元年（一二二七）に建立されたのが西方寺である。これ以前に高野山禅定院は金剛三昧院となり、源実朝を追善する寺ともなっていたから、西方寺は金剛三昧院と切り離しては考えられない、分院の如き寺だったとも言えよう。その頃、嘉禄元年（一二二五）、願性の後輩として金剛三昧院に入寺して来たのが、心地覚心であった。願性と覚心はここで確固たる信頼関係を築き、父子の契りをも結んだという。西方寺の草創にも覚心は協力を惜しまなかったであろうが、未だ弱冠二十一歳の時のことであった。

その後、覚心は願性の支援により、宝治三年（一二四九）、四十三歳の時に入宋し、五年後に帰国すると、金剛三昧院の首座、さらに住持に就くが、これも願性の推挙によるものであろう。なお、覚心の入宋のもう一つの目的は願性が果たせなかった源実朝の遺骨を分骨して中国に納骨することであった。実朝は玄奘三蔵の生まれ変わりだとされ、前生の国へ帰すわけである。さらに、その翌年、晴れて西方寺の開山に迎えられる。正に満を持して、勉学修行を積み重ね、入宋して印可を得て、五十二歳にしてようやく西方寺の長となったのであった。父親代わりの願性もどれだけこの日を待ち望んでいたことであろうか、その成長を見届けた上で西方寺の開山に招請したわけであり、両者の厚い信頼関係には感動を覚える。これ以降、西方寺は臨済宗法燈派の中心寺院として多大な勢力を有し、隆盛期を迎える。

西方寺は、元来真言宗の寺院として創建されるが、金剛三昧院と同様に真言密教の寺院に留まらない、多様性を持っていた。金剛三昧院は、鎌倉幕府三代の菩提を弔うために建立された御用寺院だったと考えられるが、真言宗単独の寺院ではなく、兼学兼修の追善施設でもあり、鎌倉寿福寺、京都建仁寺、博多聖福寺などと同様に中国式の寺院組織を採り入れた点が特徴だったとされる。『行実年譜』には、興味深い記述が見られる。[14] すなわち、西方寺草創に際し、明恵を招いて寺号を選定してもらい、落慶法要の導師を勤め、道元に寺号扁額の揮毫を依頼したという。しかも、本尊は阿弥陀如来であったとあるから、西方寺は源実朝の極楽往生を祈念するための寺院だったと考えて良かろう。そこへ、明恵や道元までもが関わって来るという伝承は、現代人の目には支離滅裂にも映るが、これこそが、中世の仏教の実態であり、願性や行勇、覚心の多様な人的交流を反映した伝承に他ならない。なお、山号の鷲峰は鷲峰山＝霊鷲山のことで、これも釈迦信仰の強い明恵が命名したものではなかろうか。

以上のように、後に興国寺となり、心地覚心の法流の根拠地となる西方寺の草創事情からも覚信の思想的なスタンスが見て取れよう。このような点に留意した上で、覚心の思想・信仰についてさらに考察してみたい。

伝記史料から見る覚心の思想・信仰

心地覚心の伝記史料に依ると、入宋した覚心は無門慧開に師事し、印可を与えられ、『無門関』を授けられたことが確認されるが、帰国後幾度も無門慧開と書簡のやり取りをしている。日本と宋に遠く離れていても師弟の情は何ら変わることなく、親書と共に贈り物を送っており、覚心の師を思う一途な気持ちが察せられる。師無門の思想の根底にある「心即是仏　仏即是心　心仏如々　亘古亘今」という偈を終生大切にし、自らのキャッチフレーズの如くにしている。由良興国寺蔵覚心寿像の胎内銘、同寺蔵覚心安骨銅筒の銘文、広島県鞆安国寺蔵覚心寿像の胎内納入品にもこの偈が記されており、覚心がいかにこの偈を重視していたか、また、覚心と言えば「心即是仏……」の偈と認識されていたことが解る。このように考えると、覚心の思想・信仰は師無門慧開から継承した禅だったと言えそうであるが、実情はそれ程単純明解ではない[15]。以下にその例を挙げてみたい。

覚心が宋から帰国する際、乗船していた船が大嵐に遭い、沈没寸前に陥るが、覚心が観音の小像を帆柱に置いて祈願すると、嵐も静まり、無事帰国できたという伝承があり、ここには観音信仰に関わる祈禱師としての覚心像がある。また、覚心が帰国後すぐに金剛三昧院に戻ったということは自らの所属が真言密教であると意識していた証左だとも言われているが、入宋の援助をしてくれた願性に帰朝報告と礼を述べるためであっただろう。その後、伊勢神宮に参拝し、自らが中国天台山で童子から授かった藕糸の袈裟を奉納しているが、ここには熊野信仰と密接に結び付き、伊勢方面へも次第に勢力を伸張させていった覚心及び法燈派の伊勢重視の傾向が窺えよう。さらに、覚心五十八歳の時、紀州由良の地に後鳥羽上皇の幽霊が出て、住民らが恐れおののいていたところ、覚心が三帰五戒を授け、西方寺の寺域で愛染法・五大尊法を修して調伏したという伝承が見えるが、密教的呪術者であり、祈禱師であった覚心の側面が反映されていよう。

さらに、覚心晩年の行実伝承を辿って見てみたい。七十二歳の時の伝承に、よく知られた野上八幡託宣事件[16]がある。これは、紀州野上庄の下司木工助入道信智の娘の延命女と長男の嫁の如意女の二人が同時に重病に罹り、様々な祈禱も効果なく途方に暮れていた。ところが、二人に八幡菩薩が憑依していることが解り、覚心を呼び寄せて憑依した八幡菩薩と問答させ、読経・坐禅して二人の病を取り除いたという伝承である。ここでは、覚心が神明と交感できるシャーマンの如き性格を持っていたことが解る。『行実年譜』には、「師（覚心）問大士（八幡菩薩）云、法相、三論、天台、華厳、真言、念仏、律宗、禅宗之諸宗当代相応利益広大、何宗為最。大士答云、坐禅殊勝」とあり[17]、八幡菩薩が覚心に禅要を示すために来降して、「諸宗の中で禅が最上である」とし、覚心が「禅は神慮に適う」と答えている。この伝承は無住の『沙石集』にも「諸宗ノ中ニハ、何レカ当世殊ニ利益候ト、人問中ケレバ、坐禅殊ニホメラレタリ。一時片時ナリトモ、物ヲ思ハヌガ目出キ事ニテアルナリ。仏ニナラムト思フ、猶妄念ナリ。コレヲモテ余ノ事はシルベシ。我モ常ニハ、坐禅ノ心地ナリ。又、我本地ハ阿弥陀ナリ。我本願ヲ憑テ一心ニ念仏スル、此行ヤスクシテ肝要也。スベテハ、念仏ニテモ、真言ニテモ、只一心ニットムレバ、必ズ生死ヲ出ト、ノ給ト云ヘリ。何ノ神モ、御心同ジキヲヤ」とあり(18)、諸宗の中で最も利益のあるのは坐禅であり、一時でも物を思わないのが素晴らしいからである。私（八幡菩薩）の本地は阿弥陀仏であり、弥陀の本願を恃んで、一途に念仏することは易行であるが、肝要である。いずれにせよ、念仏でも真言でも一途に行ずれば、生死の迷いから解脱でき、それは神祇の諸神とも通ずる観念だというのである。『行実年譜』とは、意図がかなり異なるものの、神が仏教諸宗の優劣について語るという形式は、正に神仏混淆・神仏習合の姿そのものだと言えよう。ちなみに、無住は円爾の弟子でもあり、栄西など多くの禅密僧の情報を入手していて、覚心の動静を知ることも難しくなかったのであろう。

七十四歳の時、覚心は熊野妙法山に登り、白昼に明星が現れ、紫雲が峰にかかるという奇瑞を得たという。また、覚心が宋から帰国する際、観音より補陀落渡海の行法を教えられたとし、覚心が補陀落渡海の行者であったように描写されている。さらに、神託によって那智の滝本に奥ノ院を建てたとされる。この伝承は、紀伊半島一円に積極的に教線を伸張させていった法燈派の動きをモチーフにしたものと考えられるが、熊野は当時、日本における補陀落山と認識されており、熊野と結び付くことは、覚心及び法燈派にとって極めてメリットが大きかったのである。

八十歳の時のこととして、注目すべき伝承が記されている。覚心が高野山に萱堂という堂舎を建て、念仏三昧の道場としたという伝承である。それによると、西方寺に一人の男性が訪ねて来て入門を請う。覚心は、すぐにその男を剃髪し、自分と同じ覚心という法名を与えた。男は、師と同じ名を頂くのは恐れ多いと言って辞退しようとするが、覚心は「私には考えがあるから、言うことを聞きなさい。あなたは高野山に縁があるから、すぐに山に登って萱原という所で念仏を唱えなさい」と言い渡し、鉦鼓一丁を与えたという。弟子覚心は言われた通りに高野山に登り、鉦鼓を叩いて念仏したが、案の定、「高野山は鳴物禁制の山である」と咎められ、鉦鼓を取り上げられ、捨てられてしまう。ところが、その鉦鼓が空中を飛び回り、叩かずして鳴り響き、山々を越え、弟子覚心の前に戻って来てなおも鳴り続けていた。この奇特に高野山の僧徒らは驚き、さらに高野山の検行、宿老らが「弘法大師と高野の明神が覚心と約束をした」との夢を一様に見、この禁制が解かれた。そこで、この地において萱堂という堂を建て、極楽浄土を模し、念仏三昧の道場としたという譚である。これは、覚心を祖とし、念仏遊行した萱堂聖の起源についての伝承であるが、その後の萱堂の住持は代々覚心の名を襲名したという[19]。覚心が浄土信仰、特に念仏との関わりが強いことについては、既に指摘されているところであるが、これは覚心の法語集として編纂された『法燈法語』に「諸の雑言戯笑を除きて、偏へに念仏名号を唱ふべし」とあるところから[20]も確認される。この萱堂聖の伝承や一遍の参禅譚などは、覚心が高野聖と密接に関わり、念仏の唱導に努めていた事実の反映と見て間違いなかろう。また、既述の通り西方寺の元の本尊は阿弥陀如来であったとされ、覚心は真言系浄土信仰を広めた僧であったと措定できよう[21]。

現在も、高野山刈萱堂には、浄瑠璃・謡曲で著名な「刈萱道心」の伝承があるが、これは高野山と善光寺信仰を結び付けるものに他ならず、両者に深く関与していたのが覚心だったことになろう。そして、高野聖と共に念仏を唱導して善光寺信仰を媒介したのが時衆であった。高野聖、あるいは善光寺聖と時衆が混然一体となって唱導布教に携っていたのがこの時代であり、その中でもひときわ精力的に活躍し、注目されていたのが、心地覚心だったのではあるまいか。この当時、高野山は念仏が隆盛を極めており、覚心も以前から高野山で真言と共に念仏をも体得していたと思われる。なお、この時代、唱導・絵解きが大流行し、布教の重要な手段として定着して来るが、『法燈法語』も唱導文学の一つとして位置付けられるとされ、『縁起』の底本には絵があったことが確認されるから、これらも唱導・絵解きの台本として使われたことが推測される。(22)

心地覚心と善光寺信仰

最後に、覚心と善光寺信仰との関わりについて考察してみたい。両者の関わりについては、先に述べた萱堂聖の伝承が暗示する所であるが、それ以外に確かな物的証拠が残っている。広島県福山市鞆安国寺は、心地覚心を開山とする臨済宗の古刹で、紀州由良興国寺の寿像に勝るとも劣らない現存最古の覚心の木像が伝えられている。驚くべきは、その同じ堂内に善光寺如来像が安置されていることである。安国寺の本尊であるこの像は、巨大な木像であり、比較的小型の金銅仏を通規とする善光寺如来像の作例としては異例中の異例である。(23)覚心木像、善光寺如来像共に制作年が明確でもあり、優秀な作例として重文に指定されている。鞆安国寺は、金宝寺として建治元年（一二七五）に創建されているが、それに先立って文永十年（一二七三）に本堂が建立され、翌文永十一年（一二七四）に善光寺如来像が造像され、創建の年、建治元年（一二七五）に覚心の木像が造像されている。これらの動向を鑑みると、覚心は善光寺信仰とかなり強いつながりがあったことが推測される。既述の通り、由良興国寺の元の本尊は阿弥陀如来であったといい、これが善光寺如来像であった可能性も低くないであろう。しかしながら、金宝寺草創の文永年間、一二七〇年代に覚心が備後方面に出向いた形跡は史料上からも全く確認できず、不明としか言いようがない。それ故、覚心の備後あるいは鞆との関わりは今まで殆んど論及されて来なかったが、覚心が入宋する際、博多から出港し、博多に帰って来ており、当然紀州からの海路は瀬戸内海経由であって、その行き帰りに鞆へ立ち寄った蓋然性は高いであろう。その際、覚心と鞆とのつながりが生じたのかも知れない[24]。なお、安国寺蔵善光寺如来像には、大量の納入品があるが[25]、その中に「かくしよう」という人の願文がありこれは紀州由良興国寺の覚心木像内に納入されていた経筒に記されている結縁衆の「覚勝」、「覚照」、「覚乗」のいずれかと一致する可能性がある。とすると、善光寺如来像が造像された時には、既に覚心をリーダーとする法燈派と密接な関係があったことになろう。何よりも善光寺如来像の翌年に造像された覚心の木像が連綿とこの地に伝えられて来たことは、覚心と鞆の地との浅からぬつながりを示すものに他なるまい[26]。ところが、残念なことに鞆の地と善光寺信仰とのつながりは稀薄であり、覚心及び法燈派と善光寺信仰との関連を記した史料は見当たらず、鞆安国寺の両像の造像の状況は説明が付かなくなってしまう。ところが、善光寺信仰は単独で流布したものではなく、高野聖や時衆などの活動によって重層的・複合的に伝播していったと見るべきである。覚心が高野山に所属していたことは疑いようがなく、高野聖との関わりは極めて密接であったはずであり、覚心自身が高野聖であったかも知れない。また、覚心と時衆の密接な関連は一遍参禅譚を持ち出すまでもなく、明らかであろう。このように考えるならば、覚心と善光寺信仰との関わりもおぼろげながら輪郭を捉えることができるのではなかろうか。多様なヒジリや巡礼者が善光寺―伊勢―熊野―高野山―四天王寺を巡礼巡拝し、相互に情報交換していたと思われ、それに便乗して大発展を遂げたのが法燈派だったのではなかろうか。なお、善光寺信仰が必ずしも浄土信仰でも阿弥陀信仰でもないことは、安国寺蔵善光寺如来像が物語るところであるが、善光寺信仰は追善供養、無病息災、呪術祈禱などの多様な側面を合わせ持っており、宗派の区別も明確でなく、神仏習合が一般的であった時代に最盛期を迎えたということは、その多様性の故だとも言えよう[27]。

まとめ

心地覚心は、真言系の禅密僧であった。思想的には、禅をその根幹に据えつつも、広汎に念仏や神祇とも関わり、その広がりには栄西や円爾以上のものがあろう。鎌倉中期、禅と念仏には明確な境界はなく、共に旧仏教側から危険思想として警戒されていた側面がある。そのような時代に禅と念仏を兼ね備えていた覚心は禅と念仏を巧みに使い分けて布教に努めたのであった。心地覚心は、多様な思想・信仰を体得・実践し、それらを適宜融合させて、いかにしたら仏教によって人々を救えるのかを生涯真剣に問い続けた人であった。元寇という未曾有の国難に遭遇し、神仏の加護が切実に希求された鎌倉中期の仏教界を象徴する存在であったに相違ない。覚心の思想・信仰を捨象しては鎌倉仏教の実態は語れず、それが鎌倉新仏教中心史観の超克にもつながろう。今後の研究の進展と再評価が切に望まれる。

（1）同書、二ページ。
（2）同書、五四七ページ。
（3）例えば、柳田聖山氏は「日本禅の特色」（荻須純道編『禅と日本文化の諸問題』平楽寺書店、一九六九年、九四ページ）において、「日本仏教のかなり長期に亘る自己満足と陶酔の夢を、内より覚醒せしめるのが、鎌倉の新仏教なのである」としており、平松令三氏『歴史文化ライブラリー　親鸞』（吉川弘文館、一九九七年）にも同様な傾向が色濃い（後述）。
（4）末木文美士氏『浄土思想論』（春秋社、二〇一三年）一九二ページに基づく。
（5）「顕密体制論の立場」『黒田俊雄著作集』二、法蔵館、一九九五年、二九一ページ。
（6）平雅行氏『日本中世の社会と仏教』（塙書房、一九九二年）、松尾剛次氏『鎌倉新仏教の誕生』（講談社、一九九五年）、末木文美士氏『鎌倉仏教形成論』（法蔵館、一九九八年）参照。詳細省略。

（7）筆者も「鎌倉新仏教中心史観」に毒されて来たことを痛感せざるを得ず、長年に亘って研究テーマとして来た善光寺信仰についても浄土信仰の一形態としてしか把握しない、極めて偏向した研究態度であったことを反省させられる。

（8）栄西は、この願文を朝廷に奏上しようとする意志があったようである。内容は、日本仏教の近時の衰微を歎き、その原因を僧侶の戒律軽視にあるとして、戒律復興によってこそこの現状を打開することができると力説している。栄西の関心が禅のみに留まらないことは明瞭である。多賀宗隼氏『歴史文化ライブラリー 栄西』（吉川弘文館、一九六五年）二七三～二七六ページ参照。

（9）平松氏前掲書（一五七～一五九ページ）では、親鸞が越後流罪赦免後帰洛しなかった理由として、法然の弟子たちが密教的なスタンスに回帰してしまい、それに愛想を尽かしたためではないかとしている。しかしながら、そのような理論が成り立たないことは小山氏の研究からも明らかであり、法然の弟子たちは密教に回帰したのではなく、元々身に付いていたスタンスのままに師法然の回忌法要を営んだだけのことであり、親鸞にしてもそれを見聞きして強い拒絶反応を抱くことはなかったに違いない。平松氏の視点にも鎌倉新仏教中心史観が色濃く反映されており、密教は雑多な価値の低いものであるとする偏向が看取される。もっとも、これは氏の生まれ育った時代の制約であり、学問的資質によるものではない。いつの時代にも、何人も時代の制約を超克することは困難なのである。

（10）中尾良信氏は、「栄西は宋朝禅の受容を通じて円・戒・禅・密四宗相承という本来の叡山教学の復興を目指し、新しい方法論としての宋朝禅を前面に掲げたのであり、それは鎌倉期の仏教改革運動の先駆として評価される」（『日本禅宗の伝説と歴史』吉川弘文館、二〇〇五年、六九～七〇ページ）としており、栄西の禅が単なる過渡的形態ではなく、それ自体として評価に値するものであることが証明されつつある。また、名古屋大学の阿部泰郎氏をリーダーとする、名古屋市真福寺大須文庫の古文書調査により、東大寺大勧進就任時の自筆書状が発見された。そこには、栄西が東大寺だけでなく、兼任中の法勝寺九重塔の再建に苦心しつつも、事業を何とかして遂行しようとする仏教者としての信念が感じ取れるという。『大須文庫展 図録』（名古屋市博物館、二〇一二年、一七四～一七九ページ）参照。

（11）一遍参禅譚は、多少の異同はあるものの、『一遍上人行状』のものがその典型とされる。

然後到紀州真光寺。時々見心地。心示以念起即覚之語。遍呈和歌曰、
唱フレバ仏モ吾モナカリケリ南無阿弥陀仏ノ声バカリシテ。心曰、未徹在矣。（中略）遍尚欲仰冥慮、祈証誠殿。神示曰、三心ノサハグリ有ルベカラズ。凡ソ此ノ心ハ、善キ時モ悪キ時モ迷ナル故ニ、出離ノ要トハナラズ。唯南無阿弥陀仏ガ往生スルゾ。西ニユク道ニナ入ソクルシキニモトノミノリノアトヲ尋ヨ。於此領解他力深義。捨自力意楽矣。再帰紀州由良、見心地。呈和歌曰、
ステハテテ身ハナキモノトヲモヒシニサムサキヌレバ風ゾ身ニシム。
終蒙印可。得手巾薬籠焉。（『続群書類従』九輯上、二〇九ページ）

要するに、一遍が覚心に参禅し、禅問答の後、和歌で自らの境地を表したが、認められなかった。そこで、熊野詣をし、神託を得て念仏の奥義を悟り、再び覚心に和歌を呈したところ、印可を得たという伝承である。この参禅譚については、原田正俊氏「中世社会における禅僧と時衆」（『日本史研究』三一三号所収、一九九八年。後『日本中世の禅宗と社会』吉川弘文館に収録）、今井雅晴氏『一遍と中世の時衆』（大蔵出版、二〇〇〇年）に詳述されている。この伝承は、禅と念仏を結び付ける逸話として後世にまで語り継がれたが、原田氏によると、その成立の背景には「禅僧が勧進を主導するにあたっては、多くの勧進聖達を自らのもとへ結集させるためにも、より積極的に禅と念仏三昧の境地の一致を強調する必要があったのである」とし、「一遍参禅説話は、五山禅僧によって作られた、禅と念仏を結び付けるための象徴的な説話といえるのである」とする（同書、一七九、一八五ページ）。同様の伝承を記す『法燈行状』の成立事情を勘案しての立論であり、説得力に富む。この参禅譚は氏の指摘にもある通り、歴史的事実を背景にして成立しており、そのすべてを否定すべきではない。これを、橘俊道氏「一遍と覚心」（『時宗教学年報』一一号）の如く、「声高念仏の時宗に対する「からかい」「ひやかし」から生まれた「そら物語」」である」とし、「永年人々になじみ深かった一遍と覚心のこの物語も、名残惜しくともこの一文を最後として、忘却の彼方に葬り去らなければならない」（同誌、一五、一六ページ）とする評価は時宗が禅に服従したとの伝承に対する多分に感情的な論調であって、極論としか言えないであろう。ちなみに、小野澤氏前掲書でも、この参禅譚は単なる後世の伝承として、重きが置かれていない。

(12) 覚心の行実、あるいは信仰を記した史料としては、『鷲峰開山法燈円明国師行実年譜』（永徳二年（一三八二）聖薫編。禅僧としての覚心を中心に記す）、『紀州由良鷲峰開山法燈円明国師之縁起』（弘安三年（一二八〇）覚勇撰、応永三一年（一四二四）明魏改訂。多様な霊験譚を収載する。絵解き、唱導するために制作され、原本には絵があった）、『法燈行状』（永享十一年（一四三九）以降成立。先行史料を編集）、『由良開山法燈国師法語』などがあるが、いずれの史料も覚心の没後、年月を経ており史料批判が不可欠である。なお、覚心の伝記史料については、原田正俊氏「禅宗の地域展開と神祇」（一九八八年。後『日本中世の禅宗と社会』収録）に詳しく、本稿もこれに拠った。

(13) 奥田正造氏『法燈国師』（一九三三年）に全文の翻刻が、小出潔氏「法灯国師縁起について」（『由良町の文化財』九号所収）に読み下し文が掲載されており、両者に拠る。

(14) 『続群書類従』九輯上、三四八ページ。

(15) 「心即是仏……」の偈文と『無門関』の覚心の思想における位置付けについては、海老沢早苗氏「無本覚心の思想における『無門関』の位置づけ」（『駒沢大学大学院仏教学研究会年報』三六号所収、二〇〇三年）に詳しく論じられている。氏によると、覚心の思想は「禅密兼修色は拭えないが、中心は無門から受け継いだ禅思想であった」とし、『無門関』の思想的特徴を分析した上で、「心即是仏……」の偈文の思想的根源は馬祖道一、百丈懐海に求められるとする。結論として、「慧開に嗣法し本書（『無門関』、筆者註）を受けた覚心自身もこの句（「心即是仏……」の偈文、筆者註）

を重視したのは、無門が『無門関』に記した馬祖の思想を覚心が受け継いでいた証左」だとする。覚心の思想的特徴としては、その多様性、兼修性ばかりが注目されがちであり、ともすると、覚心の禅が見失われかねない。その点において、評価されるべき手堅い論考である。
(16)この事件については、『行実年譜』、『縁起』にも記され、以前から注目されて来たが、この時の問答の内容を明記した『託宣記』の存在は長年忘れられていた。ところが、野上八幡宮に『託宣記』が現存することが確認され、その概要が桜木潤氏「野上八幡宮所蔵『御託宣記』について」(薗田香融編『南紀寺社史料』所収、関西大学出版部、二〇〇八年)で紹介され、全文の翻刻もなされた。さらに、坂本亮太氏「鎌倉後期の禅僧と地域社会」(『和歌山県立博物館研究紀要』一九号所収、二〇一三年)は、『託宣記』を克明に解読した上で、この時期の社会、信仰状況を解明した力作であり、今後のさらなる研究の進展が期待できよう。
(17)『続群書類従』第九輯上、三五七ページ。
(18)日本古典文学大系『沙石集』二五八ページ。
(19)高野山刈萱堂を管理する密厳院は覚鑁の創建した有力な子院であるが、その一画に代々の住持「覚心」の墓石とされる十数基の五輪塔が現存している。その実態を二〇一五年九月十九日、刈萱堂堂守松田義光氏の案内により実見することができた。墓地と言うよりは、余ったスペースに無理矢理押し込められたといった感が拭えなかったが、代々の刈萱堂の住持が覚心と名乗ったことは単なる伝承ではなかったことが確認でき、また最古と思われる紀年銘は、「元弘三年(一三三三)」で、伝承にある初代の弟子覚心の没年として何ら矛盾がないことが解り、大きな収穫であった。今後の正式な学術調査が切望される所である。
(20)『大日本仏教全書』第九六巻、二二六ページ。なお、禅僧が念仏を奨励した例としては、栄西の例が「戒律ヲモ学シテ威儀ヲ守リ、天台・真言・禅門共ニ翫バル。念仏ヲモススメラレタリ」と『沙石集』(日本古典文学大系、四五三ページ)に見える。古くは、中国宋代の『禅苑清規』にも念仏信仰の反映が確認されるといい、禅と念仏の境地の一致を説くことは禅僧の伝統とも言えよう(原田氏註(11)論文参照)。
(21)「天台浄土教」という用語は古くから定着しているが、「真言浄土教」という用語はまず聞かない。つまり、日本の浄土教は比叡山に起源を求めるのが常識とされ、高野山での浄土教はあまり注目されて来なかったきらいがある。しかしながら、覚鑁に強い浄土往生思想が見られ、中世の高野山では念仏が隆盛を極めていた事実を指摘するまでもなく、真言密教あるいは高野山が日本の浄土教の母胎となったことは疑いを容れない。高野山浄土教の体系的な研究が待ち望まれると共に、その中に覚心をいかに位置付けるかも重要な研究課題である。
(22)宮崎円遵氏は、『縁起』は「興国寺における熊野参詣者に対する唱導の談義本として、また絵解の台本として推移してきたもの」とし、そこにこそ「多分に歴史的意義がある」とする(「法燈円明国師之縁起について」荻須純道編『禅と日本文化の諸問題』所収、一九六九年）。

(23) 善光寺如来像は、通例としては、全高一m以下の小像であり、金銅仏である。これは、各地に持ち歩いて出開帳するための便宜を考慮したためであろう。ところが、安国寺像は光背の高さが三mを超え、木像である。いかなる理由により、このような巨大な像が作られたのか不明であるが、現存している大量の胎内納入品を納めるためであったかも知れない。

(24) 想像の域を脱しないが、中世に殷賑を極めていた鞆は経済力があり、覚心は入宋の資金援助をここで得ることができたのかも知れない。その恩返しが善光寺如来像勧進という形でなされた可能性も推測されよう。

(25) 中尊には、血書阿弥陀経と善光寺如来勧進帳、念仏帳、願文、袈裟、短刀、横笛、銅鈴などが納められ、胎内には金剛界と胎蔵界の曼荼羅が墨書されている。脇侍の観音像には、仁王般若経が、勢至像には念珠が納入されている。これらの納入品と胎内銘からは密教的呪術信仰と、元寇の年に当たることもあり、観音信仰に基づく鎮護国家思想が見て取れよう。安国寺蔵善光寺如来像については、小倉豊文氏「善光寺如来像小考」（『仏教芸術』三七号所収、一九五八年）、同氏「安国寺草創小考」（『広島大学文学部紀要』一一号所収、一九五七年）に詳しい。その後、二〇〇二年、福山市鞆の浦歴史民俗資料館友の会古文書文献研究部会の編著になる『金宝寺の謎に迫る 備後安国寺の仏像内納入文書を読む』が刊行された。同書は、胎内納入文書のすべてを翻刻した上で、金宝寺の草創事情についても考察を加えていて、学術的価値が高い。概ね、小倉氏の研究をベースにしているものの、地方の資料館友の会の編著書としては白眉の業績である。

(26) 小倉氏は、「寺と像との造立の中心になったのは、密教系の弥陀信仰をもつ僧侶たちであったと思われ、更にその僧侶たちは、現在の安国寺に文永十年六十七歳の寿像と思われる頂相像を残している、法燈国師の法弟ないしは法脈をつぐ者たちであったと思われる」とされている（「善光寺如来像小考」五三ページ）。的確な指摘であろう。

(27) 源氏や北条氏など権力者との交流も極めて大きく、その点で注目されるのは、鎌倉円覚寺蔵の著名な善光寺如来像が鞆安国寺像の三年前に造像され、様式的な類似点も見出されるようで、北条時宗の創建になる円覚寺と同様に鞆安国寺にも政治権力のバックアップがあり、権力と無縁ではなく、名の知れていた覚心がそこに抜擢された可能性もあろう。

第八章　明恵とその時代

明恵の生涯と思想

明恵は、承安三年（一一七三）正月八日辰刻に紀伊国有田郡石垣荘、現在の和歌山県有田川町で生まれた。父は平重国という武士、母は湯浅宗重の娘で、両親共に地域の有力者の家系であったと言える。(1)明恵の生涯は、常随の一番弟子である喜海が記した克明な記録『明恵上人行状』などにより、具体的に知ることができる。八歳で両親を相次いで亡くし、釈迦の在世に遇えなかった悲嘆とも相俟って幼くして仏門を希求したようで、九歳の翌養和元年（一一八一）に高雄神護寺に入寺し、上覚に師事する。十六歳の文治四年（一一八八）に上覚について出家得度し、東大寺戒壇院で具足戒を受ける。その後、明恵は仏眼尊を本尊として修する仏眼法に特に力を入れているのが注目される。仏眼尊は仏眼仏母とも言い、金胎両部の諸仏を生む総母とされているが、それに亡き生母を重ね合わせて丁重な礼拝行堂を修している。仏眼法は、仏菩薩と交感し、好相を得ることを目的としており、覚醒と幻想の中に夢告を得るものである。以後の明恵の夢に対する執着と拘泥は十九歳の頃の仏眼法から始まったと考えられる。明恵の『夢記』は十九歳から書き始められていることが確認され、実際、建久二年（一一九一）六月十日の明恵の最初の夢の記録が『後夜念誦作法』という聖教の紙背に見える。その内容は、明星天子の夢告であって興味深い。(2)

このような高雄神護寺での修学は、二十三歳の建久六年（一一九五）まで続けられ、東大寺尊勝院にも通い、華厳教学の習得に精励した。ところが、東大寺の学僧らが党派に分かれて争っている様に大いに落胆し、生まれ故郷にも近い紀州湯浅栖原村白上の峰に庵を構え、山林閑居を実行する。ここで、純粋に仏道に励むため身をやつして人間を辞するべく、仏眼尊の前で自ら右耳を切除する。以前から捨身願望の強かった明恵であるが、真剣であるが故にストイックな方向に走り易い性格の一端が窺える。(3) しかしながら、白上での隠遁生活も人間関係の煩雑さと聖教の不備により、僅か三年足らずで中止の止むなきに至る。但し、二十四歳の建久七年（一一九六）に体験した文殊菩薩の示現は生涯忘れ得ぬ宗教体験であり、高山寺本『夢記』の冒頭を飾っている。

二十六歳の建久九年（一一九八）に、叔父であり、師でもある文覚の勧めにより一旦高雄に戻る。隣接する栂尾に寺を建てて再興して欲しいとの要請に応じてのことだが、その年のうちに高雄に騒動が起こり、再度紀州に帰る。生まれ故郷の石垣から有田川をさらに遡った筏立に庵居する。明恵は、ここで『唯心観行式』という修行の方法を定める。これは、『華厳経』の教えを身を以て体得するための修行方法を定めたもので、実際に弟子・同行と共に実践したものである。(4)

この時期の明恵には、ある熱烈な願望が沸き起こって抑え難い状況にあった。それは、釈迦の故郷天竺に渡り、仏蹟を目の当たりに巡拝したいという情熱であった。明恵には、ごく若い頃から釈迦の在世に遇えなかった劣報の意識が極めて強く、その悲嘆の情を一時たりとも忘れたことがなかった。そのような感情がインド仏蹟巡拝敢行の強い意志へと昇華していったのであろう。明恵三十歳の建仁二年（一二〇二）、この頃は高雄も荒廃し、庇護者であった湯浅宗光が石垣荘の地頭職を追われ、高雄も湯浅も安住、勉学修行に適さなくなっていた。「聖教も開けず、仏像も拝めない」と慨嘆する状況であった。そこで、新天地を目指して起死回生、仏道を求め直すべく、企てたものであった。ところが、この壮大な計画も意外な形で断念せざるを得なくなる。翌建仁三年（一二〇三）正月二十六日、湯浅宗光の妻に春日明神が憑依し、託宣が下される。「明恵の天竺渡航は明神の望む所にあらず」との託宣で、(5)それに従わざるを得なかったのである。

心機一転、同年八月には、七段構成の『舎利講式』を一気呵成に書き上げている。この完成して間もない『舎利講式』の初披露が、明恵三十二歳の翌元久元年（一二〇四）二月十五日に湯浅で行われた涅槃会であった。明恵には、以前から二月十五日に釈尊追慕の日としての格別な思い入れがあり、自作披露の初舞台となったこの年の涅槃会はなおさらのことであった。明恵は、その初舞台で感極まって卒倒してしまい、続行不能に陥り、喜海がその後を続けることになった。明恵らしいエピソードとしてよく知られている。

この年も翌年も明恵は安住の地を得られぬままに、紀州と高雄を行き来している。そこで、再度天竺渡航の計画を立てることになる。前回と同様、日本で無為な時を過ごす位なら、いかなる困難が伴おうとも、釈尊が生まれ育ったインドに渡ってその労苦を偲び、恩徳に謝したいという気持ちが急速に高揚して来たからに他なるまい。今回は、唐の長安からインドの王舎城に至る行程の距離と所要日数を本格的に計算して、その計画を具体化しようとしている。(6)ところが、その計画を進めれば進める程、明恵は呪縛されるような苦痛を感じるようになり、それ以上事を運べなくなってしまう。それでも諦め切れない明恵は、釈迦、善財五十五知識、春日大明神の三尊の前にくじを置き、三尊の前の一つでも「天竺へ行くべし」のくじを引いたら、天竺渡航を敢行しようとした。ところが、引いたくじのすべてが「行くべからず」のくじで、さすがの明恵も完全に断念することになる。明恵の無念さには察するに余りあるものがあるが、神託や夢告には逆らわず従うのが中世人の生き方であった。この年、元久二年（一二〇五）九月十九日、明恵は師上覚に宛てて長文の手紙を認めている。学問的にも生活面でも完全に行き詰まり、切迫している状況を強い調子で訴えている。

しかしながら、康元元年（一二〇六）、栂尾の地を後鳥羽上皇より賜ると、高山寺の草創に尽力することとなる。明恵は、東大寺尊勝院へも度々出向き、華厳宗再興の一翼を担いつつも、徐々に高山寺の整備拡充に傾注してゆく。信者や弟子も逐次増加し、伽藍整備のための経済的条件も改善されていったと思われる。四十歳の建暦二年（一二一二）、『摧邪輪』を著す。言わずと知れた法然の『選択集』を論難した書であるが、内容は感情的な批判ではなく、論理的な大著で、明恵ならではの業績として評価が高い。四十三歳の建保三年（一二一五）には、「涅槃講式」、「十六羅漢講式」、「如来遺跡講式」、「舎利講式」の『四座講式』を短期間で述作、高山寺における重要法会である涅槃会の式次第を確定するものであった。高山寺は順調に発展し、経営的にも安定したが、大勢の参詣客による雑踏は明恵の望む所ではなく、高山寺の安定・発展と明恵の仏道修行とは相容れないものがあった。四十七歳の承久元年（一二一九）十月には、金堂に快慶作の釈迦如来像が安置され、翌月には開眼供養が執行されている。

この頃、明恵独自の観想法である仏光観を創始している。これは、『華厳経』の所説に基づき、仏身から出る光を観想し、それによって空の境地に入るもので、密教で説く光明真言に合致するものであった。四十八歳の承久二年（一二二〇）に、『仏光観略次第』、『入解脱門義』を、五十歳の貞応元年（一二二二）には、『光明真言句義釈』を著し、その理論を説き明かしている。明恵が長年模索して来た仏道修行の理論がここに確立されることになり、明恵思想の一つの到達点が示された。

五十三歳の嘉禄元年（一二二五）には、『仏生会講式』を書き、それに則って四月八日から仏生会を始めている。厳粛な涅槃会だけでなく、慶祝法会である仏生会をも行おうとした所に、明恵の余裕が感じられる。

五十五歳の安貞元年（一二二七）十月十五日には、紀州由良西方寺の落慶供養に赴き、導師を勤めている。西方寺は、後に心地覚心[7]が招かれて興国寺となり、法燈派の本山となっている。なおこの年、明恵は光明真言によって土砂を加持し、それを死者の供養や息災除病に振り向ける光明真言土砂加持を頻りに行っている。

明恵の晩年、高山寺は多くの参詣者で盛況を極めるが、それは明恵の思いとは相反するものであり、法会の簡略化・中止もなされている。貞永元年（一二三二）正月十九日、弥勒浄土への往生である兜率上生の思いを述べ、「南無弥勒菩薩」と称えつつ、六十歳の生涯を閉じた。なお、明恵にとっての弥勒信仰は釈迦信仰と一体のものであり、釈迦を追慕すればする程、未来の釈迦である弥勒への帰依が一層強まったことは当然と言えよう。明恵は、弥勒信仰を説く『心地観経』と『華厳経』の一節を声高らかに唱和して臨終を迎えたことが、弟子定真が記した『最後臨終行儀事』に見える。明恵の最晩年は、仏光観・光明真言のような華厳と密教を一致させた厳密を提唱・力説し、弥勒信仰に託す姿勢に徹したと言えよう。

明恵の『夢記』を読む

明恵の『夢記』は、栂尾高山寺に伝わる高山寺本と、それ以外に伝わる山外本とに分けられる。高山寺本は、一九七八年に東京大学出版会により刊行された『明恵上人資料第二』に、山外本は、二〇一五年に勉誠出版より刊行された『明恵上人夢記訳注』に翻刻収録されている。[8] 両書に基づき、明恵の『夢記』をテーマ別に検討してみたい。

実在の人物1　法然

『摧邪輪』で批判の鉾先を向けられた法然の登場する夢が高山寺本第八篇に、建永元年（一二〇六）十一月の

夢として収載されている。(9)

一、十一月夢云、有二階家、其第二階有種々仮物、造九品往生図云々、

一、有一檜皮屋、有一人長高僧、白衣ナル心地ス、著笠、心思ハク、法然房也、我仏事ノ導師スヘシ、為其聴聞被来入我房中テ饗応過二三日、明日仏事ヲ以使者白、日来仏事結構之間忩々走過了、今夜欲入見参、明日ハ時畢ナハ可有仏事、其以前ハ又可為忩々之由ヲ云々、

明恵は、法然の『選択集』が菩提心をないがしろにしているとして批判し、『摧邪輪』を著したことで知られるが、この夢は明恵三十四歳の時の夢で、未だ法然のことを信頼し、尊重していた様が窺える。夢をそのまま書き記したもので、脈絡がつかみにくい箇所が多いが、法要の導師として法然が呼ばれ、饗応され、明日法要で忙しくなる前の今夜中に会っておきたいと思っているようであり、少なからず親近感を覚えていたことになろう。『夢記』での、法然の登場はこの一箇所のみである。なお、初めの「九品往生図」の夢と法然来訪の夢が一連のものなのか、別個のものなのか判然としない。

実在の人物2　栄西

臨済宗の開祖として著名な栄西の夢が山外本（年月不詳）に見える。(10)

又眠入有人云、有人告言葉上僧正云　欲礼生身仏者可奉拝御房云々、於其處渡一通立文、有一人俗取上之、即此家主之邊ノ俗也、侍ト覚ユ、謂六条大臣殿之御札也、心思ハク左大臣殿八条歟ト思フ、又相続口伝云、近隣ニテ候必可入見参云々、心思ハク此處与彼人近隣也、彼書状又述帰依之志、可見参之由云々、心一人歟別人歟ト問聞之間覚了

栄西というと、一般的には臨済宗の開祖で、日本にお茶を招来した人物といった見方が強いが、実際には密教の

祈禱師であり、東大寺の大勧進をも勤めるなど、宗派の枠に留まらない活躍をした人であって、その分注目度も高かったと思われる。そのような栄西に対して明恵は少なからず対抗心を抱いていたような節が窺える。『栂尾明恵上人伝』には、「かの僧正は新車の心も及ばぬに乗りてまことに美々しき体なり。上人はやつれたる墨染に草履さしはき給へり」とあって、明恵が栄西に会おうと建仁寺へ出掛けたところ、ちょうど宮中へ参内した栄西が「新車の心も及ばぬ」に乗って帰って来るところに行き会ったという。「新車の心も及ばぬ」とは、華麗な牛車のことであろうか、地味な法衣を着た明恵のことには気付いてくれないかと思ったが、気付いてもらえ、使いの者に呼ばれて面会を果たした、という話である。(11) 質素な修行生活を実践していた明恵に対して、権門勢家の祈禱に携り、潤沢であった栄西は派手な生活ぶりで、なおのこと対抗心を煽られたのであろうか。実に興味深いエピソードである。明恵『夢記』における栄西の登場はこの一例だけである。栄西が明恵のことを生身の仏だと言っていたとあり、栄西が明恵のことを尊敬していたのだから、吉夢と言えよう。

実在の人物３　貞慶

『夢記』で最も頻出する人物は「上師」と表現される上覚であるが、明恵の師匠であり、喜海ら常随の弟子と共に頻出して当然であろう。明恵と直接師弟関係のない人物でよく現れるのが解脱房貞慶である。貞慶は、明恵と並び称される鎌倉旧仏教の改革者で、明恵が十八歳年長の貞慶のことを良き指導者、先輩として尊敬していたことは疑うべくもない。高山寺本第十二篇（年月不詳）には次のように記されている。(12)

一、夢、参笠置解脱房、師高僧大僧正ナント云体人ノ沙汰トシテ文殊師利菩薩木像ヲ与給、其文殊四壁如屛風物書種々文其具足皆賜也云々、

笠置寺へ貞慶に会いに参上したところ、文殊菩薩の木像を授けられたという夢で、建仁三年（一二〇三）二月二

十七日に笠置寺へ参り、仏舎利二粒を賜ったことが、『春日明神託宣記』に見え、その体験をモチーフにした夢ではなかろうか。次いで、山外本（年月不詳）の夢は次の通りである。(13)

一、十六日夜夢云、無何處行程、到解脱房在處、然高弁裸軀也、解脱房賜一裳、被厭気色也、又有一人弟子是覚円房也、又有厭悪之気色、従此處出欲行、不知行方門外有堂頭、是法輪寺也

どこへ行こうとも決めずに貞慶のいる所に着いてしまったが、気が付くと、何と自分が裸であって、貞慶やその弟子にまで嫌悪されてしまったという、とりとめもない夢である。先の栄西との対面時のエピソードにもあった通り、明恵は自身の身なりを気に掛ける人であったようである。さらに、山外本（年月不詳）の夢である。(14)

一、同廿一日、自京登山、其夜夢云、解脱房ヲ糸野兵衛尉奉請之、五日欲奉居過一日欲還、成弁思是大明神歟、心思若大明神ナラバ有其寸法、即取解脱房之長、其杖二尺一寸也、而人体如普通、心思無疑是明神也

明恵は貞慶のことを春日大明神そのものだと思って、尊敬していたが、大明神ならば巨大であろうと思い、身長を計測したら、杖の長さが二尺一寸しかなかった、という内容であるが、なぜ身長を計ったのにそれが杖の長さになっているのか、身体は人並みだったというのに、なぜ疑いなく大明神だと思うのか、支離滅裂であるものの、明恵の春日信仰への傾倒と貞慶への尊崇の様が強く看取される夢である。

ちなみに、親鸞については全く現れず、明恵はその存在を知らなかったか、知っていても法然の弟子のうちの無名な一人としてしか認識されていなかったことは確かであろう。当時、親鸞が栄西や法然に比して遙かに知名度の低い存在であったことは疑いようがない。それが逆転したのは、近世、あるいは近代に入ってからだということを忘れてはなるまい。

動物１　犬

明恵が、動物や自然に愛着を寄せ、情緒に富んだ人物であったことはよく知られている。中でも、犬に関する夢が多く見られる。高山寺本第七篇建永元年（一二〇六）六月十八日の夢は次の通りである。[15]

一、同十八日夜夢云、有二疋小犬、一疋白一疋香色等也、此香色犬糸惜無極、即以之盛飯為器物諸人等、以小器口為食器ト思云々、白犬雖入火不焼云々、

白と淡褐色の二匹の子犬を明恵がかわいがっていたとの夢である。容器に飯を盛り云々というのは犬を飼っていたということなのか、また火に入っても犬が焼かれなかったとか、夢だとは言え、脈絡がなく、荒唐無稽な内容である。いずれにせよ、明恵が愛犬家であったことはよく知られており、実際に黒い小型犬を飼っていたことがあり、その木彫が高山寺に伝来している。次に、高山寺本第十篇承久三年（一二二一）六月二日の夢である。[16]

一、六月二日夜夢云、従何處ソ物へ行ト思フ、然到一条大臣之御門ニ有一疋黒犬、被纏足作親馴、心思、余年来飼此犬、然今日出時不見、到此御門待ケリ、イツ此處へハ来タリケルヤ覧、今ハ相朋テ不可離ト思フ、其犬如小馬ワカキ犬ニテ、毛色光鮮キラメキテ以櫛ケツレルカコトシ

明恵自身の自慢の飼い犬が夢に現れたのであろう。何年か前から飼っていた犬が行方不明になり、その犬と再会する感激のシーンは現代にも通ずるものである。小馬のように大きく、光り輝く毛色とあり、高山寺木彫の犬とは別の犬なのであろうか。愛犬家明恵の一面が垣間見られる夢である。但し、山外本（年月不詳）には、明恵が一匹の子犬を釣り針のようなものに引っ掛けて、散々振り回して虐待した、との不可解な夢も見える。[17]

動物２　鹿

明恵の夢には、鹿もよく現れる。周知の如く、鹿は神の使いとされ、東大寺や春日大社などでは現代に至るま

で鹿が大切にされている。山外本建仁三年（一二〇三）十一月から十二月にかけての夢に春日明神の使いの鹿が見える。(18)

一、此家主御前夢云、家主自詣於春山、山林良面白無極、大明神御宝殿之外出居、尻懸磐石居給、諸鹿其数一千許、前後左右囲繞、其一々鹿頭上悉有宝珠、光明映徹大明神又光輪赫奕、明神向家主告白、我明恵房呼我故欲行高雄、即於諸鹿中馬三疋許ヲ合セル程ノ鹿アリ、指彼言我乗此鹿可行高雄也、其鹿頭左右各有一宝珠、即宮移ト云テ道俗貴賤悉集会、其後行高雄語此事諸人皆感悦、又自金堂中老僧杖錫杖出来、種々摩頭尉喩云々

これは、珍しく明恵自身ではない人物の夢である。家主は恐らく明恵が当時居住していた南都の家の主人であろう。春日大明神が、千頭にも及ぶ鹿を従えて告げるには、「明恵の勧めにより私は高雄に行こうと思う、高雄には馬三頭程もある大鹿に乗って行こう」と言ったとの、壮大なスケールの夢である。明恵自身の夢ではないものの、明恵の信仰世界を知り得る夢として重要である。

動物３　馬

高山寺本第十篇承久二年（一二二〇）十一月二十日及び十二月の夢には馬が現れる。(19)

一、廿日夜夢云、有一疋馬、馴於我、此馬ト覚ユ、少モ不動、押遣レハ去、引寄スレハ来、ヤハヤハトシテ不素云々、

一、十二月夜夢又有馬、嶮難ヲ能過、知道テ従外来此住房ニ、不具人此馬ノカク知道故、不可有苦ト思フ、

馬は古代より神聖な動物として大切にされて来て、乗用、軍用、農耕用と大いに人間の営為に寄与して来た。明恵の夢に現れた馬は、明恵に懐いて従順で、大人しく、次に夢見た馬は道をよく知り、不案内な人でも苦労無し

だったという。明恵も馬での移動の機会があり、身近な動物であったに違いない。

このような、明恵の動物との親近は夙によく知られているが、明恵に特徴的なことで、親鸞にも、道元、栄西にも殆んど見られないことではなかろうか。そこには、明恵なりの生命尊重の思考、さらには生身信仰との関わりも想定され得るのではなかろうか。

生身信仰

生身信仰は、仏菩薩が実際に生きていて、生き仏として救済してくれるとするもので、中世には大流行し、善光寺信仰にも顕著に見られるものである。[20] 高山寺本第十篇承久二年（一二〇〇）十月十七日の夢は次の通りである。[21]

一、同十月十七日夜夢云、生身尺迦一丈六尺許ノ身ニ入、見参云々、上師又在房之傍云々、

丈六の釈迦の胎内に入ったということであろうか、ここで重要なのは釈迦が生きているということであり、胎内に入るということも生身信仰の一側面とされよう。著名な清凉寺釈迦如来像には、胎内に五臓六腑が納入されていて、生身信仰を端的に示す作例としてよく知られている。また、山外本承元三年（一二〇九）三月二十六日の夢は次の通りである。[22]

承元三年三月廿六日夜夢云、於樋口有五六体童子形、刻彫尽手、我住所常可安置之仏像ト思ユ、其内当時安置善才像アリ、反為生身、又制タ迦童子アリ、皆是生身也、成弁問後来事、善才答曰處中云々、而言極有臭気、両手等又有此気、体□尤可然、此事也云々、制タ迦童子又相成此事、即説予之自性曰、如□尊花海、又如池中蓮花、将養□頭、心中哀喜熾盛也、又此童子等皆有快然之気色、恒可奉副ト思テ悦予無極云々

極めて文意の取りにくい内容であるが、善財童子と制吒迦童子が生身となり、明恵に言葉を告げたという。しか

し、善財童子には発する言葉だけでなく、両手や全身にもひどい臭気があったという不可解な夢である。強烈な臭気をも感知する明恵の夢は無味無臭な凡人の夢に比べ、極めてリアルであると言えよう。(23)

弥勒信仰

明恵は、釈迦信仰と共に熱烈な弥勒信仰を持った人であった。高山寺本第十篇承久二年（一二二〇）六月の夢と同年八月七日の夢は以下の通りである。(24)

一、六月禅中登兜率天上、於弥勒宝前金桶磨沈香入之、有一人菩薩令沐予云々、

一、同初夜坐禅時、祈願滅罪事、得戒体、若好相現者、諸人ニ授戒ト祈願、其禅中、如前六月身心凝然従空瑠璃ノ棹如筒ニテ、其中虚也ト思、取其末テ有人引挙予、予取付于之、到兜率ト覚ユ、其筒上有宝珠、浄水流出、灑予之遍身、其後心欲見予之実体、其面忽如明鏡漸々遍身如明鏡、即円満如水精珠、動転到他所、又待有音告、即有声云、諸仏悉入中、汝今得清浄、即出観了、其後反成大身、一間許ノ上有七宝瓔珞荘厳云々、

弥勒の浄土である兜率天に上生し、この上ない仏国世界で心身共に清らかになり、精神的に満ち足りた境地に至る、明恵にとっては最高の吉夢だったに相違ない。沐浴して体を洗い清め、心の方も清浄な、悟りの境地にまで高められてゆくわけであり、明恵が常に追い求めて止まなかった理想郷が夢に現出したことになろう。さらに、山外本建仁二年（一二〇二）六月十一日の夢は次の通りである。(25)

建仁二年六月十一日夜夢、有一神人、以其所持数珠占兜率生不生、四反倶得次定生之意、其後猶二三度得定生之数云々

いかに明恵が兜率上生の可否を常に気に掛けていたかが解る夢である。何とかして兜率天に上り、釈迦に値遇したいという切実な願望が叶えられるか否か、日々不安を拭い去れなかった、明恵三十歳の時の夢である。それに

対し、先に見た二つの夢は四十八歳の時の夢で、兜率上生の確信がほぼ得られた、ある意味自信に満ちた夢とも言えよう。前掲二つの夢とこの夢を対比すると、明恵が十八年間の間に信仰を深め、悟りへの確信も深めていった道程が読み取れよう。

明恵が、死後往生したかったのは兜率天であったが、生前中に何とかして行きたかったのがインドであった。そのような強い願望も当然の如く夢に反映されている。高山寺本第九篇建保七年（一二一九）二月二十九日以降の夢である。(26)

又夢、上師在霊鷲山、予共侍之、即可奉見之由心庶幾之間也、

師匠である上覚と共に釈迦が幾多の経を説いたラジギールに来ており、ここを訪れ、参拝することこそ、長年切望して来たことに他ならないと言って感激している。明恵四十七歳の時の夢で、高山寺の造営に傾注している時期である。再度のインド行きを断念した、三十三歳から十四年経っても、その未練は到底断ち切れなかったと言えよう。

異夢・愛欲

異様な夢、愛欲に関する夢も少なからず明恵『夢記』に収載されている。山外本建仁三年（一二〇三）十一月七日の夢は次の通りである。(27)

建仁三年十一月七日、出京詣南京、存紀州居住之由明日参詣於神社、欲令申此事之處夢云、成弁之左肘堕落脇以下切堕、心思是依大明神之御不快之至也、即夢中ニ夢忽覚、肘猶在之、心思依明神御不快有此悪夢、定招中風等大病歟、雖有臂何快歟、如此思惟而覚了

明恵三十一歳のこの年は、春日明神の託宣により、インド渡航を断念し京から南都辺りに住むように求められて

いたにも拘らず、紀州に居住することになった。春日明神の意志に反したという葛藤がこの悪夢に反映されたと、明恵は受け取っている。また、山外本（年次不詳二月十一日）の夢は以下の通りである。(28)

有宣旨殿御局、成親馴相云々、一、同十一日夜夢云、光堂御前ヲ如釜炉之物上ニ燠ヲ置、入其中テ焼之、彼人在其中テ有音念誦ス、七日欲蒸之、付同行テ至第六日、高弁臥息之至七日悉成灰、心思ハク此人永分此果去了、先形今不可見哀傷無極、我モ殊可発心修行之由ヲ思、其後又眠入ニ於高尾金堂中修仏事、非説経等、其聴衆数多及四五万人、其中此人反成男子、即上人也、其形不□満在如堂前之處、心思先尼形時ハ肥満之人也、今其形異前也、即覚了

何とも残忍な、異様な夢である。高貴な女性を生きたまま炉のような所に入れ蒸し焼きにするとの残忍極まりないものではあるが、女性が罪業を消し去って悟りを開いたということになり、必ずしも悪夢とは言えまい。明恵は、その罪業の深さ故に焼かれることになった女性を目の当たりにし、自分もそのようなことにならぬようにと、仏道修行に打ち込む決意を新たにしている。

性、愛欲に関わるものとしては、高山寺本第十篇承久三年（一二二一）十一月六日の夢がある。(29)

同十一月六日夜夢云、其初夜行法抑々坐禅欲修行法之間也、一屋ノ中有端厳美女、衣服等奇妙也、而非世間之欲相、予与此貴女在于一處、無情捨此貴女、此女予ヲ親テ欲不遠離之事、予捨之去、更非世間之欲相也、此女持一鏡以糸金様々ニカラケタリ、又此女持大刀セリ、案云、女者ヒルシヤナ也、即是定妃也、即驚于此女夢、其後夜入禅堂云、此時禅中頓尓ニ有尊玄僧都、在禅堂外云々、此禅法ハ宛深秘密也、非権機可得法、讃歎之、

坐禅修行中に高貴な女性が現れて誘惑されたが、固辞してそれを捨て去ったという夢である。明恵の『夢記』には、貴女という語が頻出するが、それは明恵が貴族の屋敷に出向いて法要や祈禱を行い、その際に高貴な女性を

目にすることが間々あったためであろう。ここでは、女性の誘惑をあっさり断ち切った明恵だが、山外本（年月不詳）の夢は正反対である。(30)

一、同夜夢云、高弁行欲事、傍有女房其形如前山殿、見之覆面哭之、大悲歎色也、又有物手取高弁之腹、心思ハク行此事此人共大歎之也

こちらは、単刀直入に女性を犯してしまったと最初から白状しており、夢中とは言え実直である。清僧であるはずの明恵が女性の誘惑に靡いてしまい、それを悲嘆されて、自らの業の深さに沈痛な思いを抱いている。以上のような、異夢、愛欲に関する夢は明恵自身にとっても知られたくないものであったと思われる。しかしそのような、ある意味で明恵にとって負の事象も取捨選択されることなく、そのまま書き記したところに『夢記』の価値がある。明恵にとって、誇らしいことも、恥ずかしいことも同列に夢の内容として書き残されているわけで、『夢記』は作為も恣意も伴わない信憑性の高い記録だと言えよう。

小結

以上、明恵の夢の内容は多様であるが、その大半は自らの仏道修行に関すること、あるいは信仰や寺院運営に関わるものであって、いかに明恵が仏道と真剣に向かい合って来たか、その様が夢に反映されたと考えられる。『夢記』は、その性格上、執筆者の没後廃棄されるのが通例であり、明恵も当然それを求めていた。ところが、弟子の定真が密かに保存し、さらにその弟子の仁真が受け継いで整理し、記録を残し、(31)現代にまで伝わることになった。奇跡的な伝存と言うべきであろう。

本来ならば、最後に明恵『夢記』の総合評価を下し、そこから明恵の生涯と信仰について論及すべきであるが、

今回は明恵の生涯を辿り、『夢記』のごく一端を紹介することで、問題提起の一つとし、後考を期したい。

（1）同年生まれの僧に親鸞がある。現代では、知名度においても、評価においても親鸞の方が明恵を遙かに凌駕している。しかし、両者生存中は明恵の方が圧倒的に存在感があったことは疑うべくもない。親鸞は、その存在すら認識されていなかった節があり、明恵も親鸞の存在をたとえ知っていたとしても歯牙にもかけない風である。出生の状況についても、親鸞は父が日野有範であること以外不明だが、明恵は両親も誕生日も明確に知り得ることが大きく異なる。「親鸞と同年に生まれた」明恵という観点は、現代人のものであり、「明恵と同年に生まれた」一僧があり、親鸞といった、ということさえ殆んど知られていなかったのではなかろうか。

（2）「去夜夢想云　冬天トオホシキニ暁更ニ東方　ヲ見遣ハ明星天子出現其光殊赫奕立傍　人告云汝可奉仕虚空蔵菩薩云、爾今日自始　抜見此書心中不思議思　于時建久二年六月十日記之」（奥田勲氏『明恵 遍歴と夢』東京大学出版会、一九七八年、一二五ページ）とあり、冬の暁に明星天子が出現し、虚空蔵菩薩への信仰を告げたというものであるが、親鸞の高田専修寺草創伝承（嘉禄元年（一二二五）のこととされる）に酷似していることに驚かされる。親鸞の夢告伝承の原型に近いものがそれを遡る半世紀以上も前に記録されていたことになる（高田専修寺草創伝承については本書第Ⅱ部第五章参照）。

（3）高山寺蔵「明恵樹上坐禅図」は、このような明恵の一途な信仰心と孤高な姿を描いた傑作として名高い。湾曲した松の木の枝に鳥が営巣するかのように坐禅する明恵の姿は強烈なインパクトを放って、多くの人の記憶に残っていることであろう。

（4）この時期には、弟子あるいは同志の如き若い僧らと共に華厳教学の勉学・実践に励んでおり、『華厳経』の書写・校合を十数人の同志と共に精力的に行っていたが、土地の領主であった湯浅宗光の厚い支援により明恵らの生活は成り立っていたのである。隠遁とは言え、大部な経典の書写・校合は有力な外護者無くしては成し得ぬものであった。

（5）『明恵上人行状』（漢文行状）巻中には、「唯願莫去我国企遠行、固為制此事以来臨也云々」（『明恵上人資料第一』一一二ページ）とある。

（6）インド仏蹟巡拝の旅程表は、「印度行程記」として高山寺に自筆が伝わる。

（7）心地覚心については、拙稿「一向専修と兼学兼修 鎌倉新仏教の見直し」（『高田学報』一〇四輯所収。本書第Ⅲ部第七章）で詳述した。覚心は、密教と禅を融合した禅密僧であったが、さらに念仏や神祇とも大いに関わり、渾然一体とした鎌倉期仏教を象徴するような人物であったと考えられる。

（8）明恵の『夢記』は、その多くが高山寺に伝えられていたが、時代の経過と共にかなりの部分が寺外に流出してしまった。分量的には、高山寺本より山外本の方がやや多く、山外本の調査・集成が切望されていたが、その成果が遂に『明恵上人夢記訳注』として結実した。画期的な労作である。

(9)『明恵上人資料第二』一三三～一三四ページ。

(10)『明恵上人夢記訳注』三二五ページ。

(11)「又建仁寺開山千光禅師唐ヨリ帰朝シテ達磨多羅尊者ノ宗ヲ覚リ極テ此国ニ弘メ給ヘキ由聞ヘケリ、或時上人相看ノ為ニ彼寺ニヲハシケル時、折節此僧正参内シテ帰ラレケルニ道ニテ行合タマヒヌ、彼僧正ハ新車ノ心モ及バヌニ乗テ誠ニ、美々敷体也、上人ハヤツレタル墨染ニ草履サシハキ給ヘリ、去レハ此姿ナル物ヲハヨモ見過シ、無益ナリト思テ帰リ給ケルヲ、僧正見知給テ人ヲ進セテ喚辺奉リ相看アリ、数尅問答シテ帰玉ヒケル」(『明恵上人資料第一』三八八ページ)。

(12)『明恵上人資料第二』一六一ページ。

(13)『明恵上人夢記訳注』三四四ページ。

(14)『明恵上人夢記訳注』四〇七ページ。

(15)『明恵上人資料第二』一二九～一三〇ページ。

(16)『明恵上人資料第二』一五六ページ。

(17)「又成弁取一疋小犬如釣針物懸之テ散々振蹇ス云々」とある(『明恵上人夢記訳注』二八五ページ)。

(18)『明恵上人夢記訳注』一三七ページ。

(19)『明恵上人資料第二』一四二ページ。

(20)善光寺式一光三尊像は、善光寺の本尊の模刻像であり、鎌倉時代に盛んに造像されたが、これらはいずれも「生身如来」として信仰され、生き仏と信じられていた。単なる偶像ではない仏格の出現が熱烈な信仰を呼び起こしたと言えよう。

(21)『明恵上人資料第二』一四〇ページ。

(22)『明恵上人夢記訳注』一九二～一九三ページ。

(23)現代日本では、異臭・悪臭は殊の外嫌悪され、それのないことが良い環境の如く認識されて久しい。しかしながら、中世の都市・村落では至る所で死臭や異臭が漂っていて当然であり、それを改善しようとするような動きはなかったであろう。この夢も異臭や強い体臭を普段から明恵が身を以て体験していたからこそのものであろう。中世人の夢は明恵に限らず、無味無臭ではあり得なかったのかも知れない。

(24)『明恵上人資料第二』一四六～一四七、一五〇ページ。

(25)『明恵上人夢記訳注』一二三～一二四ページ。

（26）『明恵上人資料第二』一三八ページ。
（27）『明恵上人夢記訳注』一三〇ページ。
（28）『明恵上人夢記訳注』三〇六～三〇七ページ。
（29）『明恵上人資料第二』一五五ページ。
（30）『明恵上人夢記訳注』三三三ページ。
（31）明恵の『夢記』は、集成・編集されたものではない。その現存状況については、『明恵上人夢記訳注』解題「明恵上人夢記について」（五一～五八ページ）に詳しい。元々、明恵自身に保存・伝授の意志が全くなかったのであるから、当然であるが、その形態は巻子本、一紙の文書、冊子本に大別され、それを孫弟子の仁真が克明に分類し記録している。「御夢記皆自筆　建久九年二巻各二紙又三紙　正治二年雑御記双紙奥ニ有之　建仁三年四巻四紙（中略）又無年号六紙有之　已上一結　右自建久二年至于寛喜二年、都合四十ケ年之御夢御日記、皆自筆也」の如き記録により伝存状況が具に知り得る。

第九章　心地覚心は異端的存在か

はじめに

心地覚心（一二〇七～一二九八）は、法燈国師の名で呼ばれることも多く、円爾の聖一派と並び称される法燈派の祖として、著名な存在であった。鎌倉時代後期以降、法燈派の拠点である紀州由良興国寺は紀伊山地巡礼の僧徒の接待所として隆盛し、法燈派も巡礼者の往来と共に近隣諸国に大いに教線を拡張する。(1)覚心は、栄西、栄朝、行勇、円爾などと同じく、禅と共に密教を併せ行ったことから「禅密僧」というジャンルで表現され、彼らの禅を「兼修禅」と呼びならわして来た。しかしながら、近年、研究の進展と共にこのようなジャンル分け、表現が必ずしも実態にそぐわず、見直しの気運が高まって来た。本稿は近年の研究成果を踏まえつつ、心地覚心の位置付けについて再検討してみようとするものである。その上で、覚心はやはり異端的存在なのか、あるいはそうではないのか、中国禅に遡って論及してみたい。なお、心地覚心に関する書目は名古屋市真福寺大須文庫には所蔵されていないが、横浜市称名寺文書の中にある『禅宗法語』と題する法語の抄録の寄せ集めに『由良開山法語』が含まれており、(2)本叢書との関係も浅からぬものがあろう。

一　研究史概観

一九七五年、黒田俊雄が『日本中世の国家と仏教』において、「顕密体制論」を提示してから、それまでの鎌倉新仏教の定義及び評価は根底から覆されることになり、ここから現在の中世仏教研究は再スタートを切ることになった。具体的には、「鎌倉新仏教中心史観」とも言うべき、親鸞の念仏と道元の禅に日本仏教の到達点としての至上の評価を与えるような考え方は成り立たなくなり、全面的な見直しを迫られることになる。黒田氏によれば、旧仏教こそが正統派であり、そこから明恵、貞慶などの改革派が現れ、異端派である新仏教と共に仏教改革運動が生じたとする。黒田氏の理論は画期的なものであったが、その概念規定の極端さ、かつ曖昧さにおいて多くの問題を惹起することにもなった。このような流れに呼応して、中世禅宗史も大幅な見直しを余儀なくされる。道元の「只管打坐」を標榜する禅を純粋禅とし、禅の到達点とするのに対し、それ以外、あるいはそれまでの諸宗兼修はそこに至る過渡的形態、または諸宗の寄せ集めに過ぎないと見る、旧来の認識は徐々に、しかし確実に否定されて来た(3)。日本中世において、禅とはほぼ兼修禅に等しく、禅僧とはほぼ禅密僧に等しいと見る認識が定着しつつあり、そうなると、「兼修禅」、「禅密僧」という用語自体が意味をなさなくなって来る。そのような、いわゆる「兼修禅」を旨としたいわゆる「禅密僧」の典型として大きな勢力を誇ったのが円爾の聖一派と心地覚心の法燈派であった。さらに近年、日本宗教史を専門とする新進気鋭の小山聡子氏により「法然や親鸞の信仰もその母胎となった天台宗の信仰と訣別し切れていないものだったこと」が論証され(4)、両者共旧来の評価程は純粋な念仏信仰とは言えないことが明らかになって来た。つまり、日本中世においては、禅であれ、念仏であれ純粋な信仰は未確立だったとしても差し支えあるまい。

二　心地覚心の嗣法

心地覚心の嗣法一覧*

年次	場所	師	内容	典拠
一二二五年（19歳）〜	大和　東大寺	忠覚	具足戒	『縁』、『年』
	高野山　伝法院	覚仏	密教	『縁』、『年』
	高野山　正智院	道範	密教	『縁』、『年』
	高野山　金剛三昧院	退耕行勇	禅・密教	『縁』、『年』**
	高野山　金剛三昧院	願性	密教	『年』
一二三五年（29歳）	大和　三輪	蓮道	密教	『縁』、『年』
	大和　三輪	空観	密教	『縁』、『年』
一二四二年（36歳）	京　深草	道元	菩薩戒	『縁』、『年』
一二四七年（41歳）	上野　世良田	栄朝	禅	『縁』、『年』
一二四八年（42歳）	甲斐　心行寺	生蓮	禅	『縁』、『年』
	京　勝林寺	天祐思順	禅	『縁』、『年』
一二四九年（43歳）	京　東福寺	円爾	禅	『行』
	宋　径山	痴絶道冲	禅	『縁』、『年』
一二五〇年（44歳）	宋　道場山	如覚荊叟	禅	『縁』、『年』
一二五三年（47歳）	宋　杭州	無門慧開	禅・印可	『縁』、『年』

*　表中の典拠史料、『縁』は『紀州由良鷲峰開山法燈円明国師之縁起』の、『年』は『鷲峰開山法燈円明国師行実年譜』の、『行』は『法燈行状』の略である。

**　『由良開山法燈円明国師行実年譜』では、ここまでの四回の嗣法を覚心二十九歳の事績として記載している。

心地覚心は四十三歳で、東福寺に迎えられて間もない円爾に会い、その勧めもあって入宋を決意し、円爾の師である無準師範（一一七七～一二四九）への紹介状を持って入宋する（『法燈行状』）。高野山金剛三昧院に願性を訪ねて支援を依頼し、紀州由良から博多港を三月二十八日に出国し、四月二十五日に宋に着いている（『紀州由良鷲峰開山法燈円明国師之縁起』）。まず、径山興聖万寿寺で痴絶道冲（一一六九～一二五〇）に付き、翌年、道場山に赴き如覚荊叟（十三世紀）に付き、その後四十七歳で、杭州護国仁王禅寺において無門慧開（一一八三～一二六〇）に師事している。なお、円爾は自らの師である無準師範の下に弟子入りさせるべく、覚心に紹介状を持たせたが、入宋の年の三月十八日に亡くなってしまい、会えず仕舞いになってしまったという事情があり、もし無準師範が存命であったなら、無門慧開の弟子となることもなかったであろうし、痴絶道冲や如覚荊叟などの諸師に歴参する必要もなかったであろう。偶然ではあるものの、心地覚心及び法燈派の禅思想も少なからず趣を異とするものになっていたかも知れない。実際、覚心は宋に渡り、諸師を歴参したものの、今一つしっくり来なかったようで、明州大梅山で日本からの留学僧で旧知の源心に出会って、彼から無門慧開の評判を聞き、共に杭州護国寺に赴き、無門の下に弟子入りした（『縁起』、『行実年譜』）という。覚心は無門としばし問答し、程なくして印可を蒙り、「心即是仏　仏即是心　心仏如々　亘古亘今」の句を授かっている。これ以降、覚心はこの句を終生のキャッチフレーズとして、人生の格言として大切に持ち続けており、無門からの印可が覚心にとっていかに歓喜極まりないものであったかがよく窺える。翌年、無門からその代表的著作である『無門関』を師資相承の証として授かって帰国している。帰国後、覚心は高野山と由良興国寺を中心に後進の育成に尽くし、幾多の霊異譚を残しつつ、九十二歳の長寿を全うしている。

三　心地覚心の思想の淵源

さて、無門慧開から印可を受け、「心即是仏　仏即是心　心仏如々　亘古亘今」の句と『無門関』を授かった心地覚心の思想は師無門から受け継いだ公案禅だったように思われる。(5) しかし、実際にはそれ程単純明快なものではなかった。覚心がいわゆる純粋禅とされる宋朝禅に徹したなら、帰国後から晩年に至る霊験譚に満ちた行実は説明が付かない。しかしながら、そのような兆候は無門慧開を遙かに遡る唐代禅にその淵源が求められるのではなかろうか。(6)

それでは、まず覚心自身が終生キャッチフレーズとしていた「心即是仏　仏即是心　心仏如々　亘古亘今」の句の出典について考えてみたい。これは、『観無量寿経』の「是故汝等　心想仏時　是心則是　三十二相八十随形好　是心作仏　是心是仏」を典拠とし、類似した表現が禅文献の随所に見出され、道元の『正法眼蔵』にも「即心是仏」の巻があり、次のように記す。

仏仏祖祖、いまだまぬかれず保任しきたれるは、即心是仏のみなり。しかあるを、西天には即心是仏なし、震旦にはじめてきけり。学者おほくあやまるによりて、将錯就錯せず。将錯就錯せざるゆゑに、おほく外道に零落す。いはゆる即心の話をききて、痴人おもはくは、衆生の慮知念覚の未発菩提心なるを、すなはち仏とすとおもへり。これはかつて正師にあはざるによりてなり。(7)

「即心」と「是仏」とを直結もせず、分断もせずに、自在に関連付けて受け止めるべきであるのに、両者を直線的に結合して、衆生の思惟・判断・認識・憶念などといった種々の心的な働きの未だ菩提心を発さない状態を、そのまま仏とする誤った理解が横行していると慨嘆している。道元の時代、「即心是仏」は禅に限らない仏教思想の根幹の一つとして流布していたが、誤解や曲解も多く、悟りに達するためにかえって障害・弊害ともなっていたことが窺える。

この思想は、夙に中国盛唐の時代、荷沢神会（六八四〜七五八）の『壇語』にも見られ、早くから流布していたことが解る。

更に前照後照、遠看近看無く、都て此の心無し。乃至い七地以前の菩薩なるも都総て驀過す。唯だ仏心を指すのみ。即心是仏なり。経に云く、「当に如法に説くべし」と。口に菩提を説くとき、心に住する處無し。口に涅槃を説くとき、心は唯だ寂滅なり。口に解脱を説くとき、心に繋縛無し。(8)

菩提を口にする時、心に執着はなく、涅槃を口にする時、心はひたすら寂かに、解脱を口にする時、心には何の束縛もなく、心こそが仏だという考え方である。しかしながら、この思想の代表例は馬祖道一（七〇九〜七八八）に求められよう。馬祖は、神会の荷沢宗に取って代わり、八世紀の中国禅を席巻した洪州宗の祖として知られるが、彼はそれまでの超越的・理念的な禅を排し、自らの日常の中に禅を見出すべきだと説き、広汎な支持を集める。そして、彼の説を最も端的に示すのが「平常心是道」と並び「即心即仏」であった。このような馬祖禅の思想及び方法は後の禅に多大な影響を与える。(9)馬祖の弟子が百丈懐海（七四九〜八一四）で、「百丈清規」を定めたことで知られているが、その弟子に黄檗希運（九世紀）がいる。彼の提唱をまとめた書物が『伝心法要』と『宛陵録』である。そこには、「心即是仏」、「仏即是心」の語が頻出し、この思想が無門慧開に継承されたことが想定される。なお、両書は唐の宰相であった裴休（七九七〜八七〇）の編になり、元々は一つの書物であったものが、後世に分けられて別の書名が付されたものである。『伝心法要』には、次のようにある。

唯だ此の一心、即ち是れ仏にして、仏と衆生とは更に別異なし。但是る衆生は相に著して外に求め、之を求むるに転た失す。仏を使って仏を覓め、心を将って心を捉う。劫を窮め形を尽すも、終に得ること能わず。

念を息め慮を忘ずれば、仏自ら現前することを知らず。此の心即ち是れ仏、仏即ち是れ衆生なり。（中略）若し決定して此れは是れ仏なりと信ぜずして、相に著して修行し、以て功用を求めんと欲せば、皆な是れ妄想にして、道と相乖く。此の心即ち是れ仏にして、更に別の仏なく、亦た別の心なし。

さらに、

問う、上より来、皆な即心是仏と云う、未審、那箇の心に即して是れ仏なる。（中略）汝但だ凡情と聖境とを除去せば、心外に更に別仏無し。祖師西来して、一切の人は全体是れ仏なりと直指す。汝今識らずして凡に執し聖に執し、外に向って馳騁して、還って自から心に迷う。所以に汝に向って道う、即心是仏と。

とある。また、『宛陵録』には、次のようにある。

問う、如何なるか是れ仏。師云く、即心是れ仏、無心是れ道。但だ心を生じ念を動じて、有無長短、彼我能所等の心無かれ。心本と是れ仏、仏本と是れ心なり。心は虚空の如し、所以に云く、仏の真法身は猶お虚空の如しと。別に求むることを用いず、求むるあらば皆な苦なり。

さらに、

問う、何者か是れ仏なる。師云く、汝が心是れ仏なり。心と仏と異ならず。故に云う、即心即仏と。若し心を離るれば、別に更に仏無し。云く、若し自心是れ仏ならば、祖師西来して如何が伝授せん。師云く、祖師西来して唯だ心仏を伝え、汝等が心の本来是れ仏なることを直指す。心心異ならず、故に名づけて祖と為す。若し直下に此の意を見れば、即ち頓に三乗一切の諸位を超えん。本来是れ仏にして、修成を仮らず。

とある。(10)『伝心法要』に「上より来、皆な即心是仏と云う」とあるように、いかに九世紀の中国において、「即心是仏」、「仏即是心」の思考が蔓延・定着していたが理解されよう。一世を風靡し、誰もが口にしていた思想ではあったものの、やはり誤解や曲解が多かったことも、両書の問答から窺えるところである。

また、『祖堂集』巻十四、馬祖章には、次のようにある。(11)

祖、示衆に云く、汝等諸人、各、自心是れ仏、此の心即ち仏なるを信ぜよ。達磨大師、南天竺国より中華に来至し、上乗一心の法を伝えて汝等をして開悟せしむ。

『祖堂集』には、馬祖の「即心是仏」思想が委曲を尽して述べられているが、小川隆氏によると、「馬祖のいう「即心是仏」は教示されるべき正解でもなく、理解されるべき理念でもなく、我が身の上に活き活きと体感されるべき事実」であり、「自己の現実態の即自的是認、つまりありのままの自己のありのままの肯定」を基本とするものであった。ところが、「その単純明快な力強さゆえに、反面、平板な口号に堕しやすく、人を安易な現実肯定に導きやすく、それゆえ、馬祖自身にせよ、その門下にせよ、その本来の生命力の保持のためには、不断の自己否定と度重なる更新を必須とした」という。(12)「即心是仏」と、それを標榜する馬祖禅の特徴及び性格が極めて的確に把握されている。一見、単純明快な思想こそが、実は難解かつ誤解を招き易いことは、仏教の常でもあろう。(13)

ところで、『無門関』は禅の公案書の代表的なものの一つとして知られるが、これは先師の公案、つまり禅問答を集成して、テキスト化したもので、禅の悟りをマニュアル化したものとも評される。このような公案の重視は、大慧宗杲（一〇八九～一一六三）が只々坐禅をするだけの「黙照邪禅」を批判し、それを克服するために公案を集成し、看話禅（公案禅）を大成すると、一気に盛行し宋朝禅の主流派となってゆく。そのような流れの中で、無門慧開が著したのが『無門関』で、『碧巌録』、『従容録』と共に禅の公案書としては抜群の知名度を誇るものとなっている。(14)『無門関』の公案では、最初の第一則「趙州狗子」が特に有名で、趙州従諗（七七八～八九七）という百二十歳まで生きたとされる禅僧の問答で「犬にも仏性があるや否や」と問われて「無」と答えたというものである。この公案は極めて著名であるものの、なおかつ極めて難解な公案としても知られており、無門慧開もこの公案を会得するのに六年間もかかり、自ら苦心惨憺した経験を込めて記していることになろう。

趙州和尚、因みに僧問う。「狗子に還っても、仏性有りや也た無しや」。州云く、「無」。

無門曰く、「参禅は須らく祖師の関を透るべし。妙悟は心路を窮めて絶せんことを要す。祖関透らず、心路絶せずんば、尽く是れ依草附木の精霊ならん。且らく道え、如何が是れ祖師の関。只だ者の一箇の無の字、乃ち宗門の一関なり。遂に之を目けて禅宗無門関と曰う。[15]

この公案は、「趙州無字」とも呼ばれるように、「無」の解釈の仕方が禅の悟りには必須だとするものである。言うまでもなく、無門慧開の名も『無門関』の書名も「無」の悟りの境地を表わしたものに他ならない。これは、『無門慧開禅師語録』下巻に「老拙亦有一喝。挙似諸人。不敢説道理。若也信得及挙得熟、於生死岸頭得大自在。無無無無、無無無無、無無無無、無無無無、無無無無」[16]とあることに明確に示されている。また、『無門関』第三十則の「即心即仏」は馬祖の公案で、第三十三則の「非心非仏」と表裏一体のもので、自らの心の持ち様と禅の悟りのあり方を端的に示したものである。なお、『無門関』には四十八則の公案が収載されているが、最も多いのが趙州従諗の公案で七則を数え、『無門関』に趙州の思想が大きな位置を占めていることが解る。

以上、馬祖道一―百丈懐海―黄檗希運―無門慧開―心地覚心の思想的な継承は十分に想定可能だと思われるが、傍流の趙州従諗や大慧宗杲、さらには禅思想を一新した永明延寿（九〇四～九七五）も少なからぬ影響を与えた人物として考慮すべきではなかろうか。つまり、趙州従諗や大慧宗杲を抜きにしては公案禅は語れない。また、永明延寿の『宗鏡録』（九六一～九七六）は後世の禅宗で殊の外重用され、覚心の先輩であり、助言者であった円爾も極めて重視しており、覚心がその思想的影響を受けていないとは考え難い。『宗鏡録』は全百巻に及び、『大正蔵』でも五百四十余ページを費やす大著で、その全体像は容易に捉え難いものの、インド・中国の経律論釈を浩瀚に援用し、「一心」の道理の下に諸宗を収束融合させようとする意欲作であり、仏教の百科事典のような性格の書物でもある。延寿は、時の呉越国五代国王銭弘俶から絶大な信任を受け、その庇護の下で『宗鏡録』を書き上げたが、『宗鏡録』は延寿が渾身の力を込めた大作であり、自信作でもあった。

若し善友に遇わざれば、正法を聞くを得ず。何ぞや。正法を聞くに因りて、則ち能く思惟して信入す。正念に修行せば、是の如き法利有り。応須に殷重く、遭い難きとの想いを生じて、我慢の心を摧くべし。乃至び経巻に遇いて聞くを得、或は人の挙示するに因りて、如し悟入の処有らば、皆な是れ我が師なり。況や此の宗鏡、唯だ要文のみを録す。謂う可し、端拱坐参り、門を出でずして天下を知り、成現を弁すこと易く、足を動かさずして竜宮に到ると。(17)

『宗鏡録』は悟りの契機となる要文を集大成した書物であって、これを読みさえすれば、家の中に居ながらにして悟りの世界に到達することができるのだという。この自信は、賛寧の『宋高僧伝』（九八八）に「漢南国王銭氏の最も欽尚う所」だったと記されているように、(18)国王国家からの厚い信任から来るものに相違なかろう。この『宗鏡録』の眼目は、諸宗を融合した「総合仏教」を目指し、「禅浄双修」を提示した先駆という所にあるが、中でも「即心是仏」によってそれまで同一とは見られていなかった南岳系の禅と青原系の禅の思想的統一を成し遂げたことは禅宗史上画期的なものと評価されている。(19)『宗鏡録』の刊行・流布は後に中国仏教が諸宗を融合・統合した総合仏教の方向へ、坐禅と念仏を併修する方向へ、そして「即心是仏」をその根幹に据える方向へと大きく舵を切る契機ともなってゆく。日本への影響にも多大なものがあり、栄西は天台宗側からの禅宗批判に『宗鏡録』の教説を用いて対抗しており、円爾は禅宗が既存の八宗と矛盾しないことを『宗鏡録』を根拠に説示し、自らの目指す総合寺院東福寺創建の思想的基盤としている。円爾はさらに『宗鏡録』を以下の如く天皇や公卿に講説している。

寛元三年乙巳　円爾、天眷優諚を拝し参内して［宗鏡録］を進講す。帝、御躬ら同録に実墨を泚毫し給ふ。

御崇敬の深き、拝察するだに畏し。（『聖一国師年譜』[20]）

円爾、岡屋関白の為に［宗鏡録］を講ず（教家）円憲、廻心衣笠藤定親子守真、理円等聴講、特に理円は百ケ日の間、師の為に覆講す。世に未曾有と称す。（『浄土伝灯総系譜』[21]）

賛に曰く。余、昔、文応上皇に陪せり。御机の上に巨編を堆くす。跪きて之れを閲すれば、『宗鏡録』の全篇なり。其の終わりに寛元帝の宝墨有り。曰く「朕、爾師の此の録を得て、見性已に了わんぬ」。宸奎爛然たり。時に余、尚お幼し。以為えらく、〈慧日の、帝者に於けるや拳拳たり〉と。

藤相国兼経、爾を屈して『宗鏡録』を講ぜしめ、多く性相の碩師を会して聴徒と為す。円憲・回心・守真・理円、皆な一時の英髦なり。輦下、指して未曾有の勝集と為す。（『元亨釈書』[22]）

また、円爾は天皇からの信任も厚く、『宗鏡録』は亀山、後嵯峨天皇などにも愛読されていたようである。このように、円爾が重視した『宗鏡録』を根拠とする総合仏教及び「即心是仏」の思想は覚心にも大きな影響を与えたと見て間違いなかろう。

四　心地覚心の思想と行実

次に、心地覚心の思想について、[23]主に行実の面から見てゆきたい。もっとも行実とは言うものの、歴史的事実と確定できるものは少なく、伝説・伝承も含めた上での行実ということになろう。覚心七十二歳の時の伝承に「野上八幡託宣事件」がある。これは当時広く人口に膾炙した事件で、無住の『沙石集』にも採録されている。

紀州野上庄下司木工助入道信智という人の娘延命女と長男の嫁如意女の二人が同時に重病に罹り、あらゆる祈禱も効果がなく途方に暮れたが、二人に八幡菩薩が憑依していることが解り、覚心を呼び寄せて憑依した八幡菩薩と問答させ、読経・坐禅して二人の病気を平癒させたという伝承である。(24)『鷲峰開山法燈円明国師行実年譜』には、次のようにある。(25)

師問大士云。法相三論。天台華厳。真言念仏。律宗禅宗之諸宗。当代相応。利益広大。何宗為最。大士答云。坐禅殊勝。(中略)又問云。坐神殿時。心地趣向如何。答曰。坐禅也。禅宗専合神慮故。示形談深義云々。数日後。師帰鷲峰。三月十三日。大士復託如意。来臨西方寺。問答禅要。

また、『御託宣記』には、

上人問云、律・俱舎・成実・法相・三論・天台・花厳・真言・念仏・禅宗の中にいつれか当時国ニ相応して利益ひろく候へきと、答云、坐禅ことにゑらはれたり、一切たゝものをおもふか罪にてあるなり、たゝ一時片時なりともものをおもハぬかめてたき事也、仏ニならんとおもふなをこれ妄念也、これをもてよろつの事をハおほしめしやれと云々、(中略)いまは時いたりたれハ念仏を申て往生するものもおほし、念仏にてもあれ、真言にてもあれ、たゝ一心につとめぬれハ生死をいつる事うたがひなしと云々、(26)

とあり、両者の内容は共通しており、さらに、『沙石集』には、次のように記されている。(27)

「諸宗ノ中ニハ、何レカ当世殊ニ利益候」ト、人問申ケレバ、「坐禅殊ニホメラレタリ。一時片時ナリトモ、物ヲ思ハヌガ目出キ事ニテアルナリ。仏ニナラムト思フ、猶妄念ナリ。コレヲモテ余ノ事ハシルベシ。我モ常ニハ、座禅ノ心地ナリ。又、我本地ハ阿弥陀ナリ。我本願ヲ馮テ一心ニ念仏スル、此行ヤスクシテ肝要也。スベテハ、念仏ニテモ、真言ニテモ、只一心ニツトムレバ、必ズ生死ヲ出」ト、ノ給ト云ヘリ。何ノ神モ、御心同キヲヤ。

諸宗の中で最も利益があるのは坐禅であるが、坐禅に限らず、真言でも念仏でも一途に行ずれば生死の迷いから脱することができるとするのは『御託宣記』と同様であり、それは神祇の諸神とも通ずるものだとする。『行実年譜』と『沙石集』ではややそのニュアンスが異なるが、神が仏教諸宗の優劣を語るという形式には、正に神仏混淆・神仏習合の時代背景が投影されていよう。

さて、覚心が浄土信仰、特に念仏との関わりが強いことは周知の事実であるが、『由良開山法燈国師法語』では、以下の如く、禅を諸教のうちで最上としつつも、なおかつ称名念仏を格別に勧めている点が覚心の思想の特徴だと言えよう(28)。

今此禅門ハ、仏心宗是ナリ。最上乗ノ法也。我等衆生ニ、生死ノ一大事ヲ、知シメンガタメニ、釈尊世ニ出タマフ。経ニ云ハク、唯以一大事因縁故出現於世ト。釈尊一期ノ間、衆生即ハチ仏ト説タマヘリ。或ハ苦トトキ、楽トトキ、或は有トトキ、無トトキ、或ハ常住トトキ、無常トトキタマフ。然トモ、凡夫ハ終ニ悟ズ。入涅槃ノ時、一枝ノ花ヲ拈ジテ、大衆ニ示タマフ。唯迦葉尊者ノミ、仏心ヲ会得シテ、破顔微笑ス。迦葉尊者、妙心ヲ得テヨリ、次第ニ以心伝心、的々相承、血脈不断。第二十八世達磨大師、天竺ヨリ唐土ニ渡リタマイテ、此宗ヲ弘伝シタマフ。恵能大師ニ至ルマテ三十三祖ナリ。爾来、日本国ニ此宗弘マリ盛ニ是ヲ行シテ、悟ヲ得ル人、ソノカズシラズ。然レバ是万法ノ根本ナリ。一切ノ法門是ヨリ出タル故ニ。

とあり、

然レハ諸法ノ中ニ禅門最トモ勝レタリ。仏心宗ナルカユヘニ。諸行ノ中ニ坐禅最トモ勝レタリ。大安楽ノ行ナルカユヘニ。顕密ノ二教ハ。教内ノ法。禅門ノ一宗ハ。教外ノ宗ナリ。今已ニ此法ニ遇コト。幸イノ中ノ幸。悦ヒノ中ノ懌ヒナリ。誰人カ信セサランヤ。

としつつも、

心アラン人ハ官位ヲ退キ。妻子ヲステ。財宝ヲ抛。仏道ヲネガウベシ。然レバ諸ノ雑言戯笑ヲ除テ。偏ニ念仏名号ヲ唱ヘシ。

とあって、覚心の念仏への傾倒の強さが明確に窺える。また、「釈尊一期ノ間、衆生即ハチ仏ト説タマヘリ」とある通り、「心即是仏」の思想の継承が認められる。覚心の念仏信仰については、不明な点の方が多いが、体力的に坐禅ができない人には念仏を勧め、それが坐禅に劣らない修行方法だとしているが、それは宋朝禅からの伝統でもあって、『禅苑清規』にも見えており、(29)覚心もそれを継承したものである。また、一遍の法語集の一つである『播州問答領解鈔』には、次のようにある。(30)

問。元祖相承仏心宗者。何不弘禅法偏勧念仏耶。答。禅法与念仏本是一致。問。其所以者何。答。帰元直指下云。参禅亦是唯心。念仏亦是唯心。参禅為了生死。念仏亦為了生死。参禅念仏其理是同。云々問。参禅念仏其理一同者。互可弘之何偏勧念仏乎。答。参禅是難行。念仏是易行。故偏勧念仏。問。爾者難易二義可得聞乎。答。帰元直指上云。利根上智之人可以真参実悟。略有差訛便成大錯。曰何以知其為錯。曰錯処在於未悟。依旧展転輪廻。不若持誦修行必得往生浄土。善知識非不教汝参禅。唯恐儞不念仏。何以故。参禅悟道者難。念仏往生者易。汝不聞。古徳云。参禅要了生死百無二三。念仏求生浄土万不失一。正所謂有禅無浄土。十人九錯路。不然乎。況以参禅不碍念仏。念仏不碍参禅。禅宗浄土易難。今日分明直指。

ここからも、いかに覚心が念仏を重視していたかが窺える。覚心と念仏信仰については、善光寺信仰との関連において特筆すべき事例として広島県福山市鞆安国寺が挙げられる。安国寺は、心地覚心を開山とする古刹であり、同寺本堂には現存最古の覚心木像と共に巨大な善光寺如来像が安置されていて、(31)ここには覚心と善光寺信仰との強い関わりが看取される。同寺の本尊は善光寺式一光三尊仏で、通規の金銅仏ではなく、木像であるものの、全高三m余りを測り、善光寺如来像としては全国一巨大な作例である。覚心と鞆安国寺及び善光寺信仰との関わりは全く不分明であり、今後も解明されることはなかろう。しかしながら、安国寺釈迦堂（本堂）に屹立する善光寺如来像とその前に厳存する覚心坐像は両者の密接な関わりを今に訴えるものであり、中世禅の展開の一例として殊更注目に値する。[32]

覚心を高野山萱堂聖の祖とする伝承は、『紀州由良鷲峰開山法燈円明国師之縁起』八十歳の項に見えるが、由良西方寺に弟子入りを請うて来た者に自分と同じ覚心の名を与え、高野山で念仏を弘めるよう命じ、その弟子覚心が萱堂という念仏堂を創建したというものである。また、その後の萱堂の住持は代々覚心を襲名したという。[33]さらに、長野市善光寺参道と善光寺西側の高台にそれぞれ「苅萱道心」の伝説を伝える西光寺と往生寺がある。[34]高野山から遠く離れた信州になぜ同様の伝説が今に伝えられているのであろうか。そこには、当然ながら善光寺聖と高野聖との密接な交流が想定される。「苅萱道心」の流布は、覚心の没後で、覚心が直接関わったものではないが、法燈派及び萱堂聖が善光寺信仰と親近であったことの証左と言えよう。善光寺信仰は単独で流布したものではなく、高野聖や時衆などの活動を媒介として重層的・複合的に伝播・浸透していったと見るべきであろう。既述の通り、法燈派の根拠地である紀州由良興国寺は紀伊半島の巡礼者の経由地であり、多様なヒジリや巡礼者が善光寺―伊勢―熊野―高野山―四天王寺を巡礼し、その流れに乗じて覚心ら法燈派が教線を拡張したと考えられる。[35]

次に、密教に関連するものとして、『興国寺文書』所収で、覚心が定めた寺院規則である「誓度院条々規式」が注目される。これは粉河寺の修行道場であり、学問所であった誓度院の規則を晩年の八十六歳の正応五年（一二九二）に定めたもので、勤行などについて以下の如く定めている。[36]

一　住侶堅可守禁戒事

百丈清規云、三世諸仏皆曰出家成道、西天二十八祖東土六祖伝仏心印、蓋厳浄毗尼洪範、三界自非離過防非、

以何成仏作祖、故参禅問道以戒律為先云々、是故当院住侶堅持梵網十重禁戒、兼可守諸譏謙戒

一　僧衆可和合事

真俗二諦大小二事、以一味和合儀可作之、

一　衣鉢受持僧侶事

縦雖受持衣鉢、非一所共住之儀者、着袈裟衣不可出入、深可慎之、

一　無伴不可出行事

無切緣事者、不可入聚落、縦雖寺中無伴不可出入、

一　尼衆児童女房等参入事

聴聞或談義時者、伴相具可参入、雖然於夜宿者可停止之、

一　三時勤行事

朝

九条錫杖一反、光明真言十一反、仏眼愛染王五大尊薬師真言各三反、尊勝陀羅尼消災呪八句陀羅尼大金剛真言経各一反、

日中

金剛般若経半巻、宝篋印陀羅尼仏眼愛染王五大尊薬師真言消災呪八句陀羅尼大金剛輪真言心経各一反、

夕

仏眼愛染王五大尊薬師真言各三反、大悲呪消災呪八句陀羅尼大金剛輪真言心経各一反、

一　四時坐禅事

巳時　申時　戌時　寅時

一　可修真言行法事
千手　不動　愛染之行法常可修之、此外行法可任面々之意楽、
以前条々所定置如斯、堅可守此規式、若有違背之輩者不可有師資之儀、更不可共住、
正応五年四月五日
入宋沙門覚心（花押）

僧院に居住する者の生活規範に続いて、僧院内における勤行の詳細が規定されているが、正に真言密教の勤行そのものである。明恵がその普及に尽力した光明真言も規定され[37]、日に四度の坐禅も義務付けられているものの、紛れもない禅密的勤行で、ここには念仏も見られない。

また、文化十一年（一八一四）に興国寺で発掘された「安骨銅筒銘」には、次のようにある[38]。

梵字陀羅尼
梵字光明真言
仏諸行無常。法是生滅法。僧生滅滅已。宝寂滅為楽。若以色見我。以音声求我。是人行邪道。不能見如来。
大宋国。護国開山。仏眼禅師書。
心即是仏。仏即是心。心仏如如。亘古亘今。
毘婆尸仏。尸棄仏。毘舎浮仏。拘留孫仏。拘那含牟尼仏。迦葉仏。釈迦文仏。
達磨大師。月林禅師。仏眼禅師。
鷲峰開山老僧覚心
弘安九丙戌四月十八日入宋沙門覚心

ここにも密教的な思想が横溢しているが、それに続けて自身の相承が闡明されている。仏眼禅師（無門慧開）か

ら「心即是仏。仏即是心。心仏如如。亘古亘今」の句を授かったことを誇らし気に記し、過去七仏から達磨、月林、仏眼の名を列挙し、それに連なる正統な後継者として「入宋沙門覚心」を位置付けている。さらに、覚心五十五歳の時の伝承として、『紀州由良鷲峰開山法燈円明国師之縁起』に、

師未至日、鷲峰有妖鬼、従者三百有余、作多般伎倆、令人怖、師至後、授三帰五戒、妖邪自然息、彼妖鬼者、人王八十二代後鳥羽院、崩御之後、堕魔道也、後鳥羽院之皇后者、修明門院也、然由良庄領家方、此女院御領也、

とあり、

師五十八歳、文永元年、従正月初一日至十五日、追日修愛染法併五大尊法、以祈山門粛静、観応時到、妖魔吐讖、約作擁護示消災法、

とある。(39) 鷲峰（西方寺）に妖鬼が出現し、近在の人々を怖がらせたため、覚心が三帰五戒を授けて鎮めたが、その妖鬼は魔道に堕ちた後鳥羽院だったという。その三年後にも愛染法、五大尊法といった密教的修法によって西方寺境内の祓除を行っている。この時期は、覚心が西方寺の住持に就任してから未だ年数を経ておらず、住持に就任して最初にすべきことが境内近隣の浄化だったということになろう。ここには、覚心の密教的祈禱師としての側面が明瞭に窺える。(40)

五　心地覚心をいかに評価するか

以上、心地覚心の思想の系譜とその多面性について見て来た。覚心の思想は純禅とは到底いい難く、極めて多様な思想を包摂したものであった。やはり、その根幹は公案禅だったと見られるものの、そこに密教、念仏、神

祇が渾然一体となって融合している上に、善光寺信仰、観音信仰の影響も甚大であり、捉え所がない。しかしながら、それは覚心に限らず同時期の殆んどすべての仏教者にも当てはまることであり、それがスタンダードであり、そうでない者の方が余程異端であった。世界的に見ても、呪術や現世利益を伴わない宗教が広汎な支持を売ることは極めて稀であったと言える。覚心の思想の特徴は諸宗融合にあるが、禅と密教と念仏が極めて自然に違和感なく統合されている。禅を第一に考えていたことは疑いないものの、それを強要することはなく、それぞれに合った法や行を行えば良しとする、寛容性を持ったものであった。覚心は師無門慧開から嗣法した禅をそのまま極めて自然な形で継承している。覚心のこの「自然＝ありのまま」の姿勢は「心即是仏……」の精神に合致するものだと言え、覚心は師から継承した禅を忠実に実行していたと考えられよう。既述の通り、「安骨銅筒銘」には自らの嗣法が明記され、「鷲峰開山老僧覚心」、「入宋沙門覚心」の表現には自信とプライドが溢れている。さらに、「誓度院条々規式」にも「入宋沙門覚心」の表現が見えるが、その自筆の署名は実に伸びやかで力強く、最晩年の筆致とは思えない程である。「入宋沙門」の表現には、中国の正統な禅を継承し、それを日本に伝え弘めた、誇り高き覚心の姿がはっきりと投影されているのである。心地覚心は自らが名乗るように中国の正統な禅（純粋な禅ではない）を継承した主流派であり、異端的な存在ではなく、それは自他共に認める所でもあった。

馬祖道一から心地覚心への思想的系譜は概ね明白であるが、さらにそれが夢窓疎石へも継承されたと想定できることについては、本論冒頭でも既述した。夢窓疎石は足利尊氏の帰依を受けた室町時代五山を代表する主流派そのものであった。夢窓派の禅も密教や浄土思想を包摂する大らかなものであり、それは法燈派の禅と軌を一にするものと言えよう。覚心ら法燈派の禅が夢窓派に継承された(41)とするならば、それは法燈派の禅が中世禅の主流派であったためとも考えられよう。覚心及び法燈派は、彼らが多大な影響を与えた瑩山紹瑾以降の曹洞宗(42)、一遍以降の時宗でも全く重視されずに今に至っている。開祖道元の只管打坐の精神を曲げ、念仏一途の一遍、時宗にふさわしくない禅を強要した負の人物としての評価がまかり通っているように思えるが、これは、宗派意識に呪縛された現代人の思考であり、大いに異を唱えたい所である。

（1）註（35）において後述。

（2）高柳さつき氏「『禅宗法語』解題」（『中世禅籍叢刊』第十巻、臨川書店、二〇一七年、六四三〜六五〇ページ）に詳しい。それによると、『禅宗法語』という書名は仮題であり、明恵、心地覚心、夢窓疎石という一見関連性の見出し難い法語などが無理に合綴されたように見える。しかし、「三者が一貫性をもって捉えられていたことは確かで、南北朝期に夢窓派の関係者が三者の類似性・一貫性を見出してまとめたのであろう。南北朝期にかけての禅は、兼修禅から純粋禅に昇華したとか、兼修禅中心のまま進展したとか、一律的な展開ではなく、種々の実践や思想が複合的に影響し合いつつ展開したことを示唆する書である」という。法燈派から夢窓派への継承・展開は、室町禅が鎌倉禅をいかに継承したかを考える上で、新たな視点を提供するものとして極めて重要な観点であろう。

（3）西山美香氏が『日本と宋元の邂逅』（勉誠出版、二〇〇九年）の序言で「来朝した中国禅の思想を「純粋禅」とよぶ方が今もおられますが、中国禅は本当に「純粋」な禅で、日本禅は本当に「不純」な禅なのでしょうか。日本化した文化は果たして本当に中国の文化に比べて「劣った」「低い」文化なのでしょうか。そしてなぜ「不純」「低い」と思われ・いわれてきたのでしょうか」（同書、四ページ）と提言されているのが、旧弊を脱しつつある現在の研究状況を端的に示していよう。これは、かつて中世仏教研究において、「純粋な新仏教が不純な旧仏教を駆逐した」とする見方と軌を一にするものでもある。中国の「純粋禅」が日本の「兼修禅」を刷新したわけではないことは多言を要せず、「兼修禅」という用語自体が恣意的な表現である。ここにも、純粋対不純、一向対雑多といった二律背反に惑わされた論理が再び窺えるのではなかろうか。

（4）小山聡子氏『親鸞の信仰と呪術』（吉川弘文館、二〇一三年）第二章及び第三章、特に八九、一四三ページ参照。旧説に捉われず、法然や親鸞にもありながら、今まで見逃されていた保守性を見事に指摘した画期的な業績である。禅宗史の専門家ではないものの、氏の視点は通仏教的普遍性を持つものであろう。

（5）海老沢早苗氏「無本覚心の思想における『無門関』の位置づけ」（『駒沢大学大学院仏教学研究会年報』三六号所収、二〇〇三年）は、覚心の思想について、師無門慧開より授かった『無門関』と「心即是仏　仏即是心　心仏如々　亘古亘今」の句に的を絞って考察している。それによると、覚心の思想には、密教や念仏の影響も見られるものの、その根幹は『無門関』を中心とした公案禅であり、趙州従諗、馬祖道一の流れを汲むものである、とする（同誌、八一〜九四ページ）。本稿も氏の論考をなぞる箇所が多い。

（6）唐代禅と宋朝禅の連続性・断絶性については俄かには決し難い面がある。鎌倉時代以前、唐代禅は日本に定着しなかったが、鎌倉時代になって日本に宋朝禅が定着したことにはいくつもの相応な理由があった。伊吹敦氏によると、「禅宗自体の性格の変化」がまず挙げられるといい、「唐代後半の政治的な混乱期には反対勢力であった禅宗が、宋代になり、社会が安定すると国家権力に順応するものへと変容し、禅宗の思想的な行き詰まりが「公案禅」という新たな思想を生み出し、それらが日本への移入に際しプラスに働いたから」だとする（『禅の歴史』法蔵館、二〇〇一年、二〇五ページ）。社会体制の変革が禅宗に与えた影響には甚大なものがあるが、それを超越して継承された禅思想の代表例の一つとして「心即是仏……」が挙げられるのではなかろうか。

（7）森本和夫氏『正法眼蔵読解 一』（筑摩書房、二〇〇三年）三〇一ページに拠る。

（8）『神会の語録 壇語』（禅文化研究所、二〇〇六年）一一三～一一四ページに拠る。

（9）馬祖道一を祖とする洪州宗の発展は著しく、孫弟子の数は百十七人を数えた。日常と悟りの合一を目指した馬祖禅では、語録の編纂が盛行したが、それは求道者が各地の禅僧を自由に渡り歩く修行形態が確立され、名匠の下に多くの弟子が集まり、その禅僧の言行を記録する必要性が高まって来たからである。禅の社会的影響力が強まり、禅僧と文人や政治家との交流が一層盛んになったのも馬祖禅以降のことである。語録の編纂とそれを用いた禅問答は以後の禅の方向性を確立することとなる。小川隆氏によると、「初期禅宗の文献が伝えようとしているのは師の教えであり、馬祖以後の「語録」が伝えようとしているのは、修行僧自身が開悟ないしその失敗にいたった、個々の問答の活きた場面と言葉だった」とし、「中国の禅者が追求していたのは、むしろ坐禅を不要とし、かわって日常の営為がそのまま仏作仏行となるような世界であった」とする（『「禅の語録」導読』筑摩書房、二〇一六年、一五七～一五八ページ）。馬祖禅が時代のニーズに適合して発展・定着し、以後の禅の基本路線を構築したことは疑いなかろう。

（10）入矢義高氏『伝心法要・宛陵録』（『禅の語録』八、筑摩書房、一九六九年）七、六八、九四、一一八～一一九ページに拠る。

（11）入矢義高氏『馬祖の語録』禅文化研究所、一九八四年、一七ページ。『祖堂集』は、中国五代の九五二年に、福建の雪峰義存の法系に属する人々によって編纂された禅宗史書であり、馬祖以後の唐代禅の思想的営為を集大成した書である。ところが、中国では伝本を断ち、二十世紀初頭になって朝鮮海印寺で高麗大蔵経の版木だけが発見されたという奇跡の書でもある。そのために、宋代禅的合理化がなされる前の古態を残した灯史として貴重である。小川隆氏『語録の思想史 中国禅の研究』（岩波書店、二〇一一年）第一章に詳しい。

（12）註（11）書、五九、八七ページ。

（13）親鸞の思想、中でも『歎異抄』を典拠とする、いわゆる「悪人正機説」はその最たるものと言えよう。

（14）『無門関』は、無門慧開が一二二八年に東嘉の龍翔寺で弟子を指導した際の記録を編集したものであるが、中国・朝鮮では全く流布しなかった。覚心が日本に将来しなかったなら、消滅してしまっていたかも知れない。
(15) 平田高士氏『無門関』(『禅の語録』一八、筑摩書房、一九六九年)一五ページに拠る。
(16)『大日本続蔵経』六九巻、三六二ページ。
(17) 原漢文、『大正新修大蔵経』四八巻、六六〇ページ。釈文は柳幹康氏『永明延寿と『宗鏡録』の研究』(法蔵館、二〇一五年)二六ページに拠る。
(18)『大正新修大蔵経』五〇巻、八八七ページ。
(19) 小川隆氏は、『祖堂集』に表出している両者の思想的差異を指摘し、南岳系(南岳懐譲―馬祖道一)は心と仏を等置する「即心是仏」の禅、青原系(青原行思―石頭希遷)は心と仏の不即不離の関係を追究する禅だとし、馬祖禅においては、「日常の身心の営み、挙措動作、言語行為、すべてがありのままに即自的に是認され、それ以外には求めるべき何者も存在しない」とするが、「石頭らはそれを批判して、現実態とは別次元の本来性をあらたに志向し、それをこそ「心」と名づけようとしている」とする(註(11)書、一〇六〜一〇七ページ)。『祖堂集』は、延寿が『宗鏡録』の執筆に取り掛かる九年前に成立しており、延寿は『祖堂集』を意識して、『宗鏡録』で両者の思想的差異を埋めようとしたのである。柳幹康氏前掲書によると、「両者の差異を記す『祖堂集』がその後まもなく伝を絶ったのに対し、両者を同質とする『宗鏡録』と『景徳伝統録』が広汎に流布したため、必然的に両者の思想的差異は解消された」とする(同書、三〇四〜三〇五ページ)。なお、延寿は唐の滅亡から宋の建国への大戦乱の時代＝五代十国時代を生きた人物で、唐から宋への仏教の大変革を身を以て体験した人でもある。『宗鏡録』にもその時代背景が投影されていよう。
(20)『東福寺誌』五三ページ。
(21) 註(20)書、五八ページ。
(22)『訓読 元亨釈書 上』禅文化研究所、二〇一一年、一五三、一四七ページ。
(23) 心地覚心の思想については、既にいくつもの先行業績があるが、その一側面だけを論じたものが多く、それ故「禅密僧の一例」としての評価しかなされて来なかったきらいがある。原田正俊氏の註(35)論考は網羅的な研究として出色の業績である。近年では、釈会忍氏が、『中世の中日禅宗交流史』(山喜房仏書林、二〇一五年)を上梓し、その中で覚心の思想について、密教禅と念仏禅に分けて逐一論述している。多様な史料を博捜した力作であるが、論証が不十分な上に誤字・脱字が多いことが惜しまれる。例えば、「覚心は萱堂の祖になる以前から信州善光寺の念仏と関わっていた」とし、その根拠として「時衆御影堂派の祖王阿が覚心の仲介で一遍に帰依した」という史料を引くが、これは一遍と善光寺信仰との関わりを示す史料ではあっても、覚心と善光寺の念仏との関わりを示すものではない(同書、四〇七〜四〇八ページ)。高柳さつき氏の「心地覚心の禅思想」(『印度学仏教学研究』一三四号、二〇一四年)は、論考というよりは、史料紹介を主としたものであるが、簡潔に整理されており、覚心を初めとする「鎌倉期の禅宗は、他教・他宗と対立するのではなく、より豊かで包摂的な広がりを持ち共存性があった」（同誌、二二七ページ）とする。
(24)この伝承は、紀州という一地方のローカルなものではあるものの、他に類例がなく、鎌倉時代の民衆が何を思い、何を願い、それを託された僧侶がいかに布教伝道したのか、その実態がつぶさに窺えるものとして、稀有な存在である。しかしながら、長年「盲誕の説」として顧られて来なかった。ところが、桜木潤氏が野上八幡宮所蔵の『御託宣記』の現存を確認の上、翻刻（薗田香融編『南紀寺社史料』（関西大学出版部、二〇〇八年）に全文の翻刻と解題を掲載）してから研究が一気に進展した。坂本亮太氏は、「鎌倉後期の禅僧無本覚心と地域社会「野上八幡宮託宣記」を読む」（『和歌山県立博物館研究紀要』一九号所収、二〇一三年）において、「託宣記」の宗教観、社会観を精確に分析し、その心地覚心及び法燈派との関わりを指摘している。それによると、「禅僧は民衆に、具体的に神仏をイメージさせ、その奇瑞と功能を教え、信仰心を喚起させる。そして、実践する方法としての坐禅、読むべき経典、所作の意味もあわせて教える。何も考えず心から信仰心をおこし、慈悲・正直の心を持つように勧め、心の有り様の大事さを説く。そういった文脈のなかで、寺社の復興や先祖供養も位置づけられた。以上が、法燈派禅僧の地域展開の方途であり、またそれを受け容れる地域（受容者）の論理であったといえよう」（同誌、三五ページ）とする。なお、「託宣記」下巻（註(37)において後述する）に別峰大殊による書写奥書が見える（『南紀寺社史料』一八六ページ）が、「託宣記」の流布に別峰が関わったことは確かであろう。
(25)『続群書類従』第九輯上、三五七ページ。
(26)註(24)書、一七〇、一七六ページ。
(27)日本古典文学大系『沙石集』二五八ページ。
(28)『大日本仏教全書』九六巻、二一九、二二一〜二二二、二一六ページ。
(29)『卍続蔵経』一一一巻、八九八ページ。原田正俊氏によると、中国では「禅僧が念仏を三昧境地を得るための手段とみることから、公案の一つとして念仏を用い、念仏三昧の中から念仏を唱える主体を問わせるといった傾向が生まれ」たとし、それが日本では、「遍歴遊行の聖達や民衆といった坐禅に耐えられない人々にたいし、念仏を修し三昧の境地を得ることを勧め、禅の立場とのつながりを積極的に意義づけて」ゆくことになった、とする（註(35)書、一七八～一七九ページ）。
(30)『大日本仏教全書』六六巻、二八九ページ。時衆の祖一遍が覚心に参禅したという伝承は、歴史的事実とは認められていないが、時衆と法燈派の親近性を示すに十分である。時衆と法燈派の関わりについては、原田正俊氏註(35)書に詳しい。
(31)鞆安国寺は、夢窓疎石の勧めにより足利尊氏が発願し、全国に一寺一塔が設営されたものの一つで、暦応二年（一三三九）に創建されたとされてきた。ところが、戦前戦後の覚心木像、善光寺如来像の修理によって発見された納入文書により、元々金宝寺として、文永年間に草創されたことが明らかになった。すなわち、釈迦堂が文永十年（一二七三）、善光寺如来像が文永十一年（一二七四）、覚心木像が建治元年（一二七五）に竣工、造像されたことが判明している。詳細は、拙稿「一向専修と兼学兼修 鎌倉新仏教の見直し」（『高田学報』一〇四輯所収。本書第Ⅲ部第七章）において詳述。

(32) 金宝寺草創期には釈迦堂に善光寺如来像と覚心坐像が共に安置されていたが、臨済宗安国寺に変遷した室町初期に法堂が建立され、覚心坐像はそちらに移された。ところが、大正期に法堂が全焼（覚心坐像も焼損）してから、再び両像共釈迦堂に安置されている。

(33) 代々の覚心の墓石が苅萱堂を管理する密厳院の一画に残されており、実見の機会を得たが、初代弟子覚心のものと思しき墓石の紀年銘は元弘三年（一三三三）で、心地覚心の弟子の没年として矛盾がない。この伝承が必ずしも荒唐無稽な作り話でないことの証拠として看過し得ない。拙稿「一向専修と兼学兼修 鎌倉新仏教の見直し」（本書第Ⅲ部第七章）において既述。

(34)「苅萱道心と石童丸」は、浄瑠璃や謡曲で人口に膾炙しているが、あらまし次のような内容である。「筑前国の守護職の家に生まれた加藤繁氏は何不自由ない生活を送っていたが、世の無常を感じ、高野山に登り、出家し修行生活を送っていた。その実子である石童丸は父恋しさに母と共に高野山を目指す。ところが、高野山は女人禁制と知り、泣く泣く母を山麓の学文路に残し、石童丸一人で登山する。そこで偶然出遭った僧苅萱道心は実父だったが、道心は修行中の身だからとそれを明かさず、父は亡くなったと虚言する。学文路へ戻ると母は亡くなっていた。再び高野山に登った石童丸は道心を師として修行生活を送ったが、それが父だと知ることはついになかった」という悲話である。西光寺は苅萱道心開基の寺と伝え、往生寺は苅萱道心示寂の寺と伝える。両寺とも絵解きの寺として有名で「苅萱道心」は絵解き・唱導によって大いに流布した。なお、『由良開山法燈国師法語』、『紀州由良鷲峰開山法燈円明国師之縁起』も絵解き・唱導されたことが想定されており、「苅萱道心」と共に『法語』や『縁起』が同時に絵解き・唱導されたとの推測もあながち不可能ではあるまい。初期真宗寺院において、『親鸞絵伝』と共に『太子絵伝』、『善光寺如来絵伝』、『法然絵伝』がセットで絵解き・唱導されていたという事実を思い合わせてみたい。

(35) 原田正俊氏が『日本中世の禅宗と社会』（吉川弘文館、一九九八年）において、詳細かつ綿密に考察されている。まず、心地覚心に関する史料を整理した上で、法燈派と神祇の関わりについて、（1）熊野信仰、（2）伊勢神宮、（3）八幡神、（4）妖魔、龍女等の四項目に分けて検討し、熊野三山や伊勢神宮という有力な神祇の信仰拠点を有する紀伊半島において、いかにして新宗教の一つである禅宗が進出・定着していったかを解明している。それによると、法燈派の末寺は熊野三山の周辺に特に集中しており、法燈派が熊野信仰を媒介として教線を伸張させたことは疑いなく、山岳寺院・禅僧・葬送の山が密接に関係している、とし、「禅僧の基本的性格は遁世聖であり、勧進聖であって、東大寺大勧進職に栄西、行勇、円爾などの禅僧が抜擢されているのは、彼らに多くの勧進聖や職人を組織的に動かす力量があったから」（同書、一七四ページ）であるとする。また、『紀州由良鷲峰開山法燈円明国師之縁起』等に見られる「覚心が渡宋成就帰朝報告のために伊勢参宮し、天台山で付された袈裟を奉納したところ、それに感動した神明と対談し、神託により百二十九年後に聖一派の別峰大殊がその袈裟を受け取る」という伝承には、法燈派のみならず聖一派も伊勢神宮の権威を布教伝道に利用していたことが想定される（同書、二二一ページ）とする。さらに、「野上八幡託宣事件」（既述）は神祇による禅宗の正当化の産物であり、妖魔等の化度は「一般民衆にとって修験者も諸国往反の禅律僧もほとんど区別なく、マジカルな力をもった存在」として認識されていたことの反映（同書、二二四ページ）だとする。そして、以上のような、法燈派を初めとする禅宗から神祇への働き掛けは、顕密諸宗からの禅宗弾圧への対抗手段であった、とする。その上で、「従来、禅宗の発展は、権力者による保護という観点ばかり強調されてきて、宗教運動としては消極的評価しかされていなかったが、以上の事実をみれば、禅宗自体も多くの人々を包摂した宗教運動であった。また一宗独立のための積極的なイデオロギー攻勢がみられるのである」とし、「従来の中央からみた禅宗史ではなく、地方からみた禅宗史というものが、今後ますます必要といえる」（同書、二二七～二二八ページ）と結論付けられている。

（36）『由良町誌』史（資）料編、二二四～二二五ページ。

（37）光明真言は、大日如来の真言「オン・アボキャ・ベイロシャノウ・マカボダラ・マニ・ハンドマ・ジンバラ・ハラバリタヤ・ウン」を唱えることにより滅罪招福を期待するものであり、この真言によって加持された土砂を亡者の遺骸に撒くと、直ちに罪が消え、極楽浄土に往生できるとする。そのような状況から、光明真言は浄土信仰と一体となり、葬送儀礼の一部として急速に普及・定着してゆく。平安時代中期、源信が強く関与した二十五三昧会という念仏結社の会則である「起請十二箇条」に「光明真言をもって土砂を加持し、亡者の骸に置くべきこと」とあるのはその典型である。しかしながら、明恵はそれまでの習慣を覆して、光明真言を浄土信仰から完全に分離し、純粋な密教儀礼として定着させるべく尽力している。この三時勤行での光明真言は明恵流の完全な密教儀礼だと思われるが、前掲『御託宣記』に見える「又問云、亡者の孝養ハ何事かことにすくれて候と、答云、たゝし光明真言なり、彼墓のあるかたに向てこの咒をミつれハ、魄たちて陀羅尼ミつる人をおかむなりと云々」（註（24）書、一六九ページ）での光明真言は葬送儀礼に関わるもので、明恵流のものではなさそうである。覚心は明恵流の光明真言とそれ以前の光明真言とを巧みに使い分けていたことになろう。なお、覚心と明恵の関わりについては西方寺草創の際に明恵が寺号を選定したという記事が『行実年譜』にある（註（25）書、三四八ページ）ものの、不明確である。註（2）で既述の『禅宗法語』の件もあり、更なる検討の要があろう。

（38）『法燈円明国師遺芳録』『大日本仏教全書』九六巻、二一〇ページ。

（39）奥田正造氏『法燈国師』一九三三年、二一ページ。

(40) 伊吹敦氏は「多くの人々にとって、禅僧の魅力は厳しい禅修行に由来する超越的な力にこそあったのであり、人々はその力に期待して、しばしば仏事や法会を依頼したのである。密教や土俗信仰を取り込んだ瑩山以降の曹洞宗が大いに発展しえたのは、禅僧に対するそうした期待にうまく答えるものだったからにほかならない」とする。(註(6)書、二〇七ページ)覚心もそのような権力者や民衆の期待に呼応した活動を志していたわけで、それが覚心から瑩山紹瑾にも継承されたのである。

(41) その端緒は、夢窓疎石が心地覚心の下に参禅しようとしたという伝承で、『夢窓国師語録』に「師欲参由良和尚開無門嗣、借路京洛。逢故人徳照禅人者。謂師曰。禅和子当在叢林学其規矩。然後深山巌崖仏法訪問亦不妨。蓋以当時由良未成叢林也。師依其教、先礼建仁無隠範禅師」(『大正新修大蔵経』八〇巻、四八三ページ)とある。

(42) 瑩山紹瑾は、高祖道元に対して太祖と仰がれ、現曹洞宗の基盤を作った人物として、中興の祖とされている。周知の如く、道元は坐禅に徹する「純粋禅」を力説・実践し、当時主流派であった禅密兼修の流派とは完全に一線を画し、孤塁を守っていた。道元の後継の懐奘らは、日本達磨宗の大日能忍の系統であったが、第四祖の瑩山は前註の通り、禅に密教や土俗信仰を取り込んで、祖師禅の民衆化と教団の形成を図った。その過程において、法燈派との密接な交流が確認される。瑩山が心地覚心に参禅したか否かは不分明であるものの、覚心の弟子である恭翁運良、孤峰覚明との交流は密接そのもので、しかも双方向であった。曹洞宗と法燈派が共存共栄していたことが解る。両者の交流の事実と影響については、東隆真氏「初期の日本曹洞宗と臨済宗法灯派との交渉」(『禅思想の背景』春秋社、一九七五年)が有用である。また、中尾良信氏が「おそらく当時の学人にとって、正師を求めるという求道心の前には、曹洞・臨済といった区別は、さしたる障害とはなり得なかったのであろう」(「瑩山禅師と法燈派」『曹洞宗宗学研究所紀要』一号、一九九八年、一九ページ)とする通り、当時の禅宗は達磨宗も含めた一体のものとして捉えるべきであろう。いずれにせよ、道元の精神を大きく変革することによって、瑩山以降の曹洞宗は教団として大きく発展する。これは、親鸞の精神を刷新した蓮如によって本願寺教団が大発展した事実とも共通し、興味深い。

第Ⅳ部　近代仏教と真宗高田派

第一章　明治中期地方宗教結社の一端

緒言

明治時代は、日本の仏教にとって一大変革期であり、試練の時でもあった。仏教界は宗派を超えて一致団結し、意識の高揚を図ることが急務とされた時代であった。そのような背景の下、全国各地に幾多の結社が設立され、機関誌が発行された。これらの結社は、その機関誌上において多様な論争・運動を展開し、明治期仏教人の意識高揚に多大な貢献をしたのである。しかしながら、明治期の地方結社の機関誌は、宗教関係のものに留まらず全体に散佚が著しく、その全貌を知ることは容易ではない。地方の弱小な結社では、いかに意気軒昂ではあっても、運営資金の不足はいかんともし難く、十年、二十年と継続して機関誌を発刊した所は稀であり、三号雑誌に終わった例も多かったようである。このような理由もあって、明治期地方宗教結社の実態については、まだまだ十分に解明されておらず、その体系的・総合的な研究が待ち望まれる所である。本稿は、真宗高田派専修寺蔵の明治二十年代地方宗教結社機関誌の内容紹介を中心として、その活動状況について、いささか検討を加えようとするものである。

明治という時代

ここで、明治とはどういう時代で、また明治の仏教はどのような状況下にあったのかについて概観しておきたい。

明治は、二百六十年間続いた徳川幕藩体制が終焉を迎え、天皇を中心とした中央集権国家への変革の時代であり、近世から近代への移行と共に旧来の価値概念が覆された時代でもあった。そのような中で、日本の宗教界も一大変革を余儀なくさせられたのである。明治元年（一八六八）、王政復古の大号令に引き続き神仏分離令が発布されるが、これは今まで密接かつ相互補完的な関係にあった神道と仏教を一気に切り離そうとするものであった。周知の如く、江戸時代までの両者の関係は本地垂迹説に象徴されるように全く相即不離であったから、かなり極端かつ思い切った法令だったと言えよう。この神仏分離令を契機として、全国的に怒濤のように吹き荒れたのが廃仏毀釈の嵐であった。江戸時代の寺院僧侶は、住民がキリシタンでないことを証明する寺請制度に安住し、本来の布教活動を忘れた上に民衆から収奪の限りを尽すような有様であり、そのような寺院僧侶に対する国学者や民衆の批判・怒りが一気に噴き出す形で現れたのがこの暴動であった。日本中が、仏教・寺院・僧侶を無用の長物という目で見つつあった、まさに日本仏教の暗黒時代だったのである。この廃仏毀釈に続き、大教院の設置という大問題が出てくることになる。大教院とは、政府の神道国教化政策に伴う機関で、仏教各宗派の組織を神道の体制下に組み込み、仏教の独自な布教活動を抑え込むものであった。具体的には、仏教僧侶は教導職に任命され、その活動を三条教則（敬神愛国・天理人道・尊皇遵朝）の枠内に制限するものであった。これは、僧侶は僧衣をまとってはいても、その許された説法は仏教ではなく、「敬神尊皇」に限られていたということで、実質的に仏教の布教は禁止されていたことになるのである。これに対しては、仏教各派も猛反撃に出るが、その中心が真宗の僧侶であり、その中でも本願寺派の島地黙雷が急先鋒となったのである。彼は政府に三条教則批判建白書を提出し、大教院分離運動の先頭に立つのだが、その努力の甲斐あって、大教院の設置三年目にして、真宗はその分離が認められ、間もなく大教院自体も解散することになる。

これで、明治の仏教界も一件落着かと思うと、状況はそれ程容易ではなかった。さらに大きな問題とされたのが、キリスト教の急速な伸張に対する対策であった。江戸時代には禁止されていたキリスト教の布教も明治維新と共に自由化されるのだが、これは仏教側にとって大変な脅威となったのである。仏教側は、極端なキリスト教批判を展開し、何とか撃退しようと必死になるのだが、その論調はこれから紹介する地方宗教結社の機関誌に明白に現れている。

このように、江戸時代までは寺請制度の上にあぐらをかいていれば、何ら布教活動を行わなくても生計が立てられた寺院僧侶が、明治になった途端に危機的な状況に追い込まれたわけで、未曾有の激変の時代だったのである。僧侶ひとりひとりが、「日本の仏教は壊滅するのではないか」との危機感を持つと共に真剣にその在り方を考えずにはいられない、そういう時代であり、このような状況の下、日本全国各地で宗教結社が結成され、その機関誌上で日本、あるいは日本の仏教の将来について盛んな論議が展開されることになるのである。

以上のようなことを念頭に置いた上で、地方宗教結社の機関誌の紹介に入りたい。

地方宗教結社機関誌の論調

今回採り上げ、紹介する雑誌は次の通りである。

『以音会雑誌』　津市、以音会発行
『択善会雑誌』　一身田村、択善会発行
『法《のり》の雨』　名古屋市、法雨協会発行
『道の友』　名古屋市、仏教婦人会発行
『反省会雑誌』　京都市、反省会発行

前二者が真宗高田派系、次の二者が真宗大谷派系、最後の一つが浄土真宗本願寺派系の結社機関誌である。最後の『反省会雑誌』が全国的規模で活動を展開し、現在に至るまで知名度が高い(1)のに対し、前四者はあくまで地方的な活動に留まっている(2)。本稿では、今まで研究対象とされたことのなかった（と思われる）前四者を中心にして、『反省会雑誌』と比較・検討しつつ、年代順に紹介してゆきたい。

さて、これらの機関誌を概観してみると、その内容が極めて多岐に亘っていることに驚かされると共に、その論点、論調に共通性・類似性がかなり強いことにも気付く。その論点が共通かつ中心となるものは、何と言っても、キリスト教、西洋文明に関するものである。キリスト教の伸張は、仏教側にとって大脅威であったが、この問題に内地雑居、条約改正などの政治問題が絡み、盛んな論議を引き起こしている。これらの切実かつ不可避な問題の存在が、地方の弱小な結社をして機関誌を発行させる原動力となったとも言えよう。本稿では、最初にキリスト教に関するもの、続いて禁酒運動に関するものを採り上げてみたい。

Ⅰ　キリスト教に対する論調

日本臣民は仏教を信ずべし　　劉潮

モシモシあなた何御宗旨でありますか。ナニ無宗教ですか、無宗教は野蛮人も同様です。我帝国も日進文明の域に至る今日に際し、其臣民たる者が無宗教などと云ふては実に恥です。仏教を信じなさい仏教を。モシモシあなた何御宗旨。神道ですか、神道結構、正直を以て体とし、正義を以て宗とするから至極よろしい。モシモシあなた何御宗旨。耶蘇教かな、宜ござんせんねい。昔の様に学術の充分に開けない世には耶蘇教でも宜かろう。なぜならば、教理が悪かろうが、非真理であろうが、そんなことは頓着ない妄信愚信痴信で済で居た時勢だからそれでもよいか知らんが、斯《こう》学術が発達して、哲理を崇ぶ世の中には教理の通た真実真理の宗教を悟信智信理信するでなければ往《ゆき》ません。耶蘇教は宜しくないからお止なさい。（中略）耶蘇教は哲理が未だ充分に域《ところ》にいたらなひ至極簡単の哲学思想から成立た者ですカラ粗漏が多くていけません。

明治二十二年（一八八九）四月発行の『法の雨』一六号巻頭に劉潮という人が、「論説」として書いた文章である。劉潮は、当時この地方ではよく名前の知られた知識人であったが、[3] 彼の論調に曲解や思い込みが多いことは否定できない。彼がキリスト教を十分に、客観的に知った上でこう述べているのでないことは、誰の目にも明らかだろうが、キリスト教を真剣に学ぶ必要性のなかったことが、地方の知識人の限界の一つでもあったと言えよう。

吾曹既に身を僧侶社会に托すれば、之を社会文明に放任して収手傍観するに忍びんや。抑《そもそも》金甌無欠の仏教国にかかる魔教を侵入せしめたるは、種々の事情、即ち悪縁和合の結果なりと雖も、要するに僧侶其務を怠たりしも亦其一原因にして、吾曹其責を逃るるを得ず。然らば則ち、社会の文明に率先して耶蘇教を攘斥し、真理を開闡し、以て宗門の光栄を維持するは吾曹に非して誰ぞや。今日は諸兄が高枕安眠の時にはあらざるなり。諸兄宜く奮起決心し、将来の方針を一定し、身を修め行を正ふし、仏典を研究し、傍ら泰西の哲学をも講明し、以て菩提の資糧とし、他日成業の後、内仏陀の聖旨を発揚し、外魔教の荒誕を弁難し、誠実を尽して有縁を済度し、以て自利利他の行願を満足すべし。

これは、明治二十二年（一八八九）四月発行の『択善会雑誌』三号に「高田派青年の僧侶に告ぐ」と題し、川瀬良丸が載せたものである。キリスト教の伸張は、仏教側の怠慢にも責任があるとし、奮起して敵陣（泰西）の哲学をも学びなさい、とのこの論説は大変建設的で、彼は地方人には珍しい見識の持ち主だったようである。しかし、このような論調は、地方では進歩的に過ぎ、必ずしも大勢の支持を得られなかったようである。

内地雑居近くにあらん乎。

我国政事界の一大問題たる条約改正も、外務大臣大隈伯爵の御骨折にて、順次締盟諸国との談判調ひ、既に両国全権公使の捺印済みとなりたるさへあり。永らく吾人の権利を損傷せし治外法権漸く除き、無制限にも外人の内地に雑居する近きにあらん乎。（中略）外人果して内地に雑居せば、彼れの猾智、彼れの資富、土地の売買、工場の設置、商業の競争、皆之れ我邦人の耳目を驚かさん。況んや西洋崇拝連が彼れの鼻息を伺ひ、私利を博せんため、之を輔成するに於てをや。随って耶蘇教の勢力頓《とみ》に加はり、アーメンの声四隣に囂々《かまびす》しく、吾人宗教界に一大変相を現すは必然の勢ひにして、吾人宗教界者と雖も豈高枕熟睡傍観に附すべき秋ならん。吾人宗教界の高徳名士よ、之に対する感想は如何、之に処する覚悟は如何、吾人大喝して之を質す。

明治二十二年（一八八九）八月発行の『法の雨』二〇号「雑記」（執筆者不明）の記事である。これに引き続き、「各種人民罪人の比例」として、怪しげな統計を掲げて、キリスト教徒の罪人の比率は仏教徒の五倍であるとし、「嗚呼基督教は罪悪造為の媒介物か」と評している。内地雑居と不平等条約の改正が、当時いかに深刻な問題であったかが窺えると共に、それと複雑に結びつくキリスト教を何とかして撃退したいとの、必死な思いが痛切に感じ取れる。

仏教回復の心策

然ラバ今、如何ナル方法ヲ以テ耶蘇教ノ潜勢力ヲ減殺スベキカ、曰ク他ノ法ナシ。仏教家モ亦耶蘇教ガ用ユル所ノ方法ヲ用ユベシ。我邦女子ノ耶蘇ノ教堂ニ入ルヤ、耶蘇教ノ信者タラントスルガ為メニ非ズシテ、実ニ学問ヲ欲スルガ為メナリ。故ニ仏教家モ宜シク女子学校ヲ建テ、女子ヲ教養スベシ。若シ女子ニシテ一タビ其学校ニ入ラバ、亦必ズシモ仏教信者タラレタルコト難キニ非ズ。而シテ余ハ今日ヨリ実ニ仏教家ガ此方法ヲ行フベキ最良時機タルベシト信ズルナリ。（中略）女子ノ徳ヲ温良貞淑ニスルハ、教理上耶蘇教ヨリモ寧ロ仏教儒教ノ勝レルヲ覚ユ。是レ余ガ我邦女子ノ為メ、殊ニ我仏教ノ為メニ、仏教家ガ此任ニ当ルヲ希望スル所以ナリ。然レドモ一歩ヲ退テ之ヲ考フルニ、我邦ノ仏教家ニシテ余ガ注文通リニ女子ヲ涵養シ得ベキ智徳ヲ有スル僧侶果シテ幾人カアル。実ニ数フルニ足ラザルベシ、実ニ歎ズベキノ至リナリ。

これは、明治二十三年（一八九〇）一月発行の『法の雨』二五号に学習院教授加藤秀一が寄せたものであるが、実に説得力があり、その見方の鋭さに驚かされる。これは現代においてもそのまま通用する論説である。(4) 冷静沈着に現実を直視したこの論調は、『法の雨』誌の中でも最も秀逸な部類に入ろう。

新島襄氏永眠

日本の基督とまで称へられたる京都同志社長新島襄氏は、予て心臓病に罹り、相州大磯にて治療中の所、終に養生相叶はず、去月廿三日、四十六年を一期として遠逝否永眠せられたり。吾人此訃音に接するや、一たびは大に喜んで色動く（公敵の巨魁を失へばなり）、二たびは大に惜んで歎息す（刺撃《ママ》の妙薬を失へばなり）、三たびは大に悲しんで落涙す（有為の人物を失へばなり）

何とも皮肉な書き方で、仏教側の敵対意識がありありと窺えるが、先の加藤も指摘しているように、仏教側には新島襄に対比し得る教育者がいなかったことも確かであろう。「有為の人物を失ったと落涙した」との表現にも実感がこもっているのではなかろうか。

英学の流行に就て　　岡無外

今日の女子教育は、日本婦人を教育するといふよりは、寧ろ日本婦人に能く似た西洋婦人を教育するといふ方が、或は適当かも知れません。或人は日本現今の女子教育を評して、鵺《ぬえ》教育だと申しました。鵺とか申す獣は、頭が猿で胴が虎だそうです。そこで今日の女子も姿は日本婦人で、行ひが西洋婦人だといふことを評したのでせうが、どうか日本婦人は日本婦人らしく教育して戴きたいものです。（中略）日本の言葉はどういふものやら、てにをはとはどんなものやら知りもせぬ癖に、やれリーダーそれグランマーと、無暗《やみ》に外国語にうつつを抜かすものは、余り茶人過ぎるではありませんか。夫れも教育といふものの本意がものしりを造るといふものですれば、一つでも物数を多く覚へて置くのもよろしいでせうが、若しも教育といふものの本意は、生《なま》字引を造るのではなく、完全の日本国民を養ふものであると致しますれば、日本国民として外国語が出来なくても、少しも差支へはありませんでせう。

『道の友』四号に同誌の顧問かと思われる岡無外が書いたもので、明治二十三年（一八九〇）六月の発行である。日本仏教を守ることは、日本の伝統・風俗・習慣を守ることでもあった。多くの若い女性が西洋至上主義に傾きつつある現状への鋭い批判であり、論理の飛躍こそ免れないが、十分説得力はあろう。

落葉　基督教の現象は落葉なり。欧米の各国に枝葉繁茂して、数千歳勢力を得し基督教は理学哲理を以て組織せる仏教の秋風に遭逢すれば忽然として昔年の緑色に似ず、萎微不振の枯れ葉と変じ、将に地下に散乱せんとす。嗚呼憫《あわれ》むべし、基督教は落ち葉なり。

明治二十三年（一八九〇）十月発行の『択善会雑誌』所載のものであるが、「雑報」の欄に「法主殿御帰山」などの記事と共に載せられている点が興味深い。

宗教の腐敗

米国紐育府に接するロングアイランドのナテイタクと云る村落なる、プレスピテリリアン派の一寺院に属する裁縫学校にては、本年八月中寺宇増築の費用を補ふため、女紅品の市を開き、且別にテントを張りて接吻店を設け、入場料五銭、小児接吻料二十五銭の広告をなし、其実十六歳より十九歳迄の美少女をして、客の求に応じて接吻せしめたれば、非常の大入を占め、巨額の金員を取上げ、最初一週間の予定なりしも、尚一週間の日延をなし、紐育より臨時汽車を発する程にて、忽ち増築の望みを遂げしも、（中略）嗚呼平常文明国の宗教なりと誇唱する耶蘇教が、其本国に於ては斯くまでも腐敗したるものにや、真に咄々《とつとつ》怪事と云ふの外なきなり。

この記事は、明治二十三年（一八九〇）十月発行の『法の雨』三四号の「雑報」に載せられたものである、記事の信憑性も、史料的価値も決して高くはないが、当時の日本仏教側の対キリスト教観を知る上では、それなりに手掛かりとなろう。(5) 何とかして、キリスト教を悪者にしようという、敵意むき出しながら涙ぐましい程の切迫感を背後に感じる記事でもある。

以上が、キリスト教および西洋文明に関する地方宗教結社機関誌の内容紹介である。これらの記事を概観してみて気付くことは、その論調に明らかな差異は見られないということである。ここで挙げた『法の雨』、『道の友』、『択善会雑誌』の三誌それぞれが独自の主義主張を持って、論陣を張っているわけではなさそうである。独自の主張を展開したというよりは、むしろ各結社が一致協力してキリスト教攻撃に当たっていたと見る方が無難であろう。残念ながら、その論調は今まで見て来た通り多分に一方的、感情的であり、『択善会雑誌』三号、『法の雨』二五号所載のものの如く、建設的、理論的なものは少なかったようである。キリスト教の伸張に対する危機感、緊迫感がよく窺えるものの、それに対する有効な対処法を見出し得ず、感情論に終始していたのが、地方宗教結社の実情であったと考えられよう。(6) これらの結社が歩調を合わせて感情論を展開するのではなく、一致団結して建設的にその対処法を協議することができたなら、その成果は遙かに大きなものとなっていたであろう。各結社間には、かなり密接な連帯感があっただけに、なおさら惜しまれる。[7]

Ⅱ　禁酒運動に関する論調

明治二十年代の地方宗教結社の機関誌にキリスト教問題に次いで、よく目に付くものとして禁酒運動がある。明治中期、その中でも二十年代前半の禁酒運動の高まりは特筆に値するが、これは反省会の影響による所が極めて大きいのである。それでは、反省会の主張から見てみよう。[8]

文化の進むに従ひ酒精の用量減却すべし　　菅了法

総へて野蛮の人民は酒を嗜むこと甚し。亜米利加土人、濠州土人及び亜米利加黒人種等殊に然りとす。是等の土人は最も酒精の激烈なるを嗜むものなり。又欧州人民の中にて卑賤なる職工傭役人等は総へて酒を嗜み、最も濃厚激烈のものを好めり。是等傭役者の好む所はジンと称する火酒にして、麦酒、葡萄酒等の淡泊なるものに至ては其舌鼓して賞翫する所に非ず。而して中等以上の人民の好む所は葡萄酒、シャンペンにして、所謂ジンの如きは其嗜む所に非ず。亦火酒を三オンス以上も飲み尽すが如きは殆ど常人の能はざる所にして、而して下等人民の得意とする所なり。是を以て之を観れば、最も未開の人民は最も激烈なる酒精を用い、漸く進むにしたがひて漸く淡泊なる飲料を用ゆるに至るは、その嗜好上の進歩自ら然るものなり。

明治二十一年（一八八八）七月発行の『反省会雑誌』八号「寄書」の欄である。未開、非文明、野蛮な人々程よく酒を飲むものだが、文明の進歩に従い、その酒の消費量は減ってゆくものだとする見方であるが、昨今の禁煙運動とも相通じる所があり、興味深い。

嗚呼夫れ酒の害たるや如斯大なり、素輩尚ほ酒を忌むて止まざるものあり、緇輩にして酒を飲む者たる仏制の違犯は兎にも角にと、世上に対して恥るなきか。只期す仏事禁酒のみならず、進て終身禁酒の制を立て、普天下の緇輩をしてアルコールの中毒三昧を出定せしめんとを、鼓舞せよや反省会。

これは、明治二十二年（一八八九）七月発行の『以音会雑誌』七号「録」の欄であり、反省会の影響力の強さがよく解る。また、同誌一〇号（同年十一月発行）では、その編集責任者である今井龍城が「余は諸の悪本を惹起せんとする、余は忌むべき、嫌ふべき酒を飲むべからず」との禁酒広告を出している。反省会の主張が地方の結社にまでよく浸透していたことが知られる。

さて、反省会の禁酒運動は真剣な社会活動として評価し得るものだが、その主張は必ずしも論理的、科学的なものとは言えず、各階層の支持を得て永続的に展開するものではなかったようである。『反省会雑誌』一五号（明治二十二年二月発行）「社説」には次のようにある。(9)

仏事禁酒に付て

世界の人が白《もう》します、智慧ある人が白します、酒は人を殺すもの、人の病を起すもの、人の命を縮めるもの、身体を崩すも酒、身代を破るも酒、家でも村でも酒が争ひの源です。子も孫も酒が狂ひの初です。（中略）又酒ほど穢《きたな》いものはありません。酒のむ場処は汚れて居ます。酒のむ人は別して穢いものです。色が赤い、息が臭い、管を巻く、嘔吐をします、人の踏む処へ寝ます。其上酒は血を腐らせるものです、穢い毒を子供に遺すものです。

また、明治二十三年（一八九〇）三月発行の『道の友』創刊号には次のようにある。

酒毒の遺伝

酒類の身体に不為なる事は今更申すまでもないですが、哲学者クラフトイビング氏の説に拠れば、酒毒の子孫に遺伝すること容易ならぬものなりとて、左の如く申されました。

第一代……不道徳、牛飲。第二代……酒癲、発狂、中風。第三代……鬱憂病、薄情、殺人の傾向。第四代……白痴、衰弱、全家の滅亡。

このような記事を概観してみると、その論調が、前節のキリスト教に対するものと酷似していることに気付く。一方的な論法で、その存在価値を貶めようとしている点は、対キリスト教も対酒も全く同じではなかろうか。このような論法が明治期宗教結社機関誌の特徴の一つであることは、残念ながら否定できない。(10)また、禁酒運動の評価については、慎重でなければならない。飲酒は、その民族および地域の風俗・習慣と切り離しては考えられないものであるし、明治中期における禁酒運動の社会的必然性についても十分考慮されなければならない。(11)欧米に始まった禁酒運動は日本ではあまり定着することなく、下火になってしまったようで、反省会も明治三十年(一八九七)、京都から東京へ移る頃を境にしてその誌上に「禁酒」の文字が殆んど見当たらなくなっているのである。(12)但し、ここで一つ指摘できることは、この運動がキリスト教の社会活動に対する仏教側の対抗手段であったということである。キリスト教の広汎かつ行き届いた社会活動に負けまいとしてこそ、これだけ隆盛を極めたのだということを見落としてはなるまい。

まとめに代えて　地方宗教結社機関誌の諸相

最後に、その他の記事で二、三目に付いたものを紹介してみたい。

一家五夫婦まで長寿《いき》せし珍布《まれ》ものは岩手県一戸駅に山崎氏となんいへる旧家あり。父は百五十五歳、妻は百四十八歳。長男百三十一歳、妻は百十八歳。孫は百四歳、妻は九十七歳。曾孫は九十二歳、妻は七十七歳。玄孫は五十二歳、妻は四十五歳。右五夫婦とも睦《むつまじ》く敷且つ健壮にて、しかも百五十五歳の老翁の如きは尚田畑に出などして矍鑠たりとのことなり。

明治二十四年（一八九一）一月発行の『択善会雑誌』二二号の俄かには信じ難い記事である。情報網の未整備な当時は、地方結社機関誌の「雑報」欄も貴重な情報源だったのであり、その内容は政治、宗教、文化からこのような記事まで極めて幅広い。(13)とかく内容の堅くなりがちなこの種の雑誌には気楽な記事がなおさら歓迎されたのであろうが、どこで創作されたとも知れないこの種の情報は、既述のキリスト教に関する怪しげな統計とも軌を一にするものと言えよう。次の二つも『択善会雑誌』二三号（明治二十四年二月発行）、三六号（同二十五年三月発行）の「雑報」である。

英国に於ける報恩講

去年十一月二十八日、英国倫敦に在留せる日本人有志者の発起にて宗祖見真大師の報恩講を執行せし由。講堂の正面には六字の尊号を掲げ、香花燈明を荘厳し、一同英訳の転法輪経を読誦し終りて禿了教氏及びミストル・ゼームス氏の演説ありたりと云ふ。

世界宗教家の大会議

世界宗教家の大会議を開かんと熱望するものありて、吾邦の南條文雄博士にも、その議場に臨みて一脚の椅子を占められんとを、遠く案内し来ると共に、日本仏教家の英語に通ぜし人々をも、勧誘同航して呉よがしとの申込をなしたりと。してその位地は米国シカゴ府、その時期は来年「コロンバス」博覧会開設中のよし。

地方宗教結社の機関誌が全世界的な視野を持っていたことは特筆に値するであろう。キリスト教や欧米に対する的外れな批判が多いことも確かではあるが、機関誌の発行者および読者が全世界の動きを積極的に知ろうとしていたことを忘れてはなるまい。『択善会雑誌』程度の一地方誌が英米に特派員を置いていたことには驚きを禁じ得ない。これは、情報網の未発達により地方結社誌もがマスコミの一翼を担っていたということを差し措いても、当時の人々の海外への知的好奇心の高さを示すものに他ならないであろう。惜しむらくは、情報を取捨選択し、正確に把握できなかったことである。

地方宗教結社が、密接な連係関係にあったことについては、既に触れたが、次の『択善会雑誌』一三号の記事（明治二十三年四月）はそれをよく物語っている。

・反省会　我が親しき友、禁酒進徳の称道者、反省会は其五周年に際し、一万四百六十一人の会員を有するに至れり。吾曹豈之を祝せざるを得んや。請ふ益々進みて無明の大酔者を覚醒せしめんことを。

・道の友　名古屋なる仏教婦人会より発行せるものにて、けだかくうるはしき良雑誌と云ふべし。論説法話等の欄柱は牡丹、梅、桜などを用ひ、面白き説話をも挿入せり。同会は文秀女王殿下を会長に推撰しまいらせ、名誉会員もなかなかに多し。将来この会の益々さかへて、同胞姉妹の美徳を修養せんとをぞねがはし。

地方宗教結社は、それぞれが競争相手であると共に相互補助的関係にあったようである。講師の相互派遣もよく見られるし、機関誌の交換（寄贈）リストによると、その交流が全国に及んでいたことが知られる。

以上、粗漏が多く、極めて掘り下げの浅い内容となってしまい、慙愧の至りであるが、地方宗教結社の実情を知る一助になれば、幸いである。明治中期地方宗教結社機関誌の内容は実に多様で、また様々な問題をはらんでいる。いずれ機会を改めて、さらに検討を重ねて行きたい。

（1）『反省会雑誌』は明治中期を代表する宗教系雑誌の一つであり、その活動の中心人物は欧州留学前の高楠順次郎であった。反省会は後年、京都から東京へ移り、さらに『中央公論』へと発展する。

（2）誌上に見られる会員名簿、寄付者名簿などによると、前二者が三重県内、次の二者が東海三県（愛知・岐阜・三重）の地域で主に活動していたことが知られる。

（3）現在も愛知県常滑市にある高田派の末寺の住職であり、文筆家であると共にドイツ留学前の二十二世法主堯猷に真宗学を進講した宗学家でもあった。

（4）この時の仏教教育の立ち遅れは、百年後の今日でも何ら変わる所はない。大都会における有名校、人気校の多くはキリスト教系であり、仏教系は比較にならず、女子校にかぎって見れば、その傾向はいっそう顕著である。たとえキリスト教徒ではなくとも、大都会のインテリ層の子弟の多くが、キリスト教の教育を受けているという事実は、仏教徒にとっては、脅威として認識されなければならない。一世紀前の氏の警鐘は、現代の仏教徒にも向けられているのではなかろうか。

（5）このような醜聞記事は、学術研究上は往々にして無視されがちである。しかし、格調高い客観的な史料のみで過去の人間生活の実像のすべてを再構築できるわけではない。今回は採り上げなかったが、このような類の記事は他にも宗教結社誌に散見される。

（6）この傾向は地方結社だけに限られたものではなく、全国に共通して言えることであった。キリスト教と仏教を客観的・学問的に比較検討し、前者のどのような点が後者に比べて劣っているかを述べた論考は少ない。その中で特筆されるのが井上円了の解釈で、彼はキリスト教が反哲学的、反国家的性格であることを秩序立てて論証し、『仏教活論』、『真理金針』として刊行、大きな反響を得ている。柏原祐泉氏『日本仏教史 近代』（吉川弘文館、一九九〇年）第二章第二節参照。

（7）地方宗教結社間の連帯関係については、次節以降で述べる。

（8）反省会は、全国に二万人近い会員を持つ一大結社で、その会員は仏事禁酒、一時禁酒、終生禁酒のいずれかを厳守しなければならなかった。

（9）この文章は、後に小冊子『酔路の光』として刊行され、広く人口に膾炙したようである。反省会の禁酒主義を端的に表したものと言えよう。

（10）反省会の活動の主目的は禁酒にあったが、『反省会雑誌』の論評にはそれと全く無関係なものも多く、その論調も全体的に見れば、建設的かつ納得できるものが多い。

（11）今回は紙数の制約と勉強不足によりこれ以上考察できないが、当時の日本の社会に飲酒がどれ程深刻な弊害をもたらしていたのか、公衆衛生・社会環境の面から十二分に検討してみる必要がある。恐らく当時の庶民は現代人程、気軽に日常に飲酒することはなく、儀式の時に飲む程度で、その弊害も全社会的なものであったとは考え難いのではなかろうか。

（12）英国の労働者におけるアルコール依存症のような例は日本には殆んどなかったと見られ、それ故社会的必然性に起因するのではなく、社会道徳を訴えることに終始せざるを得なかったことが反省会禁酒運動短命の理由であろう。生活水準の全く異なる欧米の運動を日本に導入したこと自体が時期尚早であったとも言えよう。

（13）『択善会雑誌』雑報の欄の表題をいくつか挙げてみると、次の如くである。「日本全国の戸数と人口」、「死刑廃止の請願」、「少年教会」（真宗高田派東京府下）、「最も長き昼間」（諸外国の昼夜時分比較）、「各宗管長会議」、「あはれ」（全国餓死者数年別統計）、「ウエストミンスター」（英国通信）。

第二章　専修寺二十二世法主堯猷と高楠順次郎

はじめに

高楠順次郎の交遊関係については、未だあまり研究が進んでいないようである。本稿では、専修寺二十二世法主堯猷《ぎょうゆう》との交遊関係について、最近整理の付いた高楠書翰の紹介を中心に述べてみたい。真宗高田派本山専修寺には、今までの調査で計七通の常磐井堯猷宛高楠書翰が、見付かっている。これらの手紙には、高楠順次郎の人柄がよく反映されており、その人物像を再構築をする上でも極めて貴重な史料だと思われる。手紙には、論文や評論以上にその人の性格や人物像がよく現れるものであろうから、今回は七通の全文を紹介してみたいが、交遊の具体的な事例については未だ不明確であって論評し難い。従って、本稿は高楠書翰の史料的な紹介に終始することをお断わりしておきたい。高楠順次郎の生涯と業績については、既に十二分な研究がなされ、知られているので、今さら私が述べる必要はない。しかし、常磐井堯猷については高田派内の一部の者しか知られていないため、まず彼の生涯について簡単に概観した上で、史料紹介に入りたい。

常磐井堯猷の生涯

常磐井堯猷（以下堯猷あるいは鶴松と記す）は、一八七一年（明治四）十月二十二日、近衛忠房公の第二子として東京で生まれた。幼名を鶴松（鶴丸、鶴麿とも）と言った。兄弟に近衛篤麿、津軽英麿《ふさ》があった。一八八五年（明治十八）二月二十五日、専修寺に正式に入室し、姓を常磐井と改めているが、それよりかなり以前から、入室のための勉強や準備はなされていたようである。専修寺には、明治十五年九月の日付けの入った鶴松の宗学（浄土高僧和讃）勉学のノートが残っており、正式に入室に先立つかなり前から、本人にもその周囲にも了解が成立していたことが知られる。鶴松が、一八八四年（明治十七）十二月二十一日に宗学の師である劉潮に宛てた手紙の中に「余が明治十五年六月を以て笈を負い郷関を出るも」の記述があり、実際には、正式入室に先立つ二年半以上も前から伊勢一身田《いしんでん》の専修寺に居住していたと考えられる。

宗学の勉強にも早くから励んだ鶴松であったが、彼の専らの関心は遙か遠く西洋に向いていた。宗学に勉励したのも、専修寺入室の決意を行動で示し、義父 堯熙《ぎょうき》から欧州留学の許可を得易くするための健気な判断によるものだったのではなかろうか。かくして、熱烈な欧州（特にドイツ）留学懇願が繰り返されるが、その背景には兄弟の留学があった。兄篤麿は既にドイツに留学しており、弟の津軽英麿もドイツ留学が決定済みであった。ここで、弟にも遅れ、この機会を逸してはならないのだと熱烈に訴えるのである。一八八六年（明治十九）三月十九日、鶴松は父堯熙に次のように書き送っている。(1)

今や英丸君は洋行、松井も然り、而邦武弟秀は兄の洋行するを以又奮然同行せんとす。今や生の身に関し、実に良機会なり。宜しく之と同行せんとす。宜しく此の機会失ふ可からず。実に洋行すべき秋《とき》なり。何れ生も一度は海外に留学せざる可からず。今や此秋失《とき》ふ可からず。父君能く熟考せよ。（中略）生、海外に行くを得ば、此の如く勉強し、ドイツの大学に入り、哲学生則ちドクトル名称を得るは生の目標とする処なり。（中略）先づは洋行の事のみ、能く御熟計下され、行くならば速なるを尊ぶ。早く議決せんことを。生已知の人に、今、洋行の早きか否かを聞かば、十人なら十人可とす、生躍然の至り、志に洋行せん事を決せり。然れども、生独り決しなば可とすも、父君不可となせば、何ぞ以て行くを得ざらんや。

十四歳の少年が書いたとは思えぬ程の迫力に満ちているが、この年齢でドクター号取得を宣言している点には驚かされる。この迫真の訴えが実って、ドイツ留学が決定し、一八八六年（明治十九）十一月十六日に横浜を発って、いよいよ欧州へ向かうことになる。

ドイツに着いた鶴丸は、一八九〇年（明治二十三）までの四年間、ライン河畔の小都市ノイビート（Neuwied）に滞在し(2)、ギムナジウムに通って、語学の修得に専念する。ギムナジウムを卒業した鶴松は英国に移り、主に英語の修得に励んだ後、再びドイツに戻り、シュトラスブール（Strassburg）大学に入学する。大学ではエルンスト・ロイマン（Ernst Leumann）教授に師事して、サンスクリットを専攻する。一八九七年（明治三十）、「須摩提女経の研究」の論文を提出し、ドクトル・フィロゾフィーエ・リベラルアルチリューム（哲学博士）の号を取得している。ここに、留学懇願時からの目標を果たし、欧州各国巡歴後、帰国の途についた。一八九九年（明治三十二）七月二十四日、横浜に帰国し、各地で盛大な歓迎を受けながら一身田専修寺には八月三日に帰山した。欧州の文化を十余年間にわたって吸収した彼に対する高田派門末の期待は絶大なもので、誰もが高田派の新時代到来を実感していた。その期待に応えて、鶴松は程なく得度して堯猷と名乗り、法嗣（新門）に就任した。しかし、当時の日本はドイツに比べれば、まだ東洋の一未開国に過ぎず、理想と現実のギャップの大きさは、常に若き堯猷を悩ましていたようである。一九〇〇年（明治三十三）には帝国東洋学会の会長に就任、一九一八年（大正七）からは京都帝大文学部講師となり、学会でも活躍、一九二〇年（大正九）には文学博士となった。一九一三年（大正三）、専修寺二十二世法主に就任し、派内の教学振興に尽力、仏教文化講座を創設した。一九五一年（昭和二十六）、八十歳でその一生を終えている。晩年の堯猷は孤高の人であり、理想に熱く燃えた若き日の志は必ずしも十分に周囲の理解を得られず、その目的を達し得なかったことが多かったようである。

高楠書翰より見た両者の交遊

続いて史料紹介に移りたい。(3) ここで、常磐井堯猷と高楠順次郎の生涯を簡略な年表にし、これから紹介する史料の位置する年時を合わせて示した。

最初に挙げる史料①は、堯猷に対する最初の高楠書翰と考えられ、自らの境遇を率直に述べている点でも貴重な史料であろう。

史料①

拝啓未だ御面会を得ざれども、書中を以って其の意を得候。まず以って御健全御勉学あらせられ候はば、大慶至極に候。小生義は御門末なる高野尾村高楠家の次男孫三郎の養子と相成り、同家よりの出費にて明治二十三年来英致し、同九月当地に来り、入学勉強まかりあり候。猊下御尊兄と共に独乙国に御在学の節より拝聞致し居り候。その後小生独乙へ旅行の企てありて猊下紹介成し下され候様稲垣氏へ依頼せんとせるうちに不幸にして同師遠逝相成り、残念に存じ居り候所、今回南條よりの書中に龍動御在学のこと申し来たり、かつ行く行くは、当大学へも御来学とか記載これあり。かつ愚父よりも一度面会して万般御面晤を得る様承り

年次	常磐井堯猷	高楠順次郎	史料番号
一八六六（慶応二）		出生	
一八七一（明治四）	10月22日　近衛忠房を父として東京に生まれる		
一八八五	2月25日　専修寺に入室		
一八八六	11月16日　横浜を発ち、ドイツ留学の途に着く		
一八八七	ドイツ、ノイビートのギムナジウムに通い、語学の修得に励む（～一八九〇）		
一八八九		高楠家に婿入り	
一八九〇		英国留学、オックスフォード大学入学	
一八九一	英国に転じ、英語の修得に専念（～一八九三）		
一八九二			①
一八九三	ドイツに戻り、シュトラスブール大学に入学。エルンスト・ロイマン教授に師事してサンスクリットを研究（～一八九八）		②
一八九四		オックスフォード大学卒業	③④
一八九五		ベルリン大学に転学	
一八九六		ライプチヒ大学からオックスフォードへ復学	
一八九七	「須摩提女経の研究」を提出し、ドクトルの学位取得	帰国	⑤
一八九九	欧州各地巡歴、7月24日　帰国 10月25日　法嗣就任、堯猷と号す		⑥
一九〇〇	11月　帝国東洋学会を創設	11月　帝国東洋学会に参画	⑦⑧
一九一〇			
一九一三（大正二）	2月25日　専修寺二十二世法主に就任		
一九二〇	5月27日　文学博士号取得		
一九二六	8月　本山の仏教文化講座を創設		

申し来たり候。承り候はば、猊下には両三度高楠家へ御光臨下され候こともこれありやに候。かつ御門末の一に加はり居り候ことに付き、小生も非常に御訪問申し上げたく候へども、あいにく今回の休暇にはその機なく、やむを得ず書中を以ってその意を得候。当地には華族の方々は岩倉氏一人に候。その他は三名とも平人に候。そのうち二名は今年夏を限り帰朝致し、残る所小生を合はせて三名のみにて御座候。右の如き次第に候間、万一当地へ御来学または御遊覧相成り候節はいかなる御用にても命じ相成り候て、幾重にも御便利相計り申し上ぐ可く候。御宿所判然致さず候へども、南條よりの書面に依り推察ヶ所相認め置き候ふ間、誤これ候はば御免下さる可く候。早々頓首

四月十八日

高楠順次郎　拝

常磐井様猊下

一八九二年（明治二十五）四月十八日の日付けの入ったこの手紙は、留学中の英国オックスフォードで書かれたもので、受取人である堯猷も英国滞在中であったと思われる。高楠順次郎は元々広島県の安芸門徒の家に生まれ、旧姓を沢井洵と言ったが、諸般の事情により神戸の高楠家へ婿入りすることとなった。その間の事情については、『雪頂・高楠順次郎の研究』に詳しいが、(4)一言で言えば、欧州留学費を高楠家が全額負担するとの交換条件で成立した縁組みであった。その高楠家は、三重県出身の真宗高田派の門徒であり、ここに高楠順次郎と堯猷との最初の接点が出来たわけである。真宗高田派の門徒は、昔も今も近畿地方には非常に少ないが、たまたま高楠家は三重県高野尾村の旧家で、神戸へ出て財を為した実業家であったため、このような関係が生じたのである。(5)高野尾村は、現在は津市に編入され、本山のある一身田からは西へ僅か数キロの所である。高楠順次郎が本山専修寺あるいは、真宗高田派に親近感を持ったことは自然な成り行きだったであろう。そのような事情の一端を書き記

したのがこの手紙であるが、堯猷もその事情については既に聞いていたのであろう。しかし、まだ顔を合わせたことはなかったので、書面で自己紹介をしておこうとしたものである。

史料②

拝啓。いよいよ寒気に相向かひ候処、いかに御消光相成り候や。御健康に入らせられ候はば、幸甚この事に候。降りて小生義も無事勉強仕り居り候ふ間御安心下さる可く候。然りて、御派にて御用ゐ相成られ候正信偈及び和讃御所持相成り候はば、暫時拝借は相叶ひ申すまじくや。小生は本願寺派の分を所持致し候に付、比較仕りたき箇所これあり候。実は南條訳の正信偈出版致したき様（マクスミューラー氏）申され、南條よりその校正を小生に申し来り候。付いては、相なるべく完全のものと致したく、然る時は御派にて御用ゐ相成るものに付け比較するは大ひに必用にこれあり候。処々相違の箇所これある様記憶致し居り候。小生養家は御派に属するものに付き、同書所持致すべきはずなるも、矢張り、元の分にて相済ませ居り候ひしより、遂に御元に御願ひ申し上げ候次第御推察の上御聞き届け下され候はば幸甚この事に候。尤も右出版の事は未だ確定致さぬよしに付き、御口外下されまじく候。早々

高楠順次郎　拝

常磐井様閣下

次は、一八九三年（明治二十六）に書かれたと思われる手紙であるが、正信偈の訳本出版の計画に際し、本願寺派のものと高田派のものを対比した上で校正したいので、それに協力して欲しいとの旨である。史料①の文体は、いかにも格式張った挨拶のそれであるが、こちらの方には、本の貸借をも気軽に頼める間柄となりつつある、両者の関係の進展が窺える。恐らくこの間に、残っている以外にも手紙のやり取りがあったに違いないが、拝借し

たいと言うからには、両者が本を直接手渡せる距離にいたということだろうか。なお、校正まで進んでいた南條文雄訳の正信偈は刊行には至らなかったようであるが、詳しくは解らない。

史料③

御高簡有難く拝誦仕り候。拙生こそ意外の御無音御宥免下さる可く候。近々伯林へ御転校の由御都合の御事と奉察上げ候。さて拙生□前週中卒業試験相済ませ、セコンドクラスにて昨日B、a、の学位授与相成り候。よって早速御地何れかへ転学の予期に候処、とかく取調□りの件、相□ず。今年末頃又は明年早々転学致す可く存じ候。尤も一応独逸へ行き入学し、さて再び来英する方便利かとも相考へ候へども何分万事不案内にて困り入り候。付きては、御尋ね申し上げたき件は、入学の許さるるは期日相定まり居り候や、又は何時にても許さるる義に候や。次学期の始まりは何日に候や、容易に受け取りくれ候や。小生相なるべくはライプチツヒ、伯林、ストラスブルヒの内へ行きたき程によりキールへも行きたく、何事も定まりたることなく困り入り候。ロイマン氏御同行東洋学士会へ御臨席の事御結構に存じ候。拙生も其の望みはこれあり候へども今後の都合にていかが相成り候や計り難く、多分臨会致したき覚悟に御座候。観無量寿経は馬博士の急需に応じ反説致せしも、不十分にて恥入り候。ドクトルヴェンチェル（西蔵語の教師）氏は御地に居られ候や。支那語の教師は御地になきやに存じ候いかにや。尤も小生の身は万事費金にもとづきて左右する□に付き、高額を要すれば御地に留まること能はざるやも存じ申さず、考へものにこれ有り候。パーリ語は至極必用に候ひて、サンスクリットと同じく御研究は至極の御事と同賛奉り候。御面倒を顧ず右御尋ね申し上げ候点、伯林御移住の前一寸短簡にても御披露下され候へば小生の本懐この事に存じ奉り候。実は御承知の通り小生独逸語不通と申す次第、且つ云っても発音の相違のため不分明等にて随分困却の事と相察し候故、御在

留中なれば御補助仰ぎたく考へ居り候も、御移住後は其の事を得ず、困却せんやと今より考へ居り候。早々

高楠順次郎

常磐井様侍史

続いて、一八九四年（明治二十七）八月に書かれた手紙である。この手紙は、高楠がオックスフォード大学を卒業し、学位を授与された、その翌日に書かれたことが文中より知られる。内容はこれから転学するドイツの大学への入学およびその期日などについての問い合わせである．この時点では、ドイツの大学へ転学したいという以外は未だ何も具体的に決まっていないようで、今後の身の振り方に関する助言をも暗に求めている点が注目される。電話のない当時の事、一刻も早く「学位無事取得」の報を入れるべき人は少なくなかったはずで、そのような状況下、率先して堯猷に筆を執っていることは、お互いの信頼関係の証しでもあろう。本願寺派あるいは大谷派の内部にも助言を求めるに足る人は、南條文雄を初めとして大勢いたはずであるが、やはり年齢も近い堯猷の方が気楽に物事を相談できたのであろうか。「ドイツの事情については皆目見当が付きませんので何卒イロハから御教示を」との低姿勢な表現が、精一杯堯猷の顔を立てているようでもあって興味深い。

史料④

其後いかが御送光相成り候や。久しく御無音打ち過ぎ相済まざる次第平に御宥免願い上げ奉り候。然れば小生事、明年中には独逸国何れかへ転学の臨みに候処、前以って費用の詳細承知仕りたく、付きては甚以って御無礼の次第に候へども、凡そ外国人書生中にて最定額《（ママ）》と御存知相成り候金高御報下され候事は相叶ひ申さざるや。独国貨幣は不案内に付き、相なるべく英貨にて御知らせ願ひ入れ候。金額の高低によりいか様に致し候やも相分明せざるに付き、なるべく低額にて我々の忍び能ふ処相分り候はば有り難く存じ候。尤も御承

知相成り候範囲内にてよろしく、相なるべく急ぎに願い上げ候。御地梵学教授、一人の日本書生を有する旨当大学教師の元への書面中に記載しありし旨承り、多分閣下の御事ならんと相話し候ふ事に御座候。随分御進歩の御事と察し奉り候。過日南條より書面到来致し、閣下へ通信のたよりにはよろしく通ぜよと申し来り候。右急ぎに御伺ひ迄かくの如くに候。尚ほ時候御いとひ、御健全国がため、法がため御勉学願ひ上げ奉り候。

高楠順次郎　九拝

十月二十三日

常磐井様閣下

史料③の手紙の続きと考えるべき内容で、一八九四年（明治二十七）十月二十三日の執筆である。ドイツへの転学にあたっての学費その他諸経費についての問い合わせであるが、史料③の中の「小生の身は万事費金にもとづきて左右する□に付き」と共に「金額の高低によりいか様に致し候やも相分明せざるに付き」といった表現から当時の留学生の資金調達の困難さが偲ばれる。現在でこそ、円はドルやマルクに十分対抗し得る通貨となったが、一世紀前の当時では、日本円などは欧米でまともに通用するような通貨ではなかったと言えよう。学費や生活費などの留学諸経費も現在の我々からは想像できないような莫大な額に上ることが常であった。いかに生活費を切り詰めて、学費を捻出するかが日本人留学生たちの課題でもあり、これは高楠にとっても堯猷にとっても同じことであった[6]。留学費用の全額負担を条件にした縁組みとは言え、養家に多額の出費を仰ぐことは、高楠にとっても肩身の狭い思いであったに違いない。高楠は翌年六月、予定通りベルリン大学へ転学、さらに翌々年三月にはライプチヒ大学へ移って学位を取得している。この間堯猷は引き続きシュトラスブールに滞在していたが、残念ながらこの期間の交遊については、史料がなくよく解らない。

史料⑤

拝啓いよいよ御多祥御在学奉賀上り、第一に大いに祝賀すべきの事項は、ストラスブルヒに於ひて御卒業、学位御受得の事に御座候。誠に多年御勉学の功と皆々歓喜まかりあり候。さて明年御帰朝に付きては、歓迎の儀に付き、色々相談中にこれあり。この事について已に長谷部又は其の他の諸君より御報ありし事と存じ候へども、先月以来長谷部氏、劉潮、荒木諦善氏三名上京相成り、種々協議の末、歓迎の相談を為し、第一回の相談会は富士見寮に開き、左の人物会合致し候。南條文雄、井上円了、石川舜台、島地黙雷、松本順乗、中山理賢、荒木、長谷部及び小生等にて相談せしは要□□□□多分重複とは存じ候へども、序を以って申し上げ置き候。会長には東派新法主、幹事には南條、井上円了、島地、小生を任じたる処、小生は学者仲間をまとめて別に一会を催す方、学者社会に利益あるべしとの趣意にて一応承諾の後、委員会にてこれを辞し、更に大内青巒を撰ぶことと相成り候。発起人は大略三十名余りにて、委員六七名、賛成者も西派新法主を初め多数にこれ有り候。兎も角今会の歓迎は非常に□□□□□足下の演説にも前以って一考を要する点これ有り、且つ小出版物を有志へ土産として配布せざる可からざる体裁に付き、この事は小生より其の□に詳細中送るの約を為したるを以って、他の人よりは別の通知なくとも、小生の書面の趣により予め御熟考、相なるべく速々御決し置き成されたく、そは西洋より帰る時は（小生も八年間外にありて事情不通の為め困りたり）日本の事情と自らの所考と齟齬し、学者社会はいかなる事を云ひ、平民社会にはいかなる事を云ふべきや気に浮かばず。要するに吾人の良しと認むる所は聞く人に面白からずなど随分厄介の結果これ有り候に付き、小生の所考を其の所に申し上げ、相なるべく穏当の結果を得、少しにても多く其の処の光栄を増したく、失礼の段は幾重にも御勘弁下さるべく候。さて前以って御熟考を要するもの左に申し上げ候。

第一、御帰朝後要すべき演説の種類

一、極く平易にして皆々に分り易き西洋の事情、勉強中の所感、宗教上の比較的事情、風俗等の所感、殊に勉強中の困難等を以って成り立てる俗人向きの稿二三、この人々は、分れば分り易しとて不平を云ひ、分らねば分らぬとて不平を云ふ俗人共なり。

二、哲学とか、歴史とか、博言とか、又は、仏教・ジャイナに関する局部の議論、誰人がいかなる説を出して、大乗仏教にいかなる影響を及ぼすとか、大乗仏教の研究が必用なる所以とか、又今日の処学理上より宗教書をグルンドリッヒに研究せねば、到底学者の賛成を得ぬとか、かかる方面の思想を以って成り立てる稿一二。これは、京都又は其の他の書生に対して語るべきもの、又は僧侶ばかりの会にて言ふべきもの。聞く人少々分る人なり。

三、自己研究の経歴に感ずる事。摩迦提アバダーナの事、其の研究の必用、方法、其の結果等、大乗の原書討究の必要等、其の研究の及ぼす功力等を以って成り立つ一種特別専門的のもの一つ。其れは何れの人に向かふもよし。ここに僧侶学政の方針とか、学問の方法とか、日本の僧侶のなすべき事等を加ふるもよし。

四、極めて正確に極めて真面目なるもの一つ。これは、大学のもの、文部省の人等が別々会する処にて行ふべきもの。之れには、右のうち二のもの、三のもの少々相加はりて成り立てるものにてもよし。なるべく自慢に流れず、俗に失せぬをよしとす。又、自己が僧俗間に施さんとする学政の方針なども加はるもよし。是れは、大学内の教員学生に対する義に付き、小生もなるべく其の所の栄を望み候。この御稿は御帰朝後、極く極く内密にて小生一度拝見して、意見を申し上げ候ひてもよろしく候。これは小生も相なるべくは其の所の学者社会に評判を得□□、今後の御事業に功果あらんことを望み、又京都に文科出来るか、又は小生大学をやめ候時は御諾否は兎も角も其の所を推選し、誰人も異議を唱へぬ様の希望にて申し上げ候。日本は妙な国にて、必ずしも学者が地位を得るわけに□□□より右の様□□□□申し上げ候。何事も内々の申牒に付き、御怒りなき様願ひ入り候。
右のうち一、二、三、四とも各一つ□にてもよろしく、相なるべくは相□予め御推考置き成られ候方がよろしくと存じ候。小生はかかる注意してくれる人なく、随分困り入り候。京都書生に対しては、欧州大学生の生活と題し、相話し候処、そこにてはよかりしも、東京の書生には余まり浅薄なりとて注意を受け、遂に欧州梵学者研究の中心と題し、ブダチャリタの事を相話し候。あまり専門過ぎて皆人体《ママ》屈せしも、悪口を受けぬだけましなりし。次にはジャイナの事を話したり。哲学会にて「仏陀の用ゐたる言語」と題し、話したることあり。印度より帰りし人は処々にて失敗せり。何卒かくの如き事なき様致したく候。万一印度へは入り相成り候はば、仏生地の写真等御持ち返り、当地□に御注意第一に御座候。
第二、前以って日本にて印刷し置くべき小冊子
これは、只土産のしるしまでに有志に与ふるものに御座候。これは、前以って御送付相成り候はば、此方にて印刷し置くものにこれ有り候。一つの御写真の石版を入るるはずに皆々考へ居り候。これは已に御郷里へ御送り相成り候写真中より撰び、印刷致す可く候。これは御考へにより、然る可く御撰文相成り候ふて、小生の考へにては一つは自身研究の順序の如きものにて、□□に右のアバダーナに関することを主とし、其の前後学校にての□旨又は英国にての勉強等より（印度巡航とか、これは遅くなる故入れられぬ事と存じ候）少々項目を分かち、自叙せられしものに将来僧侶学問の方針などを一言して収められ候はばよからんと存じ候。但し、長文にては随分困り候へども、又あまり短にても面白からず。其の辺適宜御一考奉り入り候。又は外の事にてもよろしく候。又一つには、仏教通誡偈として知られたる、諸悪莫作　衆善奉行　自浄其意是諸仏教を梵語のもの、パーリーのもの、西蔵のもの、蒙古のもの、シンハリース語、支那語のものを合刻

して示し、独語、英語、仏語、イタリ語、スペイン、ギリシア、ラテン、アラビック、ペルシャ、ロシア其の他の訳語を附し、一冊としたるものは梵字ありて、面白かるべく候。是れは或ひは御地にて印刻の方便利やとも存じ候。此の方にて梵字だけは出来候へども、他は皆ローマ字に□さざるべからず候。右両種あれば、至極面白き事と存じ候。尤も小生の申す通りのみにても御従ひなされ難き辺もこれあるべし。其の辺取捨よろしく御取り計ひ奉り入り候。こなたにて印刷すべきものは相なるべく早急に御送り成られたく候。尚ほ、南條氏へ近日御書面到来の由、仰せ言これ有り候。同氏の書面をも（若し返信あらば）御参考然る可く御一考下されたく候。先ずは大急ぎ用事のみにて其の意を得候。

過般御送り下され候マクドネル吠陀ミソロヂー到達致し候。有り難く御礼申し入り候。既発行の分にてヒレブラントのリチュアルリテラツール未受領に候ふ間、其の所へ返し来り候はば、御送り奉り入り候。其の他はマクドネルの分の終りに記載しある既発行の分は已に悉く皆御送付居り候。尚ほ新しき書物にて珍しきもの候ひて□□御通知下され分買ひ求め致したく候。早々

高楠順次郎

東京下谷区上野花園町十六番地

常磐井様

御帰朝候節は、東京へ第一に御着相成り候ふ時は極めて良き都合に付き、独逸船にて御帰り然る可く候。さすれば、香港より直ちに横浜に御着致し候。他の船は神戸へ第一に着し候。日本の政界も非常に変化し、昨日即ち十二月二十五日午後、衆議院は未だ政府不信任案を決議せぬうちに第一に解散を命ぜられ候。甚だ多事に候。其の他別に変はりたる事これ無く候。早々

これは、一九八七年（明治三十）十二月二十六日、先に日本へ帰った高楠がドイツの堯猷へ書き送ったものであ

る。内容は、堯猷の帰朝報告会に向けての実に懇切丁寧な配慮に満ち溢れたものである。一足先に欧州留学を終えた高楠自身の経験に照らし合わせた上で、いかにしたら堯猷が日本の社会や学界に最も望ましい形で受け入れてもらえるかを真剣に考え、助言している。まず、帰朝歓迎会の実行委員が決められたとあるが、その顔ぶれの南條文雄、井上円了、石川舜台、島地黙雷、大内青巒等、錚々たることには驚嘆せざるを得ない。しかも「会長には東派新法主」とあり、当時の真宗界、いや仏教界挙げての一大歓迎会が計画されていたようである。続いては、堯猷の側が準備しておくべきこととして、まず帰朝報告講演の内容についてのアドバイスが逐一なされている。高楠は聴衆を四つのタイプに分けて、それぞれに相応しい講演の内容を説き示しているが、「この人々（一般人）は、分れば分り易しとて不平を云ひ、分らねば分らぬとて不平を云ふ俗人共なり」との評が実感がこもっていて興味深い。このように事細かにアドバイスするのは、自分が「かかる注意してくれる人なく、随分困り入り候」経験からのことであると言う。同じ書生相手の講演でも、京都と東京ではその求めている所が違っていて、苦労したと書かれているが、関東と関西の学生気質の相違は一世紀も前から厳然としていたわけである。次に、その帰朝報告会において出席者に手土産として配布すべき小冊子についての意見が述べられている。留学中の写真を載せて、僧侶学問の方針などを一言すれば良いだろうとし、「諸善莫作、衆善奉行、自浄其意、是諸仏教」の七仏通誡偈の各国のものを対照して、諸国語に翻訳してみてはいかがかとのアイデアを寄せている。このような周到な配慮の上に企画された堯猷の帰朝報告会がいかになったかは、我々の最も関心のある所でもあるが、その記録は残っていない。この報告会の成功こそが、高楠と堯猷の友情を確固たるものにするはずだったのであるが、会は実現しなかったのかもしれない。(7) 自分の失敗を繰り返さぬようにとの、あの至れり尽せりの高楠の心遣いが徒労に終わったとすれば、本当に残念なことである。専修寺に伝わる次の高楠書翰は、一九一〇年（明治四十三）頃まで下る。

史料⑥

常磐井嗣法主猊下を迎ふる辞

ドクトルフィロゾッヒエー高楠順次郎

世に為にすべきの業を為し、誉れを身に佩《まと》ひて、故郷に立還るは、誠に人間の一大快事たり、自の悦びを他の知人までも悦びて、同慶の心を表するときは、自の愉快も亦百倍するものなり、今や高派新門主猊下、多年の苦学その功を終へ、名成り業遂げて、将に帰朝の途に上らんとし玉ふ、縁を配下に結ぶもの、知を過去に辱ふせるものは、心を尽し力を合せて、至正の心に住し、公明の方針に依り、猊下を歓迎し奉るべきは勿論にして、之を期として、猊下の学蹟、高風、栄名を天下に紹介し奉らんは、各自応為の義務と信ずるなり、凡、人自ら為にする所ありて事を為すものは、その性質実に好ましからざるものなり、歓迎を名として人を寵結し、名あるを名として自ら利を取らんとする、世にかかる人なしとも云ふべからず、もし如此人を、猊下歓迎の名の下に出す如きことあらば、是れ実に一門の不幸なり、不名を無垢の高体に及ぼし奉るもの、心あらんものは如此不応為の所為を防止するにも亦心を尽さざるべからず、かかる魔心の胸に伏するあらば、疑雲の眼を遮ぎるなくは、宜しく一意至誠の心を以て心とし、身を報恩の望みに置き、和気洋々、歓迎の詞を唱へ、名誉ある独逸大学のドクトルとして、有力なる教門の指導、さては全盛なる学海の偉人として、猊下を迎へ奉らんことを望みて止まざるなり、

而して我々が猊下を迎待するは決して尋常一様の迎待に非ずして、その全く違例たるを、知らざるべからず、何を以て之を違例と云や、是れ猊下が違例の地に立ち玉ふを以て□、乞ふ少しく茲に之を述べん

一、世に留学の人多く、漫遊の士亦多し、両三年若しくは四五年を欧州に暮らすものその人実に夥し、され

ど、十数年を費して、小学、中学、大学を終り、終始全備せる、独逸完全の教育を受けし人は盖しその例多からず、猊下その教育の結果を齎らし第二の故郷を捨て、第一の旧里に返へり玉ふ、違例の人として歓迎する理由の一なり、

二、方今法門の鎖鍵を取るの人にて、外国に遠遊し苦学せられし人は他にその例を見ず、是れ門末の人の尤も喜ぶべき点にして、多年辛苦、学資を奉呈したるの功績、今や眼前に顕はれたるものと云ふべし、猊下学術の成就は即門末の願望の成就せしものなり、この異数の人を出せし迎待の盛意を示さずして可ならんや、

（未完）

これは、一八九九年（明治三十二）三月、『松のみどり』(8)創刊号に高楠が寄せたものである。『松のみどり』は高田派の宗門内雑誌であるが、堯猷の欧州からの帰朝に合わせて、高田派の新時代を切り拓くべく新たに発刊されたものである。それだけでも門末の堯猷に対する期待の大きさが知られるが、その上に高楠はこのように絶賛されてしまうと、彼としても今さらながらに責任の重さを痛感させられたことであろう。堯猷の帰国は、一八九九年（明治三十二）七月二十四日であるが、この文はそれに先立つ半年程前に書かれたものと思われる。

史料⑦

拝啓、いよいよ御清栄奉賀上り候。御無音に打ち過ぎ、誠に相済まず存じ候。さて、唐突に候へども、今日荻原雲来君は玄奘訳例を集め、博士論文として提出相成り候。いずれ其の内、審査相なるべく候。付けては、猊下に於ても同氏よりは御先輩に候事にもこれ有り、何か一論文御提出相成りてはいかがや。須摩提経の研究其の他□両種御提出にてもよろしく、文部省へ向け御差し出しに成り候はば、好機会と存ぜられ候。いかが御覚し召し相成り候や。伺ひ居る所、已に渡辺海旭氏も帰朝致し候。相遠からず榊亮三郎氏も帰朝致す可

く、梵学の義済々たる多士□□□事と相成り候事に候。猊下に於て博士号の有無何の軽重もこれ無く候は勿論に候へども、又有りて差支へなきものに候間、何卒御一考願ひ上げ居り候。字書の義引き続き進歩致し居り候へども、大分意見も相変はり居り候間、近々御相談申し上げたく、多数の学士手を□へ候ひて然る可きものも出来申す可く候。□□御熟議申し上げたく□□□□□□。早々

高楠順次郎

常磐井嗣法殿猊下

再白。大法主猊下へ然る可く□相□願ひ上げ置き候。

延長に延長を重ね、足掛け十四年の長きに亘った欧州留学も終わり、堯猷は理想（欧州）と現実（日本）のギャップの大きさや、周囲の過度の期待に悩みながらも、宗門内外で活躍を見せるようになる。一九〇〇年（明治三十三）十一月には、帝国東洋学会の筆頭発起人となり、これを興し、自ら会長に就任している。(9) 華々しい活躍の裏にある悩みも大きかったようであるが、これを人に打ち明けることはなかったのであろうか。高楠は若き堯猷にとって最良の理解者であり、最適の相談相手たり得たはずであるが、この手紙は一九一〇年（明治四十三）まで下る。内容は博士号の取得を勧めたもので、同じくロイマンに師事した荻原雲来も博士論文を提出したし、渡辺海旭、榊亮三郎の両氏も近々帰朝し、サンスクリットの学者が揃うことになるので、この機会に検討をというものである。堯猷がこの時期、日本の博士号にどれ程魅力を感じていたかは解らないが、高楠の勧めによって心が動き、その旨返事を書いた、それに対する返答が次の史料⑧である。

史料⑧

御芳墨相誦し居り候。先日入沢氏より承り及び候へば重病にて御困難の由驚き入り□□□申し上げ居り候処

へ御手簡に接し、右は御息女御病気の誤聞と存じ候。小生も一人次子をディプテリーにて失ひ候故この病気に対しては同情に耐えず、随分御保養専一、御快方へ相向かひ候様希望致し候。さて論文の義は、須摩提経の研究を日本文にて御綴り、梵漢対照も遊ばされば好都合に存じ候。付きては相なるべく独文に□□□体裁、内容など差異相有り様御認め相成る条然る可く候。さすれば、独文のを附けて御差し出し相成り候ひて然る可く候。用紙は何にてもよろしく候。日本紙に筆写しても、洋紙へインキにて書くも御勝手にこれ有り候。出来候ふ上は、直ちに文部省宛御差出し相成り□候。願書、書式などは後日相送り申す可く候。右も御手元にて御取□□候□□夫れにてよろしく候。先ずは取りあへず御返事まで、□□□□御座候。早々

高楠順次郎

常磐井新門主猊下

引き続き、博士論文提出に際しての事細かな指示がなされている。高楠は既に東京帝大他の教壇に立ち、文部省関係の職にもあったので、このようなことはよく心得ていたのであろう。このようにして、博士論文執筆の体裁にまで丁寧なアドバイスを受けた堯猷であったが、彼が実際に文学博士号を取得したのは一九二〇年（大正九）になってからであった。この十年間に高楠から幾度となく、再三のアドバイスを受けたのか否かは、今となっては知りようがない。

結びに代えて

今、筆者の手許に「常磐井堯猷著「梵語研究（一）」昭和四年九月」と題した、抜き刷り程の小論文集がある。その中で、堯猷は「高楠博士の阿闍婆吠陀の和訳に就きて」という一小論文を載せ、それを批評して「今此和

訳と原文とを比較するに第二句の和訳は甚だ不完全である。prehi prathamo の和訳が全く脱落している」とし、「又之と同様に第五句の和訳にも me という pronomen が脱落している」、「此句は二句に分別されているにかかわらず博士は二句を一句に併合せられしはいかなる理由なるか予は了解に苦しむのである」と書いている。字数僅か四百字程の論文と言うよりは寸評とでも言うべき、この字間に晩年の堯猷の高楠に対する意識が少なからず現れているように思うのは筆者だけであろうか。(10) 高楠は既に『ウパニシャッド全書』、『大正新修大蔵経』の編纂を完成させ、押しも押されぬ学界の泰斗となっていたが、堯猷は京都帝大の講師に招かれたものの、学界での活躍は限られたものであった。東京で学究生活に専念することのできた高楠と、伊勢の一身田で宗門後継者としての生活を余儀なくされた堯猷とを一概に論じることは難しいかもしれない。しかし、かつてドイツの国情を平身低頭の姿勢で尋ねてよこしたライバルとの差は、今やあまりにも歴然としていた。

　以上、推測に推測を重ねただけの、非実証的な論稿となってしまったが、機会を改めてさらに検討を続けてゆきたい。

（1）以下引用は、小妻隆文氏『堯熙上人行実』（高田学会、一九七五年、三九〇～三九一ページ）に拠る。

（2）ノイビートは、ボンの南約五〇ｋｍ、コブレンツの北約一五ｋｍのライン河右岸に開けた街である。現在も人口は十万人に満たない静かな街であるが、私の訪れた日は真夏と言うのに冷たい雨が降り、どことなく淋しい印象が拭い切れなかった。弱冠二十歳でこの異郷の地に住むことになった鶴松が、ライン河のゆったりとした流れをどんなにか心細い気持ちで眺めていたかと思うと、胸が熱くなった。専修寺には、この時のギムナジウムでの成績表が残っている。

（3）高楠書翰は、その原文を掲げるように努めたが、判読不能および意味不明の箇所も少なくなかった。仮名遣い、送り仮名の一部を改め、句読点を適宜付した。

（4）『雪頂・高楠順次郎の研究』大東出版社、一九七九年、第一章第三節、一二～一三ページ参照。但し、この部分なお史料調査も含めて検討の余地はあろう。

（5）真宗高田派の末寺は、現在も東海地方に偏在し、三重県に四百ヶ寺余まり、愛知県に七十五ヶ寺程を数えるが、近畿地方では大阪・京都両府にそれぞれ十ヶ寺程しかなく、兵庫県に至っては皆無である。本願寺派の「台所」とも言える兵庫県でこのような縁が生じたのも奇遇である。

（6）堯猷の留学費用調達は高田派にとっても一大事業であり、しかも幾度となく期間が延長されたので、なおさらのことであった。現在も、ある末寺には当時の「留学費用募金箱」が残っているが、このような門信徒の幅広い支援があったからこそ実現できた留学であった。

（7）堯猷を迎える門末の熱狂ぶりは大変なものであった。東京から名古屋を経て、開通後間もない関西鉄道（現ＪＲ関西本線）を特別列車で一身田へ向かうのだが、名古屋から先は各駅で歓迎の人垣ができた。一身田の街の賑わいも尋常でなく、歓迎ムード一色に染め上げられていた。その興奮した様相が百年前の記録写真からよく伝わってくる。このような山内の歓迎行事の記録は残っているが、高楠ら主催のものは全く手掛かりがつかめない。

（8）一身田村内の扶宗教会で発行され、以後一九〇二年（明治三十五）頃まで続き、派内の意識昂揚に一役買ったようである。

（9）帝国東洋学会は、一九〇〇年（明治三十三）十月に亡くなったマックスミュラー博士を偲んで、その翌月、大蔵経の講究を目的として創設された。発起人には、他に渡辺国武、南條文雄、高楠順次郎、坪井九馬三、渡辺龍聖、村上専精、上田万年、井上円了、大内青巒、前田慧雲、松本源太郎、藤島了稔、沢柳政太郎、三宅雄次郎、三上参次、島地黙雷、島田蕃根の名が見える。その設立趣意書には「東洋諸国における言語、文学、宗教、哲学、歴史、地理、神話、俗話、工芸、美術等に関する史実を現存の古文書によって研究するを目的とす」とあり、壮大なスケールの下に活動を始めた。しかし、計画に無理があったのか、捗々しい成果を挙げぬままに解散してしまったようであり、この学会については未解明の点が極めて多い。

（10）晩年の堯猷の論文には、独創的、実証的なものよりも、単に他人の誤訳を指摘するに留まっているものが目立つようである。

第三章　南條文雄と真宗高田派

はじめに

本稿では、高田派本山専修寺に伝わる南條文雄書翰の紹介を中心に、若干の考察を加えてみようとするものである。

ここで、まず南條文雄の生涯について整理しておきたい。南條文雄の名が広く知れ亘っているにも拘らず、彼の生涯についてては、あまり研究が進んでいるとは言い難いようである。その生涯については、自らが晩年に口述した自叙伝『懐旧録』(1)が最も基本的な史料となろう。この『懐旧録』を参考に彼の生涯を概観してみることにしよう。

南條文雄は、一八四九年（嘉永二）、岐阜大垣の大谷派誓運寺の三男として生まれ、東本願寺の高倉学寮で修学する。一八七一年（明治四）、南條神興(2)の養子となり、越前憶念寺に入寺する。一八七六年（明治九）、東本願寺二十二世大谷光瑩の命により、笠原研寿と共に英国へ留学する。オックスフォード大学でマックスミュラーに師事し、一八八三年（明治十六）、『南條目録』と通称される『大明三蔵聖教目録』を出版し、高い評価を得る。

翌年帰朝し、一八八五年（明治十八）に東京帝大講師、一九〇三年（明治三十六）に真宗大学学監（後の大谷大学学長）に就任する。一九〇六年（明治三十九）、帝国学士院会員に、一九〇七年（明治四十）、大谷派講師になる。我が国における近代仏教学・梵語学の先駆者であり、近代文献学的な方法に基づく仏典研究を創めた業績は甚大である。高楠順次郎をマックスミュラーに紹介し、インド学・サンスクリットの道に歩ませたのも、彼の影響による所が極めて大きい。高楠にとっては、恩人かつ大先輩であり、欧州留学時の身元保証人とも言うべき人である。(3) 高楠の広範な学問的業績も、南條なくしてはあり得なかったのである。

さて、南條文雄の専修寺二十二世法主堯猷、あるいは高田派との関わりについては、その契機は必ずしも明らかでないが、当時の代表的な真宗系の学者として、専修寺へは幾度も講演に訪れており、(4) 堯猷の義父堯熈《ぎょうき》と、その裏方敬子《よしこ》とも親交があったことが知られている。そのような縁で、堯猷の一八八六年（明治十九）からのドイツ留学(5)に際し、種々アドバイスを依頼されたことは、当然の成り行きであったと思われる。

南條書翰の紹介

引き続き、本稿の基本史料となる南條書翰の紹介に入りたい。ここに紹介する書翰は、すべてドイツ留学中の堯猷に宛てたものである。

史料①

拝復。本年二月二十八日御認めの御手書、昨二十三夜、長岡信愿氏より転送を得て拝読仕り候。先ず以って御機嫌克く御起居遊ばされ候由、大賀を奉じ候。小生儀無事消光仕り居り候間、御拝□成し下されたく候。

先般御書状にて長岡氏出京の節、鄙見を申し上げ候処、其の頃一時英国へ御移り遊ばされ候へども、再び独逸へ御帰りの上、来月上旬には大学へ御入学の上、諸種の語学をはじめ、哲学をも御研究遊ばされるべく、尚ほその後の御経画《(ママ)》をも御来示下され、有り難く存じ奉り候。何卒御壮健にて御宿志の通り、御卒業の上、御帰朝相成り、真宗の法灯を御揚げ遊ばされ候様只今より希望まかりあり候。小生は二十三年以来東京にまかりあり、教学のため奔走仕り居り候。頃日、鈴木真一方にて撮影致させ候写真これあり候間、一枚御手許へ差し上げ申し候。御序の節、貴影御下付成し下されたく願ひ上げ候。小生明治九年以来の詩を集め、航西詩稿と題し、活板に附し申し候間、出来の上は差し上げ申したく存じ居り候。先ずは拝答申し上げ、御養生専一に遊ばされたく、そのためかくの如くに御座候なり。

明治二十六年四月二十四日　　南條文雄

常磐井様閣下

一八九三年（明治二十六）四月二十四日付のこの手紙は、ごく薄手の真紅の用箋に認められている。この頃堯猷は、一時英国に転学していたが、再びドイツへ戻り、ドイツの大学へ入学することになった。堯猷がその間の事情と今後の身の振り方について、南條に書き送った手紙に対する返信である。堯猷は英国への一時転学に際し、義父の堯熙の意見を押し切って、ドイツのノイビートにあったギムナジウムの卒業を待たずに出国してしまったようである。その間のやりとりの堯熙の書面中に「井上・南條氏も反対で」、「南條氏は……」という語句が散見され、堯猷の留学中、父堯熙も南條を頼りにして、種々意見を求めていたことが知られる。南條は、この本文中で堯猷に写真（恐らくポートレートであろう）のやりとりを求めているが、[6] ドイツあるいは日本で教授陣への紹介に用いたのであろう。

『航西詩稿』については、次の書翰にも記されていて、南條にとっても自信作なのであろう。英国留学に赴く航海の様子などを詠んだ、彼の代表作とも言える漢詩集である。[7] 彼の漢詩好きは有名で、漢詩を通しての人的交流も多かったが、そのことについては後述したい。

史料②

拝復。本年四月五日御認めの書状、ロイマン氏の書状并に書籍一冊本月二日、西京本願寺より転送仕り、拝受致し候。先ず以って御無事御留学の御事と大賀を奉じ候。小生無事消陰まかりあり候間拝□下されたく候。さて先般の御書状は御本山より御送致下さるに付き、御答書に写真を添へ、御本山へ差し上げ申し□候間、御落手成し下され居り候事と存じ奉り候。本月、小生の航西詩稿を御本山へ差し上げ□候間、此れまたそのうち御落手成し下され候事と存じ奉り候。御批評願ひ上げ候。今度御申し越しに依り、ストラースブルヒ大学に於て、小生の知る所のロイマン氏に就て梵語を御研究遊ばされ候由、実に奇遇の御事と存じ奉り候。同氏よりも書状に種々申し越し候間、返書相認め申し候。はばかり乍ら、別封御渡し成し下されたく願ひ上げ候。ロイマン氏は、馬鳴菩薩の仏所行讃経の梵文の事に付き、一文を草したき様申し越され居り候。右梵文は去年英国にて出板に相成り候。其の支那訳は北京の曇無讖の訳せし仏所行讃経一部五巻これ有り候。明蔵には、黄檗蔵の典字函にこれ有り、小生の目録にては一千三百五十一号に拝見申され候。この支那訳を英人ビール氏は英語に訳出致し、The Sacred Books of the East Vol. XIX 一冊に相成りこれ有り候。但し梵文は支那訳よりは短く候に付き、梵文に欠けたる分を梵語に復訳致したき由にて、右支那訳の事を閣下へ委曲申し上ぐべきとロイマン氏より申し越され候。若し御間暇（ママ）の節、右支那訳を御一読遊ばされ、直訳を草して御見せ相成り候はば、定めて満足致され候ことと存じ奉り候。縮刷大蔵経にては、蔵字第七冊に四経これ有り。その第二を仏所行讃とす。亦仏本行経とも曰ふ。尚ほその第一の仏本行経七巻は、小生の目録にては一千三百二十三号に拝見候か。此れは同本異訳とは相見え申さず候へども、参考に相成り申すべく候。第三第四の二部も多少参考と相成り申すべくとも存じ候へども、もとより五巻宛の小部に御座候。右は強いて申し上げ候議にはこれ無く候へども、仏経梵文を御研究のために申し上げ候。尚ほ仏教梵文の研究にはパーリ語も一通り御取り調べ最も肝要と存じ候。併し乍ら平素御摂生を専一に遊ばされ、御壮健にて御勉強遊ばされ候様願ひ上げ候事に御座候。小生は幸ひに無病に打ち過ぎ居り候間、御卒業御帰朝の日には種々御高話拝聴仕るべく候と楽しみ申し居り候。本年九月の米国シカゴ府の宗教会議には小生并びに島地黙雷は出席を相断り申し候。臨済宗円覚寺派管長釈宗演師并びに天台宗の蘆津実全氏は出席致し候様に御座候。町田久成氏は近日渡米のはずと承り申し候。其の余の事情々新聞紙上にて御承知と存じ候に付き、総て省略仕り候。以上。

二十六年六月八日　　　　　　　　南條文雄　　東京市麴町区元園町一丁目二十六番地

常磐井様

翻訳名義集は必要の書に御座候。其の中の梵語を羅馬字にて綴り出し候事は先年来着手仕り居り候へども、未だに落成仕らず候。

史料①に引き続き、同年六月八日付の書翰である。これも堯猷からの手紙に対する返信であるが、シュトラスブール大学のロイマンの許でサンスクリットを研究することになった旨を知った上での返信である。

マックス・ミュラーの編になる『東方聖書』（The Sacred Books of the East）の編纂作業の一端が窺える点でも貴重な史料である。その編纂に際し、『仏所行讃』で梵文が欠けているため、中国語訳から英訳した個所を再び梵文に訳したいとし、それを堯猷に依頼している。南條は日本に、ロイマン・堯猷はドイツにありながら、三者が連絡を取り合って作業を行っていたことが知られる。「右支那訳を御一読遊ばされ、直訳を草して御見せ相成り候はば、（ロイマン氏は）定めて満足致され候ことと存じ奉り候」の如く、南條の細やかな心遣いが窺える。

「本年九月の米国シカゴ府の宗教会議」とは、同年シカゴで開催された博覧会に伴う世界会議のうちの一つで、全世界の宗教界の代表者が一堂に会し、全世界の平和協調を協議したという、今までにない画期的なものであった[8]。これはまた、日本の仏教が世界に紹介された嚆矢でもあり、北米における仏教伝道の端緒となった点でも極めて意義深く、記述の通り、日本からは釈宗演らが代表として出席している。いかなる理由によるのかは明らかでないが、この歴史的に名高い国際会議に南條が列席できなかったことは、いささか残念に思われる。

史料③

新年の祝賀申し上げ候。先ず以って御無事御留学の由奉賀に候。小生無事迎年仕り候間、御拝□下されたく候。陳は去年十月十八日御認めの貴書并びに両度に御差送の英訳共、西の京より付箋を以って転送相成り、十二月中に落手仕り候。御写真御恵送下され、拝晤の心得にて頂戴致し候。さて最早本年は御卒業遊ばされ候に付き、梵文仏経御出版に付き、支那訳□部の英訳をも同時に御出版の御心算にて、御訳文御送致相成り、過日来原文と引き合はせ拝見仕り候。御訳出の分は至極結構と存じ候間、未だに御訳出これ無き分小訳これにかき加へ申し上げ候へども、何分十分に明了と申す訳には参り申さず、慙愧の至りに御座候。尚ほ御熟考の上御改め下されたく候。難国《ママ》其の他の音訳義訳の分かち不分明の分も少なからず候様に存ぜられ候。尚ほ御差送下され候梵文写真石板頗る鮮明にこれ有り候。尚ほ追々拝見致し候ひて、支那訳中相改むべき廉も気付き候はば、又々申し上ぐべく候。唯々十分明了に訳出することの出来兼ね候は、実□残念千万に存じ奉り候。一昨年以来は、日清戦争のため種々人心にも変動これ有り候事かと案じ申し候処、存外速かに其の局を結ばれ候ため、何事もこれ無し。しかのみならず、戦争中の如きは全国一致の敵愾心の盛んなりし事は非常にして、此の辺はかねて新聞紙上にて御承知の御事と存じ候。もはや明十日は去年蓋平を陥し一周年の由にて、今朝は弊派の新法主殿わざと其のため御東上相成り、明早朝第一師団第一連隊軍衛に於ひて追弔の読経これ有り候はずに御座候。ロイマン氏よりも書信到来致し候に付き、返信は差し出し候へども、宜しく御伝へ下されたく候。尚ほ時下御自重専一に遊ばされ、御成業の上は一日も速かに御帰朝の義を待ち上げ奉り候。小生義一昨二十七年九月、西の京へ参り候処、去月より又々東京へまかり出で麴町区下六番町五十番地に寄留仕り居り候。此は番町小学校の北隣りに御座候。先ずは御答旁拝見仕り候。御英訳一冊書留郵便を以って返送仕り候議申し上げたく此くの如くに御座候。以上。

明治二十九年一月九日　　南條文雄拝

常磐井鶴松殿

一八九六年（明治二十九）一月九日付のこの手紙は、卒業を控えた堯猷が南條に送った訳文についての講評が中心となっている。このように、堯猷が論文を書くに際して、「未だに御訳出これ無き分小訳これにかき加へ」の如く、懇切な添削指導をしていたことが知られる。日清戦争時の世情についての記述も見落とせないが、南條が大谷派の立場を離れて、一知識人の目で冷静に事態を見守っていたことが理解されよう。(9)

史料④

拝復。本年十一月二日付の貴書十二月十四日拝受仕り候。冷気の候御健勝に御起居遊ばされ候由大賀を奉じ候。殊に本年七月下旬には御試験も御滞りこれ無く、御済ましにて学位を受けさせられ候由、多年御勉学の御結果と慶賀仕り居り候。小生尾全消光仕り居り候間、御拝□下さるべく候。陳者御書状と同時に落手致し候麗蔵の須摩提女経の英訳御学成り、昨今拝閲の上添削を相試み申し居り候。附言の書信中の語の如く相成り候ために、通常郵便として差し上げ申し候。此の由御断はり申し上げ候。又此の支那訳文は頗る読み下し難き箇所多しと存じ候。且つ明らかに写し誤りならんと存ぜられ候ひし廉も少なからず候。最初の舎衛国王舎城（祇園精舎なるべし）の如き、最後の爾時阿難（是故なるべし）の如き、比々にこれ有り候。夫れ故気付き候分のみかき添へ候。申□□候間、尚ほ御熟覧の上御取り捨て下されたく候。早速拝見致すべきはずの処、本年は七月以来諸国を巡回仕り居り候ため、用事手後れ致し、漸く今日拝見致し終はり候事に御座候。右のため御卒業の拝賀状も遂に差し上げ後れに相成り候段、平に御海容下されたく候。明年三月中旬までに御印刷相成り候御心算と承り候儘忽卒拝見の上返□仕り候。高楠順次郎氏は、帝国大学と浄土宗学とへ教授に出懸け居り申し候。貴書中の御厚意は申し通し□候。何れ同人よりも已に申し上げ候事と存じ候はば、来年にも御帰朝の御日限御決定の上は何卒一同申し合はせ盛んに御歓迎仕りたく存じ居り候。そのため本月初旬に一会を催し、種々相談仕り候事に御座候。弊派の新法主殿を歓迎会長と致し、近衛様、二條様、本願寺派新法主殿等は皆々御賛成と申し候事にて、島地黙雷、石川舜台、大内青巒、井上円了、村上専精等は皆発起者と相成り候事に御座候。小生も及ばず乍ら奔走の心得に御座候。何卒御健康にて御帰朝にあらせられ候事を唯今より待ち上げ申し候。来三十一年一月は宮中御大喪期内にて新年の御賀はこれ無きの由に付き、幾分か一般に静かなる新年ならんと存ぜられ候。帝国議会も去る二十五日、衆議院は解散と相成り、貴族院も停会と相成り申し候。又内閣諸大臣も総辞職と申す程の有様に御座候。過般は長谷部様御東上にて、度々拝謁仕り候閣下の御帰朝を御待ち成され候事に相伺ひ申され候。昨今は東京も寒気大いに相増し申し候。今朝は雪の先触れ□□霰の降り候を見更《ママ》申し候。もはや本年も三日を余まし申し候。唯々歳月の経過の速やかなると、小生共の事業の遅きとに驚き居り申し候。尚ほ御機嫌克く御超歳遊ばされ候様に予め祝賀仕り候。以上。

明治三十年十二月二十八日　　南條文雄

常磐井様座下

一八九七年（明治三十）十二月二十八日の日付けがあるが、これは第二章に引用した史料⑤の高楠書翰の僅か二日後に書かれたものである。当然の事ながら、両者の内容には共通点が多い。冒頭にある通り、十二月十四日に堯猷から届いた手紙に対する返信であり、これは高楠書翰の「尚ほ、南條氏へ近日御書面到来の由、仰せ言これ有り候。同氏の書面をも（若し返信あらば）御参考然る可く御一考下されたく候」の一文とも完全に符合している。ところで、両書翰を比べてみると、興味深い事実に気付く。高楠書翰で、あれ程微に入り、細を穿つ懇切丁寧なアドバイスがなされた帰朝歓迎会については、南條書翰はごく簡単に準備委員会開催の事実を記すだけである。それに対して、南條書翰では須摩提女経の訳文添削の方が主要な内容となっており、その添削作業を現在大至急行っている最中であるという。南條と高楠はお互いに連絡を取り合って堯猷を支援していたように見受けられる。例えば、訳文添削などの細かい指導は南條、学問全般についてのアドバイスは高楠、といったような申し合わせができていたのではなかろうか。堯猷にどのような返書を認めたかについても、両者は後日報告し合ったことであろう。堯猷のドイツ留学は、南條・高楠師弟の見事な連係プレーによって支えられていたのである。

以上が専修寺蔵堯猷宛南條書翰四通の全容である。続いて、書翰以外で南條と高田派の接点を探ってゆきたい。

南條と高田派の接点

南條文雄と高田派の交流を知る上では、高田派関係の同人雑誌の記事も大いに手掛かりとなり得る。それによ

ると、南條は度々伊勢一身田に講演会の講師として招かれていることが解る。その講演録等が以下の如く掲載されている。(10)

・一八八九年（明治二十二）七月、『以音会雑誌』七号〔話〕貴婦人会演説
・同年八月、同誌八号〔話〕特別教会演説大意
・同年十月、同誌九号〔演説〕特別教誨
・同年十一月、同誌十号〔演説〕特別教誨
・同年四月、『択善会雑誌』一号〔論説〕二双四重
・同年六月、同誌三号〔講述〕択善勤行(11)
・同年十一月、同誌八号〔講述〕因縁和合

南條のこの年（一八八九年（明治二十二））の一身田来訪の頻繁さは特筆に値する程であるが、これは何を物語るのか、また彼にとってはいかなる年だったのであろうか。前述の『懐旧録』によると、前年に我が国最初の文学博士の一人となって、働き盛りの四十歳の頃であり、最も精力的に講演活動をこなした年であったと言える。「隔月に岐阜別院と岡崎の三河教校とにおもむいて仏教講話を開始し」(12)（一八八八年（明治二十一））ともあり、東海地方での活動が際立っているが、これは前年二月から同年十二月までは名古屋に住み、東本願寺別院普通学校長兼教授の職に在ったためである。南條文雄と真宗高田派との交流の契機は、この名古屋別院在職中に生じたと考えるのが最も無難であろう。この時期の交通事情を考えれば、月一回以上の講演を地方でこなすことは並大抵の労苦ではない。(13)残念ながら、『懐旧録』には一身田訪問の記述は全く見られない。

堯熙は、当時としてはかなり先進的な人であり、生涯に約百回も上京している。勿論、公務もあったが、最先端の文化・思想を吸収するための上京といった意味合いが強かったようである。上京の際には、南條など在京の

学者と懇談することも多かったようで、一八九〇年（明治二十三）十月発行の『択善会雑誌』十九号〔雑報〕には、「（堯熈法主）御発の砌りは新橋停車場まで有栖川宮、近衛公爵の御使等、其他南條博士、嶋地老師、井上学士、諸宗の僧侶等賑々しく御見立申せし由」と報じられている。閉塞しがちな地方の教団を引っ張ってゆく指導者にとっては、東京における一流の知識人との交流が昔も今も不可欠なものであり、南條もその一人だったのである。

下って、一八九九年（明治三十二）二月、南條は『松のみどり』(14)創刊号に「松のみとりの発行を祝す」の祝辞を村上専精、大内青巒、島地黙雷らと共に寄せているが、それまでの十年間近く高田派関係の同人雑誌には全く名前が見受けられないのである。

さて、南條の漢詩は決して趣味の域に留まるものではなかったが、同好の士と漢詩の会を催すことも多かったようであり、一身田へ来訪の際も堯熈の裏方敬子《よし》らと共に詩会を開くのが何よりの楽しみであったらしい。その漢詩の会の和やかで楽しげな雰囲気が今も伝わって来るような作品が残っているが、次に挙げるのは、敬子（唫花女史）が南條に贈ったものである。

　　喜君為法早忘身　　蛍雪多年耐苦辛
　　西訳東翻功已鉅　　才華何怪冠群倫
　　　　寄南條文学博士　　唫花女史

南條にとって、やはり最も気を許して付き合えたのは漢詩仲間だったのではあるまいか。この敬子の漢詩は恐らく南條が文学博士号を取得した翌年の一身田来訪の時の作だと思われる。

まとめ

限られた史料の中でのこと、非実証的な推論に頼らざるを得ないのが残念であるが、堯熈・堯猷父子と南條・高楠師弟の交遊関係について、大まかな見当は付けることができたようである。まず、南條と高楠との出会いについては、高楠自ら記した『懐旧録』序文に明らかにされている。[15] 両者が初めて面会したのは一八八八年（明治二十一）だとされるが、その頃沢井（高楠旧姓）は高楠家に養子に入り、高田派とのつながりができている。[16] 一方、この年南條は大谷派名古屋別院にあり、三重県にも足繁く通い、専修寺での幾度もの講演を通して堯熈とも昵懇の仲となったと考えられる。偶然にも、ほぼ同時期に南條と高楠、南條と堯熈、高楠と高田派との交流が開始されたわけである。[17] この頃堯猷は既に一八八六年（明治十九）よりドイツ留学に発っており、欧州の事情に通じた助言者を得ることは、父堯熈の切望して止まない所であったに違いなく、その依頼を受けた南條は、これを高楠に持ち掛けた。これを承けて高楠が堯猷に書き送ったのが、一八九二年（明治二十五）四月十八日付書翰（第二章史料①）である。その文面に「今回南條よりの書中に龍動御在学のこと申し来たり」、「御宿所判然致さず候へども、南條よりの書面に依り推察ヶ所相認め置き候」とある通り、南條から何らかの依頼を受けていたことを強くにおわせている。南條・高楠両書翰を概観してみると、南條のものが最初から助言を中心とした内容であるのに対し、高楠のものは一八九四年（明治二十七）までは、挨拶・依頼・質問に終始、一八九七年（明治三十）以降は助言を主としたものに転換している点が注目される。高楠の面目躍如の感のある、一八九七年（明治三十）十二月二十六日付書翰（第二章史料⑤）以降、南條は助言者の役目を高楠に譲り渡したのではなかろうか。それ以降（厳密にはその二日後の手紙以降）の南條の堯猷宛書翰は残っていないのである。繰り返しになるが、ドイツ留学中の堯猷と、それを見守る堯凞を支えていたのは、南條・高楠の信頼関係に基づく鮮やかな連係プレーだったのである。学問的にも、人間的にも宗派の枠を超えて親交を結び、助け合った彼らの生き方は、末永く美談として語り伝え得るものであろう。(18)

（1）南條が亡くなる半年前までにかけて、自ら語った懐古談の筆録であり、一九二七年（昭和二）、大雄閣から刊行されている。大雄閣は、高楠順次郎の息高楠正男の経営になり、東洋文化・仏教などに関する書物を出版した。現在は、その復刻版が平凡社東洋文庫三五九号として刊行されている。

（2）大谷派の学僧で、大谷派講師、大学寮総監などを歴任し、教学の第一人者であった。

（3）南條と高楠の関係、留学の経緯については、『雪頂・高楠順次郎の研究』（大東出版社、一九七九年）一三、一九～二〇ページ参照。

（4）詳細後述。

（5）堯猷の欧州留学については、本書第Ⅳ部第二章参照。

（6）その時の写真は見付かっていないが、高楠他数名の人物を紹介した南條の名刺があり、その内容から一八九〇～一八九四年（明治二十三～二十七）の間のものと解る。

（7）『航西詩稿』は、現在国立国会図書館でも所蔵が確認されない。一九三七年（昭和十二）に氏の追悼詩集として発刊された『碩果詩草』にその一部が掲載されているようであるが、樺太から沖縄まで全国津々浦々への布教・講演活動が知られ、驚かされる。

（8）万国宗教会議の評価については、中村元氏「万国宗教会議百周年に想う」（『東方』九号所収、一九九三年）に過不足なく記されており、一九九三年は、その百周年を記念する大会が世界各地で開催された。

（9）日清戦争に際しては、仏教各宗派が戦争支持の姿勢を取ったが、その中でも大谷派の対応は際立ったものであった。戦争宣戦布告の詔勅（一八九四年（明治二十七）八月一日）を承けて、その僅か五日後に法主の親示が出されている。戦争への積極的協力を呼び掛けると共に、それこそが、真宗の教義にも合致し、門徒の本分でもあると説いている。吉田久一氏「日清戦争と仏教」（笠原一男博士還暦記念会編『日本宗教史論集　下』所収、一九七六年）、木場明志氏「明治期対外戦争に対する仏教の役割」（『論集日本仏教史　明治時代』所収、雄山閣、一九八七年）参照。

（10）明治中期には、このような宗教系同人雑誌が数多く発行されており、以音会、択善会とも伊勢ではかなり盛んな結社であった。『以音会雑誌』、『択善会雑誌』とも所蔵分に欠号があり、これ以外に南條関係の記事がある可能性も高いが、調べ尽せなかったことをお断わりしておきたい。

(11)〔雑報〕の項には、「本月二十二日名誉会員南條文雄師を招聘し仏教演説を開きたりしが、来会者は県知事書記官、裁判所長を始め無慮二千余名ありき。同師は其の翌日、津市の津梁社及び三重婦人会にて演説し、南勢地方へ赴きたり」とあり、講演会の盛況ぶりが窺える。

(12)註(1)書、二五二ページ。

(13)その当時の鉄道網の整備状況を見てみると、東海道線新橋―神戸間の全通が一八八九年(明治二十二)であり、三重県下では亀山―一身田間が一八九一年(明治二十四)に開通しているものの、名古屋までの開通は、木曽三川の長大橋梁架設に手間取り、一八九八年(明治三十一)を待たなければならない。現在では、一時間弱の名古屋―一身田間も、当時は一日がかり、あるいはそれ以上の行程であった。

(14)『松のみどり』については、本書第Ⅳ部第二章参照。

(15)「明治十九年の春、中川太郎氏、サー・エドウィン・アーノルドの『亜細亜の光』を訳出するにあたり、予はその補助として書中の梵語を南條博士にただすの命を受けたることありき。これを博士と書簡を往復するのはじめとす。(中略)こえて二十一年予は博士の蹟を追うて牛津におもむかんとし、博士を浅草の萬居に訪い彼の地への介紹を請う。これを最初の対面とす」とある。註(1)書、序ⅶページ。

(16)この間の事情については、『雪頂・高楠順次郎の研究』一二～一三ページ、および本章第Ⅳ部第二章参照。

(17)それぞれの順序は確かでない点が多い。『懐旧録』序において、高楠は「明治二十一年浅草の萬居に」としているが、同書本文によると、一八八八年(明治二十一)、南條は京都から名古屋に転居していて、東京には居住していない。一般に年時よりは場所の記憶の方が確かなことを考え合わせ、本文を探ると、南條の浅草居住は一八八四～一八八七年(明治十七～二十)頃である。両者の初対面は、高楠の記述より一～二年早かったと見るべきであろう。また、高楠の養子縁組の時期も必ずしも明確ではない。

(18)明治の仏教者は、非常に連帯感が強い。その背後には、廃仏毀釈を体験した共通の危機意識、キリスト教の伸長に対する対抗意識もあろうが、同じ仏教者としてお互いに助け合い、新時代を乗り切ってゆこうとする気迫が漲っている。日本の仏教を守ることに必死だったのである。振り返って、現代の仏教は表面上は安泰に見えるものの、内実は明治期よりも遙かに危機的な状況にある。それにも拘らず、仏教界全体の連帯感がなく、それぞれがセクショナリズムに固執しているのとは全く好対照である。

第四章　伊藤次郎左衛門祐民と揚輝荘

はじめに

二〇〇八年来の世界的大不況で、日本のデパート業界も未曾有の業績悪化が伝えられている。その大手デパート業界の一つが、名古屋に本店を置く松坂屋であり、全国的にも高い知名度を誇っている。特に、地元東海地方（愛知・岐阜・三重）での松坂屋に対する評価は今もって絶大で、同業他社の躍進にも拘らず、「まっつぁかやさん」のブランドには揺るぎないものがある。ところが、その創業者である伊藤次郎左衛門祐民《すけたみ》と彼の別荘であった揚輝荘については、未だ全国区の知名度を得るには至っていないようである。(1)さらに、伊藤次郎左衛門祐民は熱心な仏教徒であり、戦前期の日本仏教活性化に果たした活動にも甚大なものがある。彼のこの業績はもっと顕彰されるべきであり、(2)近代実業家の仏教信仰の一例としても看過できない。本稿では、昨年刊行された『揚輝荘と祐民』（NPO法人揚輝荘の会編著、風媒社、二〇〇八年）の内容に沿って、(3)伊藤次郎左衛門祐民と揚輝荘、及び彼の仏教信仰の諸相について紹介してみたい。

揚輝荘とは

名古屋市の中心部から東へ数ｋｍの閑静な住宅地の一角に揚輝荘はある。西隣りは覚王山日泰寺(4)である。「揚輝荘」の名は、この辺りが古来月見の名所であったため、それに因んで祐民が陶淵明の漢詩の一部「秋月揚明輝」から採ったものだとされている。樹木が鬱蒼と生い茂る回遊式庭園の中にいくつかの建物が点在している、風雅な別荘建築群である。なお、揚輝荘という名の建物はなく、この別荘の総称である。別荘とは言うものの、家人が静養するための施設としての性格よりも内外の要人を迎え、茶事や園遊会などを催す、賓客接待のための施設としての性格の方が強く、いわば松坂屋迎賓館であったと言えよう。最盛期の一九四〇年（昭和十五）頃には約一万坪の敷地に三十棟余りの建物が点在する壮大な景観を誇っていた。しかし、その後の戦災や接収、戦後の改修、地域の再開発により往時の面影はすっかり薄れてしまった。さらに、現在では敷地の中央には大規模なマンションが建ち、揚輝荘の敷地は南北に分断されて、約三千坪の敷地に五棟の建物を残すだけとなっている。

近年まで、ごく一部の関係者を除いてはその存在と詳細について知る者はなく、市や近隣住民もその存在と価値について関知していなかったのである。ところが、「このままでは揚輝荘は人知れず朽ち果てていってしまう」との危機感を抱いた一部の有識者と地域の魅力の高揚・発信を模索する地域住民の意向が合致し、二〇〇一年十一月二十三日、初めて揚輝荘の一般公開が実現した。この公開は大きな反響を呼び、地域に埋もれていた貴重な文化遺産が多くの人に知られただけでなく、地域住民もそれを誇りと認識するに至ったのであった。二〇〇六年には、ＮＰＯ法人揚輝荘の会が発足し、揚輝荘は保存活用に向け大きく動き出すことになった。現在、揚輝荘の敷地建物は名古屋市に寄付され、老朽化した建物の保全改修と活用が始まったばかりである。

揚輝荘の建築とその価値

揚輝荘には、現在、北から伴華楼、豊彦稲荷、三賞亭、聴松閣、揚輝荘座敷の五棟の建築が残されている。どれも趣向を凝らした建築であるが、その白眉は、何と言っても聴松閣であろう。聴松閣には、祐民の趣味と精神が最も凝縮・反映されており、建築としての完成度も極めて高いからである。

聴松閣は、一九三七年（昭和十二）に竹中工務店の設計・施工によって建てられた(5)、揚輝荘の一連の建築の掉尾を飾るものである。木造地下一階地上三階建で、自然木を活かした瀟洒な山荘風の外観を有しており、館内の意匠も、なぐり仕上げにより野趣を強調し、山荘らしさを現している。また、車寄せの上を書斎とするなどし、変化に富んだ屋根組が特徴的である（写真1）。しかしながら、最も特筆すべきは、地下に荘厳なインド様式の饗宴場を備えていることである。饗宴場への入口となる地階ホールには、当時伊藤家に寄留していたインド人画家ハリハラン(6)の描いた壁画が残されているが、これはアジャンタ石窟に見られる釈迦前生譚（ジャータカ）の一部分を模写したものだと考えられている(7)。また、ホールの付柱や回り縁の意匠には、アンコール・ワットなど、インド、イスラム建築を模した精緻な細工が施されていて、見応えがある。饗宴場は、祐民のインド・アジア趣味を凝縮した濃密な空間である。饗宴場は、舞台付のダンスホールとなっており、付柱にはインド・アグラ宮殿の、マントルピース上のレリーフにはアンコール・ワットの意匠が模されている(8)。さらに、南側の採光窓にはヒマラヤ連峰をデザインしたエッチングガラスがはめられており、幻想的な雰囲気を高めていたことであろう(9)。また、饗宴場の一画に瞑想室と思われる小部屋があり、細密なモザイクタイルの中心にインド女神のレリーフが施されている。饗宴場全体がインド・アジア様式で埋め尽くされているが、それが破綻なくまとめられており、

写真１　揚輝荘聴松閣（筆者撮影）

設計者の優れた力量が窺える。恐らく、ハリハランも壁画だけではなく、ホールと饗宴場全体の意匠設計に関わったものと思われる。二階には、インド風客間と中国風客間があるが、現在は改造により全容を見ることは不可能である。なお、聴松閣は当初案では西洋山荘風の建築として設計され、地階には納戸、厨房、ボイラー室があるだけで、インド風の饗宴場とホールは後の設計で追加されたものであることが確認されている。インドから帰国した祐民がその感動を再現すべく、急遽設計の大変更を指示したことによる(10)のだが、当初案のままで竣工していたなら、もっと通有な建築に終わっていたことであろう。

聴松閣に次いで、揚輝荘を代表するのが、敷地の北端に位置する伴華楼《ばんがろう》である。英語のバンガローをもじったもので、渋沢栄一が東京飛鳥山に建てた晩香盧を念頭に命名されたものであろう。この建物は、尾張徳川家大曽根邸から譲り受けた座敷・茶室（一九〇〇年（明治三十三）築）を中心に名古屋建築界の大御所鈴木禎次設計の洋室を合築し、一九二九年（昭和四）に竣工している。木造二階建であるが、二階中央部のみが移築部分で、その他が新築部分である。外観は、違和感なく一つの建物としてまとめられているが、最も目に付くのは、一階玄関からその東側の応接室にかけてのテラスの玉石張りである。この五色の玉石張りは、園内各所の石橋やトンネル入口にも共通して見られる、揚輝荘の特徴的な意匠の一つである。東端の一階応接室から二階書斎にかけては、市松模様の暖炉煙突が良いアクセントとなり、二階の割板の鱗壁と相俟って「バンガロー」を表現している。内部では、まず玄関の端正なアールデコ風幾何学模様が印象的である。東側の応接室は、暖炉、漆喰の施された梁、作り付けの飾棚が部屋を引き締めている、その真上に位置する二階書斎では、発掘古瓦を散りばめた暖炉が目を引く。西隣に位置する茶室、座敷は移築部分で純和風の意匠であるが、襖や縁側の無双窓の市松模様が全体の調和を図っている。屋久杉の欄間が目を引く、この座敷は旧来より伊藤家の伝統行事を執り行う部屋として、[11]格別に重んじられて来た。それが、贅を尽した絢爛豪華な部屋ではなく、洒脱な数寄を凝らした部屋であるところに伊藤家の本質が窺えよう。

両者とも、祐民の趣味・数寄を最大限に表現した建築であり、他に類例を見ない貴重な遺構である。祐民の渡印（一九三四年（昭和九））以前の伴華楼と以後の聴松閣の対比も興味が尽きず、昭和戦前期の実業家であり、文化人・数寄者でもあった祐民の面目躍如たるものがある。

実業家伊藤次郎左衛門祐民

それでは、揚輝荘を営んだ伊藤次郎左衛門祐民とは、いかなる人物であったのだろうか。祐民は、一八七八年（明治十一）五月二十六日、いとう呉服店第十四代祐昌の四男として名古屋茶屋町の伊藤家本宅にて生まれた。ところが、長男、次男が相次いで早世し、三男も十九歳にして急死するという事態により、思いも掛けず、祐民が伊藤家の後継となることになったのである。これは、祐昌にとっても祐民本人にとっても想定外の事態であったが、後継者としてではなく、のびのびと自由に育てられた祐民はかえってその本領を発揮することになったようである。勿論、揚輝荘の建築も祐民無くしては有り得ぬものであった。かくして、いとう呉服店の経営を指揮する立場になり、その刷新・近代化を目指した祐民であったが、最初のうちは、父祐昌や古参の別家衆の反対に遇ったりし、なかなか理解を得られなかったようである。祐民が実業家としての経営手腕を発揮した最初の事業が一九〇七年（明治四十）の東京上野店の改装であった。これは、旧来からの座売りをやめて、商品を陳列して立ち売りする方式に改めるものであったが、その成功に力を得て、次に名古屋本店のデパート化を推進する。そして、一九一〇年（明治四十三）三月五日、名古屋栄町に西洋風三階建てのデパートメントストアを新築し、いとう呉服店は松坂屋デパートとしての新たなスタートを切ることになったのである。なお、祐民は、この新店舗の建築中に日本実業家渡米団[12]に加わり、アメリカの主要都市とそのデパートメントストアの実情を視察している。この米国視察は、祐民にとってデパート経営のノウハウの習得のみならず、国際交流の端緒ともなる意義深いものであった。また、当時の日本の置かれた厳しい国際環境を身を以て認識するとともに、世界的な視野を持った経済人祐民の第一歩ともなるものでもあった。その後、祐民のデパート経営は順調に伸張し、関東大震災後すぐに上野店の復興新築、銀座店の新築開店、名古屋本店の南大津町（現本店所在地）への新築移転と矢継ぎ早に大事業が遂行され、松坂屋デパートは大躍進を遂げ、その地位を確立する。祐民は、デパート事業の成功を得て、地元名古屋の発展と社会福祉活動にも精力的な取り組みをする。祐民は、早く一九二四年（大正十三）に名古屋ロータリークラブの設立に中心的な役割を果たし、国際親善と社会奉仕に身を投じている。また、名古屋市の都市計画にも最初期から関与し、名古屋の近代都市化に多大な貢献を果たしている。さらに一九二七年（昭和二）には、名古屋商業会議所会頭に就任し、名古屋経済界のリーダーとなり、街区や道路の改修整備、名古屋駅の改築、市公会堂の新築などの事業に精力的な働きをしている。彼の郷土愛には並々ならぬものがあり、事業の利益を地元に還元することは祐民にとっては実業家としての当然の責務であったに違いない。

祐民の仏教信仰とインド旅行

実業家として成功した祐民は、一九三三年（昭和八）、満五十五歳にして松坂屋取締役社長と名古屋商工会議所会頭の職を辞し、以後社会活動に専念する。まず、彼は私財百万円の大金を投じて財団法人衆善会を設立し、自ら理事長に就任する。当初は、各種社会事業団体への助成を主な事業としていたが、一九三七年（昭和十二）、鉄筋コンクリート造り三階建ての近代的な隣保施設「衆善館」を新築し（写真2）[13]、託児・母子保健・学童クラブ・授産などの事業を開始した。実際の運営には、祐民の信任厚い三上孝基が当たっている。衆善会の名が、伊藤家伝統の家憲である「諸悪莫作、衆善奉行」に拠っていることは改めて述べるまでもなかろう。祐民のもう一つの事業が国際交流活動であった。既述の如く、彼は実業団の代表の一人として渡米して以来、国際交流の必要性を強く認識しており、その舞台となったのが揚輝荘であった。最初は、特に日米親善に尽くしたが、アジアと

写真２　衆善館（『竹中工務店建築写真集』４、1939年刊より）

の交流も古い。渡米の翌年、名古屋栄町の新築デパートの開店セールの際、たまたま見物に来たアジア人を見付け歓待したが、これがビルマ僧オッタマであった。彼は、ビルマ独立運動の闘士であったが、この偶然の出会いは後のインド旅行にもつながってゆくことになる。オッタマは、ビルマの人材教育の必要性、特に日本への留学生受け入れを祐民に訴えた。祐民はそれを快諾したが、その縁でいきなり六人のビルマ人青少年が送り届けられて来たというエピソードがある。勿論、祐民は六人全員を約束通り伊藤家本宅に引き取って教育させたという。異国の初対面の青少年をまとめて預かり、家族同然に養育した祐民の懐の広さには驚きを禁じ得ない。その約二十年後、オッタマは祐民のインド旅行のガイド役となるのである。また、一九三六年（昭和十一）には、名古屋日暹協会を設立して、会長に就き、タイからの留学生を揚輝荘内に受け入れている。この留学生受け入れ施設は衆善館と名付けられ、終戦までアジア各地の留学生を厚遇している。留学生の受け入れ事業は衆善会の事業の一つとされ、寮長には三上孝基が当てられている。実業界を引退してからの祐民の国際交流は、タイ（旧シャム）、ミャンマー（旧ビルマ）、インドなどの南インド諸国に軸足が移るが、それは彼の仏教信仰との関連によるものではなかろうか。彼の国際交流の総集編とも言えるのが、一九三四年（昭和九）のインド仏蹟巡拝旅行である。

一九三四年は、仏誕二五〇〇年の記念すべき年であった。[14] 伊藤家代々も祐民自身も熱心な仏教徒であったことについては、今更書き加えるべくもない。祐民は、覚王山日泰寺（当時は日暹寺）の信徒であったが、タイとの精力的な交流を推進し、隣接地に揚輝荘を営むなど、その創設にも少なからず関与したのではなかろうか。[15] 八月二十日、祐民はインド人画家ハリハラン、カメラマン長谷川伝次郎、随行千代の四人で四ヶ月間に及ぶ念願のインド仏蹟巡拝旅行に旅立つ。この旅の目的は、『仏蹟』（一九四一年刊）の巻頭に十五箇条に亘って明記されている。

旅行の目的

・仏生二千五百年の記念の年に仏蹟を巡拝したき事
・茲二三年来知己先輩の死亡殊に多くこれの霊意追善の為
・曾て養育したビルマの学生の有様が見たき事
・印度美術家ハリハランの帰国は案内者として好都合なりし事
・オッタマの印度にありしは仏蹟案内に適任なる事
・タゴールに面会の事
・ヒマラヤの大自然に接したき事

・ラホールのロータリークラブに答礼の事
・カシミールの産地を見たき事
・仏生の印度に仏教の亡びたる原因を極めたき事
・英国の治め方　印度人の思想
・気候と動植物の関係
・印度人の風俗習慣
・印度内地の交通と其他の施設
・現在の日本人の地位

仏蹟の巡拝を主目的としつつも、南アジア全般の情勢や植民地支配の実態、タゴールとの面会など多岐に亘っており、祐民の実業家としての視野・関心領域の広さが窺える。なお、この旅行の詳細は、祐民自筆の日誌が『仏蹟』に掲載されており、克明に知ることができる。

一行は、上海、香港、シンガポールを経て九月八日、ペナンに入港し、ここから陸路バンコクを目指す。途中の寄港地でも随所で歓待されているが、(16)バンコクでの歓迎はロータリークラブへの出席などもあり、ひときわ盛大であった。九月十五、十六日にはアンコール・ワット、アンコール・トムを見学、再びバンコクを経て、ペナンから海路ビルマ・ラングーンへ向かう。九月二十五日、ラングーンに到着すると、ビルマ青年らの熱烈な歓迎を受けたとあるが、これは、かつて祐民が自宅に引き取り、養育した青少年とその縁者たちであった。彼らにとって祐民は大恩人である。その再開の感動的なシーンが日記の文面からも十分に感じ取れる。国内各地で歓待され、十月六日、ラングーンを出港し、いよいよインド・カルカッタを目指す。

九日、遂に憧れのインドに上陸し、現地在住の日本人要人、インドに追放中のオッタマ僧正、野生司香雪画伯(17)

写真３　伊藤祐民（ブダガヤにて。『仏蹟』1941年刊より）

の出迎えを受けたとある。翌十日には、マハボディーソサエティーを訪問し、オッタマ僧正に面会してインド国内での旅行行程の調整をしている。十二日、サンティニケタンに入り、近代インドを代表する詩聖タゴールに面会、翌日にはタゴールに抹茶を点じている。彼との面会に際しては、タゴール大学に在籍し、同行のハリハランの仲介があったことは言うまでもない。その後北上し、二十二日、ダージリンにてヒマラヤ連峰を遠望し「カンチェンジャンガの黎明壮観無比」とその感激を記している。雪を頂いたカンチェンジャンガの山容は祐民にとって余程印象的だったと見え、それを聴松閣地階饗宴場のエッチングガラスに残したことは既述の通りである。二十八日、ラジギール・王舎城、霊鷲山見学、三十日、ブダガヤ大塔、金剛宝座参拝とあり、現地の衣装を身にまとい、真摯に拝礼する祐民の姿（写真3）が印象的である。翌三十一日、乗馬にて尼蓮禅河を越え前正覚山に登山する。大地主マハンタ氏の厚意により馬を借りた、とあるのが興味深い。次いで、サルナート、クシナガラ、祇園精舎と巡礼するが、クシナガラでは「樹上一人の支那僧住居」していたという。樹上生活する修行者なのであろう。十一月九日、タジマハール、アグラ城見学後、デリーへ。さらに北上し、カイバル峠、スリナガルへも足を延ばす。その途中の十一月十六日、ラホールにて、ロータリークラブに出席、盛大な歓迎を受けるが、これは半年前、名古屋でのロータリークラブ大会において、ラホールロータリークラブのトーマス氏が歓待されたことへの答礼であった。その後、南下し、デリーを経て二十六、二十七日にはアジャンタ、エローラの窟院を見学している。翌二十八日にボンベイ入りし、現地駐在の要人と会食している。引退したとは言え、祐民の実業家としての評価の高さが窺える。十二月三日、バンガロールから滝見物の道中「古自動車にて再三パンクし、新タイヤ三本を買求め辛じて午後十二時過山中滝前のボンベイ・バンガローに着」とある。つい二十年程前までは、この時のようにインドの悪路と自動車のトラブルは付き物であったが、現在は飛躍的に改善されたようである。

七日には、インド最南端に近いトリバンドラムで国賓待遇で国王に謁見し、翌八日にはインド大陸からセイロン島に渡る。カンディー仏牙寺などを巡拝し、十一日夕、帰国の途に就く。「御仏の　守りましけん　外国のながき旅路に　さはることなく」の歌（十二月十六日）に祐民の気持ちが余す所なく現されていよう。二十九日、神戸港入港、翌日名古屋に帰着し、百三十三日間の大旅行が無事終わった。

なお、この旅行ではハリハランが通訳として同行、インド仏蹟巡拝中はオッタマ僧正が案内役を務めたが、カメラマン長谷川伝次郎の同行は最も大きな意義を持つ。彼は、この旅行で膨大な量の写真と十六ミリ映像を撮影しており、写真は『印度』（一九三九年）、『仏蹟』として刊行され、十六ミリは祐民の講演の際に百四十三回も上映され、四万六千人もの人々にインドの現状と魅力を伝えたという。祐民の資金的なバックアップがあったからこそ、長谷川もその力量を十分に発揮できたのだが、両者の信頼関係にも一入ならぬものがあった。信頼できる、腕の良いカメラマンが同行したからこそ、祐民のインド旅行も多くの人に知られ、貴重な記録として後世に残されたのである。この旅行を、資産家の物見遊山に終わらせなかった祐民の才覚には瞠目すべきものがあろう。

まとめ

以上、伊藤次郎左衛門祐民の功績と、その思想を凝縮した彼の別荘揚輝荘について述べて来た。インド仏蹟巡拝旅行は、その後の彼の後半生を決定付けるものともなったが、祐民は、日本の将来に大いなる危惧を抱いていた。昭和初期以降、急速に胚胎しつつあった社会階層間、国家間の矛盾・対立の激化は留まるところを知らず、全体主義による国力の誇示と国際的孤立を招きつつあった。祐民はその危険性をいち早く察知し、総合的視点による正義と協調の精神によってそれを克服しようとの強い信念を持ち、その後半生を社会事業と国際交流活動に捧げようとしたのであった。この正義と協調の精神が仏教思想に基づくものであることは説明を要しまい。しかし、その高邁な信念と意欲を十分には活かせぬまま、一九四〇年（昭和十五）一月二十五日、六十三歳で亡くなっている。奇しくも太平洋戦争開戦の前年であったが、祐民には夙に予測の付いていたことであったと思われる。激動の戦中・戦後、祐民が社会事業家としてなお活動していたならば、多少は日本の動向も異なっていたかもしれないと思うと残念至極であるが、国体の変革に及ぶべくもなく、志半ばにしてもっと悲劇的な結末を迎えていたかもしれない。いずれにせよ、終生仏教思想に基づき、実業家として、また社会事業・国際交流家として真剣に生きた祐民の名は未来永劫に語り伝えられなければならない[18]。それと共に、彼の理想を集大成、凝縮した揚輝荘の建築群も祐民の意志を具現化したかけがえのない遺産として後世に至るまで保存活用されねばなるまい[19]。

（1）筆者は、長年東海地方に居住しており、また個人的に古建築、近代建築に多大な関心があったため、揚輝荘の動向についても知る機会に恵まれた。しかし、揚輝荘も伊藤次郎左衛門祐民もまだ一般にはあまり周知されていないようであり、痛恨の極みである。

（2）現代の実業家は、ほぼ例外なく利潤追求のみに汲々とし、精神的なゆとりは全くと言って無い。時代が違うとは言うものの、祐民の謙虚な信仰心と社会に対する貢献、それを形にした揚輝荘をより多くの人に周知し、それを現代社会に問うことには絶大な意義がある。それは、東海地方在住で仏教に関わる筆者にとっては、ある意味で責務の如く感じられ、及ばずながら本稿を試みた次第である。

（3）本稿は、筆者が独自に調査したり、直接資料を確認したものではなく、基本的に同書の内容をそのまま引き写したものである。但し、筆者所蔵の資料（長谷川伝次郎『印度』、同『仏蹟』、『竹中工務店建築写真集』）については原典に基づくものである。

（4）日泰寺は、一九〇四年（明治三十七）、タイから送られた釈尊の真骨を奉安するために建立された、特定の宗派に属さない寺院である。仏教国である日本とタイの友好親善を祈念して創建された歴史の浅い寺院ではあるが、名刹として東海地方内外に知られている。タイは一九三九年までシャムであり、日泰寺も一九四一年（昭和十六）までは日暹寺と称していた。山号の覚王山は、覚王、すなわち釈迦のことで、他に類例を見ない命名と言えよう。伊藤次郎左衛門祐民他、伊藤家代々の墓所もこの境内にあり、この辺りが近代になって一体的に開発されたことが知れよう。

（5）伊藤家及びいとう呉服店・松坂屋と竹中工務店との密接な関係は古く江戸初期にまで遡る。竹中工務店は、一六一〇年（慶長十五）、織田信長の家臣であった竹中藤兵衛正高が尾張名古屋で創業し、社寺建築を手掛けた。明治に入り、急速に近代化の進んだ神戸に着目、一八九九年（明治三十二）神戸に進出し、一九〇九年（同四十二）には神戸に本社を移転、さらに一九二三年（大正十二）には大阪に本社を移転して現在に至っている。関西の企業のイメージが強い竹中工務店であるが、創業から三百年間は名古屋の地元企業であったことになる。竹中はいとう呉服店の建築のすべてに携わり、明治以降も松坂屋関連の建築のすべてを請け負っている。両者の信頼関係は双方が名古屋の老舗であったためであるが、いとう呉服店の創業者祐道も竹中の初代と同じく信長に仕えた武士で、創業年も竹中創業の翌年、一六一一年（慶長十六）と極めて近く、創業時から初代同士が親密であったためだと知れる。聴松閣が竹中工務店の設計・施工になるのも至極当然な成り行きである。
（6）インドのタゴール大学から留学したパルク・ハリハランは当時、名古屋製陶で陶器の絵付けを実習しており、この壁画は彼が一九三八年（昭和十三）七月七日から八月二十三日までかけて制作したことが、サインと共に記されている。戦前の日印交流の貴重な証拠である。なお、これに先立つ昭和九年に、ハリハランは祐民のインド旅行に同行している（後述）。
（7）この壁画がジャータカと認定されるかどうか、未だ検討の余地がありそうであるが、伊藤家では、ジャータカと伝承されているそうである。
（8）祐民は、インド旅行に際し、写真家長谷川伝次郎を同行させ、膨大な量の記録写真と十六ミリフィルムを撮影させている（後述）。これらの写真が聴松閣地階の意匠決定に活用されていることは、長谷川氏の写真集『印度』、『仏蹟』から確認される。
（9）残念ながら、このエッチングガラスは現在欠失している。筆者は、二〇〇八年四月五日の一般公開に際し、実見の機会を得たが、聴松閣は予想以上に傷みや改造が目立っており、地階に関しては、後付けの無造作な配管や無粋な蛍光灯照明がせっかくの祐民の理想空間を大いに損ねており、復元修復が切望されるところである。
（10）施主である祐民と設計・施工業者の竹中工務店との緊密な連絡・信頼関係は既述の通りであるが、祐民は、インドから帰国すると直ちに設計変更の指示を出したようである。竹中が唐突かつ大幅な設計変更に柔軟に対処できたのは、両者の長年に亘る信頼関係があったからこそである。
（11）一月十一日は鏡開きであるが、この日に大福帳を新しく綴じ直す「お帳綴じ」の行事が行われる。仕事始めに当たって当主が「諸悪莫作、衆善奉行」（「七仏通誡偈」）、「火用心」、「受諸飲食当如服薬、於好於悪勿生増減」（『仏遺教経』、釈迦の最後の説法とされ、曹洞宗で重用される）の三つの家憲を浄書する。五月には、第十三代祐良が二十一年間かけて書写した『大般若経』六百巻を転読する「大般若経転読」が僧侶を招いて執り行われる。いずれも、伊藤家に代々受け継がれる行事で、その仏教信仰を具現するものである。
（12）これは、米国太平洋沿岸連合商業会議所からの返礼招待で、第一銀行頭取渋沢栄一を団長に各商業会議所会頭ら三十数名で構成されたが、祐民は最年少で弱冠三十一歳であった。
（13）建築仕様は、『竹中工務店建築写真集』四輯（一九三九年、三四ページ）に拠る。なお、衆善会は、戦後社会福祉法人となり、現在も仏教精神に基づき、乳児院・保育園・夜間保育園を運営している。祐民の精神が現代にまで受け継がれ、事業として継続していることにこの上ない喜びを感じるのは、筆者だけではあるまい。
（14）この年の日本仏教界の盛り上がりには、特筆すべきものがあった。この時期の日本仏教界の動向については、『仏教年鑑』によりかなり詳細に把握することができる。それによると、仏誕二五〇〇年の記念行事の中心となったのは、第二回汎太平洋仏教青年会大会であった。七月十七日、日比谷公会堂において各国代表の歓迎会が催され、翌十八日から二十一日まで、新築後間もない築地本願寺において大会が開催された。アメリカ、カナダを含む海外十二ヶ国からの代表者三百二十余名、日本国内の代表者三百余名、その他四百余名、あわせて千名余りの出席者が一堂に会し、国際関係の緊張が高まる中、仏教による国際親善・貢献を模索するものであった。その開会の趣旨は「世界の大勢と日本の地位に鑑み、仏陀の名に於いて太平洋沿岸諸国の青年仏教徒を糾合し、各自の民族的文化を尊重しつつ、相互の親善と理解とを深め、以て仏教徒ブロックによる国際的貢献をなさんがために奮起した」とある。この大会で大会宣言、綱領が採択され、「世界平和」、「人類平等」が謳われたが、それが全く活かされず、踏み躙られてしまったことについては今更説明するまでもない。日本が挙国一致で戦争に邁進し、仏教界挙げての戦争協力が始まる前の束の間の平和であった。なお、祐民の日本出国は大会の終了後の八月二十日であり、彼も出席したと見られるが、それを明記した史料は遂に見出せなかった。

この青年大会以外にも様々な記念事業が企画・計画されている。例えば、神戸市六甲山上に高さ約四〇mの釈尊記念塔を建設する計画が立案されているが、翌年の『年鑑』に事業継続中の記事が見られ、翌々年の『年鑑』には記事がないことから、実現しなかったようである。ところで、仏誕二五〇〇年を昭和九年とするか否かの論争が惹起し、日蓮宗、真宗では昭和九年説に反対の態度を表明していた。しかしながら最終的には、両宗も他宗と足並みを揃えることになり、一件落着している。『年鑑』にも仏誕年代についての論説が掲載されていて、興味深い（『仏教年鑑』昭和九、十、十一年号、仏教年鑑社）参照。

(15) 祐民の、寺院や宗派との関わりについては未調査で不分明である。彼の仏教信仰は、特定の宗旨に偏るものではなく、汎仏教であったと考えられる。その点でも特定の宗派に所属しない日泰寺は祐民の信仰形態に最も適していたと言えよう。日泰寺創設以前の伊藤家の菩提寺についても残念ながら調査が及ばなかった。

(16) ここでは、この祐民の日記に基づいて行程をたどってみたい。随所で、三井物産関係者による歓迎行事が目に付き、松坂屋は三井物産の大口の取引先なのだろう。また、「バンガローに宿す」の記述が多く目に付くが、前述「伴華楼」を想起させる。十月十八日、カルカッタの日本人歯科医へ行き歯の手入れ、二十九日、ナーランダ発掘現場見学（写真撮影禁止）など、当時のインド国内の情勢が解り、興味深い。

(17) 野生司香雪は、サルナート初転法輪寺（祐民の日記には仏教会館とある）の壁画を描いた日本人画家として著名であるが、その制作は一九三二～一九三六年（昭和七～十一）までを要する一大事業であり、祐民の訪問時はまさにその佳境であった。祐民は十一月一日、サルナートに氏を訪ねている。

(18) 祐民は、この時期の実業家としては珍しく平等主義・平和主義に立つ。日本をアジアの盟主とし、アジア諸国の蔑視を当然とするような思潮が蔓延しつつあった当時において、仏教に基づく平等主義・平和主義をその信念とした祐民の姿勢はもっと顕彰されるべきであろう。なお、祐民の仏教信仰の実態については、史料が見出せず、掘り下げの浅いものになってしまった。例えば日課の勤行をいかにしたか、社内誌などへ祐民自身の仏教理解を掲載したのか等、解明すべき点は未だ多い。爾後の課題としたい。

(19) 揚輝荘は、富裕階級の建築道楽ではない。特に、聴松閣は祐民の引退後の社会事業・国際交流の拠点として大いに活用されており、日本とアジア各国をつなぐ友好施設であった。資産家がその経済力にものを言わせて建てた「金に糸目を付けない」豪奢な建築や、国力を誇示するための壮大無比な建築にも相応の価値と魅力がある。それは、その当時の最高の技術の集大成だからである。特に、昭和初期は職人の技術力が最高潮に達した時期であり、この時期の建築には大いに見応えがある。しかし、聴松閣の如き、施主の精神性までもが反映された建築は極めて稀少である。

あとがき

最後に、学恩を蒙った方々のお名前を挙げて、謝意を表すると共に、論文執筆当時を振り返ってみたい。本書は、内容が多岐に亘り、一冊の論文集にまとめるにはかなり無理があったかも知れないが、その当時の筆者の興味関心を反映していることも確かであろう。なお、最も古い論文は三十年も前のものであるが、記憶を呼び覚ましつつ、筆者三十年の足取りを辿ってみたい。

第Ⅰ部「行基と律令国家」の三論文は、筆者が一九八八年に学習院大学大学院に提出した修士論文「日本古代における民間布教者の動向とその史的意義　行基について」を再構成した、デビュー論文である。指導教授の故黛弘道先生は不肖の弟子をいつも暖かく見守って、叱咤激励して下さった。高埜利彦先生には現在に至るまで御懇篤な御教示を賜っている。研究会では、篠原幸久氏、須藤智夫氏、原島義和氏に多くの御助言を頂戴した。実証作業の不完全さは拭い切れないが、思い出深い論文である。

第Ⅱ部「善光寺の謎を探る」の五論文は、自信作とまでは言えないものの、十数年に亘り、かなり力を入れて継続的に研究し、それなりのオリジナリティーを出せたのではないかと思う、本論集の眼目とも言える部分である。善光寺に関する研究業績は少なく、不明点も極めて多い。文献史料に基づく実証作業は困難を極め、実証史学の限界を痛感させられる分野でもあるが、それに果敢に挑んだつもりである。この分野では、指導を仰ぐ先生や友人もなく、独自の論法に終始したため、かなり乱暴な立論があるかも知れないことを断っておきたい。

第Ⅲ部「中世仏教の諸相」は、一貫性に乏しく、相互に脈絡のない論文が多いが、大きく二つに分けられよう。一つは、親鸞とその後継者・子孫である真仏、覚如、存覚と親鸞の伝記史料に関するもの、もう一つは、明恵、心地覚心など、親鸞とは別の位置で活躍した僧侶に関するものである。論文の執筆年次には二十年以上の隔たりがあり、筆者の中世仏教に対する認識にも大きな変化があった。今まで欠落していた黒田俊雄氏の「顕密体制論」に基づく「鎌倉新仏教中心史観」からの脱却は筆者にとっても決定的なものであった。「鎌倉時代は未だ密教の全盛期であり、いわゆる新仏教は萌芽期で、社会的には極めて弱小であった」との前提に立つと、親鸞や道元などの評価も全面的に変わって来る。その辺りを論じたのが、第七章「一向専修と兼学兼修 鎌倉新仏教の見直し」である。

この第Ⅲ部所収論文においては数限りない先生や友人の御指導を仰いだ。当時、所属していた武蔵野女子大学（後に武蔵野大学）仏教文化研究所では、所長でいらした故花山勝友先生、田中教照先生、山崎龍明先生、池田行信先生、本多静芳先生、石上和敬先生、故小野澤眞氏から有益なアドバイスを多々頂戴し、筆者の認識の不確かさを教えて頂いた。一九九一年から現在に至るまで研究員を拝命している東方研究会（後に中村元東方研究所）では、理事長でいらした故中村元先生の謦咳に接し、学問を究められた先生の誠実かつ謙虚な姿勢に多くを学ばせて頂いた。前田専学現理事長にはいつも暖かなお声掛けを賜った。故阿部慈園先生には暖かい御教示を頂き、研究部会の主任でいらっしゃる水上文義先生には厳しくも的確な御教示を賜った。また、研究部会のメンバーである奈良修一氏、森和也氏にはグローバルな視野から種々アドバイスを頂戴した。心地覚心など禅の方面、特に第九章「心地覚心は異端的存在か」においては、真福寺大須文庫調査研究会の末木文美士先生、阿部泰郎先生から懇切な御指導を賜り、中村元東方研究所の同僚でもある高柳さつき氏からは厳しくも確かな指摘を幾度となく頂き、視察見学などにも同行して頂いた。

また、第五章から第七章は拙著『祖師親鸞讃嘆 報恩講式と嘆徳文』の論考篇の一部であるが、同書出版に際しては、岳父藤田宏達先生に極めて厳格な御叱正を賜り、身の縮む思いであった。さらに、専修寺宝物館主幹でいらした故平松令三先生にはどのような些細な質問でも丁寧にお答え頂き、先生の目指された「純粋に歴史学的手法に基づく親鸞像の再構築」は、及ばずながら筆者も基本的にそれを継承させて頂いたつもりである。

第Ⅳ部「近代仏教と真宗高田派」は、マイナーなテーマであるが、切迫した時代をいかにして生き抜くべきか、真剣に問い続けた人を顕彰するものともなろう。但し、史料紹介、問題提起に終始し、完結した学術論文ではない。第二章、第三章の高楠順次郎、南條文雄に関しては、前記武蔵野大学仏教文化研究所の方々から多大な御教示、アドバイスを頂戴した。第四章「伊藤次郎左衛門祐民と揚輝荘」は、高田派とは無関係であるが、篤信の実業家の生涯と彼の残した建築を紹介したもので、敢えてここに入れた。

なお、本書収載の論文の大半は今年で九十三回目を数える、本山専修寺の仏教文化講座での発表を論文化したものである。必要に迫られなければ、調査研究の意欲が湧かない筆者が比較的コンスタントに論文を発表して来られたのは、偏にこの仏教文化講座での発表という責務があったからである。

筆者の論文集刊行を懇切に勧めて下さったのは、春秋社編集部の佐藤清靖氏であった。佐藤氏とは筆者が東方学院事務局の手伝いをしていた頃からの長いお付き合いであるが、そのような御縁で、高田派の所依の聖教を網羅した『真宗高田派聖典』を二〇一二年に、『真宗高田派聖典索引』を二〇一八年に刊行して頂いた。出版状況の厳しい中、刊行を快く引き受けて頂き歓喜の至りであった。『聖典』刊行の頃から「次は論文集を」と勧めて頂き、神田明社長、故澤畑吉和前社長からもご快諾を頂き、今回の刊行を迎えることができた。編集部の大成友果氏には、不統一な論文を丁寧にチェックして頂いた。未熟な本書を世に出して下さった春秋社の皆様に心から感謝しつつ、擱筆したい。

なお、本書の出版は、真宗高田派本山専修寺の御厚意により、同寺において二〇二三年に勤修される「開山親鸞聖人御誕生八百五十年・立教開宗八百年・中興上人五百年忌・聖徳太子千四百年忌奉讃法会」の記念事業の一とされ、格別の御配慮を頂いたことを記し、甚深の謝意を表すると共に、仏祖の御加護に謹んで報謝したい。また本書の性質上、親鸞や法然等の敬称はすべて省略させて頂いたことを御了承頂きたい。

常磐井慈裕

二〇一九年九月十四日

初出一覧

第Ⅰ部

第一章　行基史料の検討　『東方』五、一九八九年

第二章　「大仏勧進創作説」をめぐって　『高田学報』七八、一九八九年

第三章　行基仏教の再考察　『武蔵野女子大学仏教文化研究所紀要』九、一九九一年

第Ⅱ部

第一章　善光寺式一光三尊仏の起源　『武蔵野女子大学仏教文化研究所紀要』一七、一九九九年

第二章　善光寺草創論試案　『東方』一七、二〇〇一年

第三章　続善光寺草創論試案　『東方』一九、二〇〇三年

第四章　善光寺河内起源説　『東方』二三、二〇〇七年

第五章　親鸞と善光寺　『印度哲学仏教学』二二、二〇〇七年

第六章　太子信仰と善光寺信仰　『東方』二七、二〇一二年

第Ⅲ部

第一章　史上の真仏　『武蔵野女子大学仏教文化研究所紀要』一五、一九九七年

第二章　師資相承の実態　『武蔵野女子大学仏教文化研究所紀要』二二、二〇〇六年

第三章　講式の系譜と『報恩講式』・『嘆徳文』　『東方』二九、二〇一四年

第四章　覚如・存覚父子の生涯と事績　『祖師親鸞讃嘆』山喜房仏書林、二〇一二年
第五章　親鸞伝の史料的価値　同右
第六章　存覚と『正明伝』　同右
第七章　一向専修と兼学兼修　『高田学報』一〇四、二〇一六年
第八章　明恵とその時代　『高田学報』一〇六、二〇一八年
第九章　心地覚心は異端的存在か　『中世禅籍叢刊』別巻、臨川書店、二〇一九年

第Ⅳ部
第一章　明治中期地方宗教結社の一端　『東方』一〇、一九九四年
第二章　専修寺二十二世法主堯猷と高楠順次郎　『武蔵野女子大学仏教文化研究所紀要』一一、一九九三年
第三章　南條文雄と真宗高田派　『武蔵野女子大学仏教文化研究所紀要』一二、一九九四年
第四章　伊藤次郎左衛門祐民と揚輝荘　『東方』二五、二〇一〇年

著者略歴

常磐井慈裕（ときわい やすひろ）

1959年、東京都生まれ。1982年、成蹊大学文学部日本文学科卒業。1984年、学習院大学文学部史学科卒業。1988年、学習院大学大学院人文科学研究科史学専攻修士課程修了。1991年、中村元東方研究所専任研究員就任、2003年、東方学院講師就任（現任）。2013年、真宗高田派本山専修寺第25世法主に就任、現在に至る。元全日本仏教会副会長。

善光寺と親鸞　日本仏教史の諸相

2019年10月25日　第1刷発行

著者　常磐井慈裕

発行者　神田明

発行所　株式会社春秋社

〒101-0021 東京都千代田区外神田2-18-6

電話　03-3255-9614（編集）03-3255-9611（営業）

振替　00180-6-24861

http://www.shunjusha.co.jp/

印刷所　信毎書籍印刷株式会社

製本所　ナショナル製本協同組合

ISBN 978-4-393-11240-3　C3014

定価は函等に表示してあります